Engineering Labour

현대 엔지니어와 산업자본주의

현대 엔지니어와 산업자본주의
비교사 관점에서 본 엔지니어의 세계

초판 1쇄 인쇄일 2017년 2월 23일 **초판 1쇄 발행일** 2017년 2월 28일

엮은이 피터 메익신스 · 크리스 스미스 | **옮긴이** 김덕호 · 이은경 외 6인
펴낸이 박재환 | **편집** 유은재 | **관리** 조영란
펴낸곳 에코리브르 | **주소** 서울시 마포구 동교로 15길 34 3층(04003) | **전화** 702-2530 | **팩스** 702-2532
이메일 ecolivres@hanmail.net | **블로그** http://blog.naver.com/ecolivres
출판등록 2001년 5월 7일 제10-2147호
종이 세종페이퍼 | **인쇄 · 제본** 상지사 P&B

ISBN 978-89-6263-156-2 93900

책값은 뒤표지에 있습니다. 잘못된 책은 구입한 곳에서 바꿔드립니다.

현대 엔지니어와 산업자본주의

비교사 관점에서 본 엔지니어의 세계

피터 메익신스·크리스 스미스 엮음 | 김덕호·이은경 외 6인 옮김

에코리브르

머리말

이 책은 미국과 영국 엔지니어 사이의 차이와 관련한 기록을 비교하면서 시작되었다. 이 두 국가의 사례를 토론하면서 우리는 엔지니어가 산업자본주의의 중심적 대행자(agents)로서 모든 자본주의 사회에서 동일한 부류로 여겨지고, 동일한 사회적 지위를 점하고, 기업 내에서 유사한 기능을 수행한다는 가정이 광범위하게 퍼져 있음을 깨달았다. 이는 비록 체계적이지는 않지만 우리가 직접 수행한 미국과 영국 엔지니어 비교와 명백히 불일치했다. 여러 국가의 엔지니어에 관한 연구가 늘어날수록 좀더 광범위한 비교가 더 큰 다양성과 복잡성을 드러내리라는 게 명백했다. 그리하여 국가별 차이의 본성을 더욱 체계적으로 탐구하고, 그 본성이 자본주의적 본질 그리고 수렴과 경제적 통합의 미래에 대해 우리에게 시사하는 바를 살펴보기로 했다. 비교 과정 및 이 책을 집필하며 우리는 자본주의 경험 내에서 역사적 다양성을 유지하면서 심화하는 글로벌화와 경제적 시스템의 통합에서 기인한 수렴 세력들을 조정함으로써 국가적 차이에 대한 한 가지 접근법을 개발했다.

우리는 이 책에 논문을 기고해준 분들께 고마움을 표하고 싶다. 아울러 책을 완성하기까지 기다려준 그분들의 인내심에도 감사를 드린다. 또한 여러 방식으로 우리에게 도움을 준 조이스 매스트붐(Joyce Mastboom), 애나 폴러트(Anna Pollert), 엘런 메익신스 우드(Ellen Meiksins Wood), 닐 우드(Neal Wood), 그레고리 메익신스(Gregory Meiksins), 짐 왓슨(Jim Watson), 밥 카터(Bob Carter)와 이언 글로버(Ian Glover)를 비롯한 많은 분께도 감사의 마음을 전한다.

피터 메익신스(Peter Meiksins)와 크리스 스미스(Chris Smith)는 이 책을 내기까지 매우 큰 공헌을 했으므로, 두 사람의 이름을 이 책의 대표 저자로 올린다.

차례

1

서론
엔지니어와 비교 연구

피터 메익신스 · 크리스 스미스

서구 산업자본주의 사회의 역사, 정치경제와 사회학에 관한 최근 저서들이 주로 선점하고 있는 것 중 하나로 비교 연구가 부상하고 있다. 비교 연구를 강조하고 있는 다양한 분야 중에서는 혁명에 관한 연구,[1] 기업 조직에 관한 연구,[2] 노동 과정의 구조 분석에 관한 연구,[3] 노동 시장으로의 여성 통합에 관한 연구,[4] 현대 계급 구조에 관한 연구[5] 등을 거론할 수 있다. 이와 같은 혹은 다른 종류의 비교 연구는 역사가와 사회과학자 일부에서 한 국가에 국한된 연구들이 설명할 필요가 있는 사안들도 당연한 것으로 받아들이게 하는 위험을 내포하고 있다는 점을 뚜렷이 인식하게 되었음을 반영하는 것이다. 즉 개별 사회의 서로 구분되는 특징과 이들 사회를 유일하게 보이도록 하면서 각 사회의 가치나 내적 문제를 설명하는데 도움을 줄지도 모른다고 생각해온 특성은 종종 이들 사회와 현저하게 다른 사회와의 비교를 통해 드러날 수 있다.

학자와 정치 전문가들이 점점 더 비교 연구에 관심을 갖는 현상은 전혀 놀랄 일이 아니다. 최근의 산업자본주의 사회의 역사는 이런 종류의 연구를 의제로 삼아야 한다는 주장을 아주 자연스럽게 만든다. 지난 몇십 년간 우리는 산업 자본가 권력들 사이의 관계가 급격하게 재배치되고 있음을 목격해왔다. 일본과 독일은 한때 독보적이었던 미국을 뛰어넘었다. 그리고 아주 최근에 우리는 유럽공동체(EC)의 출현이나 북미자유무역협정(NAFTA) 같은 다양한 종류의 국제 통합 실험도 목격해왔다. 국제 통합은 또한 비자발적인 방식으로, 즉 초국적 기업의 확장과 국제 경제적 상호의존성이 점차 강화됨으로써 이뤄져왔다. 이런 역사적 변화의 결과는 사회과학자와 역사가들로 하여금 사회는 왜 서로 상이한가라는 물음을 제기할 수밖에 없도록 만들었다. 어떻게 해서 일본과 독일 경제는 잘 작동하고 있는데, 미국과 영국의 경제는 쇠퇴하고 있는 것처럼 보이는 것일까? 마찬가지로 이런 변화가 국가적 차이는 영구적이고 지속적인 것인가라는 질문도 숙고하도록 만든다. 국제 통합을 향한 움직임이 지속되면 국가별 특성은 유지될 것인가 아니면 사라질 것인가? 뒤처져 있는 것처럼 보이는 사회 혹은 자신보다 더 성공적인 경쟁자를 모방할 수 있는 사회가 일종의 수렴 현상을 만들어 결국 국가별 차이를 없애버릴 것인가?

예상할 수 있듯이 비교 연구가 출현하게 된 맥락 속에서 대부분의 관심은 노동자와 이들의 조직, 경영인과 이들의 경영 접근 전략으로 모아져왔다. 이 부분을 강조하는 것은 학자와 기타 전문가들이 왜 특정 경제가 잘 작동하는지, 그리고 경제적 번영의 역사 및 사회 구조적 토대는 무엇인지를 이해하고 싶어 하기 때문이다. 그런데 최근 서로 상이한 사회적 현상을 비교 분석하는 데 초점을 둔 몇몇 연구가 등장하기 시작했다. 요컨대 교육받은 노동자 및 전문가 '계급'과 산업자본주의 사회의 중간층을 점유하고 있는 기타 계급을 분석하는 연구가 그것이다. 지금까지 이 연구는 범위가 다소 제한적이었다. 전문 노동자에 대한 몇몇 비교 연구는 전문성이라는 문제에만 초점을 맞추고, 이 전문성이 서로 다른 사회에서 서로 상이한 형태를 띤다고 설명함으로써 전문성의 형태와 교육받은 노동자에 대한 국가의 영향 사이에는 전혀 공존 관계가 있을 수 없다고 보는 전통적 분석 시각에 의문을 제기한다.[6] 다른 연구에서는 현대 사회 구조의 본질에 관한 특정 이론을 시험하고 평가할 목적으로 교육받은 작업자 중 특정 그룹에 대한 비교 연구를 시도했다. 예를 들면 컬럼비아대학에서 이루어진 세 국가의 엔지니어 비교 연구가 여기에 해당한다. 이들 연구자는 부분적으로 첨단 기술이 회사 내부의 생산 관계 특성, 특히 기술직 노동자가 경험한 생산 관계의 특성을 변화시킨다는 시각을 평가하고자 했다.[7]

이 책은 교육받은 노동자와 자본주의 사회 일반에 관한 비교 연구를 지향하는 이와 같은 경향에서 발전한 것이다. 아울러 '교육받은 노동자' 중 규모가 가장 크면서 경제적으로 가장 중요한 부분 중 하나인 엔지니어, 즉 자본주의 산업화의 핵심을 이루고 있음에도 불구하고 학자들로부터 제한적인 관심밖에 받지 못한 그룹에 주목한다. 우리는 산업자본주의 6개국, 곧 영국, 미국, 프랑스, 독일, 스웨덴, 일본의 공학에 대한 역사적 사례 연구를 보여줄 것이다. 이들 국가는 부분적으로 자본주의 사회에서 엔지니어를 양산하고 조직화하는 다양한 방식을 반영하기 때문에 선택했다. 실제로 이 책에서 소개한 비교 연구는 모든 산업자본주의 국가에 적용할 수 있는, 엔지니어란 무엇이고 공학의 경계는 어디인지에 대해 정의를 내리는 것이 불가능하다는 결론을 보여준다.[8]

그러나 여기에 실린 분석은 엔지니어에 관한 비교 연구를 기술 교육에 관한 혹은 기술 경력을 조직하는 적절한 방식에 관한 협소한 질문을 넘어 확장시키고자 한다. 이 책의 핵심을 이루는 사례 연구는 엔지니어에 관한 비교 연구가 갖는 더 넓은 함의를 보여주는 데 그 목적이 있다. 각 사례 연구는 한때 자본주의 선도 국가로서 지위를 지녔던 나라 혹은 다른 자본주의 국가들이 반드시 배워야 할 산업 및 사회 조직의 모델로 여겼던 나라에 초점을 맞추었다. 엔지니어의 양산과 조직화 방법은 이들 국가의 역사를 구분하는 변수 중 하나이며, 아울러 이들 국가의 상이한 경제적·사회적 역학의 핵심을 이룬다. 이들 선진 자본주의 국가의 공학을 비교함으로써 우리는 무엇보다 풍부한 비교 연구를 하는 데 도움을 주는 많은 질문, 요컨대 현대 자본주의 사회의 본질에 관한 질문, 계급 구조가 변화하는 방식에 관한 질문, 상이한 자본주의 사회들이 결국에는 하나의 단일 모델로 수렴할 것인가에 관한 질문 등에 대해 많은 걸 배우게 될 것이다.

기술직 노동자에 관한 연구를 사회학, 역사학 그리고 경제학에서 이 연구가 차지하고 있는 불분명한 구석 자리로부터 구출해올 필요가 있다. 그렇게 함으로써 우리는 엔지니어 자체에 대해서뿐만 아니라 엔지니어가 중요한 부분을 이루고 있는 사회에 대해서도 충분히 알 수 있다. 엔지니어는 처음부터 산업자본주의 발전의 핵심에 있었다. 현재의 경향은 이것이 점점 더 명확해지고 있음을 보여준다. 현대 자본주의에 영향을 주는 변화, 특히 과거와 현재 두 시점에서 모두 자본주의 사회 형성에 도움을 준 기술의 원천·특성·효과를 이해하고자 한다면, 기술을 기획하고 발전시키고 이를 유지하는 기술직 노동자에게 더 주목할 필요가 있다. 더 나아가 생산직 노동자는 물론 고용주와 기술직 노동자의 관계가 복잡하게 변화해왔음을 인식할 필요가 있다. 다음의 사례 연구들이 설명하듯 엔지니어 같은 교육받은 노동자 '중간 계급'이 모든 자본주의 사회 혹은 모든 역사적 시기에 동일한 형태를 띠었으며 동일한 역할을 했다고 가정하는 것은 잘못이다. 따라서 엔지니어를 불러올 필요가 있는 것은 기술적 변화에 관한 연구가 아니라 자본주의 사회 구조 자체에 관한 연구다.

엔지니어, 계급과 자본주의

현대 자본주의 경제와 사회 구조의 변화하는 특성을 다룬 문헌에 관한 개요는 엔지니어 연구에서 우리가 무엇을 배우고자 하는지를 분명히 하는 데 도움을 줄 것이다. 지난 몇십 년 동안 다수의 이론적·경험적 연구는 자본주의 사회가 변화하는 방식을 이해하고자 했으며 이런 변화가 어디를 향하고 있는지와 관련해 다양한 해석을 내놓았다. 이러한 분석 중 몇몇은 엔지니어의 역할에 대해 명쾌한 견해를 밝혔다. 그리하여 후기 산업 사회에서 교육받은 노동자의 점증하는 중요성에 관한 상당히 많은 견해가 대두했다. 몇몇 논평자는 최근의 산업적 변화가 중간 경영자와 기술 전문가들에게 영향을 미치고 있음—생산직 노동자에게 영향을 미치는 것 이상은 아니라 할지라도—을 인정하기 시작했다.[9] 때때로 중간 계급의 사회적·정치적 역할에 대한 관심이 터져 나오기도 했다.[10] 이런 분석은 정확하게 자본주의 사회의 전환에서 엔지니어의 역할과 관련해 중요한 질문을 밝혀내기는 했지만, 우리는 이런 분석이 제시한 답변은 아래에서 주장하듯 부분적이고 심지어는 잘못된 것이었다고 생각한다. 다음 절에서는 (이 책의 다른 장들에서 다룰) 엔지니어 및 자본주의와 연관된 질문의 정수를 뽑아내기 위해 주요 논쟁을 개관할 것이다. 여기서는 3개의 특정 연구 분야에 초점을 둔다. 첫째 경영 문헌에서 작업을 조직하는 '모범 사례' 탐색, 둘째 자본주의 발전 단계에 관한 이론적 분석을 발전시키고자 하는 시도, 셋째 '새로운 중간 계급'의 특성과 중요도에 관한 논의가 그것이다.

'모범 사례'에 관한 탐색

기술 노동과 자본주의 발전 사이의 연관 문제가 관심의 대상으로 대두한 배경에는 보편적으로 통용시킬 것을 요구하는 '모범 사례', 즉 생산 혹은 조직의 표준에 관한 경영진들의 논의가 있다. '모범 사례'라는 아이디어는 산업 연관과 경영 이론을 둘러싼 최근 논쟁, 특히 미국과 영국에서 벌어지는 논쟁의 핵심 사안 중 하나가 되었다. 부분적으로는 이들 국가의 경제가 상대적으로 쇠퇴하고 있기 때문에 영국과 미국 전문가들은 몇몇 다른, 이를테면 더 성공적인 자본주의 국가는 '제대로 했다'거나 혹은 적어도 '더 잘했다'라는 가정 아래 다양한 개혁을 제안해왔다. 이런 논의에 내포되어 있는 것은 경제 활동을 조직하는 최상의 방식이 존재한다는 시각이다. 말하자면 영국이나 미국 자본주의의 쇠락은 이 최상의 방식으로 혁신하는 데 실패했기 때문, 혹은 현재 국가 경제를 지체시키고 왜곡하는 과거의 관행이 남긴 유산 때문이라는 것이다. 몇 가지 사례밖에 들지 못하지만, 영국과 미국 전문가들이 자국에서 전형적으로 나타나는 노동자와 자본가 사이의 '적대적' 관계가 경제를 침체시키고 생산성 향상을 저해한다고 불평하는 것이 이제는 일종의 상투적인 문구가 되고 말았다. 즉 노동-경영 협업, 품질 관리 같은 일본식 관행이 어떻게 해야만 하는지를 보여주는 본보기로 여겨지고 있다. 미국 경제학자들은 또한 미국 경제, 이보다 덜하기는 하지만 영국 경제가 군수 물자 생산에 GNP의 상당 비중을 투입하기 때문에 침체되었다고 지적한다. 다수 경제학자들은 이러한 경제 문제는 국방에 덜 관심을 쏟는 독일이나 일본과 어느 정도 궤를 같이할 수 있도록 지출 우선순위를 변화시킴으로써 해결할 수 있다고 주장한다. 피오레(M. Piore)와 세이블(C. Sabel)[11]은 미국식 생산의 비유연성을 애석해하며 독일과 이탈리아 그리고 일본 자본주의의 특성인 좀더 유연한(좀더 성공적인) 생산 방식 채택을 옹호한다. 미국에서 이뤄지고 있는, 교육과 훈련에 관한 최근 논쟁은 대부분 유사한 형태를 띠고 있다. 즉 미국 노동자들이 다른 상대국에 비해 훈련 및 교육을 잘 받지 못했다는 주장이 광범위하게 퍼지면서 유럽과 일본식 훈련 방법(학기 시험과 향상된 직업 훈련 같은)을 들여와 미국 고용주들의 수요에 적용시켜야 한다는 권고가 나오고 있다.

모방에 관한 이런 문헌은 결코 새로운 현상이 아니다. 국민 국가는 서로 동등한 지위로 마주하지 않는다. 따라서 한 사회가 다른 사회에 비해 우월하다거나 지배적이라는 이슈는 자본주의 사회 역사에서 되풀이되고 있는 주제다. 언제나 지배적인 혹은 선도하는 경제(혹은 경제들)가 존재하기 때문에 그 경제의 실천 행위는 효율성의 잠정적 보편 기준으로 또는 조직의 일반 원리로 꾸준하게 의제 목록에 올라와 있다. 모범 사례에 관한 논쟁은 이르면 16세기와 17세기에도 발견할 수 있는데, 농업 전문가들은 네덜란드·영국·프랑스 농부들의 성공 비결을 찾아 유럽을 돌아다녔다.[12] 19세기 초에는 영국 산업 생산의 극적인 성공이 영국적 실천을 모방하는 것의 타당성을 놓고 활발한 논쟁을 유발했다.[13] 얼마 후에는 경제를 지배하는 국가로서 미국의 부상이 수많은 유럽 국가들로 하여금 미국 스타일의 테일러주의 방식 확산과 적응을 결과했고,[14] 헨리 포드(Henry Ford)로부터 배운 대량 생산 방식의 확산을 낳았다.[15] 결과적으로 전후 일본 경제의 빠른 발전은 미국식 생산 방식과 경영 기술을 모방하고

적응하는 데 일본이 성공한 것에서 기인한다고 주장할 수 있다.[16]

모방에 관한 다수의 문헌을 접하다 보면 기술직 노동에 관한 논의와 마주친다. 자본주의 초기에서 현재에 이르기까지 외국으로부터 모범 사례를 빌려오고 모방하고 학습할 것을 옹호하는 주장은 다른 국가들의 기술직 노동 조직 시스템과 기술 교육 방법을 모방하고 빌려와야 한다는 점을 상당히 강조한다. 이는 경제 발전에서 결정적 요인 중 하나가 기술 노동의 양산과 조직화라는 것을 내적으로 혹은 외적으로 인정하고 있음을 보여준다. 이는 또한 도입을 주장하는 주창자 중 일부에서 기술 노동을 조직하는 '옳은' 방식이 존재한다는 가정을 하고 있음을 반영한다.

기술직 노동의 모방을 옹호하는 주장은 산업혁명으로 거슬러 올라간다. 미국에서는 그랑제콜을 강조하며 프랑스 기술 교육 시스템을 모방하는 게 바람직한지를 놓고 심각한 논쟁이 펼쳐지기도 했다.[17] 프랑스 모델에 대해 미국과 유사하게 열광했던 상황은 독일 기술 교육 초기 역사에서도 볼 수 있다.[18] 두 경우 모두 모방을 주창하는 이들은 외국으로부터의 모델 도입을 장려함으로써 자신이 느끼기에 '후퇴하고 있는' 나라들의 발전 과정을 가속하고자 했다. 19세기 후반에 이제 막 생겨난 과학 기반 산업 발전을 적극 추동시키고자 한 미국 전문가들은 독일을 모델로 여겼다. 요컨대 19세기 후반 독일 중화학 산업의 성공이 독일의 대학-실험 기반 기술 교육 방식을 비공식적인 영국 시스템에 비해 훨씬 매력적인 것으로 보이게끔 했다.[19] 과학적 경영의 국제적 확산(결국에는 공학 이데올로기로 드러난) 역시 기술 노동 영역에서의 모방, 도입, 적응의 진행 과정을 모범으로 만들어주었다.[20]

모범 사례와 모방에 관한 최근 논의 역시 기술직 노동자에 대한 높은 관심을 보여준다. 가장 분명한 사례는 영국의 경우인데, 영국에서는 주요 정부 보고서를 포함해 다수 기관이 엔지니어 양산과 조직화 방식에 획기적 변화가 필요하다고 주장해왔다. 많은 사회과학적 분석가는 물론 피니스턴 보고서(Finniston Report)의 저자들 또한 대영제국이 비공식적으로 이뤄지는 공학 훈련 방식을 포기하고 대학 교육 강화, 엔지니어 지위 상승, 경영진으로의 엔지니어 이동을 장려할 것을 주장한다.[21] 이런 개혁안은 분명하게 유럽식 실천, 특히 성공적인 경제 조직 모델로 여겨지며 '실패한' 영국식 접근 방식과 대조되는 독일 및 스웨덴의 실천 인식에 바탕을 두고 있다. 미국 저자들 역시 기술 노동의 양산과 조직 모델로 외국, 즉 일본에 주목하고 있다. 미국 산업은 품질 향상과 신제품 및 공정 개발에서 보여준 일본의 성공을 따라가기 위해 기술 노동자를 활용하는 일본식 방식을 모방할 것을 강요받고 있다. 일본식 기술 교육 방식 역시 결함 있는 미국식 시스템이 배울 수 있고 배워야만 하는 모델로 여겨진다.[22]

요컨대 모범 사례에 관한 논의와 산업 모방에 관한 문헌은 종종 암시적으로 혹은 명시적으로 공학에서의 모범 사례가 갖는 중요성을 언급한다. 기술 노동이 조직화하는 방식과 기술 노동자 및 다른 생산 과정 요소 간의 연관이 한 국가 경제의 성공과 실패를 가름하는 결정적 변수임을 분명히 인식하고 있는 것이다.

우리는 이런 연관이 좀더 깊은 분석과 논의를 요구하는 중요한 지점이라는 데 동의한다. 그러나 모범 사례라는 용어로 이러한 논의를 표현하는 것이 유용한지는 의문스럽다. 이런 논의에서는 한 국가의 역사에 대한 진지한 관심이 빠져 있다. '모범 사례'의 주장에서 역사의 존재를 인정할 때에도 역사가 최선의 방책 도입을 방해하는 여러 형태의 병리적 행위나 제도적 장치를 양산하는 주범이라는 불평을 발견한다. 그러나 최근의 성공적인 경제와 연관 있다는 이유로 모범 사례로 여겨지는 방법은 대개의 경우 그 나라의 특정한 역사적 환경에 깊이 천착되어 있다. 이런 방법을 상이한 역사를 지닌 다른 사회에 이전할 수 있는가, 혹은 어떤 방식으로 이전할 수 있는가라는 문제는 여전히 답 없는 의문으로 남아 있다. 게다가 몇몇 연구자는 성공한 경제는 모범 사례가 결코 되지 못한다고 주장하기도 한다. 그보다 성공은 그 자체로 역사적이다. 요컨대 한 국가 권력의 성공과 실패, 고르지 못한 발전 과정이 세계 자본주의 역사의 필요불가결한 부분일 수도 있다.[23]

따라서 모방에 관한 문헌이 공학 노동과 산업자본주의 경제 사이의 중요한 연결 고리를 마련해준다. 그렇지만 이런 문헌은 기술 조직화의 특정 방식이 더 성공적으로 보이는 이유, 생산 조직화에서 국가별 차이가 존재하는 이유, 일견 성공적인 방식이 그 원천지가 아닌 사회에 의해 도입 또는 모방될 수 있는지 여부에 대한 질문에 답을 주지 못한다.

단계, 경제 전환과 엔지니어

자본주의 발전 과정에서 엔지니어의 역할과 연관된 중요한 질문의 두 번째 원천은 자본주의 발달 단계에 관한 문헌이다. 지난 몇십 년간 수많은 이론적 도식이 나왔는데, 이 모두는 현재의 산업자본주의가 급진적인 전환 과정을 겪고 있다고 주장한다. 몇몇 이론은 노동 분업에서 변화를 지적하며 산업자본주의가 지식 노동자들이 결정적 역할을 하는 새로운 형태의 사회로 옮겨가고 있다고 주장한다.[24] 또 다른 이론은 기술적 변화가 육체노동자의 숙련도를 향상시키거나 육체노동에 대한 수요를 줄이고 다양한 정신노동의 사회적 중요성을 배가함으로써 생산의 특성을 근본적으로 변화시켰다고 주장한다.[25] 마지막으로 포스트포드주의(Post-Fordism)의 도래 혹은 유연 전문화의 출현을 가정하는 최근의 자본주의에 관한 메타 이론은 시장과 생산의 변화를 탈숙련화 및 미숙련화를 강조한 전통적 견해를 전복하는 기업에서의 새로운 노동 통제 레짐의 등장에 연계시킨다.[26]

이와 같은 종류의 이론화 작업에서 엔지니어와 기술직 노동자는 핵심을 이룬다. 적어도 함축적 의미에서는 그러하다. 자본주의의 진화 혹은 발전은 기술직 노동자의 수와 중요도를 높이고, 육체 및 정신 노동 사이의 분업을 종식하고, 기술직 노동자와 육체노동자 사이에 새로운 협업 관계를 만들어내고, 핵심적인 생산 대리인으로서 기술 노동이 출현하도록 하고 있다. 이러한 이론 모두는 다양한 방식으로 오늘날의 자본주의에서 늘어난 기술 노동의 중요성을 지적한다. 이런 이론에서 자본주의는 엔지니어가 생산 활동의 핵심을 이루고 산업자본주의의 갈등 및 모순의 많은 부분이 불분명해지는 새로운 단계로 진입한다.

포스트 산업 이론

공학 지식과 임무가 노동 과정에서 지배적 역할을 한다고 가정하는 주장의 한 부류에서는 자본가-경영자의 대체와 기술 관료·전문가·엔지니어의 부상을 염두에 둔다. 상하 위계적인 사회관계가 지속되고는 있지만 지배적인 산업 엘리트의 변화, 특히 '기술 구조', '과학', '공학 지식'의 부상은 자본가의 목표에 위협적일 수 있다. 한 저술가는 이런 견해를 다음과 같이 서술한다.

> 엔지니어는 특별한 종류의 지식 담지자, 첨단 기술 산업의 생산에서 결정적 지식의 담지자로서 특별한 주목을 받아왔다. 이윤을 지향하는 사업 조직과 사업

이 갖는 정당성의 위기를 초래할 수 있을 것으로 보이는 지식, 지배적인 생산력에 대한 통제—더 이상 자본이나 노동이 아닌 지식—로서 지식이 기술 전문가들의 손에 들어갔다.[27]

벨(D. Bell), 굴드너(A. Gouldner), 더버(C. Derber)와 슈워츠(W. Schwartz) 그리고 매그래스(Y. Magrass)[28] 같은 저자들의 이런 주장에도 불구하고 신산업에서 엔지니어 권력의 특성에 관한 경험적 연구는 자본가의 정당성 위기 혹은 '과학과 계획'을 '자산과 소유권'이라는 가치와 대립하도록 하는 충돌에 관한 증거를 발견하지 못하고 있다. 이를 대신해 엔지니어는 사업적 가치에 적응하도록 사회화하는 경향이 있으며, 공학 이데올로기는 자본 축적과 이윤의 필요에 맞춰 구조화되었다. 저스먼(R. Zussman)이 미국 엔지니어에 관해 기록한 것처럼 "그들은 스스로를 경영에 순응하도록 하고 기업의 에토스에 적응하고 있다".[29] 크로포드(S. Crawford) 역시 프랑스 엔지니어에 대해 "그들은 기업 입장에서의 고려를 경제적 의사 결정과 엔지니어링 의사 결정에 적절한 기준으로 받아들이고 있다"[30]고 했다. 웨일리(P. Whalley)는 영국 엔지니어에 대해 "게임의 이름은 돈을 버는 것이다"[31]라고 서술했다. 그럼에도 불구하고 포스트 산업 이론가들은 기술 지식의 점증하는 중요성이 엔지니어의 위상을 높일지, 혹은 회사 내 권력 관계를 변화시킬지 의문을 제기한다.

육체 및 정신 노동의 관계

지배 엘리트의 특성과 정당성 이데올로기 외에 '생산의 기술화'라는 아이디어에 관한 또 다른 부류의 이론에서는 정신 및 육체 노동 사이의 분업 종식, 물리적 노동의 쇠퇴와 개념 노동의 팽창을 가정한다.[32] 숙련도는 점차 감소하고 정신 및 육체 노동 사이의 양극화가 증가할 것으로 보는 탈숙련화 명제와 극명한 대조를 이루면서 이들 이론가는 신기술에 전통적인 사회 위계질서를 무너뜨리고 다양한 종류의 '지식 노동자'가 지배하는 생산 환경을 만들어낼 수 있는 권한을 부여한다. 1960년대와 1970년대 초에 '새로운 노동 계급' 이론가들은 기술 변화가 자본주의 기업이 지닌 전통적인 권력 구조에 실질적 위협을 가하는 고도로 숙련된 노동자를 창출해내고 있다고 주장했다. 이 숙련된 노동자들은 자신의 전문성과 창의성으로 스스로를 **자주적 관리**(autogestion)라는 이데올로기의 자연스러운 지지자로 만들었다. 최근에는 프레드 블록(Fred Block)과 래리 허시혼(Larry Hirschhorn) 같은 신마르크스주의자들이 오늘날의 자본주의에서는 지식이 '생산력'이 되었으며 직접적인 육체노동은 중요도가 점차 줄어들고 있다고 주장했다.[33] 이와 유사하게 장 로즈킨(Jean Lojkine)은 신기술이 직접 및 간접 노동 사이의 장벽을 낮춘다는 의견을 제시한다.[34] 나아가 테사 모리스-스즈키(Tessa Morris-Suzuki)는 새로운 제조 기술의 출현으로 상품 생산이 제조 기계를 따라야 하는 지침서 생산(production of instruction)으로 이동해가고 있다고 주장한다. 다시 말하면 물리적, 혹은 직접적 노동이 몇몇 개념 노동의 형태에 의해 대체되고 있다는 것이다.[35]

이런 주장에는 엔지니어가 수행하는 활동이 직접 노동을 대신한다는 의미가 함축되어 있다. 이들 분석자는 엔지니어가 육체노동자의 작업을 지시하는 상하 위계적으로 조직화한 노동 과정 대신 엔지니어와 다른 지식 노동자가 동시에 디자인하고 생산하는 새로운 조직을 예견하고 있는 것처럼 보인다. 그 밖에 다양한 종류의 노동 사이에 놓인 장벽이 낮아지고 협업이 증가할 것이라는 주장도 있다.

육체노동자가 실제로 사라지고 있는가라는 질문과 아주 별개로 '육체

노동의 종식'이라는 명제는 매우 중요한 반대 의견에 직면할 수밖에 없다.[36] 특히 노동의 기술적 분업과 생산력이 생산의 사회적 조직화와 가치 증식 과정을 우선할 수 있다거나, 기술에 내재해 있는 무언가가 자본주의 노동 과정을 전복할 수 있다는 이 이론에 함축된 가정을 정당화해야만 한다. 이런 믿음은 그 자체로 자본주의 이데올로기에 각인되어 있는 것이며, 시기적으로 자본주의의 기술적 재구조화를 이루는 영구적 요소이기도 하다.[37] 기술을 독립적 힘으로 보는 대신 기술이 어떻게 이미 존재하는 노동 분업에 순응하는지를 지적하는 것이 더 올바를 수 있다. 경험적 연구는 육체 및 정신 노동의 직접적 종식이 아니라 기술 사용에서의 다양성 혹은 테일러주의 같은 분업적 생산 이데올로기가 신기술 조건 내에서도 재생산되고 있음을 보여준다. 앰스덴(A. Amsden)은 한국의 경우가 이런 사례임을 주목했다.[38] 노블(D. Noble)은 미국 공작 기계 산업에서 신기술이 디자인 엔지니어와 기계 조작자 사이의 전통적인 인간관계에 어려움을 초래해 상하 위계적 작업장 분업을 실제로 더 심화시켰음을 보여주었다.[39] 뒤랑(J.-P. Durand)은 프랑스의 정보 기술에 관한 연구 개관을 통해 신기술이 "전통적인 테일러식 노동 조직에 아주 잘 적응 혹은 순응할 수 있음"을 발견하고 우리와 마찬가지로 "IT는 기술 시스템의 하나에 불과하지 사회적 혁명을 만들어낼 수 없으며 ……〔그리고〕 노동자 소외를 극복할 수도 없다"고 강조했다.[40] 다시 말하면 기술 지식의 팽창과 기술직 노동자 계층의 성장이 산업 생산 구조에 어떤 영향을 미치는지에 관한 이론적·경험적 연구가 더 필요하다는 것이다.

포스트포드주의와 유연 전문화

마지막으로 1980년대에는 자본주의 노동 과정이 대량 소비 패턴의 명백한 쇠퇴와 시장 및 소비자 기호가 분화함으로써 변화하고 있다는 주장도 생겨났다. 이와 같은 시장 변화가 대량 생산이나 포드주의라는 대규모 집단 노동자의 토대를 잠식하고 있다는 주장도 있었다. 독일, 미국, 영국의 저자들은 소규모 일괄 생산 혹은 수공업적 생산에 더 적합한 소비 패턴이 부상하며 숙련공 혹은 유연 전문화에 대한 수요 증가를 약속한다고 주장했다.[41] 아울러 이러한 변화가 '포드주의적' 대량 생산 산업의 전통적인 관료적 구조를 약화할 것이며, 협업 생산 환경의 발전을 장려할 것이라고도 했다.

포스트포드주의와 유연 전문화 같은 주장의 실질적 가능성을 둘러싼 논쟁은 해결되고 있지 않다. 이런 주장을 옹호하는 이들조차 포스트포드주의 및 유연 전문화의 특성과 중요성에 대해서는 일치된 의견을 보이지 않는다. 예를 들어 독일 저자들은 기술 양극화·구획화를 지배적 경향이라고 강조하지만, 영국과 미국 저자들은 독일에 전형적인 협조적 생산 관계 내에서 볼 수 있는 노동자들의 사회적 통합에 더 많은 관심을 보인다. 나아가 이러한 가설 중에서 한층 '초현대적인' 버전은 심각한 비판에 직면해 있는데, 이런 버전은 경험적 조사를 근거로 탄생한 것이 아니기 때문이다.[42]

그럼에도 불구하고 유연성에 관한 새로운 강조는 엔지니어와 다른 기술직 노동자에게 중요한 의미를 갖고 있다. 유연한 기술에 대한 수요와 급진적 혁신의 경제적 중요성이 점차적으로 복잡해지면서 엔지니어의 숙련을 새로운 협업 지향의 작업장에 존재하는 핵심 전략 자원으로 변화시키고 있기 때문에 엔지니어의 사회적 중요성은 점점 더 강화될 것으로 보인다. 그렇지만 유연 전문화로의 변화가 기술직 노동자의 특정 계층이 지닌 위상을 위협하는 것 또한 가능하다. 노동자의 숙련도가 높아지면, 또한 테일러주의 혹은 포드주의 생산 방식을 초월하면, 생산 노동자를 지도하거나 생산 과정을 디자인하는 엔지니어의 전통적 역할이 변화하거나 없어져버릴 수도 있다. 다재다능한 노동력, 그룹 노동과 참여 경영을 장려하고자 하는 고용주들의 최근 노력 중 일부는 중간 경영자와 기술직 전문가에 대한 수요를 줄여 회사의 중간층 고용인을 없애버리는 효과를 낳기도 한다.[43] 신기술과 생산 방식이 디자인과 생산 노동의 완벽한 물리적 분리를 가능하도록 만들어 구상 혹은 기획 일은 풍족한 중심부에 집중되고 생산은 저임금의 주변부로 재배치될 것이라는 주장도 있을 수 있다.[44] 분명한 결과는 엔지니어와 직접 생산자 사이의 사회적 거리가 멀어질 것이라는 점이다. 이에 관한 증거는 단편적이고 복잡하다. 즉 해외 생산 시설을 이용하는 경우가 늘어나고 있음을 보여주는 상당한 증거가 있다. 그러나 몇몇 연구자는 디자인 작업 역시 저임금 영역으로 재배치될 수 있거나 실제로 그렇게 이동한 경우도 존재한다고 주장해왔다.[45] 휘팅턴(R. Whittington)과 스미스(C. Smith)는 산업 국가의 몇몇 기업에서는 자사의 연구 개발 활동을 분산시키고 있으며, 일부 활동을 전문 컨설턴트와 컨설팅 회사에 계약 업무로 이관하고 있다고 주장한다.[46] 이런 경향이 계속된다면 공학 내부에서 더욱 복잡한 상하 위계가 생겨날지 모르고, 자영(self employed, 自營) 컨설턴트와 하청 공학 회사의 취업자가 대기업에 직접 고용된 엔지니어와 대치하게 될지도 모른다.

요약하면 현재의 자본주의는 근본적인 혁명을 겪고 있으며, 우리가 자본주의 발전의 새로운 '단계'로 접어들고 있다고 주장하는 다양한 이론이 존재한다는 것이다. 이런 주장은 모두 유사하게 이 새로운 단계가 엔지니어의 사회적 중요성을 높일 것으로 본다. 많은 연구자는 또한 자본주의 사회 발전 과정에서 체현된 과거의 갈등과 모순 다수가 사라질 것이라는 의견을 제시한다. 앞서 살펴보았듯 이들 모든 이론은 해결해야 할 중요한 이론적 문제와 경험적 도전이라는 과제를 안고 있다. 이런 질문에 답하기 위해서는 자본주의 사회에서 공학의 역사와 사회학을 좀더 심각하게 숙고해야 한다.

엔지니어, 계급과 자본주의 노동 과정

엔지니어와 자본주의 전환이 연계되어온 마지막 맥락이 오늘날의 계급 구조에 대한 연구다. 자본주의 사회에서 봉급을 받는, 교육받은 화이트칼라 노동자(엔지니어 포함), 즉 '중간 계급'의 부상은 사회 계급에 관한 논의 가운데서도 가장 논쟁이 치열했던 현상 중 하나다. 특히 마르크스주의 사회학뿐 아니라 신베버주의 학자들 내에서도 이 '중간 계급'의 출현은 전통적인 계급 이론에 주요한 이론적 문제를 제기한다. 그들은 자영 전문가라기보다 봉급을 받는 사람이 압도적으로 많다. 즉 엔지니어와 그 밖의 교육받은 노동자는 임금 노동자의 일부다. 그렇지만 이들의 자격, 물질적 위상, 관리 역할과 그 밖의 다른 요소가 몇몇 분석가로 하여금 이들을 노동 계급으로 분류하는 견해를 받아들이기 힘들게 만든다. 이 논쟁에 참여한 이들은 엔지니어를 절박한—내키지 않을지라도—프롤레타리아로 보거나 노동자와 자본가 사이의 영원한 완충 지대, 곧 새로운 중간 계급으로 보는 경향이 있다. 여기서 이러한 논쟁에서 나타난 견해를 체계적으로 검토할 필요는 없다(적절한 요약은 다른 곳에서 찾을 수 있다). 그렇지만 주요 명제에 대한 간략한 비판은 이 책에 등장하는 커다란 이슈의 타당성과 관련한 중요한 질문을 이해하는 데 도움을 줄 것이다.

새로운 중간 계급?

프롤레타리아화라는 명제를 주장하는 이들은 위상 차이야 어떻든 엔지니어들이 생산 관계 내에서 지녔던 특권 혹은 권위가 시간이 지나면서 노동시장에 의해, 아울러 그들의 노동에 대한 생산 압력에 의해 침식당할 것이라고 본다. 임금 노동자(waged labour)는 노동자(worker)와 동일시되며, 이런 조건을 경험하는 것에 따른 차이는 계급 정체성을 결정하는 데 고려되지 않는다. 프롤레타리아화는 모든 임금 노동자의 운명이다.

사회 계급에 관한 오늘날의 논쟁에서 정통 프롤레타리아화 명제는 많은 비판을 받아왔다. 이런 비판 중 하나는 이 명제가 프롤레타리아화 과정에 대한 원래 정의를 수정하면서 마르크스의 본래 의미에서 벗어났다는 것이다. 이런 저술에서는 프롤레타리아를 임금 노동과 등가적인 것으로서가 아니라 좀더 좁은 의미로 정의한다. 아울러 일과 관련한 범주로 일상화하고 탈숙련화한, 혹은 고도로 관리 감독을 받는 업무 수행과 연관이 있는 것으로 정의한다.[47] 다시 말하면, 프롤레타리아화는 특정 사회경제적 관계라기보다 직업 환경과 동일시된다. 결과적으로 노동 계급을 둘러싼 경계를 더욱 엄격하게 그어서 육체노동자나 탈숙련화한 노동자만을 진짜 노동자로 간주한다. 아울러 노동 계급은 모든 노동력 중 아주 소수를 이루는 그룹으로 축소된다. 이런 시각에서 보면 엔지니어는 '노동자'로 볼 수 없다. 이들의 숙련, 권위, 자율성은 엔지니어에게 진짜 프롤레타리아 자격을 부여하지 못하게끔 한다.

몇몇 이론가는 이런 점을 더 진전시켜 현대 자본주의가 새로운 중간 계급, 프티부르주아, 전문 경영 혹은 서비스 계급을 창출해냈다고 주장한다.[48] 상이한 특징의 다양성에 주목해 이들 이론가는 머리로 하는 노동부터 비생산 노동을 수행하는 권위를 지닌 계층에 이르기까지 엔지니어 같은 노동자를 노동 계급 및 부르주아와 구분되는 중간 계급에 위치시킨다. 이 계급은 프롤레타리아화의 위험에 직면해 있지 않다. 요컨대 그와 반대로 몇몇 이론가는 이 계급이 자본주의 헤게모니에 실질적 도전을 행사한다고 본다.[49] 한편, 자본에 대한 엔지니어의 유용성은 그들의 특권과 위임받은 권위가 지속되리라는 것을 의미한다고 또 다른 몇몇 이론가는 주장한다.[50]

이런 견해는 정통 프롤레타리아화 명제와 마찬가지로 다양한 이유로 비판을 받았다. 몇몇 학자는 이런 견해가 전통적 노동 계급에 대한 과도한 단순화 비전에 의해 의미를 얻었다는 점을 들어 반대한다. 요컨대 이런 견해는 노동 계급을 균질적이며 일률적으로 탈숙련화해 있다고 보는 경향이 있는데, 실제로는 상이한 수준의 숙련과 권위 및 물질적 보상을 지닌 다양한 층의 노동자가 노동 계급에 포함된다. 또 다른 이들은 교육받은 노동자들의 추정상(putative) 중간 계급에는 하나의 계급에서 볼 수 있는 통일성이 결여되어 있고 노동자와 자본가 기본 계급에 대한 근본적인 부정으로서만 정의될 뿐이라고 주장한다. 결과적으로 이들 이론가는 다양한 그룹의 고용인 사이에 계급 장벽을 임의적으로 그어놓았다는 비판을 받았다. (어느 정도의 숙련도를 지녀야 여전히 노동 계급일 수 있는가?) 결국, 계급은 분류 도식, 곧 사회과학자들이 부과하는 모델로 축소되었고 실제 사회에 존재하는 실질적 사회 구분과의 어떤 연관성도 잃어버렸다.[51]

이런 논쟁의 결과는 현재의 계급 구조와 엔지니어 및 그 밖에 다른 교육받은 노동자들의 계급 위상 분석이 마주하고 있는 일종의 난관으로 존재해왔다.[52] 지금과 같은 다양한 노동력이 존재하는 상황에서는 정통 프롤레타리아화 이론을 더 이상 유지할 수 없다는 생각이 확고하게 자리를 잡았다. 그러나 '새로운 중간 계급' 이론은 분석적으로 유용하면서 통일성 있는 대안을 발전시키지 못했다. 일반적으로 현재의 계급 구조가 19세기 계급 구조와 다르나는 점, 특히 엔지니어 같은 중간 그룹의 팽창으로 19세기와 차이를 보인다는 점에는 동의하고 있다. 그러나 무엇이 이런 전환을 만들어냈는지에 대해서는 아직 답을 찾지 못하고 있다.

아마도 이 난관에서 빠져나오는 가장 유망한 길은 굴리엘모 카르케디(Guglielmo Carchedi)가 자신의 유명한 저서 《사회 계급의 경제적 정체성에 관하여(On the Economic Identification of Social Classes)》에서 수립한 논거를 발전시키는 일일 것이다.[53] 카르케디의 핵심 명제는 현대 자본주의 사회에서 노동 과정은 집단적 과정이 되었다는 것이다. 따라서 육체노동을 생산적이고 상품 생산에서 착취받는 요소로 고립시키는 것이 점점 어려워지고 있으며, 모두가 직접 생산에 참여하는 것은 아닌 정신노동을 행하는 관리 그룹과 기술직 그룹 역시 자본주의 생산과 관련해 '집단 노동자'의 일부를 이룬다. 특히 카르케디는 《자본론》 1권의 문장을 인용해 집단 노동 과정은 일종의 지시 혹은 '협조'를 필요로 한다고 언급한다. 서로 모순되는 생산 관계가 전혀 존재하지 않더라도—계급 없는 포스트 자본주의 사회에서—상품 생산에서 다수의 전문화하고 흩어져 있는 노동자를 상호 연계시키는 복잡한 노동 과정은 지시·감독하는 대리인 없이 잘 작동할 수 없다. 이런 노동을 수행하는 엔지니어는 따라서 집단 노동자의 일부를 구성한다.

그런데 카르케디는 자본주의 생산의 모순적 특성이 다른 종류의 '지시·감독' 노동, 요컨대 그가 '감시'라고 명명한 노동에 대한 수요를 만들어낸다고 덧붙인다. 노동력을 통제하고 가치 증식 과정(valorization process)의 수요에 따라 노동력을 활용하는 이와 같은 노동은 순전히 계급 적대 관계에 의해서만 필요할 뿐이다. 따라서 이런 노동은 집단 노동 과정의 일부로 간주되지 않는다. 이는 오히려 '자본의 기능'이다. '자본의 기능'이라는 용어 뒤에 숨어 있는 발상은 초기 자본주의 혹은 소규모 자본주의에서 개별 자본가들이 수행하던 원래의 역할을 체계적으로 집단화한다는 것이다. 더 이상은 단일 개인 혹은 가족 그룹이 이와 같은 감시 기능을 수행할 수 없다. 대규모 현대 산업에서는 전문 경영인이 자본가를 위해 가치 증식 과정을 감독하는 역할을 해야만 한다. 자본주의적 기업과 노동 과정이 규모와 복잡성 면에서 증가하고 있기 때문에 '자본의 집단적 기능'이 경영자와 엔지니어에 의해 수행되고 있음을 우리는 목도한다. 이들 경영자와 엔지니어를 카르케디는 '새로운 중간 계급'이라고 부르는데, 이들의 노동은 협조(조직화에 필요한)와 감시(자본을 위한 관리)의 혼합물을 변화시키는 것을 포함한다.

카르케디의 논점은 지시·감독 노동이 협조냐 혹은 감시냐에 따라 집단 노동자의 일부 혹은 자본 기능의 일부일 수 있다는 것이다. 이는 감시를 우선적으로 혹은 배타적으로 수행하는 이들이 모호한 위상을 지닐 수밖에 없음을 의미한다. 그렇지만 이는 경험적으로 거의 의미가 없어 보인다. 실제 자본주의 노동 과정에서 감독 노동과 협조 노동을 어떻게 구분할 수 있는가? 노동자 입장 또는 엔지니어와의 관계에서 보면, 노동자가 받는 지시는 생산의 비착취적 방식에서도 필요하다는 것이 문제인가? 노동 과정이 자본주의 경영에 의해 상하 위계적으로 조직되었다면, 어떤 지시 사항도 그것이 필요하건 혹은 '합리적이건' 부득이 경험해야만 하는 것으로 보인다. 실제로 이런 조정 작업은 가치 증식이라는 긴박성과 통제 필요에 의해 만들어져 조정 혹은 협조로서 작업의 성격이 모호해지기 쉽다.

자본주의 아래서는 노동 과정이 집단화한다는 카르케디의 주장은 분명 타당하다. 사실상 초콜릿에서 제트 비행기에 이르기까지 모든 상품의 생산에는 수많은 다양한 노동자의 노동이 관여한다. 상품을 생산하는 단일한 노동자 혹은 그룹은 존재하지 않는다. 이 집단적 노동 과정에서 엔지니어를 포함한 서로 다른 종류의 임금 노동자가 다양한 육체 및 정신 노동을 수행하지만, 이들은 마르크스가 설명한 것처럼 동시적 통합과 모순이라는 독특한 관계 속에 조직화되어 있다.

> 자연적인 신체에서 머리와 손이 서로를 기다리고 있는 것과 마찬가지로 노동 과정은 손 및 머리 노동을 하나로 통합해준다. 나중에 이것들은 서로 나뉘어 심지어 죽음을 부르는 원수가 된다. 생산품은 개인의 직접 생산품이 되기를 멈추고 사회적 생산품이 된다. 집단적 노동자에 의해 공동으로 생산되는, 즉 자기 노동의 내용을 조작해서 오직 일부의 과업만을 수행하는 작업자의 결합에 의해 생산되는 사회적 생산품이 된다. 노동 과정의 협업적 특성이 점점 더 뚜렷해질수록 필연적인 결과로 생산적 노동에 대한 우리의 개념은 그 대리인인 생산적 노동자로서 더욱 확장되어간다. 노동을 생산적으로 수행하기 위해서는 우리 스스로 더 이상 수작업을 할 필요가 없다. 요컨대 여러분이 집단적 노동자 조직의 일원으로 거기에 종속된 기능을 수행하는 것만으로 충분하다.[54]

따라서 이는 단순히 자본주의가 노동자로부터 정신노동을 제거해 동일한 노동을 지배적 지위에 옮겨놓은 것이 아니다. 이보다는 노동 과정이 가치 증식 과정이면서 동시에 자본을 위해 이윤을 만들어내는 과정이기 때문에 노동 과정은 이 목적을 추구하는 방향으로 조직되었다. 이런 이유로 자본가는 노동 과정을 위계적으로 조직하고 노동 과정 구조 자체 내에서 감독과 지배 관계를 구축한다. '정신노동'이 노동자로부터 '박탈'된 것이든 혹은 그렇지 않은 것이든 자본에 의한 위계 구조 아래 정신노동이 놓이면서 직접적으로 감독하지 않는 이들조차 '우월한' 이들로 보이게끔 되고 그들 스스로도 자신을 그렇게 본다. 정신노동자들이 실제로 다른 이를 감독하는 곳에서는 공공연하게 갈등이 발생할 기회가 많아지는 게 사실이지만, 모든 종류의 정신노동은 감독 노동이든 아니든 위계적인 노동 과정이 만들어짐으로써 또 다른 종류의 노동과 맞선다. 그로 인해 노동 과정은 집합적이지만, 그 집합적 특성은 이와 같은 위계적 조직화에 의해 모호해진다(아마도 한편으로는 에드워즈(R. Edwards)가 주장하듯 정신 및 육체 노동의 결합을 막기 위해서).[55] 대부분의 엔지니어는 집단적 노동 과정의 일부다. 집단적 성격과 위계적 특성 사이의 모순이 엔지니어를 임금 노동자의 일부이지만 다양한 방식으로 자본과 연계되어 있는 애매한 사회적 지위에 자리매김한다.

여기서 중요한 것은 이 모호한 중간 지위에 있는 이들의 정확한 사회적 위상을 대부분의 정적이고 분류적인 계급 분석 연구가 추구하는 방식으로 생산 양식 구조로부터 간단하게 '읽어낼 수'는 없다는 사실이다. 그보다 카르케디 분석의 수정 버전은 노동-자본 상관관계의 역학이 이들 중간 노동자(엔지니어 같은)에 대한 필요성을 확립시켜주고 이들 노동자가 파견된 곳에서 일련의 압박을 만들어낸다고 주장한다. 이런 모순적인 압력이 만들어내는 뚜렷한 결과는 사전에 주어지지 않는다. 즉 엔지니어와 다른 교육받은 노동자는 스스로를 노동자로서 정의 내리는 길을 선택할 수 있고, 육체노동자는 교육받은 노동자와 연대를 표명할 수도 혹은 거부할 수도 있다. 아울러 고용주는 다양한 방식으로 조직적 위계를 형성해 집단 노동자의 상이한 요소를 더 극단적으로 분리해놓을 수도, 한층 더 가까이 모아놓을 수도 있다. 계급 관계의 이러저런 측면을 어떻게 '알아낼 수 있을까'라는 문제는 대부분 역사적 질문이기도 하다. 이 책의 목적 중 하나는 오늘날의 계급 구조 논의, 특히 '새로운 중간 계급'에 대한 논의를 좀 더 확실한 역사적 토대 위에 위치 짓는 것이다.

비교 관점에서 계급

이는 계급 구조의 진화를 둘러싸고 현재 진행되는 논쟁이 제기하는 두 번째 문제로 우리를 이끈다. 프롤레타리아화와 새로운 중간 계급에 대한 대부분의 이론적 논의가 특정 국가의 역사를 주의 깊게 고려하지 않는다는 문제가 바로 그것이다. 실제로 대부분의 이런 이론이 계급 구조는 대개 어디서나 동일하며 자본주의 사회의 구조적 특질이라고 가정한다는 사실은 주목할 만하다. 즉 계급의 경계는 우리가 살고 있는 자본주의 사회가 어떠하든 동일하다는 것이다. 이런 부류의 주장은 점점 유지하기 어려운데, 특히 비교 연구가 이들 이른바 '계급'이 자본주의 사회에서 자신의 자격 취득 과정, 특권, 조직, 정치적 태도 등에서 아주 중요한 차이를 드러낸다는 것을 보여주었기 때문이다. 요컨대 사회 계급 논쟁에 관한 최신 기고문의 비판 목록에 또 하나를 덧붙여야 할지도 모른다. 즉 기존 논의는 계급 관계와 계급투쟁의 국가적 차이를 무시하는 경향을 보인다는 사실이 그것이다. 이 책의 한 가지 과제는 서로 다른 국가적 맥락에서 엔지니어가 어떤 사회적 지위를 지니고 있는지 조사함으로써 계급 구조에서의 국가별 차이를 설명하는 것이다.

물론 계급 관계에서 이와 같은 국가적 차이를 묘사하는 것은 충분하지 않다. 왜 이런 차이가 발생하는지에 대한 일종의 설명을 개발할 필요성도 있다. 누군가는 계급에 대한 구조적 접근보다 문화적 접근 방법을 개발할 필요가 있다는 논거를 펼 수도 있다. 갤리(D. Gallie)[56] 같은 저자는 생산 관계보다 국가 문화가 상이한 나라에서 계급투쟁의 패턴을 결정한다고 주장하며 이런 방향으로 옮겨가고 있는 듯하다. 비슷한 종류의 주장은 또한 저스먼, 웨일리와 크로포드가 수행한 엔지니어 비교 연구에도 함축되어 있다. 이들은 프랑스, 영국, 미국에서 볼 수 있는 엔지니어의 상이한 사회적 지위를 생산 구조의 차이가 아니라 주로 국지적인 문화적 차이에서 연유한다고 확신하고 있는 것처럼 보인다.[57]

이런 식으로 계급 관계의 구조적 토대를 모두 무시하는 주장은 구조가 모든 것이라고 주장하는 이들의 오류를 뒤집어놓은 것에 불과하다. 계급은 자연스럽게 우연적인 것이 된다. 즉 계급 패턴의 무한한 변이가 가능해진다. 그 때문에 자본주의 계급 구조의 다양한 버전 사이에서 관측할 수 있는 유사성을 설명하는 게 불가능해지고 있다.

따라서 우리로 하여금 특정 사회에서 계급 관계를 형성하는 구조적 영향과 역사적 힘 사이에 놓인 복잡한 연관을 탐색할 수 있게끔 하는 사회적 계급을 분석할 필요가 있다. 앞에서 요약한 카르케디 분석의 수정 버전은 그런 분석이 발전해가는 방향을 제시한다. 아울러 다양한 방식으로 계급 구조의 국가적 변이를 이해하는 핵심이 엔지니어 같은 교육받은 노동자로 이뤄진 모호한 '중간'을 분석하는 데 있음을 보여준다.

핵심 질문

엔지니어와 관련한 자본주의 및 자본주의적 사회 구조의 진화에 대한 최신 논쟁을 다룬 이 짤막한 개요는 아직 답을 찾지 못하고 있는 많은 핵심 문제를 시사한다. 여기서 이를 간략하게 개괄해보자. 이런 질문은 이 책의 다음 장들에서 전개할 분석의 주요 초점이 될 것이다.

1. 노동 조직화 일반과 특히 기술 노동의 조직화에서 볼 수 있는 국가적 차이의 기원은 무엇인가? 이는 단순히 역사적 사건인가? 아니면 구조적인 것을 포함해 다양한 요인이 특정 국가 발전 형성 과정에 상호 작용하는 방식에 대한 이론적 설명을 만들어내는 것은 가능한가?
2. 가장 '진보한' 사회와 가장 '진보한' 기술/산업이 나머지 자본주의 사회에 전형적인 기술 노동 조직화 방식을 보여주는가? 즉 일반적으로 기술 노동과 생산을 조직하는 특별한 방식으로의 역사적 수렴이 존재하는가? 그렇지 않다면 우리는 기술 조직화의 서로 다른 방식 사이에 놓인 역사적 관계를 어떻게 이해할 수 있을까?
3. 역사적 목적론과 전혀 다른 것, 즉 기술 노동(technical work) 혹은 노동(work)을 일반적으로 조직화하는 '모범 사례' 같은 것이 존재하는가? '성공적인' 경제는 다른 사회가 염원해야 하는, 혹은 염원할 수 있는 모델을 대표하는가? 다른 곳에서 발달한 조직화 양식을 빌려오는 것은 가능한가? 이렇게 빌려온 방식은 그 방식을 빌려준 사회에 존재하는 사회적 관계와 어떻게 들어맞는가?
4. 표면적으로 가장 '진보한' 기술 노동 조직 방식은 전통적 자본주의의 사회 모순을 해결할 수 있는가? 자본주의 '단계' 이론의 핵심은 새로운 발달(자동화, 유연 전문화, 노동의 새로운 분업, 포스트포드주의)이 노동과 자본 사이의 통합 기제를 확립함으로써, 혹은 생산 과정 내에서 기술 노동자의 수와 중요성을 늘림으로써 자본주의의 내적 모순을 극복한다는 견해다. 이는 현대 자본주의 전환의 결과를 정확히 읽어낸 것인가? 이는 기술 노동자의 사회적 지위에 대한 정확한 평가인가?
5. 상이한 자본주의 사회 속 엔지니어를 조사함으로써 우리는 현재의 계급 구조에 관해 무엇을 배울 수 있는가? 엔지니어와 육체노동자 그리고 경

영진 사이의 관계는 상이한 자본주의 국가에서 모두 동일한 것인가? 계급 관계가 동일하게 발현되도록 하는 시스템 같은 것이 자본주의 내에 존재하는가? 혹은 계급 구조와 이 구조 내에서 엔지니어의 위치가 역사적으로 어떻게 발전했는지 밝힘으로써 새로운 중간 계급에 관한 구조 이론의 취약성을 드러낼 수 있을까? 엔지니어 같은 중간 그룹은 개별 자본주의 국가에서 계급 관계 패턴 형성에 어떤 역할을 하는가?

이 책의 기획

이런 주요 질문에 대한 우리의 탐구는 두 부분으로 나뉜다. 1부에서는 산업자본주의 6개국, 곧 영국, 미국, 프랑스, 독일, 스웨덴, 일본의 엔지니어에 관한 역사적 사례 연구를 소개한다. 이 여섯 가지 사례 연구의 저자들은 서로 다른 양상의 자본주의 사회, 초기 산업화 국가에서 아주 최근 산업화한 국가에 이르기까지 서로 다른 사회에서 엔지니어의 상황을 조사한다(국가가 주요 경제 행위자인 곳부터 전혀 그렇지 않은 곳까지. 현재 '성공적인' 것으로 보이는 경제부터 '쇠퇴하는' 것으로 보이는 경제까지). 각 사례 연구는 특정 국가에서 공학의 발달을 개괄하는데, 특히 계급 구조에서 엔지니어의 지위, 엔지니어와 국가의 관계, 엔지니어 조직, 공학 훈련과 경제 발전에서 엔지니어의 역할에 강조점을 둔다. 이 사례 연구는 우리에게 기술 노동자를 양산하고, 조직화하고, 사회적으로 정의하는 다양한 방식에 대한 조망을 제공한다.

2부에서는 1부에서 소개한 사례에 대한 이론적 분석을 전개한다. 8장은 앞서 논의한 여섯 사례에 기초해 기술 노동 조직화 방식의 유형학을 보여준다. 기술 노동 조직화와 관련해서는 네 가지 주요 시스템을 관찰할 수 있는데, 이 시스템은 실제 자본주의 사회에서 여러 가지 방식으로 조합되어 있다. 개별 모델이 서로 다른 역사적 시기에 영향력을 행사했다는 몇몇 증거가 존재하지만, 모든 자본주의 사회가 기술 노동 조직화의 단일 모델로 수렴한다는 단기적 예상을 입증하는 증거는 찾기 어렵다.

마지막으로 9장에서 우리는 엔지니어에 대한 분석이 선도적 자본주의 사회의 노동 조직으로의 수렴에 관한 논의, 아울러 그러한 수렴을 촉진하거나 지연시키는 엔지니어의 역할에 관한 논의에 한 줄기 빛을 제공하는가라는 문제를 다룬다. 우리는 엔지니어가 모범 사례라는 지위를 열망하는 생산 이데올로기의 입안자들이었음에 주목한다. 그런데 우리는 수렴을 향한 이런저런 압력이 실재하지만 국가의 차이를 유지해주는 강력한 힘 또한 존재한다는 결론에 도달한다. 그리고 여기서 엔지니어의 역할은 특히 중요하다. 엔지니어는 서로 다르게 조직화해서 받아들인 지혜를 걸러내고, 이를 서로 다른 사회에서 새로운 방식으로 변형시킨다. 엔지니어는 또한 내적 모순과 엔지니어 역할에 의해 발생하는 이해관계에 대한 자기 특유의 국가적 버전에 상응해 국가적으로 특화된 아이디어를 발전시킨다. 이로 인해 모범 사례의 국가적 버전이 탄생한다. 이들은 한 사회에서 다른 사회로 이전하기 어렵다. 왜냐하면 이들이 국가적으로 구분되는 산업자본주의 생산 비결을 반영하고 있기 때문이다. 자본주의와 마찬가지로 엔지니어도 내적으로 모순적이다. 그로 인해 엔지니어는 자신이 원할지라도 단일하고, 통일적이고, '정확한' 모범 사례의 대리인이 될 수 없다. 그들을 조직하는 각각의 방식, 그리고 생산을 조직하는 각각의 방식은 서로 동떨어진 경향이 있다. 모범 사례를 취하고자 하는 시도는 본질적으로 불안정하며 엔지니어의 역할 **때문에** 조금도 지속 가능하지 않다.

1부

사례 연구

2

영국의 엔지니어
지속성에 대한 연구

크리스 스미스 · 피터 웨일리

마르크스는 영국을 전형적인 자본주의 사회로 평가했다. 하지만 일련의 비교사 연구는 보편적인 질(質)의 문제보다 오히려 영국 산업화의 독특성을 강조하는 경향이 있다. 영국의 산업화에서 배태된 산업 구조, 노동과 자본의 관계를 형성한 제도화 유형, 직업의 형성 과정, 그리고 교육 훈련 시스템 등은 모두 유럽적·국제적 측면에서 상대적으로 영국의 독특성을 분명하게 드러내는 질적 수준을 보여준다. 더구나 19세기 자유방임주의적 자본주의의 전형적인 구조는 독점자본주의와 국가 계획 경제 유형이 전 세계적으로 확산한 20세기까지 지속되는 모습을 보이고 있다. 다른 사회에서는 경영자본주의(managerial capitalism)가 대세를 이룬 것과 대조적으로 영국에서는 소규모 가족 경영 회사가 계속해서 주류로 남았다. 또한 다른 국가에서는 더욱더 대량 생산 체제로 나아간 데 비해 영국은 다품종 소규모 생산 체제를 유지했다. 국제적으로 대규모 사본 투자가 시대의 대세였으나 영국에서는 노동 집약적 기술과 장인 기술자에 의한 생산 현장 통제가 여전히 유지되었다. 다른 지역에서는 고용주가 자사 노동자를 회사 내로 통합시키는 걸 중시한 데 비해(요컨대 필요한 인력을 기업 내부의 기술 교육을 통해 충원했다) 영국 회사들은 외부의 노동 시장에 의존했다.[1]

이러한 특이성에도 불구하고 영국의 자본은 장기간 세계를 지배했다. 영국 자본의 엄청난 성공은 산업화 시기 이래 형성되어온 제도적 구조를 더욱 강화했다. 심지어는 전문 사무직 노동력이 성장한 경우처럼 기존 제도 및 조직이 시대에 부적합하거나 국제 자본주의 질서 내에서 벌어지는 발전에 역행하는 것으로 판명되었음에도 불구하고 그러했다. 물론 변화하는 외부 여건에 점차 적응하려는 시도가 있었으나, 전체적으로 영국의 산업화 경험을 특징짓는 구조·조직·관행 등은 지속되고 있다. 다시 말해, 미국이나 독일 방식이 좀더 현대적이며 역동적이라고 주장하는 개혁가들의 외침과 반대로 기존 전통과의 연계를 강조하는 목소리가 계속해서 우세한 경향으로 남아 있다. 영국의 산업 분야에서 전통과의 이러한 연속이 가장 강고하게 남아 있는 분야가 바로 엔지니어일 것이다. 19세기 중엽 이래로 엔지니어 양성 교육과 훈련 체계의 개혁 및 양성 인원 확대 요구를 계속해서 묵살당한 영국의 엔지니어는 전통에 대한 저항이 가장 강했다.

따라서 이번 장에서는 영국 자본주의의 구조적 특질이라는 맥락에서 영국 엔지니어의 형성 과정을 고찰한다. 왜 영국에서는 초기 산업혁명 시기에 형성된 각종 제도 및 조직이 20세기까지 지속되고 있는지, 그리고 이것이 그동안 시도해온 변용 과정을 어떻게 구조화했는지 입증할 것이다. 구체적으로는 영국 기업 경영에서 엔지니어의 주변부성(marginality), 장인 육체노동자와 사무직 엔지니어 간 유사성, 그리고 20세기에 이들이 노동조합으로 편입되는 과정 등 굵직한 이슈를 탐색한다. 또한 이처럼 중요한 직업 집단의 형성과 특징이 영국의 경제적 역량과 어떤 관련이 있는지, 아울러 19세기 중엽 이래로 기술 인력 양성 제도의 부적합성에 대한 지속적 개혁 요구에도 불구하고 이를 실현하지 못한 이유를 고찰한다.

영국에서 엔지니어란 무엇인가

뤼크 볼탕스키(Luc Boltanski)는 사회 내 특정 집단의 계급적 위상에 대해 논쟁을 벌이기 이전에 해당 집단의 형성 과정을 이해할 필요가 있다고 주장한다. 이런 경우 기능적 측면에서 이를 선험적으로 정의하거나 그 기원을 성급하게 목적론적으로 해석하려는 시도를 피하면서, 그것의 형성 과정을 탐색하고 간혹 그 결과로 여겨지는 정의(definition) 및 범주화 현상을 분석해야 한다.[2] 이러한 작업은 오늘날까지도 하나의 분명한 직업군으로 제자리를 찾지 못하고 있는 영국 엔지니어의 경우 특히 중요하다. 자격에 기초한 직업 위계를 설정하려는 정부 및 직업 조사위원회의 시도에도 불구하고, 오늘날까지 영국 사회에서 '엔지니어'라는 호칭은 자격이나 노동 분업의 위계 설정에서 여전히 모호하게 적용되고 있다. 예컨대 1984년 공학위원회(Engineering Council)에서 발간한 자료에도 엔지니어는 '공인 엔지니어', '회사 소속 엔지니어', '공학 기술자' 등으로 다양하게 명기되어 있다. 더구나 여느 사회의 경우와 달리 영국에서 엔지니어라는 용어는 육체 노동자와 전문 사무직 종사자 모두를 의미한다. 영국의 엔지니어는 육체 노동자 또는 장인으로 출발한 역사적 기원에서 탈피하기 어렵다는 점을 인식하고 있다. 그로 인해 지위 문제가 한 세기 넘게 엔지니어라는 직업을 괴롭히고 있는 것이다.

영국의 세조업 회사에서 전형적인 기술 관련 부서는 서로 다른 직급과 교육 배경을 지닌 다수의 기술직 직원과 소수의 부서 관리자로 이뤄져 있으나 모두가 '엔지니어'라는 호칭을 갖고 있다.[3] 간혹 조직 내에서 담당하고 있는 역할〔예컨대 제도실(drawing office), 기획부, 생산공학부 등〕에 상당한 차이가 있으나 직원들 간의 공식적 위계 구별은 거의 없는 실정이다. 영국전문엔지니어협회(United Kingdom Association of Professional Engineers, UKAPE)는 1980년 정부가 임명한 피니스턴위원회(Finniston Committee)에 제출한 보고서에서 공학에 대해 다음과 같이 서술했다.

> 고용주 특히 공학 분야 고용주 사이에서 자기 회사에 고용된 중등 기술자, 기술 엔지니어 그리고 전문 엔지니어 간에 중요한 차이를 두지 않으려는 경향이 있어 놀랍다. 많은 고용주가 자신이 고용하고 있는 기술 분야 직원을 서로 다른 직급을 갖고 있는 동일한 유형의 직원으로 간주한다.[4]

따라서 대다수 영국 산업계에서 자격과 기술적 지위는 그다지 큰 연관이 없다.[5]

엔지니어가 공식적인 자격 인증서에 기초한 직업으로 인정받지 못한 이유가 비단 중등 기술자나 현장 감독(foreman)이 엔지니어로 승진하지 못했기 때문만은 아니다. 그보다는 오히려 다양한 교육 배경을 지닌 사람들로 이뤄진 인력 풀(pool)로부터 기술직 인력을 채용하는 영국 고용주들의 관행이 강고하게 이어져왔기 때문이다. 따라서 이들 기술직 인력은 거의 모두 예외 없이 공장 현장에서 승진한 육체노동자와 작업 조건, 지위, 책임 등을 공유해야만 하는 기술직 경력 위계의 맨 아래에서부터 직장 생활을 시작한다. 공학사 학위 소지 졸업생을 직접 해당 대학교에 가서 기술직 직원으로 채용하는 경향이 1970년대 말 이래 빠르게 증가했음은 물론 오늘날 대다수 전문 엔지니어는 대학 졸업장을 갖고 있다. 하지만 학위 소지 엔지니어라 할지라도 취업 후 국가 공인 고급 자격증(Higher National Certificate, HNC)이나 국가 공인 일반 자격증(Ordinary National Certificate, ONC)으로 이어지는 다양한 시간제 기술 훈련 프로그램을 회사 근처(주로 지방)에 위치한 기술전문학교나 신설 대학교에서 이수해야 한다. 이러한 시간제 자격증 취득 과정은 통상적으로 정규 도제 교육의 한 과정인 공장 내 현장 실습과 연계되어 있다. 실제로 많은 수강생이 장인 과정을 이수 중인 도제들과 초반부터 기술 훈련을 함께 받는데, 이들은 도제 교육 기간이 끝날 때쯤에 이르러서야 서로 구별되는 교육을 이수한다. 도제 제도는 근본적으로 정부의 간섭 때문에 1979년 이후 25년 동안 빠르게 쇠퇴하고 있다. 1979년 집권한 보수당 정부가 노동조합이 영향력을 미칠 수 있는 모든 고용 관련 제도에 대해 개혁의 칼을 휘둘렀기 때문이다.[6] 당시 보수당 정부는 고용주가 주도하는 훈련 및 기업 위원회(Training and Enterprise Councils)를 설립하기 위해 전통적인 도제 훈련의 특징인 근무 기간제를 폐지하고 능력에 기초한 국가 공인 직업 자격증 제도(National Vocational Qualifications)를 수립했다. 유사한 맥락에서 보수당 정부는 1993년 말경 도제 제도 현대화 계획을 도입했다. 이는 부분적으로 국제적 차원에서 영국의 기술 교육 수준이 매우 낙후했다는 각성에서 출발했으나, 실제로 이 야심찬 계획을 실행하기 위해 활용할 수 있는 자료는 매우 부족했다.[7]

공학 학위가 승진할 때 점차 유리하게 작용하고는 있으나 대학 졸업장은 여전히 '배제하기 위한(exclusionary)' 자격증이라기보다 주로 개인적인 인적 자본의 원천으로서 기능하고 있다. 최근에야 기술 훈련만 받은 도제 제도 출신이 기술 관련 고위직으로 승진하는 것을 막는 장벽이 나타나기 시작했다. 그동안 관리자가 되는 경우 말고 상급 직책으로의 승진은 초반에 기술직으로 직장 생활을 시작한 직원에게는 단지 시간문제에 불과했다.

도제 제도 이수자의 고용에 집착하는 관행이 초래한 결과 중 하나는 영국의 공학 분야에 실습을 중시하는 이데올로기가 여전히 강하게 남아 있다는 점이다. 심지어는 고도의 기술 훈련을 받은 대학 졸업자들 경우에도 대학교의 정규 교육 과정을 통해 공장 현장에서는 전혀 배울 수 없는 지식을 습득했다고 자신 있게 주장할 수 없다.[8] 실력을 갖춘 공학 분야 지원자를 도제 제도를 통해 양성 및 채용할 수 있다는 인식이 고용주들 사이에서 점차 약화하고 있는 것은 사실이다. 하지만 공학 분야 학위 소지자를 채용할 경우 그중 많은 수가 제조업 문화를 제대로 체득하지 못할 것이라는 의구심을 여전히 떨쳐버리지 못하고 있다. 이는 부분적으로 학위 소지 엔지니어와 강고하게 노조화한 숙련 기능공 사이의 관계가 여전히 원만하지 않음을 반증하는 것이다. 그러나 다른 한편으로 이는 대학의 공학 교육에 대한 기업가들의 불신이 여전히 잔존하고 있음을 암시한다. 아울러 이는 결국 실습 위주 기술 교육과 사내 훈련의 가치를 긍정적으로 평가하고 영국 대학교의 공학 분야 교육 수준을 상대적으로 낮게 보려는 19세기 이래의 인식이 상존(常存)하고 있음을 반영하는 것이기도 하다.

많은 전문가 단체의 이의 제기에도 불구하고 영국에서 공학 분야는 전문가 단체로서 구비해야 할 원칙을 제대로 조직화하지 못하고 있다. 엔지니어가 되기 위해 이수해야 할 교육상 범주가 정해져 있지 않으며, 심지어는 어떤 공인된 호칭조차도 없다. 작업장에서 수행하는 일조차 '엔지니어'라고 부르는 인원이 처리하는 경우도 있다. 엔지니어는 경영적 또는 관료적 원칙 측면에서 전혀 조직화해 있지 않다. 영국에서 엔지니어가 관리 업무 분야로 진입할 경우, 이는 어떤 별도의 기술자-관리자로서가 아니라 순전히 개인 자격으로 그렇게 된 것이다. 극소수 엔지니어만이 직접적으로 다른 직원을 감독하는 책임을 지고 있다. 그리고 설계 사무실의 책임자나 이와 유사한 분야에서 책임자가 된 경우에도 좀더 높은 관리자로 승진하기는 여전히 힘들다. 왜냐하면 회계직이나 영업직 직원의 경우 더욱 빠른 승진 사다리를 타고 올라가기 때문이다.[9] 특히 설계 사무실의 경우 이들이 수행하는 일은 그 성격상 조직화한 수공업적 기술 모델에 가깝지만, 여기에서도 역시 공학은 어떤 구별된 직종으로 자리 잡지 못하고 있다. 기술직 직원은 기술자(또는 엔지니어)와 직원, 육체노동과 비육체노동 사이에 놓인 영국 사회의 장벽에서 분명하게 직원 쪽에 서 있다. 그리고 이들은 '일자리'와 임금(wages)보다는 오히려 '경력'과 봉급(salaries)이라는 용어를 더 선호한다.[10]

이것이 바로 사회학적으로 계급 및 직업 구분선에 대한 연구에 흥미를 갖게 하면서 동시에 끊임없는 정치적 논쟁의 주제로 부각되는 독특하지만 미(未)발달한 영국 기술직의 본질이다. 지난 100년 넘게 영국의 경제적 성과가 저조한 데 대한 책임은 영국 공학 분야가 지닌 낮은 위상과 과학기술 훈련의 상대적 결여에 있다. 그리고 한 세기 넘게 오래된 전통과 사회적 태도를 초래한 자금의 경제적 관행을 설명하는 방식에 의문을 제기하는 한편, 어떤 독특한 조직상 관례보다 오히려 그 이면에 놓인 역사적 배경을 고찰하는 작업이 더욱 의미 있을 것이라고 생각한다.

영국의 산업화

유럽의 다른 지역들과 달리 영국의 산업화는 국가의 개입이나 선도(先導)의 결과로 이뤄지지 않았다. 그러다 보니 이는 미국에서처럼 문화적으로 새로운 사회의 국가적 상징으로서 적격일 수 있는 경제적·사회적 엘리트의 과업이 아니었다. 신대륙 미국의 경우와 달리 영국에서 산업혁명은 저명한 장인, 자수성가한 사람, 땜장이 그리고 숙련 기능공들에 의해 이뤄졌다. 19세기 전반기에 영국이 기술적·경제적으로 세계를 주도하는 데 크게 기여한 증기 기관, 면방직 기계 그리고 각종 공작 기계는 바로 이들이 발명 및 제작했다. 빅토리아 시대 말기 "엔지니어들의 음유시인"[11]으로 평가받는 새뮤얼 스마일스(Samuel Smiles)는 다음과 같이 이들의 업적을 칭송했다.

> 잉글랜드에서 공학과 관련해 일어난 가장 놀라운 일 중 하나는 이 분야의 가장 중요한 업적이 순수 자연철학자나 수학자가 아니라 대개 미천한 신분의 독학자들에 의해 달성되었다는 것이다. 이 위대한 기계공들은 작업장에서 실제적 지식을 익힌 후 이를 자신의 육체노동을 통해 위대한 발명으로 현실화했다.[12]

무엇보다도 산업혁명 초기에 산업가나 수공업 장인이 보여준 자신감과 이들의 경제적 성공에 담겨 있던 가치가 당시 대두하던 야심찬 중간계급에게 전수된 것처럼 보인다. 그러나 19세기 중반에 이르면 이전에 많은 수익을 올리던 계층인 전통적 농업 분야 엘리트, 귀족 그리고 젠트리(gentry)는 산업 분야에서 대성(大成)한 인물들과 별다른 어려움 없이 동화될 수 있었다. 전통적으로 영국의 엘리트들은 물질적으로 풍족한 새로운 사회 집단에 상층부로의 편입을 허용하면서 동시에 그들에게 당대 엘리트 사회의 문화적 헤게모니를 수용하라는 일종의 반대급부를 요구했다. 이런 경우 산업가나 그 자식들은 '젠틀맨'이라는 문화적 표식을 받아들여야 했다. 일반적으로 '젠틀맨'은 가능한 한 시골에 있는 자신의 대농지에서 머물며 자식들을 주로 고전을 가르치는 퍼블릭 스쿨(public school: 사립 중등학교—옮긴이)에 진학시켰다. 그리고 자식들의 장래 직업으로 국가 관료나 식민지 공무원, 은행가 또는 새롭게 존경받는 직업으로 부상하던 의사나 법률가 등을 선호하고, 아이러니하게도 자신이 속한 공학 분야에 종사하는 것을 사회적으로 열등한 행위로 인식했다.[13] 하지만 이런 경향이 문화적 엘리트주의인지, 반산업주의 또는 산업 분야에서는 출세할 기회가 제한적인 현실에 대한 합리적 판단에 따른 인식인지 등의 문제는 여전히 논쟁거리로 남아 있다. 아래에서 바로 이에 대해 구체적으로 살펴볼 것이다.

이처럼 엔지니어를 문화적 영웅으로 인식하는 미국이나 국가 주도 근대화의 중개자로 인식하는 프랑스와 달리 영국에서 엔지니어는 19세기 초반 단기간 동안만 경제적 미덕의 옹호자로 평가받다가 곧 사그라져버렸다. 와트(J. Watt), 브루넬(M. I. Brunel), 스티븐슨(G. Stephenson) 등과 같은 인물 및 1851년 세계산업박람회로 대변되는 산업혁명의 절정기와 영광의 시기가 지나간 뒤, 19세기 후반기에 영국 사회에서는 산업 생산과 기술 정신이 중간 계급 및 상류 계급으로부터 외면당했다. 이런 변화가 초래한 즉각적인 결과 중 하나로 과학과 공학 분야를 학교의 정식 교과과정으로 채택하려는 근대화론자들의 시도가 무산된 것을 꼽을 수 있다. 심지어는 18세기 동안 젠트리 계층의 소일거리로 행해지던 순수과학마저도 19세기 후반에는 기계로 작동하는 활동에 의해 오염된 학문으로 인식됐다.[14] 정신과 인격의 함양 수단으로 고전 교육의 시민적 가치를 강조하는 학풍이 주류를 이룬 엘리트 양성 학교의 교과 과정에서 과학은 기존의 부차적 위치에서 더욱 구석으로 밀려났다.[15]

과학과 (더 한층 심하게는) 기술 훈련은 단지 노동 계급에게나 어울리는 과목으로 간주되었다. 설상가상으로 국가 간섭에 대한 강한 반대로 인해 이런 인식에서 벗어날 기미조차 찾아볼 수 없었다. 19세기 중반의 영국 중등 교육을 대표하는 인물인 매슈 아널드(Matthew Arnold)의 다음과 같은 언급이 이를 단적으로 보여준다. 19세기 영국인에게 "국가의 개념은 공동체에 대해 외계인의 힘이 작용하는 것만큼이나 매우 낯선 것이다. 이는 개인의 행동을 고양하는 것이 아니라 방해하기 때문이다".[16] 1820~1830년대에 짧게 유행한 기계공 강습소 운동은 한동안 산업혁명의 주역인 장인들에게 근대적 기술 및 과학 교육을 제공하는 요람으로 여겨졌으나 이러한 시도마저 19세기 중반에 이르러 사라져버리고 말았다.[17]

과학과 기술에 대한 영국 사회의 이런 문화적 배타성이 경제 측면에 끼친 영향은 19세기 후반에 이르러 표면화하기 시작했다. 1867년 파리에서 열린 세계산업박람회 초반부터 선진 산업국 영국이 그동안 누려오던 과학기술상의 우위에서 조만간 밀려날 것이라는 경고음이 들리기 시작했다. 두 번의 정부 조사는 특히 독일과 미국 같은 신흥 산업 국가들과의 경쟁에 직면한 상황에서 영국의 과학 및 공학 교육을 개선해야 할 필요성을 역설했다. 하지만 1868년 발간한 새뮤얼슨위원회(Samuelson Committee) 보고서나 1871~1875년의 데번셔위원회(Devonshire Committee) 보고서는 당시 영국 사회에 별다른 영향을 미치지 못했다. 기술 교육의 발전 필요성을 역설한 이들 보고서의 권고 사항은 단지 이후 쏟아져 나온 수많은 보고서에서 재탕되었을 뿐이다. 그중 대표적인 것들만 열거하면 다음과 같다. 1870년의 토목엔지니어협회(Institution of Civil Engineers) 보고서, 1881년의 기술 교육에 대한 왕립위원회(Royal Committee) 보고서, 1906년의 또 다른 토목엔지니어협회 보고서, 1929년의 산업 및 교역에 관한 밸푸어위원회(Balfour Committee) 보고서, 제2차 세계대전 이후에 발간한 필든(Fielden, 1963)·데인튼(Dainton, 1968)·스완(Swann, 1968) 보고서, 그리고 1970년대에 또 한 차례의 발간물 홍수를 겪은 후 1980년 《엔지니어링, 우리의 미래(Engineering Our Future)》라는 제목으로 발간한 피니스턴위원회 보고서.[18]

물론 19세기 동안에도 드물게나마 정규 교육을 받은 기술 노동력을 개선하려는 시도가 있었다. 하지만 과학 및 기술 교육의 주창자 입장에서 볼 때, 이러한 시도는 매우 미흡하고 뒤늦은 것이었다. 1881년 런던의 시티&길드협회(City and Guilds Institute)가 사우스켄싱턴에 설립한 센트럴인스티튜션(Central Institution)은 1893년 중앙기술칼리지(Central Technical College)로, 1901년 런던대학교 산하의 단과대로, 그리고 1907년에는 임페리얼칼리지(Imperial College)로 통합되었다. 그 밖에 시티&길드협회는 1880년대 이래 의욕적으로 지방 차원에서 기술 칼리지를 설립했는데, 그 최초의 사례가 바로 1881년 모습을 드러낸 핀스버리기술칼리지(Fibsbury Technical College)였다. 또한 1889년 제정한 기술교육법 덕분에 시간제 기술 교육에 필요한 재원을 확보할 수 있었다. 하지만 이러한 시도에도 불구하고 전반적으로 영국의 과학기술 교육은 특히 독일과 비교할 경우 매우 뒤떨어져 있었다. 심지어 1899년까지 영국에서 과학과 기술 분야를 전공한 대학생 수는 약 2000명에 불과했다. 장인을 대상으로 한 기술 교육 역시 결코 이보다 낫다고 볼 수 없었다.[19] 비록 수정궁박람회 직후 설치한 기예부(Science and Art Department)가 야간 학급에 출석하는 장인들을 재정적으로 보조하기 시작했으나, 그 수는 1900년에조차도 17만여 명에 불과했다. 이 정도로는 도제 제도를 대신하는 숙련 노동자 대체 공급원으

로 자리 잡을 수 없었다.[20]

장인 기술 관리, 엔지니어 그리고 기업

다른 한편, 영국 과학기술 교육사에 대한 논의에서 기술 훈련을 이수한 노동 인력의 공급을 제한한 요인으로 단순히 문화적 전통주의만을 고찰하는 것은 문제가 있다. 수공업 전통(craft tradition)의 지속 요인을 19세기 초반에 대두한 중산 계급이 기존의 귀족적이고 반(反)산업적인 가치에 문화적으로 동화된 결과이자 당대 사회의 지배적 분위기에 대한 나름대로의 합리적 대응으로 볼 수도 있기 때문이다. 이러한 가치는 19세기 동안 영국 사회에 널리 퍼져 있었다. 하지만 같은 시기의 다른 산업 국가와 비교할 경우, 이러한 가치만 갖고서는 엔지니어의 불안정한 운명, 도제 제도의 지속, 대학 기반 기술 교육 운동의 결여를 충분히 설명할 수 없다. 예컨대 프로이센의 중간 계급은 관료주의적 군사 엘리트에 대응하려는 강한 욕구를 과시했고, 프랑스에서는 상층 중간 계급의 경우 금리 수입으로 생활하려는 분위기가 팽배해 있었다.[21] 달리 말해, 반산업적 문화는 유럽의 다른 사회에서도 존재했으나 이들 국가에서는 영국과 전혀 다른 기술 훈련 체제가 형성됐다.

마틴 위너(Martin Wiener)[22] 같은 문화사가(cultural historian) 및 엔지니어의 사회적 지위에 주목하는 전문적 공학 옹호자들은 영국 고용주들이 거의 아무런 제약도 받지 않고 자신이 필요로 하는 기술 인력의 공급을 증감시킬 수 있었던 것으로 가정한다. 하지만 고용주들은 자신이 국가 주도 정규 기술 교육의 확대를 반대한 이유에 대해 다양한 주장을 제기했다.[23]

예컨대 국가 주도 교육을 통해 자신의 회사 및 특수 기계에 대한 중요한 사업상 비밀이 유출될 수도 있으므로 현실적으로 매우 위험할 수 있다는 게 이들이 내세운 가장 흔한 이유였다.[24] 기술 훈련을 지역적 차원에서 고용주와 노조가 협력해 통제하는 경우, 수공업 시스템은 시간제 이론 학습과 현장 실습 간 생생한 현장 경험과 잠재적으로 유용한 상호 이해를 제공하는 등 이미 어느 정도 정착되고 비용도 적게 드는 제도였다.[25] 좀 더 중요하게는 일종의 맞춤형 시장에 적합하도록 형성된 영국의 공장 조직 구조는 기술 교육을 이수한 엘리트 엔지니어를 거의 필요로 하지 않았다. 따라서 영국의 경우 단순한 공급 부족이나 문화적 배척 등과 같은 요인보다 오히려 '수요의 결여'가 한층 핵심적인 이슈였다.

리틀러(C. Littler)와 다른 연구자들이 주장하듯 대부분의 영국 산업체는 수공업 행정(craft administration)과 내부 계약이라는 원칙을 근간으로 이뤄져왔다.[26] 생산에 대한 조직과 통제는 고용주로부터 거의 아무런 간섭을 받지 않은 채 숙련 노동자들이 관장했다. 영국의 산업체는 이러한 육체노동자가 주도했다. 예컨대 1907년 영국에서 육체노동자가 아닌 행정이나 서기 같은 사무직 노동자는 전체 노동자의 8.6퍼센트에 불과했는데, 이는 당시 독일이나 미국에 비해 매우 낮은 비율이다.[27] 근본적으로 영국에서는 실질적인 공장 운영을 공장 내 노동 인력 채용을 좌지우지하던 숙련 노동자들의 '우두머리'가 장악하고 있었다. 심지어 고용주 측의 승리로 인해 공장 작업장에 대한 이들 노조의 통제가 와해된 1898년의 기계공 노조 파업 때에도 고용주들은 작업장을 조직하기 위해 숙련 노동자 시절을 거쳐 실질적으로 작업장을 장악하고 있던 현장 감독의 협조에 의존해야만 했다. 이러한 수공업사 양성 시스템은 단일 작업장 내에서 모든 것을 일괄 처리하는 방식에 매우 적합했다. 면방직 산업의 생산을 제외한

다른 산업 분야에서 영국의 제조업자들은 광대한 제국에 산재해 있는 다양한 소규모 시장을 상대로 한 물품을 생산했다. 이처럼 치열한 비즈니스 사이클과 얽혀 있는 과도하게 파편화한 판매 시장은 시설 및 장비 그리고 작업장 외부에서의 기술 훈련 등을 발전시킬 목적으로 대자본을 유치하기 곤란한 수요의 급변 현상만을 초래했다. 이런 유형의 시장에서 숙련 노동자를 유연하게 배치해 생산 효율을 높이는 능력은 나름대로 합리적인 경제적 선택으로 인정받을 수 있었다. 이러한 맥락에서 융통성이 떨어지는 대학 학위 소지자를 공장에 배치하는 대신 숙련된 수공업자를 통해 현장과 결합한 기술 지식을 유지하고자 한 것은 나름대로 의미 있어 보인다. 영국 산업계가 조직 상층부에 필요한 인원으로 대학 졸업자를 채용하려 할 때, 사회적으로 애매모호한 존재인 엔지니어보다는 오히려 당시 사회적으로 수용 가능했던 옥스퍼드와 케임브리지 출신의 '젠틀맨'을 그 주요 대상으로 삼았다.[28]

장인 시스템은 미국에서는 쇠퇴한 반면 영국과 독일에서는 잔존했다.[29] 하지만 영국과 독일의 시스템에는 중요한 차이가 있다. 1835년 도제 제도에 대한 법적 보호 조치가 종결된 이후 영국에서는 정부가 도제 제도를 규제할 만한 어떤 수단도 갖지 못한 데 비해, 독일의 경우에는 국가가 기능 인력 양성 분야에 적극 개입하면서 한층 중앙 집권화한 산업화 전략을 통해 도제 제도 통제 규정을 새롭게 제정했다. 이와 대조적으로 영국에서는 노동조합과 고용주가 시장 기구를 통해 노동 인력 수급을 관장했다. 이때 장인 모델을 염두에 두고 제정한 각종 규정이 엔지니어를 포함한 전체 등급의 노동 인력 수급에 적용됐다. 본질적으로 이러한 유형의 노동시장을 유지한 덕분에 영국은 같은 시기 미국 산업계에서 흔한 현상이던 숙련 노동자의 부족이라는 어려움을 겪지 않았다. 더구나 영국은 19세기 말과 20세기 초반에 미국 산업계를 강타한 합리화 물결 속에서 숙련공 노조가 와해되는 경험을 겪지도 않았다. 이에 비해 영국에서는 관리자가 특권적 권한을 갖기보다 기존의 분권화한 수공업자 시스템을 유지한 채 고용주에게 충성하고 신뢰감을 주는 기술직 직원의 수가 늘어났다.[30] 현장 감독, 관리자 그리고 기술직 직원의 고용주에 대한 충성심이 조직 결속을 강화한 반면, 생산 과정을 중앙 집중화하거나 수공업자 위주로 유지해온 행정을 관료제적 위계나 기술적 통제로 대체하려는 시도는 거의 없었다. 생산에 대한 통제권은 일종의 보조적인 지원 기능만을 수행하던 기술직 노동자가 아니라 생산 현장에 있는 현장 감독이 장악하고 있었다.

이처럼 영국에서 엔지니어의 제도화는 대학에 공학 교육 과정이 설치되고 발전하기 이전에, 그리고 대학의 과학기술 교육이 이론이나 실제 측면에서 산업계가 필요로 하는 공학 지식을 습득하는 데 필수적인 과정이 되기 이전에 이뤄졌다. 노동 계급보다는 오히려 중산 계급 출신의 배경을 갖고 있는 엔지니어는 간혹 도제 학습 이외에 개인 교습제(pupilage)을 통해 공학 지식을 습득했다. 그런데 개인 교습제는 수강료가 매우 비쌌다. 폴라드(S. Pollard)에 따르면,[31] 개인 교습제 비용은 50~600파운드에 달했고, 여기에 대학 교육비까지 더할 경우 그 액수는 더욱 늘어났다. 예컨대 철도 분야의 엔지니어가 되기 위해 개인 교습제를 이수할 경우 로렌슨(D. Lawrenson)의 조사에 따르면 60~100파운드의 비용이 들었다.[32] 이는 과정을 마치고 취업한다 할지라도 직장 생활 초기에는 엔지니어로서 받는 봉급으로 이를 충당하는 게 거의 불가능했음을 의미한다. 더구나 이런 과정을 거쳐 엔지니어로 성장하는 것이 노동 계급 출신 청소년에게는 거의 불가능했고, 그나마 문법 학교나 퍼블릭 스쿨을 졸업한 학생에게만 그런 길이 열려 있었다. 홉스봄(E. J. Hobsbawm)의 연구에 따르면,[33] 1880년대 어느 대규모 퍼블릭 스쿨의 남학생 70퍼센트가 장래 직업으로 공학을 선택했다. 그럼에도 불구하고 이처럼 특권화한 채용 방식의 범위를 과장해서는 안 된다. 왜냐하면 폴라드에 따르면, 이는 단지 개인 교습이나 별도의 도제 과정을 이수할 여력이 있는, 해당 분야에서 "최고 명성을 지닌 또는 가장 경험이 풍부한 전문가들"[34]에게만 해당했기 때문이다. 1917년 기계공업 분야의 기술 훈련을 조사한 한 자료에 따르면, 226개의 대표적 회사 중 단 43개 회사만이 개인 교습제를 유지하고 있었다. 육체노동을 하는 도제는 개인 교습제, 대학 졸업장 또는 협회 회원증 등 어느 것도 제대로 갖추지 못한 채 공장 내에서 전통적으로 형성된 위계를 밟으며 자신의 경력을 쌓아갔다. 왜냐하면 영국의 기계공업 분야 회사는 해당 산업계나 국가에서 설정한 어떤 기준도 없이 여전히 회사 자체가 정한 규칙을 적용했기 때문이다.

이러한 유형의 작업 및 훈련 모델은 20세기 초반까지도 거의 변함없이 유지됐다. 제1차 세계대전 동안 군수 산업을 중심으로 합리화 운동이 추진됐으나 장기적 측면에서 이것이 미친 영향은 거의 없었다. 그 대신 영국 산업계에서는 대량 생산보다 오히려 상품의 질을 우선하는 소규모 생산 중시의 풍조가 지속됐다. 1922년 공장 폐쇄 조치로 기계공업 분야의 숙련공 노조가 붕괴하고 결과에 따른 보상(payment-by-results)이 기존의 수공업 행정을 대체했으나 고용주가 기술 훈련을 책임지려는 시도는 거의 이뤄지지 않았다. 물론 합리적 계획은 부재했고, 시대적 대세였던 테일러 시스템도 미국과 달리 영국에서는 별다른 진전이 없었다. 물론 영국 공장에서도 시간 동작 연구(time-and-motion study)를 실시했다. 하지만 시간당 생산량은 여전히 논의의 여지가 있었고, 직종에 대한 합리적 분석보다는 관행과 경험에 의존했다. 더구나 1929년 촉발된 세계 대공황은 회사의 경비 절감을 위한 합리화 계획의 적용을 어렵게 만들었다.

그럼에도 불구하고 전간기(戰間期: 제1차 세계대전 종결부터 제2차 세계대전이 발발하기까지의 기간—옮긴이) 동안에는 기술 발전에 기반을 둔 산업체가 늘어나면서 기술직 직원의 수도 증가했다. 행정직·기술직·사무직 분야에 고용된 인원은 1935년의 경우 전체 노동 인구 중 15퍼센트, 그리고 1948년에는 20퍼센트를 차지했다.[35] 물론 이런 자리들도 정식으로 관련 기술 교육을 받은 인력이 단기적으로만 공급되는 상황이었으므로 인력이 필요한 경우 대부분 전직 숙련 노동자 출신자로 충원했다. 활용 가능한 기술 훈련을 받은 인력은 여전히 전통적 도제 제도, 개인 교습제, 주간 출석 학습 등을 통해 양성되었다.

이런 상황은 제2차 세계대전 이후에야 변화했다. 지속적인 기술 발전은 더욱 전문화한 기술 훈련을 요구했으나 스미스가 항공 산업 분야를 조사한 바에 따르면 정규 기술 교육은 느리게 확대됐다.[36] 제2차 세계대전 직후 단행한 교육 개혁에서도 기술 교육을 거의 강조하지 않았다. 고용주들이 자기 공장에서 훈련받는 도제 중 우수 인력을 선발해 그들에게 대학 진학의 기회를 주는 제도가 점차 확대되긴 했으나 회사 내 대부분의 기술직은 여전히 16세에 고등학교를 졸업한 후 사회로 진출한 장인 유형의 도제로 충원했다. 1960년대의 대학교 및 폴리테크닉(polytechnic)의 빠른 확대에 이어 1970년대와 1980년대에 이르러서야 영국 산업계에서 대학 교육을 받은 엔지니어를 쉽게 접할 수 있었다.

피니스턴위원회 보고서, 곧 《엔지니어링, 우리의 미래》의 결론과 유사한 내용을 담은 여러 정부 조사 보고서의 발간 및 피니스턴공학위원회(Finniston Engineering Council)의 노력에도 불구하고,[37] 영국은 여전히 기술 노동을 조직하는 데 독특한 유형을 유지했다. 영국의 고용주들은 자격증이나 해당 직종에서 획득한 타이틀 보유 여부와 무관하게 당사자가 업무를 능숙하게 처리하는 유연한 태도에 여전히 더 높은 점수를 줬다. 영국 기술 역사의 주요 특징으로 꼽히는 도제 제도와 사무직 경력 구조 간 불편한 결합은 다른 전문직 및 관리직 직원을 채용할 때 적용하는 방식으로 바뀌기 시작했다. 아울러 숙련공이 생산 공정을 통제하는 공학 분야의 관행은 다른 산업 국가에서는 이미 오래전에 사라졌음에도 영국에서는 오늘날까지 여전히 중요한 영향을 미치고 있다.

영국의 경제적 쇠퇴와 기술직 노동자

영국의 엔지니어에 대한 논의는 영국 경제의 쇠퇴 논쟁이라는 더 큰 틀에서 배태되고 이어져왔다. 그렇다면 양자 사이의 관계는 어떠했을까? 만일 영국의 기술 노동이 20세기 말 세계 경제를 선도하는 국가들의 그것과 다른 원리에 기초해 조직되었다면, 양자 간에는 그런대로 의미 있는 인과 관계가 있다고 볼 수 있다. 그럼 어떤 방향에서 양자의 관계가 유지되고 있을까? 영국의 경제적 쇠퇴가 가속화하면서 학계에서는 이러한 문제에 대한 논의가 활발하게 이뤄졌다. 그리고 최근 피니스턴위원회를 둘러싸고 달궈진 논쟁 덕분에 엔지니어에 대한 일반 대중의 관심이 재차 높아지고 있다.

20세기 동안 영국의 제조업과 자본주의가 쇠퇴해왔음은 부인하기 어렵다. 1980년대에 영국 경제의 쇠퇴가 가속화하면서 제조업 분야의 고용이 전체 노동 인구 2600만 명 중 1979년 710만 명에서 1992년에는 420만 명으로 감소했다.[38] 공장이 문을 닫거나 자본이 해외로 이탈한 탓에 영국 내에서 많은 일자리가 사라졌다. 예컨대 24개 영국 대형 제조업 회사의 국내 고용은 1979년 110만 명으로 전체 고용의 62퍼센트를 차지했는데, 1992년에는 이 수치가 65만 3300명으로 줄어들고 전체 고용에서 차지하는 비율도 42퍼센트로 떨어졌다. 육체노동자 고용 비율의 지속적 하락으로 인해 아이러니하게도 오늘날에는 엔지니어가 영국 제조업계의 고용 유형에서 가장 높은 비율을 기록하고 있다(예컨대 1991년 47만 4000명).[39] 엔지니어와 기술직 노동자는 상대적으로 증가했으나 전체 육체노동자 수가 1980년대 동안 지속적으로 감소했기 때문이다. 하지만 엔지니어 수의 확대도 제조업 규모의 축소라는 외부 환경 변화의 영향에서 자유롭지 못했다. 아울러 제조업 쇠퇴와 대조적으로 다른 한편으론 일반 관리직과 서비스 계통 전문 직종이 크게 늘어났다. 예컨대 1984~1991년 공학과 과학 계통 전문직은 14퍼센트 증가한 데 비해 위의 직종들은 50퍼센트 넘게 늘어났다.[40] 다른 산업 국가처럼 영국에서도 대부분의 엔지니어는 남성이었다. 즉 1991년 전체 44만 5000명의 엔지니어 중 여성은 2만 9000명에 불과했다(약 15 대 1의 비율). 하지만 다른 선진 산업 국가와 비교하면 영국 엔지니어의 증가 폭은 여전히 낮고, 이런 경향은 대학 졸업자의 경우 더욱 심했다. 이처럼 상대적으로 낮은 엔지니어 수는 경제적 쇠퇴와 어떠한 관련이 있을까?

피니스턴위원회를 둘러싼 논쟁이 전개되는 과정에서 잘 드러난 근대화 실패 이론(failure-to-modernize thesis)은 낮은 엔지니어의 수, 도제 제도의 지속, 정규 기술 교육의 느린 확대 및 시간제 교육으로의 쏠림 현상 등을 영국이 다른 선진 산업 국가와 보조를 맞추는 데 실패한 징표이자 원인으로 본다.[41] 이런 견해에 따르면 영국의 기술 교육과 훈련은 근대적 형태로 변화시킬 수도 없을 뿐만 아니라, 이를 시도할 만한 의욕도 상실한 오래된 제도적 관행이라는 덫에 걸려 있다. 이 이론에 의하면, 영국 대학 교육의 완만한 확대는 국제적으로 영국의 산업 경쟁력이 약화했음을 의미한다. "영국에서 공학 교육은 엔지니어 및 대학교가 이에 대한 필요성을 절감하지 못한 탓에 어려움을 겪었다."[42]

이 이론은 점증하는 세계적 경제 환경 아래서 영국의 제도적 장치와 기업 자본의 경제적 필요성 간에 불일치 상태가 심화하고 있음을 지적한다. 독일과 미국 그리고 최근에는 일본 등 선진 산업 국가들이 정립한 근대화 성공 요건을 감안할 때, 영국의 제도적 실상은 성공으로 이어지는 보편적 기준과는 정반대 양상을 보인다. 특히 대량 생산에 대한 투입이 부족하고 대학에서 공학을 전공한 인력을 관리 및 통제 직책에 배치하지 않는 분위기는 이런 낙후성을 드러내는 한 징표로 보인다. 이러한 접근은 다분히 비교적이며 평가적인 측면이 있다. 아울러 한 국가의 역사를 필요한 시점에 해당 사회가 동원할 수 있는 제반 수단을 고려해 사회적 동력의 가능성을 재구성하기보다 오히려 외적인 청사진과 반대되는 목적론에 입각해 성공과 실패라는 이분법으로 해석하려는 경향이 있다.

이러한 관점은 자본주의화한 사회들 간 경제적 발전 상태를 측정 및 비교하기 위해 가장 진보적인 경제학 기준을 적용할 때에는 나름대로 강점을 갖고 있다. 분명히 자본주의는 단계를 거치면서 발전한다. 효율성의 기준이 바뀔 경우, 시장은 이런 변화한 기준에 보조를 맞추지 못하는 자본을 응징한다. 발전 상태를 판단하는 보편적 기준을 적용하는 것이 중요하긴 하지만 이러한 논의는 기능 장애, 실패, 혹은 제도적 결함보다는 다양한 유형의 지속을 설명하는 데 어려움이 있다. 왜냐하면 이것들을 특별한 역사적 조건에 대한 지속적인 합리적 반응이나 적응으로 간주할 수는 없기 때문이다.

나아가 자본이나 국가가 '국가 이익' 추구에 탁월한 합리성을 갖고 있다는 믿음은 국내 경제를 개혁하는 데 별다른 추동력을 발휘하지 못한다. (변화와 관련한 이런 도구 모델에 대한 논의는 찾아보기 어렵다.) 시티〔City: 영국 런던의 특별 행정 구역. 영국 중앙은행과 전 세계 주요 금융 회사가 집결해 있는 곳으로, 정식 명칭은 시티오브런던(City of London)—옮긴이〕로 대표되는 금융과 산업 분야 중 제조업이 고도로 국제화하고 양자가 서로 분리되어 있는 영국의 경우, 국내 제조업은 언제나 취약한 환경에 처할 수밖에 없다. 바로 이것이 영국이 유럽의 다른 산업 국가와 다른 점이다. 그 이유가 무엇이든 이에 대해서는 상세한 역사적 분석이 필요하다. 이런 관점은 영국이 이룩한 발전의 내적 동력을 밝혀내기보다 다른 국가들의 역사를 영국의 경우를 평가하는 데 적용하는 것과 같기 때문이다.

이와 대조적으로 '기능 적합성 이론(functional fit thesis)'은 영국의 공학을 실상 그대로 이해할 필요가 있음을 역설한다. 이 이론은 기술 인력 양성 교육 및 훈련 구조와 영국 경제의 필요성 사이의 상호관계 혹은 '적합성' 여부를 강조한다.[43] 이에 따르면 영국은 신흥 경쟁국인 독일이나 미국에 뒤떨어진 게 아니라 전근대적 장인 기술에 기초한 노동 과정과 시대에 뒤진 기술 인력 양성 제도에 몰입한 탓에 낙후한 것이다. 작업장을 중시하는 영국 산업의 조직 유형은 특이한 구조를 지닌 영국 자본과의 관계에서는 경제적으로 효율적이었다. 예컨대 폴라드는 영국이 기술 인력 규모에서 독일이나 미국에 뒤처져 있었다는 비판과 대학 교육보다 도제 제도를 통해 발전한 탓에 영국의 제도가 독점자본주의에 부적합했다는 비판에 반대 의견을 피력한다.[44] 폴라드는 오히려 이런 점들이 영국 자본에 직접적으로 이득을 가져다준 것으로 설명한다. 영국은 도제 제도 시스템을 활용해 실제적이면서 동시에 이론적인 기술 훈련을 전수했다는 것이다. 아울러 시간제 교육은 해당 지방의 필요에 적합한 저렴하고 유연성 있는 지식을 전수했다. 영국이 독일이나 미국식 엔지니어 양성 체제를 채택해야 했음에도 그렇게 하지 못했다고 상정하는 것은 각국별로 독특한 기업 형태, 경제 구조, 기술 훈련의 필요성 등 제반 요소 사이의 관계를 고려하지 않는 태도라고 폴라드는 주장한다.

좀더 일반적인 수준에서 '기능 적합성 이론'의 지지자들은 대학 교육 확대와 경제적 발전 사이에 직접적 관련이 있다는 가정에 의문을 제기한다. 후발 산업 국가들이 능력을 구비한 기술 인력을 양성하고 도제 제도와 더불어 대학을 유능한 기술 인력 공급처로 활용하고자 했을 때, 이들의 유일한 목적은 영국의 경제적 발전 수준을 따라잡는 것이었다고 폴라드는 말한다.[45] 독일이나 미국의 경우 정규 교육은 선도 국가인 영국을 추격하는 데 한층 비용이 적게 드는 방식이었다. 더구나 엄밀한 의미에서 이들의 정규 교육은 이론적·실제적 기술 지식을 전수하고 있던 영국의 도제 제도만큼 발전한 것도 아니었다.[46] 장인 기술에 대한 통제를 바탕으로 영국에서 형성된 노동자의 분화 및 훈련 체제는 미국 같은 후발 산업 국가들이 경험한 테일러주의적 노동 분화 과정이 아니라 기술 교육이라는 간접적 방식을 통해 보완됐다.[47] 장인주의(craftism)는 정규적이고 관료적인 대학 교육 중심의 기술 인력 양성 체제에 의해 대체되지 않고 계속 이어졌다. 왜냐하면 기존 양성 제도의 구조적 뿌리가 워낙 깊고, 무엇보다 영국의 자본과 노동 모두 이러한 양성 체제로부터 이득을 얻고 있었기 때문이다.[48]

폴라드는 영국은 오히려 유기화학 같은 신산업 분야에서 독일에 뒤처져 있었다고 결론 내린다. 하지만 동시에 영국의 자본이 독일에서 발생한 과학자와 엔지니어 인력의 공급 과잉 덕분에 이득을 얻었다는 점도 주목할 필요가 있다. 왜냐하면 독일에서 직장을 구하지 못한 다수의 과학자나 엔지니어가 일자리를 찾아서 도버 해협을 건너 영국으로 왔기 때문이다. 스코틀랜드도 대학 교육을 통해 기술 인력을 배출하기는 했으나 이들도 잉글랜드에 있는 회사에서 일자리를 구했다. 이처럼 영국은 국제적 차원에서 형성된 전문 기술 인력 시장을 활용함으로써 자국의 기존 기술 인력 양성 과정을 개혁하지 않은 채 남겨둘 수 있었다. 어떤 면에서 영국은 신산업 분야에 뒤늦게 진입한 덕분에 이득을 얻을 수 있었다.[49] 왜냐하면 몬드(Mond), 후버(Hoover), GE, 마르코니(Marconi) 같은 기업이 영국이라는 대형 판매 시장에서 기술 발전을 이뤄냈기 때문이다. 이런 상황에서 영국은 그동안 자국이 거의 독점하고 있던 판매 시장을 불가피하게 다른 산업 국가와 공유할 수밖에 없었다. 아울러 이는 전통적인 제도적 장치를 일부 변경한다고 해서 해결할 수 있는 문제가 아니었다.

이러한 기능 적합성 모델은 역사적, 계급적, 제도적 측면에서 도제 제도의 지속을 설명하는 데 유용하다. 물론 대학의 기술 교육이 엔지니어 양성 방식에서 항상 가장 효율적이라는 것을 입증할 만한 직접적 증거는 없다. 그러나 이 적합성 모델은 근본적으로 기능적 특성을 지닌다는 약점을 갖고 있다. 이는 제도적 차원의 정비는 경제와 제도가 적합성을 담보하지 못한 상태에서도 장기간 지속될 수 있다는 점을 무시한다. 기본적으로 폴라드는 영국 경제 쇠퇴의 근원은 많은 역사가들이 지적하듯 19세기 말이 아니라 이보다 더 최근 시기에 놓여 있음을 입증하고자 했다.[50] 엘바움(B. Elbaum)과 라조닉(W. Lazonick), 가스펠(H. F. Gospel), 리글리(J. Wrigley) 그리고 그 밖에 제도주의자들(institutionalists)이 주장하는 것처럼 영국의 기술 훈련 체계는 19세기에 그 초석을 상당한 정도로 마련했다. 그런데 이런 상태가 적어도 20세기까지 지속됐다는 것은 영국 경제가 기대에 비해 기술 혁신과 경제적 역량을 달성하는 데 적응력이 부족했음을 암시한다.[51] 영국 산업계가 지역 혹은 개별 판매 시장에 집중한 것을 장인 시스템이 존속한 직접적 원인으로 꼽을 수 있다. 아울러 이러한 시도는 미국에서 시작해 유럽으로 전파된 대량 생산 체제의 대두라는 시대적 흐름에서 비켜난 채로 있었다. 국가가 기술 인력 양성 과정에 개입하지 않았다는 사실은 영국이 좀더 성공적이던 유럽 국가들의 경제와 그 노선을 달리했음을 의미한다. 엔지니어 양성 제도를 혼합하면 할수록 기술 인력의 사회적 지위는 더욱 모호하고 상치(相馳)되는 모양새를 띠었다. 이러한 기술 인력의 주된 변화는 영국에서 공학 문화의 발전을 억제하고 동시에 제조업 기반을 무너뜨리는 방향으로 작용했다.

앞에서 소개한 두 관점은 영국 경제의 예외적 측면을 강조하면서 이에 대한 핵심 요인으로 수공업 패러다임의 지속성을 꼽는다. 이 두 이론은 어느 쪽을 더 중시할 것인가라는 점에서만 차이가 있을 뿐이다. 하지만 이어서 살펴볼 세 번째 관점은 1890년대와 1900년대 동안 장인 전통에 진정한 단절이 있었음을 강조한다. 즉 영국은 예외성을 고수하기보다 독일이나 미국 등 후발 산업 국가와 동조하는 방향으로 나아갔다는 것이다. 기술 교육의 소폭 확대, 전문가 단체 회원 수의 증가(1880년 8047명에서 1914년 4만 375명으로), 전문가 단체에 의한 시험 제도 도입, 미국에서 전파된 테일러 시스템 적용, 전통의 강고함이 다소 희석된 도제 제도의 도입 등 이 모든 변화가 정신노동자와 육체노동자, 엔지니어와 수공업자 사이의 전통적 관계를 새롭게 설정하는 방향으로 이끌었다. 처음 두 분야의 변화는 특히 다른 곳에서 일어난 변화와 비교할 때 전통적 작업장에 매우 미약한 재조직만을 초래한 것처럼 보인다. 이런 관점은 공식적이고 추상적인 지식을 실제적 경험보다 중시하면서 장인 노동자와 관리직 사이에

기술 계층의 존재를 인정하는 것처럼 보인다.[52]

이 이론은 기술 인력 양성 측면에서 유럽 국가들 사이에 다양성이 내재해 있음을 전제한다. 하지만 이런 다양성은 새로운 노동 분화가 사적 자본(private capital)이 정규 공공 교육 영역과 공장 내 기술 훈련을 통제하려는 과정에서 일어났다는 사실을 희석시킨다. 이러한 과정은 노동을 장인 기술 전통과 구별되는 범주로 분리하는 데 기여했다. 맥거피(C. McGuffie)의 정의에 따르면, 이는 기술 관련 작업을 전문화하고 노동자가 지닌 지식이나 기술과는 별개의 '기술 정보'를 형성하는 데 도움을 줬다.[53] 이러한 접근은 19세기 후반 영국의 기계공업 분야 작업장에서 일어나고 있던 노동 과정의 재구조화 및 수공업 전통의 개혁이라는 불연속성을 강조한다.

이는 과정보다는 결과를 중시하는 관점이다. 예컨대 맥거피는 엔지니어의 형성에서 프랑스, 독일, 영국이 택한 서로 다른 경로를 인정한다. 하지만 이러한 분리된 경로 각각은 노동을 교육적으로 구조화한 범주로 확립하는 과정에서 공공 영역과 국가를 이용함으로써 정신노동자와 육체노동자로 분리되는 새로운 노동 분화를 초래하는 방향으로 이어졌다. 맥거피에 따르면 과정에서의 차이가 이러한 결과로 이어진 것은 3개 산업 국가에서 공통된 현상이었다. 이러한 논리에 따르면 정통 마르크스주의적 분석과 유사하게 전통적 실습과 유형은 새롭게 대두한 국가라는 요인에 비하면 그리 중요하지 않았다.

'근대화 실패론'이나 '기능 적합성 이론'과 달리 이러한 접근은 해당 시기 동안 교육과 훈련 측면에서 일어난 변화에 주목한다. 이는 또한 설계 사무실이나 수공업자가 섬차 하나의 단일 직종으로 발진하면서 디자인과 금속 제조업 분야가 별도의 직종으로 분리되고 있던 기술적 본질을 정확하게 지적한다.[54] 하지만 맥거피나 다른 연구자들은 숙련 육체노동자와 신생 기술직 사이에 상호 교류와 기술상 유사성이 지속되었다는 점을 간과한다. 다시 말해, 기술 관련 직업은 숙련 육체노동이라는 범주를 통해 확대될 뿐만 아니라 많은 경우 장인 노동의 전통과 조직 형태를 취하고 있다는 점을 제대로 주목하지 못했다.[55] 이는 전문성에 대한 통제권을 갖고 있는 전문 엔지니어 집단의 수중에 기술 지식이 집중된 시스템은 아니다. 영국 기계공업 분야의 특징 중 하나인 단일 작업장 내에서의 일괄 생산 체제는 공식적 권위는 현장 감독이 갖고 있으나 기술직 직원과 장인 노동자가 문제점을 해결하기 위해 필요할 때에는 공동으로 작업했음을 의미한다. 하나의 개별 집단으로 대두한 가장 초기 형태의 전문 기술직이라고 할 수 있는 설계사(draughtsman)는 줄곧 장인 노동자와 동일한 인력풀에서 장인 기술 도제 과정의 막바지에 있는 인원 중에서 충원했다. 그리고 관리직의 경우 직원의 애사심 함양을 위해 사무직의 경력 단계를 마련했으나, 이는 장인 노동자 패러다임에서 많은 것을 수용한 작업 조직과 불편하게 공존해야만 했다. 만일 정신노동자와 육체노동자 사이의 새로운 구분이 신기술 관련 직업에서 발생할 경우, 이는 기존 장인 노동자 시스템의 위계와 계속 경쟁해야만 했다. 미국의 상황과 달리 기술 인력 구조에서 새로 형성된 위계는 여기에 어울리는 특권과 관리자로서의 통제력을 갖춘, 자체적으로 작동하는 존재로 지속될 수 없었을 것이다.[56] 이보다는 오히려 혼합된 장인 기술과 경력 지향적인 원리 사이에 새로운 경쟁의 장이 마련됐을 것이다. 이것이야말로 영국 기술 인력의 구조를 지속적으로 대변하는 요소다.

그렇다면 처음 제기한 영국의 경제적 역량과 기술 노동 구조화 사이의 관계를 어떻게 설정할 수 있을까? 여기에서 우리는 심각한 고민에 빠진다. 이런 경우 아마도 스코틀랜드의 재판관처럼 '증거 없음'으로 판결하는 것이 오히려 손쉬운 해결책일지 모른다. 만일 경제적 성공을 달성하는 데 유일한 최선의 길이라는 근대화 이론의 주장을 거부할 경우, 영국 기술 노동의 독특성을 독일이나 미국 또는 일본의 그것보다 더 열등하고 원래부터 존재했던 것으로 미리 전제할 이유는 없다. 한 국가의 경제적 성공 과정에서 대학 교육이 기여한 역할을 입증할 만한 분명한 증거도 없다. 이런 상황에서 우리는 심지어 오늘날조차도 도제 제도나 시간제 교육 제도로는 우수한 엔지니어를 양성할 수 없다는 주장을 흔쾌하게 수용할 수 없다. 물론 엔지니어를 영국 기업의 수뇌부에서 배제한 것이 영국 경제 성장에 불리하게 작용한 사례를 발견할 수는 있다. 하지만 우리는 영국의 경우 산업 자본이 금융 자본에 지배당했다는 좀더 넓은 관점에서 문제를 살펴봐야 한다. 이런 상황에서 영국이 기술 인력 양성 훈련과 교육 시스템을 변경했다 한들 이것이 산업 자본에 대한 금융 자본의 우위라는 기존 경제 구조에 실제로 어떤 의미 있는 영향을 끼쳤다고 믿을 만한 이유는 거의 없다.

대변(代辯)의 정치학

영국 공학의 역사가 주로 회사와 공장의 작업장에서 벌어지던 조직 변화를 둘러싼 힘겨루기의 역사라 할지라도 엔지니어들이 집단적으로 대표성을 드러낸 것은 전문가 단체와 노동조합 같은 제도화를 통해서였다. 이러한 제도의 형성을 해당 직업의 역사 자체로 간주하는 것은 잘못이지만, 어쨌든 우리는 엔지니어 전문 단체의 형성 역사에 대한 고찰을 통해 영국 기술 노동의 구조화에 대한 또 다른 관점을 발전시킬 수 있다.

전문가 단체

영국 엔지니어 형성 역사에 대한 전통적인 설명에 의하면, 전문가 단체가 엔지니어 발전 과정에서 핵심 역할을 한 것은 당연하다. 어떤 인물이 해당 직업의 전문가인지 판단하는 기준은 전문가 단체의 회원인지 여부였다. 하지만 앞에서 고찰한 것처럼 이러한 인식은 매우 잘못된 것이다. 사실상 영국 기계공업 분야에서 노동 분화의 실제적 구조화와 전문가 단체는 거의 아무런 관련도 없다는 사례를 찾는 것은 결코 어렵지 않다. 그럼에도 불구하고 영국의 기술 인력 양성 체제의 형성 과정에 영향을 미친 수많은 요소 중 적어도 전문가 단체가 담당한 역사적 역할, 그리고 공학 분야에 대한 공개 논의에서 이들이 수행한 중요한 역할로 인해 전문가 단체의 형성 역사를 개괄적으로라도 고찰할 필요가 있다.

영국에서 엔지니어를 위한 최초의 전문가 조직은 1771년 결성한 토목엔지니어회(Society of Civil Engineers)였다.[57] 토목 엔지니어들은 운하 건설과 관련한 의회 청원서를 작성할 때 일종의 조언자로서 토지 지주들에게 고용되었다. 첫 번째 조직은 이들이 자문 비용을 받는 컨설턴트이자 전문가로서 엔지니어의 자율성을 강화할 목적으로 설립했다. 아울러 이들은 프랑스나 나중에 등장하는 독일의 기계공업 분야 조직처럼 국가 주도적, 군사적, 관료주의적 특징 대신 거의 전적으로 상업적 측면으로 나아가는 경향을 보였다. 토목엔지니어회는 전문적인 협회라기보다 신사들의 클럽에 가까웠다. 1818년에는 토목엔지니어회의 배타적이고 귀족적인 성향에 반발해 토목엔지니어협회가 등장했다. 이는 관련 분야에 대한 식자층 모임의 성격을 갖고 있었다. 요컨대 이들은 전문가이자 자본가로서 토목 엔지니어의 직업적 영향력을 결집하면서 관련 기술 지식을 확산하는 데 주력했다. 1828년 왕실 특허장(Royal Charter)을 얻는 데 성공한 협회는 이후 엔지니어를 위해 고액의 자문료를 유지하면서, 개인 교습제를 통해 극소수 엔지니어만을 양성하는 방식으로 부르주아 및 귀족의 자제를 공학 분야로 유도하는 데 성공할 수 있었다. 근본적으로 왕실 특허장은 엔지니어에게 실습에 대한 독점 권한을 부여하는 국가의 공식 허가서라기보다 일종의 법적인 결속 수단으로 활용되었다. 사실상 상당수 전문 엔지니어는 엘리트 집안 출신이라는 배경을 갖고 있었다. 그리고 1870년 이후로는 이튼(Eton), 해로(Harrow), 윈체스터(Winchester), 헤일리버리(Haileybury) 같은 유명 퍼블릭 스쿨에서도 공학 분야를 졸업생이 진출하기에 그런대로 괜찮은 전문직으로 간주했다.[58]

토목엔지니어협회의 회원이 되기 위해 엔지니어들은 현장에서의 실제 경험과 도제 훈련을 관장하는 마스터 같은 상급 엔지니어가 출제하는 필기시험을 통과해야 했다. 필기시험 제도의 도입은 엔지니어에 대한 대학 교육의 허용처럼 상대적으로 뒤늦게 이뤄졌다. 엔지니어라는 호칭은 대학이 아니라 공학 관련 협회에서 발급했다. 최초로 등장한 협회는 엔지니어라는 직업을 협의로 정의하려는 의도를 갖고 회원 자격을 엄격하게 통제했다. 기본적으로 건축이나 건설 프로젝트에 종사하는 기술자를 의미했고, 기계공업이나 제조업 분야는 제외했다. 기존 자금원인 토목 분야 자본과 새로운 자금원인 기계 분야 자본 사이에 불편한 갈등이 일어났다. 예컨대 새로운 산업 자본을 대표하는 엔지니어-기업가이던 스티븐슨은 토목엔지니어협회 회원 가입을 거부당했는데, 이것이 토목엔지니어협회의 라이벌 격인 기계엔지니어협회(Institute of Mechanical Engineers)의 설립을 촉발했다. 왜냐하면 이러한 에피소드로 인해 철도 산업 및 제조업 분야에 종사하는 엔지니어의 경우 자신이 토목엔지니어협회 회원이 되는 걸 뭔가 부적합한 것으로 인식했기 때문이다. 이러한 자각에서 출발해 마침내 1847년 기계엔지니어협회가 공식적으로 출범했다. 이 두 협회는 상업적 측면에서 당대 경제계를 망라했다. 자본가이자 급료나 자문료를 수임한 컨설턴트 엔지니어로서 이들은 높은 자부심을 갖고 있었고, 대부분의 회원은 다양한 계층 출신으로 자수성가한 인물이었다.

이처럼 서로 경쟁 관계에 있는 엔지니어 조직의 출현은 해당 직업을 특징짓는 전문가로 구성된 엔지니어 협회가 지속적으로 확산하는 데 표본적인 역할을 했다. 제도적인 경쟁 관계, 관련 기술 지식의 특수화, 신산업의 성장, 기존 협회 내에서의 분열 등 다양한 요인이 전문가 집단의 분화를 촉진했다.[59] 영국의 경우, 이는 노동 분화에서의 변화처럼 경제력이 정치력보다 우위에 있었음을 보여주는 증거다. 아울러 기술적 지식의 특수화는 전문가 단체 내에서 제도적 장치를 통해 범주화되었다. 나아가 이는 다른 무엇보다 엔지니어 전체의 이익을 우선적으로 대변하려는 정치적 논리에 의해서도 방해받지 않았다. 하지만 새로 출현한 신설 협회들이 표방한 목표는 서로 비슷했다. 즉 엔지니어의 범주를 협소하게 정의하고 회칙을 제정하면서 주로 연령을 기준으로 회원 내 등급을 정한 위계 체계를 만든 다음 최종적으로 통합된 지위와 왕실 특허장을 얻으려 시도했다. 그런데 이러한 절차는 기존 토목엔지니어협회의 사례를 모방한 것이었다. 이처럼 자유방임적으로 제도적 확산이 일어난 탓에 영국에는 과도할 정도로 많은 전문가 단체가 생겨났다. 예컨대 1850년 2개에 불과했던 전문가 협회가 1910년 17개, 1980년 80개로 늘어났다. 그리고 1995년에는 중요한 협회만 꼽더라도 39개에 달했다.

장기간 강고하게 유지해온 토목엔지니어협회의 엘리트주의는 기계엔지니어협회와 전기엔지니어협회(Institute of Electrical Engineers)의 수가 늘어나면서 약화하기 시작했다. 1886~1888년 기존의 3개 대형 엔지니어 협회가 소규모 전문가 협회들이 요구한 엔지니어 등록제를 무산시킬 목적으로 단합했다. 그럼에도 불구하고 새로운 협회가 급증했고, 이들은 하나같이 기존 토목엔지니어협회가 걸어온 길을 모방해 진정한 전문가 집단임을 보증하는 징표로 왕실 특허장을 획득하려 했다. 이러한 시도에 모든 단체가 성공한 것은 아니지만 말이다. 아무튼 이런 과정을 통해 왕실 특허장을 받은 협회와 그렇지 못한 협회 사이의 구분이 강화됐다. 1920~1921년 토목엔지니어협회는 "등록법을 통해 자기 협회 회원만을 중심으로 공학 분야를 축소하고" 동시에 '토목 엔지니어'라는 호칭의 허용을 제한하는 방식으로 법인체임을 표시하는 증서에 불과한 왕실 특허장을 배타적 인증서로 활용하려 했다.[60] 이러한 전술적 변화를 시도한 이면에는 공학 분야의 여러 협회 중 토목엔지니어협회를 전문가 단체 위계 사다리의 맨 꼭대기에 놓으려는 속셈이 있었다. (하지만 이런 시도는 시기적으로 너무 늦었고, 결국 다른 관련 협회들에 의해 쉽게 저지당했다.) 이어서 왕실 특허장을 받은 전문가 협회들은 이를 획득하려는 신설 협회의 시도를 방해했다. 또한 1926~1927년에는 '공학 등록 법안'의 경우처럼 신생 협회들이 추진한 기존 공학 관련 규정 변경 시도를 무산시켰다. 하지만 기존 협회들의 이런 방해 공작은 부분적으로만 성공했고, 그 결과 1960년대에는 15개 협회가 왕실 특허장을 획득하기에 이르렀다.[61]

이런 확산의 와중에도 수차례 자발적으로 관련 조직들을 적정화하려는 시도가 있었다. 1962년 왕실 특허장을 획득한 협회 중 가장 규모가 큰 13개 협회가 회동해 회원 자격과 시험 제도를 표준화하고, 관련 협회의 세력을 하나로 결집할 목적으로 공학분야합동위원회(Engineering Institutes of Joint Council, EIJC)라는 연합 기구를 설립했다. 1965년 왕실 특허장을 획득한 이 기구는 그 명칭을 공학단체위원회(Council of Engineering Institutes, CEI)로 변경했다. CEI는 기능인과 엔지니어로 나뉘어 있는 기존 자격 내에 새로운 위계(예컨대 특허장 획득 엔지니어, 협동 엔지니어, 공학 기술자)를 만들고 고용주들에게 이를 인정하도록 설득했으나 별다른 성과를 얻지 못했다. 그러던 중 CEI는 1981년 별도로 왕실 특허장을 받은 공학위원회라는 조직으로 바뀌었다. 이는 공학 분야를 통괄하고 산업계, 전문가 단체, 대학 교육 등에서 공학의 이해관계를 조정할 목적으로 창설한 기구였다. 피니스턴조사위원회(Finniston Inquiry)는 이 신설 통합 기구에 엔지니어 자격을 수여하고 개별 협회의 분파적 이해관계를 조정할 수 있는 법적 권한을 부여해야 한다고 강력하게 주장했다. 하지만 이는 엔지니어들에게 권한을 부여하는 데 전통적으로 거부감을 갖고 있던 협회 및 고용주들의 반대로 성사되지 못했다.[62] 설상가상으로 모든 전문가적 예외주의(exclusionism)에 적대감을 드러낸 대처(M. Thatcher) 정권 시대의 자유주의적 분위기 아래서 이러한 법적인 규정은 별다른 지지를 얻지 못했다.[63]

최근 개별 협회 간 통합 논의가 다시 제기되기 시작했다. 예컨대 1991년 전기엔지니어협회와 기계엔지니어협회의 통합 논의가 있었고, 공학 계통 출판물에서도 "정부는 무려 45개에 달하는 관련 협회를 정비할 시점이 도래한 것으로 믿고 있다"[64]고 논평했다. 하지만 동일한 책자에서 고용부(Department of Employment)가 일종의 '식자층 모임(learned society)' 성격을 띤 협회의 가치와 역사를 전혀 인정하지 않은 채 오히려 이들을 오늘날 경제 여건에 부적합한 존재로 여기는 것 같다는 우려를 표명하기도 했다.

공학 분야 협회와 노동의 분화

그렇다면 기술 분야의 노동 분화 과정에서 전문가 협회가 한 역할은 무엇일까? 이 질문과 관련해 영국의 전문가 협회는 고용주의 우위에 심각하게 도전해본 사례가 없었다. 매코믹(K. McCormick)의 연구에 따르면, "엔지니어에 대해 정부가 조사를 실시할 때마다 협회들은 정부의 개입보다 해당 협회가 알아서 조절하도록 내버려둬야 한다고 주장했다". 아울러 전문가 협회는 "유럽 대륙 국가들의 유형과 대조적인 영국적 공학 교육과 훈련을 유지하는 데 전력(全力)을 다하고 있는 것처럼 보였다".[65] 좀더 최근에 매코믹은 영국과 일본의 엔지니어 양성 과정을 비교하는 방법으로 이러한 고용주 위주의 주장이 나름대로 타당성을 갖고 있음을 입증했다.[66] 기술 인력을 둘러싼 제반 분야(기술 훈련, 조직, 배치 등)의 구조화에서 나타나는 양국 간 차이는 근본적으로 두 나라의 전형적인 기업 구조가 다르다는 사실에 뿌리가 있다고 그는 주장한다. 기업 규모, 소유권 관계, 전략 및 구조 같은 기업 구조상의 주요 요소가 엔지니어 양성을 담당하는 조직 간의 차이로 이어졌다는 것이다. 이런 면에서 영국에서 이뤄진 실제적이고 융통성 있는, 그리고 분산적이지만 자체 조절적 특징을 지닌 엔지니어 양성 및 훈련 체계는 기업 구조의 변화로 인해 학위 소지 엔지니어를 고용할 필요성이 고조되기 시작한 1960년대에 이르기까지 영국 기업들의 구조·전략·사업 등과 잘 맞아 떨어졌다. 이러한 영국의 경우와 대조적으로 일본 기업들은 시장에 기반을 둔 전문가 협회의 설립으로 연결된 기술 훈련 시스템에 대한 권한을 유지한 채 기업 성장의 초기 단계에서부터 대학을 졸업한 엔지니어를 필요로 했다.

이러한 기능 적합성 이론은 역사적으로 전문가 협회는 고용주의 이해

관계에 의해 좌우됐다는 점을 인정한다. 허가받은 전문가 인증서를 발행하려는 전문가 단체의 시도를 좌절시킨 것, 고용주가 통제하는 실제 경험을 중시하는 기술 훈련에 대한 지속적인 강조, 특수화와 분산화의 확산을 고무하고 공모한 점 등이 이에 해당한다. 영국 엔지니어에 대해 왓슨(H. Watson)이 정리한 바에 따르면 "협회의 위원회와 집행부를 관장하고 있던 성공한 엔지니어들은 간혹 자신이 고용주이거나 아니면 고용주의 이해관계를 반영하는 사람이었다. 그러다 보니 이들은 전문가로서 엔지니어의 이익을 반영하는 측면에서는 덜 적극적이었다".[67]

기업의 구조와 기술 교육 및 훈련 제도 사이에 직접적 상호 교류가 있었다는 관점에서 전문가 단체의 독립적 역할을 약화시키는 고용주 위주의 모델에 동감할 수 있다. 하지만 동시에 공학 훈련 제도를 만들고 지원하는 과정에서 고용주가 행사한 영향력은 일방적인 것이 아니라 전문가 단체와 상호 교류한 결과로 이해할 수 있다. 예컨대 1960년대에 고용주들이 단합된 목소리로 학위 소지 엔지니어 수의 확대를 적극 요구했음을 입증하는 직접적 증거는 찾아보기 어렵다. 적어도 국가는 고용주들의 단기적 요구를 지지하는 직접적 후원자로서보다는 이들의 장기적 이익을 고려하면서 행동했다고 볼 수 있다. 도넬리(J. F. Donnelly)가 주장하듯 어떤 면으로도 직업의 분화를 강화하는 공학 교과 과정이 대학 교육에서 구조화한 현상을 고용주의 이해관계가 직접적으로 반영한 증거로 간주할 수는 없다. 왜냐하면 이 경우 기업의 이해관계는 "분명한 목적과 효과적 행동"을 결여하고 있기 때문이다. 특히 기술 교육 분야에서 "대학 교육의 내용을 결정하는 일은 매우 복잡한 논의에 해당한다".[68] 이러한 도넬리의 주장에도 불구하고, 아주 최근까지도 공학 분야 직업의 분화를 극복할 정도로 공학 교육을 발전시키려는 시도가 대학 측에서 나왔다는 증거는 없다. 대학 교육은 실습의 역할, 고용주의 권한, 그리고 좀더 세분된 기술 지식 등을 강화했을 뿐만 아니라 엔지니어를 경영자나 기업체의 CEO가 아닌 단순히 기술 분야 전문가로 규정하는 선에서 머물고 말았다.

노동조합과 엔지니어

전문가 협회 및 노동의 분화 과정에서 고용주들이 누렸던 우위를 감안할 때, 급료를 받으면서 고용된 엔지니어의 물질적 여건을 보호하기 위해 전문가 단체가 수행한 역할이 전통적으로 거의 없었다는 사실은 결코 놀랄 만한 일이 아니다. 엔지니어의 수적 확대 및 회사의 직급 위계로부터 점진적으로 주변화하는 과정에서 엔지니어의 경제적 이해관계를 대변하고 향상시키기 위해 노력한 것은 다름 아닌 노동조합이었다. 20세기 전체를 통틀어 특히 1960년대에 대학교와 폴리테크닉에서 학위 소지 엔지니어를 대거 배출한 이래 노동조합은 기존 전문가 단체의 위상을 훼손하지는 않았으나, 노동자로서 엔지니어의 경제적 이익을 고양하기에는 취약한 처지에 있었던 것으로 평가받았다.

전문가 단체 및 노동조합을 중심으로 영국 엔지니어를 대표하는 역사는 서로 밀접하게 연결되어 있다. 전문가주의와 노동조합주의가 서로 갈등 관계에 있다는 것은 분명하지만, 미국이나 캐나다의 경우에는 영국에서와 같은 형태가 존재조차 하지 않았다. 전문가 단체의 해당 직업 분야에 대한 통제력과 인증서의 권위가 약할 경우, 엔지니어와 노동 운동 사이에 집단적이고 계급적인 관계를 좀더 긴밀하게 수립하기 위한 목적으로 노동조합주의를 활용할 수 있다. 전문가 협회에 대한 자본의 통제 및 임의적 노동 시장의 구조화에 대한 자본 측의 요구가 오히려 엔지니어들 사이에서 노동조합 및 노동쟁의가 한층 강력한 역할을 하도록 작용했다. 엔지니어의 노동자로서 지위가 강화되고 경영 영역에서 이들의 존재가 주변화함에 따라 시민 사회 내에서 이들의 위상은 약화했다. 이런 상황에서 노동조합이 엔지니어의 정체성을 전유하면서 엔지니어의 불만을 대변 및 동원하려 했음은 놀랄 만한 일이 아니다. 더구나 노동조합은 노조를 통해 자신의 이익을 집단화하려 한 엔지니어의 행동에 반대하면서 수동적 자세로 일관한 전문가 단체와 성공적으로 경쟁할 수 있었다. 엔지니어의 정체성을 확보하기 위한 이런 경쟁의 장에서 뒤틀림과 전복이 생겨난 이면에는 엔지니어의 모호한 계급적 위상이 놓여 있었다. 왜냐하면 엔지니어의 지지를 얻기 위한 목적으로 '노동자 계급', '중간 계급/전문가주의' 등과 같은 용어를 수사법(修辭法) 및 이데올로기로 동원했기 때문이다.

노동조합 내의 분위기가 엔지니어에게 적대적이었던 이면에는 정치와 계급이라는 2개의 키워드가 지배하고 있었기 때문이다. 서로 경쟁적인 노동조합은 정치적으로는 좌우로, 그리고 중간 계급 배제와 노동 계급 포용이라는 기준으로 분열해 있었다. 1960년대까지 전체적인 그림은 상대적으로 단순했다. 기계공업 및 이와 관련한 산업체를 중심으로 고찰할 경우, 장인 기술에 기초한 2개의 중심적 노조가 있었다. 이들은 여러 개의 소규모 단일 산업 분야를 대표하는 엔지니어 노조와 공존했다. 육체노동자가 주축을 이룬 많은 노조에도 내부적으로 사무직 분과가 있었으나 이는 소수에 불과했다. 왜냐하면 엔지니어와 기술직 직원은 통상적인 사무직 직원처럼 별도의 독자적인 노조를 유지하길 선호했기 때문이다. 하지만 이런 예외적인 노조도 노동조합회의(Trades Union Congress, TUC)에 가입했고, 장인 기술자 노조와 긴밀한 관계를 유지했다. 이는 공학 분야에서 근무하던 디자인 계통 종사자 대부분이 가입한 '설계사 및 제휴 기술자 협회(Draughtsmen and Allied Technicians Association, DATA)'의 경우 특히 그러했다.

기술 분야 최대 노조였던 DATA와 '과학·기술 및 관리 사무직 협회(Association of Scientific, Technical and Managerial Staff, ASTMS)'는 서로 다른 성장 전략을 추구했다. ASTMS의 경우에는 기계공업, 화학, 공공 영역, 은행과 금융에 중점을 두며 감독관, 관리자, 엔지니어 및 기술자를 회원으로 하는 조직의 중간 계급적 특질을 강조하면서 다양한 산업 분야를 망라하는 사무직 전략을 발전시켰다. ASTMS는 수많은 소규모 사무직 단체 및 조합을 흡수하면서 매우 빠른 성장세를 과시했다.[69] 엔지니어는 특정 분야에서 자율성을 갖고 있던 현장 감독과 구별되는 지위를 부여받았는데, 이는 엔지니어에게 자신이 현장 감독보다 우월한 위치에 있다는 자긍심과 중산 계급에 속한다는 정체성을 심어줬다. 이와 대조적으로 DATA는 단일 직종인 설계사를 모체로 삼아 여러 유형의 기술자 및 엔지니어 집단으로 그 범위를 넓혔다. 하지만 기본적으로 회원 모집을 공학 분야로 국한하고 관리직은 제외했다. 요컨대 나름대로 이념적인 이유를 내세우며 자신들이 일종의 '적'으로 간주한 관리직을 회원으로 받아들이지 않았다. DATA는 단결력이 남달랐고 원칙적으로 장인 기술 의식을 견지하면서 정치적으로 공산당을 지지한 노조였다. 그래서 작업 현장 노조, 특히 장인 기술 의식이 강했던 기계공업 분야 '통합엔지니어링노조(Amalgamated Engineering Union, AEU)'와 긴밀한 연대감을 유지했다. 아울러 조직의 지도자들은 독자적인 회원 자격을 유지해야 한다고 줄곧 주장했다. DATA는 엔지니어와 기술자는 노동 계급에 속한다는 점을 강조했으며, 노조 지도자들은 고급 기술자 집단이 내비치던 노동 계급과의 차별 의식을 중간 계급을 지향하는 환상이라고 비판하면서 이들의 가입을 허

용하지 않았다.[70]

1960년대에 시작된 엔지니어 양성 교육과 훈련 측면에서의 변화 덕분에 ASTMS은 회원 확보 전략에서 유리한 입장에 있었다. 그 결과 ASTMS의 성장세는 DATA에 비해 빨랐다. 직업적 이유보다는 정치적 이유로 인해 DATA는 사회적으로 엔지니어를 양산하던 시대적 흐름에 역행하는 방향으로 나아가고 말았다. DATA의 전략은 공학 분야 노조의 오랜 숙원인, 육체노동을 하는 공학 노동자와 사무직 공학 노동자를 단일 조직으로 통합하기 위해 AEU와 한층 긴밀한 연합을 이루는 것이었다. 이러한 전략은 정치적으로 공산당의 정책과 궤를 함께했다. 하지만 이는 엔지니어처럼 자신의 사회적 지위를 의식하는 집단으로 하여금 경계심을 갖게 만들었다. 스미스는 ASTMS가 엔지니어 대상 홍보용 책자를 통해 자신들이야말로 노동 계급이 아니라 중산 계급에 속하는 사무직 노조라는 예외성을 강조했으며, 육체노동자 노조와 결합한 DATA보다 사회적 위상이나 임금에서 우월하다는 점을 부각시킴으로써 DATA가 제시한 통합 전략을 어떻게 역으로 활용했는지 보여준다.[71]

1960년대에 사무직 노조가 급팽창하면서 여러 개로 분열된 엔지니어 계통 단체는 더욱 주변으로 밀려났다. 하지만 이런 상황 속에서도 이들 단체는 엔지니어 사이에서 전문가주의를 향한 점진적 발전과 새로 발견한 잠재성을 계발하는 데 깊은 관심을 기울였다. 원칙적으로 엔지니어와 노조가 일정한 간격을 유지하길 은연중 바라면서 공학 계통 단체는 엔지니어를 좌파적 성향을 가진 노조로부터 분리시키려 애썼다. 이런 목적을 위해 그들은 새롭게 전문화하기 시작한 대학 출신 엔지니어의 이해를 대변한 유사(類似) 노조, 즉 '영국전문엔지니어협회(UKAPE)'의 설립을 후원했다. 하지만 대다수 엔지니어는 여전히 대학 출신자가 아니라는 현실의 벽에 부딪쳐 이 신설 조직은 곧 회원 자격의 범위를 어디까지로 할 것인가라는 문제에 봉착했다. 정치적으로 고용주와 노동자의 협력을 강조한 UKAPE는 파업이나 소속 엔지니어의 다른 노조 가입 및 노동 운동 개입을 달가워하지 않았다. 더구나 공학 분야 고용주 단체로부터 후원을 받은 뒤로는 엔지니어에게 법적으로 허가증을 발급해야 한다는 캠페인을 전개하지 않았다. 오히려 기업 내에서 엔지니어의 활용 문제는 고용주의 처분에 맡겨야 한다는 방향으로 나아갔다. 기존 노조들은 곧바로 UKAPE의 이런 모호한 태도를 간파했다. 그래서 노동조합주의에 대한 UKAPE의 불분명한 태도를 강하게 비판하는 선전 활동이 거세게 일어났다.[72] 이미 수적으로 노조가 넘쳐나던 상황에서 신설 노조에 대한 고용주들의 이중적 태도 및 기존 노조와 TUC, 곧 노동조합회의의 강한 반대에 직면한 결과, UKAPE는 전문적인 엔지니어를 포용하는 새로운 길을 개척하는 데 실패했다. 노조의 힘이 강화되고 이로 인해 줄기차게 정부와 대결 국면이 벌어졌던 1970~1974년의 보수당 정권 아래서 새로운 노조의 성장은 여의치 않았다. 이로써 직업적·계급적 한계를 초월한 노조를 결성하려던 시도는 무산되고 말았다.

엔지니어만을 위한 중간 계급 성향의 노조를 결성하려던 또 다른 시도는 1970년대 중반에야 이뤄졌다. 이때 단일 산업 분야의 소규모 노조로서 그런대로 긴 역사를 갖고 있던 우파 성향의 '전기전력엔지니어연합(Electrical Power Engineers Association, EPEA)'이 명칭을 '엔지니어 및 관리자 연합(Engineers and Mangers Association, EMA)'으로 변경하면서 회원의 대상 범위를 공학 분야 전체로 확대했다. 이런 새로운 움직임은 엔지니어에게 EMA에 기입해 산업의 노조화 현상에 대항하라고 조언한 공학 분야 전문가 단체로부터 지지를 받았다. EMA의 출현은 즉각적으로 DATA

의 회원 확보 정책에 영향을 미쳤다. 당시 DATA는 '공학노동자통합노조(Amalgamated Union of Engineering Workers, AUEW)'의 일부로 있으면서 그 명칭도 '기술·행정 및 감독 분과(Technical, Administrative and Supervisory Section, TASS)'로 변경한 상태였다. 하지만 DATA는 분파주의를 반대하던 과거의 정책을 버리고 사회적으로 평판이 낮은 다른 기술자 집단과 엔지니어의 지위를 구별 짓자고 재차 강조하며 노조 내에서 하나의 교섭 단위로서 엔지니어의 독립성을 주장하기 시작했다. 엔지니어가 중간 계급적 태도에 영합하는 것을 반대한 이전의 정책과 달리 이제는 이런 성향에 대해 별다른 이의를 제기하지 않았다. 이처럼 DATA는 노조 내부적으로 정책의 변화를 꾀하는 선에서 머물지 않고 기존 노조가 장악하고 있던 영역으로 한발 더 나아갔으며, EMA의 세력 확대를 저지하기 위해 TUC로부터 집단 교섭권을 얻으려 애썼다. 정체성이 불분명했던 UKAPE와 대조적으로 EMA는 분명한 목표와 노조 세계에서 나름대로 계보를 갖고 있는 효율적인 조직이었다. 그럼에도 불구하고 이 조직 역시 엔지니어를 확보한다는 측면에서 특별히 차별적인 노선을 개척하지는 못했다. EMA의 회원은 1995년 3만 6690명으로 여전히 상대적으로 소수였고, 이마저도 전력공학이라는 원래의 산업적 기반에 집중되어 있었다.

한편, AEU와 통합을 이룬 후 TASS 위상 역시 변화했다. AEU 안에서 정치적 권리를 얻기 위한 운동은 지속적으로 TASS를 지배하고 있던 좌파적 성향을 위협했다. 이에 노조 지도부는 완전한 통합에 반대하는 방향으로 대응했다. 그 결과 1970년대 중반부터 통합 열기가 미지근해졌고, 1970년대 말부터 TASS는 새로운 성장의 길을 모색하기에 이르렀다. 1980년대 초반 AUEW가 분열하는 상황 속에서 TASS는 한 공장 안에서 작업하는 모든 공학 계통 노동자를 계속적으로 대표하길 희망하며 여러 개의 육체노동자 노조를 통합했다. 하지만 이런 과정에서 한때 서로 통합을 이룬 바 있던 우파 성향의 AUEW와 정치적으로 경쟁하는 상황에 처했다. 이런 유연한 대응과 정치적 책략이야말로 영국 노동조합주의의 시장-정치적 경쟁을 특징적으로 보여준다.

TASS가 육체노동자를 회원으로 수용한 반면, 우파 성향의 대규모 장인 노조인 '전기·전자통신 및 배관 분야 노조(Electrical, Electronic Telecommunications and Plumbing Union, EETPU)'는 사무직 영역으로 세력을 확장했다. 이 노조는 육체노동자로 구성된 노조 중 수적으로 가장 많은 전문직 엔지니어를 확보하고 있었다. EETPU는 '전기 및 기계공업 종사자 연합(Electrical and Engineering Staff Associations, EESA)'이라고 부르는 별도의 분야에서 직장협의회로 자리 잡고 있었다. EETPU-EESA는 1976~1990년 7개의 엔지니어·관리자·현장 감독의 직장협의회 및 1960년대 말에 등장한 4개의 이른바 '전문가 노조'—UKAPE, '관리 및 전문직 종사자 연합(Association of Management and Professional Staff, AMPS)', 제철산업관리연합(Steel Industry Management Association, SIMA), '감독 및 경영자 엔지니어 연합(Association of Supervisory and Executive Engineers, ASEE)'—를 흡수했다. 이들 조직은 모두 '전문가 배타성'을 기본 원칙으로 출범한 때문인지 기술자 출신의 사무직으로 구성된 노조에 극단적 반감을 드러내면서, 장인 기술 위주의 노조를 그대로 남겨두라는 입장을 취했다. 이처럼 전문가 노조를 육체노동자 노조에 잔류시켜야 한다는 식으로 직업적 배타성을 드러낸 부류는 근본적으로 우파적 정치 성향을 갖고 있었다. 이는 다른 나라에서는 몰라도 최소한 영국에서는 직업적 배타성보다 정치 활동이 노조의 형태와 특징을 결정짓는 한층 중요한 요소였음을 보여준다.

다른 이유들로 인해 TASS는 1988년 ASTMS를 통합했다. 통합 당시

60만 명(1995년에는 55만 2000명)으로 문서상 유럽 최대 기술자 노조인 '제조업 과학 및 금융(Manufacturing Science and Finance, MSF)'을 출범시키기 위해서였다. 이는 노조의 규모가 배타성을 압도했음을 의미한다. 또한 이는 하부 조직과 더불어 엔지니어를 교섭 단위로 수용하려는 시도에 대한 부문별 자율성의 승리이기도 했다. 1980년대 말부터 규모 확대를 추구한 노동조합주의가 부문별(예컨대 장인, 일반직, 사무직, 육체노동, 기술직)로 구성된 전통적 노조를 대체하기 시작했다. 사무직 노조와 육체노동자 노조를 부문별 또는 연합체별로 조직된 대규모 단일 노조로 흡수한 것이다. 제한적인 범주의 회원만을 고집해온 소규모 노조의 활동은 한층 광범위한 산업 관계라는 외부 환경의 변화로 인해 어려움을 겪었다. 이런 상황에서 노조는 주로 재정적인 이유로 통합을 환영했다. 이에 비해 고용주들은 사업상 목적을 위해 다양한 노동조합주의의 흐름을 극소수 교섭 단위로 엮으려 했다.

이런 새로운 환경에서 영국 엔지니어들은 노조에 가입할 때 정치적으로 서로 극단적 성향을 가진 3개 대형 노조, 곧 MSF와 '기계 및 전기 통합 노조(Amalgamated Engineering and Electrical Union, AEEU: 이 노조는 AEU와 1995년 83만 5000명의 회원을 갖고 있던 EEPTU의 통합으로 출현했다)', 그리고 직업적 배타성을 견지하면서 정치적으로 우파 성향을 견지한 상대적으로 작은 규모의 EMA를 놓고 고민스러운 선택을 해야 했다. 집단 교섭을 위한 기초 작업으로 직업적 배타성을 내세운 EMA의 계획은 지지를 얻기가 점점 더 힘들 것으로 보인다. 하지만 향후 노조의 구조적 유형을 결정하는 요소는 직업이나 계급이 아니라 정치가 될 것이다. 왜냐하면 전통적으로 노조의 유형을 결정하는 데 작용해온 직업이나 계급 같은 요소보다 오늘날에는 오히려 정치 쪽으로 균형점이 기울고 있는 것처럼 보이기 때문이다.

1960년대에는 엔지니어의 노조화나 전문가 단체 회원 여부를 이들의 계급적 지위를 나타내는 표식으로 보려는 경향이 있었다. 하지만 이 주제에 대한 연구는 엔지니어들이 전문가 단체와 노조 양자에 대해 극단적으로 실용주의적이면서 도구적인 태도를 갖고 있었음을 보여준다. 고용주들이 자신을 전문가로 인정해줄 경우 엔지니어는 그들을 지지했고, 그렇지 않을 경우에는 그들에게 동조하지 않았다. 어느 특정 노조가 현재 자신이 다니는 회사와 관련해 본인한테 유용할 경우, 엔지니어는 비록 정치적으로 이념이 다르더라도 주저하지 않고 가입했다. 예컨대 웨일리가 인터뷰한 엔지니어 중 다수는 TASS의 정치적 의제에 심한 혐오감을 갖고 있었으나 이에 개의치 않고 노조 회원으로 가입했다.[73] 왜냐하면 이렇게 하는 것이 현실적으로 자신한테 더 많은 이득을 가져다줄 것으로 판단했기 때문이다. 그럼에도 불구하고 영국에서 기술자 노조들이 표명한 정치적 견해는 어떤 형태로든 개별 엔지니어의 정치적 성향에 영향을 미쳤다.

노동조합과 노동의 구조화

그러므로 노조는 물론 전문가 단체도 영국의 기술 노동과 관련한 조직에서 중요한 역할을 수행할 수 없었다. 왜냐하면 양자 모두 노동자의 작업을 구조화하려는 고용주들의 시도에 효과적으로 대항할 수 없었기 때문이다. 고용주들은 다른 이슈에서 그랬던 것보다 더욱 경직되게 관리 분야를 기술 노동과 구별하려 한 경우에도 노조의 교섭 단위를 구조화시키려 했다는 증거가 있다.[74] 하지만 상황이야 어쨌든 기술자 노조는 노동 과정을 개혁하는 문제에 깊은 관심을 기울이지 않았다. 더구나 영국의 전형적인 기술 노동 구조를 맹렬하게 비판한 전문가 단체는 무기력하기만 했다.

그러나 1970년대 들어 영국의 기술직 직원들은 '새로운 노동 계급'의 일원임을 자임하면서 자체 경영 및 노동자에 의한 회사 통제라는 진보적인 작업장 형태를 요구하며 짧은 기간이지만 프랑스의 동료 기술자들과 연합하려는 것처럼 보였다. 비슷한 발전은 이탈리아 노조와 연합하려는 시도에서도 나타났다.[75] 이는 스웨덴에서 일부 엔지니어와 기술직 노조가 좀더 진보적이고 노동자들이 참여하는 생산 디자인 시스템을 주장하면서 테일러 시스템에 기초한 직업 설계에 도전한 것과도 연관이 있다. 이런 활동을 통해 이들은 한 직종 내의 작업 분화 및 경쟁보다 노동자 사이의 협력을 고양하려 했다.[76]

어떤 논평가는 1960년대의 영국에서도 DATA 같은 기술직 노조가 새로운 작업장과 계급 의식을 고무한 유럽 노조와 비슷한 길을 추종한 것으로 보았다.[77] 하지만 이에 대한 실제적 증거는 미약하다. 오히려 기술직 노조는 새로운 노동 계급 이론이 예언한 것처럼 자신의 새로운 요구 사항을 급진적으로 발전시키기보다 최선을 다해 육체노동자 노조의 관행을 따랐다. 그러나 1970년대에는 기술직 노동자와 강하게 연관된 새로운 움직임이 일어났다. 자신의 일터를 자본이 아니라 노동에 적합한 의제를 표방하는 직장으로 발전시키려는 노동자들의 계획이 바로 그것이다. 당시 일반 대중에게 가장 잘 알려진 계획은 기술직 노조들이 구성한 직장 노조 대표위원회가 루커스항공(Lucas Aerospace) 경영진의 일방적 회사 운영에 대해 탄력성 있는 일자리 계획을 과감하게 제안한 것이었다.[78] 특히 러스틴(M. Lustin)과 웨인라이트(H. Wainwright)는 일부 기업에서 노동자들이 제기한 계획을 검토하며, 혁신적인 노동조합주의가 영국에서도 대두했음을 엿보았다.[79] 요컨대 작업장 수준에서 회사의 운영 방침에 대한 경영자의 고유 권한에 노동자들이 심각하게 도전할 수 있었다. 시도된 여러 가지 계획에 기술직 노조가 개입했다는 사실은 놀랄 만한 일이 아니다. 디자인, 제품 생산 계획 및 협조 등을 기술직 노동자의 작업에 알맞게 조정했다. 아울러 제조업이 쇠퇴 일로에 있던 영국에서 자기 일자리와 기술을 지키려는 숙련 노동자의 욕구는 일상적 노동 경험에서 우러나온 생산자로서의 합리적 의식의 발로라고 볼 수 있다.

앞에서 언급한 내용을 숙고할 때, 영국에서 노동자의 경영 참여 계획은 노동당 정권 아래서 직장 노조 대표위원회의 활동이 정점에 도달했을 때 일시적으로 제기된 정치적 캠페인이었다. 이런 아이디어는 1980년대 초반 지방에 위치한 공장들의 경영 계획 속으로 파급됐으나, 이들은 당시 세력이 약화하면서 분열이 가속화하던 노동조합 운동으로부터 어떤 제도적 지원도 받지 못했다. 더구나 엔지니어의 교육과 훈련에 어떤 실질적 영향도 끼치지 못했다. 이런 계획은 항상 과장된 내용을 담고 있었다. 하지만 그럼에도 불구하고 사회주의 실현을 위해 작업장에 기반을 둔 급진적인 정치적 전략의 성공 가능성을 암시하는, 대표적인 아래로부터의 운동으로 평가할 수 있다. 아울러 이 과정에서 기술직 노조는 중심 역할을 했다.

결론: 지속성과 점진주의

영국의 엔지니어에 대한 위의 고찰을 통해 우리는 장인 기술 전통이 20세기에도 여전히 지속됐다는 점과 이것이 도제 제도 및 시간제 기술 교육으로부터 전일제 대학 교육으로 엔지니어 양성 시스템이 전환되는 와중에서도 공존했음을 재확인할 수 있었다. 심지어 1960년대조차도 영국에서는 대학 교육을 통해 전문 엔지니어가 되는 게 일반적 경로가 아니었다. 장인 기술에 기초한 도제 제도가 쇠퇴하기 시작한 것도 1960년대 들어서였다. 이런 추세는 전통적으로 기술 훈련을 책임져온 정부가 이로부터 본격적으로 손을 떼기 시작한 1980년대에 가속화했다. 그럼에도 불구하고 전형적인 영국적 특징으로서 엔지니어를 양성하는 다양한 시스템은 여전히 잔존하고 있으며, 엔지니어의 복잡한 대표성은 이들의 사회적 지위 및 계급상 위치를 더욱 애매모호하게 만들고 있다. 학위를 소지한 엔지니어의 수가 증가했다 해도 이들이 회사 경영진으로 승진할 수 있는 빠른 길이 마련된 것은 아니다. 더구나 이들의 정체성은 여전히 육체노동자를 암시하는 표식들로 인해 혼동되고 있다. 전문가 협회의 회원인지 여부가 특수직 노동자인지 여부를 판단할 때 실제 경력을 중시하는 토목공학, 건설, 일부 민간 부분에 종사하는 엔지니어와 별다른 관련이 없음에도 불구하고, 전문가 단체는 자신들이 엔지니어를 대표한다고 계속 주장하고 있다. 또한 고용주는 법적 허가권을 요구하는 엔지니어의 주장을 계속 반대하고 있다. 장인 노조는 사라졌고, 특수직을 대변하는 유사 노조 역시 적절한 대표성을 얻는 데 실패했다. 노동조합주의와 협회의 회원 자격은 양립 가능해졌으나 전문가 협회는 기술 교육과 훈련의 주체가 대학으로 옮겨가고 있는 시대적 흐름 속에서 이 분야에 관여할 수 있는 정당성을 상실했다. '유럽 엔지니어(European Engineer)'처럼 유럽연합이 발행하는 자격증의 신설이 엔지니어들로부터 호응을 얻고 있지만, 영국의 공학 분야는 구조적으로 취약한 데다 경쟁마저 치열해서 가까운 장래에 급진적으로 바뀔 것 같지도 않다.[80] 결론적으로 지난 세기에 영국이 걸어온 과정을 근거로 추측해볼 때, 앞으로도 영국의 공학 분야는 급격하게 바뀌지 않을 것이다.

3

미국의 엔지니어 분열된 집

피터 메익신스

만일 미국 엔지니어들이 자신의 정체성을 찾고자 하는 역사에서 하나의 지속적인 주제가 있다면, 그것은 전문가주의(professionalism)와 전문직화(professionalization)였다.[1] 독자적인 직업이라는 영·미 전통에 깊숙이 영향을 받고 노동자와 특히 노동조합을 심각한 의심의 눈초리로 보는 미국 사회에서, 라슨(M. S. Larson)이 "전문가의 프로젝트"라고 불렀던 약속된 '집단적 상향 이동'의 목표는 많은 엔지니어에게 강력한 매력으로 다가왔다.[2] 그럼에도 여러 이유 때문에 (적어도 그 전통적 의미에서) 전문가주의는 미국 공학의 현실과 양립할 수 없음이 드러났다.

우선적으로, 미국의 엔지니어는 높은 지위를 주장하고 진입을 제한함으로써 직업적 특권을 보호할 수 있는 독립적 엘리트였던 적이 결코 없었다. 애초 기업에 얽매이고 제약을 받는 엘리트로 출현했기 때문에 공학은 급속히 대중적인 직업이 되었다. 공학은 이제 미국에서 가장 평범한 직업 중 하나이며, 포괄성과 새로운 전문성 그리고 실습 형태를 병합할 능력이 두

드러진 직종이다. 그 업종의 규모만으로도 전문직화 같은 제한적이고 엘리트주의적인 프로젝트를 추진하는 데 하나의 중요한 장애를 갖고 있다.

게다가 미국의 공학은 지속적으로 깊숙이 분열된 직업이다. 공학에 대한 주요한 분석 중 하나가 "공동체 없는 전문직(profession without community)"[3]으로 묘사할 만큼 전공에 따른 익숙한 분리에 더해 엔지니어는 지위와 기능에 따라 계층화를 이뤄왔다. 미국적 문맥에서 '엔지니어'라는 용어는 매우 광범위하게 사용되었다. 요컨대 이 단어는 공학적 배경을 지닌 사장과 반복적인 기술 노동을 수행하는 저급한 실험 엔지니어만큼이나 다양한 개인을 통합한다. 이렇게 상이한 전문가들의 작업 경험, 물질적 조건이나 경력은 거의 공통점이 없다. 그 결과 전문가적 정체성과 효과적 폐쇄성을 토대로 한 일종의 직업적 통일성을 만들어내는 게 불가능하다.

끝으로, 미국의 고용주들은 엔지니어 사이에 진정으로 효력 있는 전문가 단체가 출현하지 않도록 지속적으로 저항했다. 엔지니어의 노동 비용과 이용 가능성에 대한 관심 때문에 동기화된 그들은 미국 공학을 위한 효과적인 폐쇄성이라는 메커니즘의 개발을 방해해왔다. 고용주들의 저항은 효과적이었다. 왜냐하면 전문가 지위를 성취하려는 미국 엔지니어들이 산업 사회 이전 엘리트의 지지를 얻을 수 없었기 때문이다. 아울러 주요 엔지니어 단체 내에 있는 엔지니어-관리자(engineer-manager)의 적극적인 활동으로 인해 그들에게 영향력을 행사하고 종종 효과적인 전문가 메커니즘에 이를 수도 있는 주도권을 빼앗겼기 때문이다.

그 결과 공학이라는 직업은 분명한 정체성을 갖지 못했다. 일부 엔지니어는 관리 쪽으로 이끌렸고(업무상 그렇게 되었다), 또 다른 엔지니어는 독자적인 전문적 정체성을 개발하고자 했으나 위에서 요약한 종류의 장애에 지속적으로 봉착했다. 마지막으로, 일부는 이따금 자신을 노동자라는 관점의 정체성 쪽으로 나아가려 했다. 하지만 이는 전문직화를 가로막는 동일한 세력에 의해, 그리고 전통적인 중간 계급으로서 자아상(self-image)을 거부하는 엔지니어 자신의 우려에 의해 차단당했다. 앞으로 분명하게 드러나겠지만, 공학이 방금 요약한 복잡한 장애물 앞에서 정체성과 조직의 형태를 발전시키고자 추구했지만 성공적이지 못한 것처럼 미국 공학의 역사는 대체적으로 내부 투쟁의 역사였다.

미국 공학의 출발

남북전쟁 이전 미국에는 극소수의 엔지니어가 존재했다. 초기 미국 엔지니어 역사와 관련해 주도적 위치에 있는 역사학자 대니얼 캘훈(Daniel Calhoun)은 "1816년 이전에는 공공사업을 진행하는 미국적 방식에 있어 엔지니어가 별도 유형으로서 명백히 고유한 것은 아니었다"[4]고까지 말한다. 토목공학은 19세기 전반에 직업적 전공으로서 출현했지만 그 성장은 느렸다. 1850년의 인구 조사는 당시 미국에 512명의 토목 엔지니어가 있었다고 기록했다.[5] 1865년 이전까지 미국은 기술적·관리적 정교함을 요구하는 대형 복합 조직을 아직 발전시키지 못하고 있었다. 미국인은 또한 규모가 크고, 중앙 집중적이고, 국가가 부담하는 공공사업에 의심의 눈길을 보냈다. 그 결과 특화된 공학 노동(engineering labour)에 종사하는 실질적 계급을 만들려는 수요가 거의 없었다.

비록 공학이라는 전문직이 대체적으로 미발달 상태였지만, 공학의 성격과 이를 수행하는 사람들에 대한 중요한 질문은 초기 단계에 이미 있었다. 기술적 전문성에 대한 수요가 커지면서, 누가 그것을 지녀야 하는가에 대한 질문도 제기되었다. 기술적 노하우는 특정 집단의 소유물이어야 하는가? 만약 그러하다면 미국 사회는 이 집단에 일종의 엘리트 지위를 부여해야 하는가? 이와 관련해 여러 방식으로 공학 발전에 국가의 개입이 필요한가라는 의문이 있었다. 국가, 특히 중앙의 연방정부는 산업과 엄밀한 의미에서 지식 노동력(knowledgeable workforce)의 발전 모두에 선도적이고 직접적인 역할을 해야 하는가? 혹은 이런 문제에서 국가의 개입은 부적절하거나 심지어 해로운가? 이 모든 문제는 부분적으로 초기 미국 공학 공동체 내에서 프랑스적 관행과 영국적 관행 사이의 긴장을 반영했다. 이러한 긴장의 초기 해결책은 분명하게도 미국적 방식의 공학이었다. 즉 이는 영국적 관행과 프랑스적 관행의 요소를 포함하고 있지만 어느 쪽도 닮은 것은 아니었다. 영국의 동료들과 달리 초기 미국 엔지니어는 육체노동을 넘어섰으나 프랑스의 동료들과 달리 그들의 지위는 국가가 아닌 산업체와의 결합을 반영했다.

어떤 면에서 초기 미국의 공학은 엔지니어를 위한 현장 훈련(on-the-job training)과 비공식적 고용이라는 영국적 패턴을 반영했다. 이것은 아마도 가장 중요한 초기 엔지니어의 고용주였던 사업체에서 특히 명백했다. 그 결과 운하 건설에서는 엔지니어를 위한 현장 훈련이 영국 스타일로 전개되었다. 예컨대 이리 운하에서는 좀더 능력 있는 측량반(survey crew) 우두머리를 승진시켜 엔지니어로 모집하는 것이 표준적 관례였다. 이런 종류의 비공식적 고용과 도제 제도는 19세기 미국에서 토목 엔지니어를 양성하는 가장 평범한 방식이었다. 그것은 또한 앞으로 살펴보겠지만 여타 공학 분야에서도 뿌리내렸다.

그럼에도 불구하고 영국과 유사한 이런 상황은 잘못된 길로 빠질 수도 있다. 왜냐하면 미국 엔지니어는 초기부터 산업 지도자와 연결되어 있었으며 영국 엔지니어보다 높은 지위를 유지했기 때문이다. 이는 분명히 1820년대 미국에서도 일어난 영국 노동자 강습소(workingmen's institutes)의 역사를 반영한 것이다. 브루스 싱클레어(Bruce Sinclair)는 그중 가장 중요한 것, 즉 필라델피아의 프랭클린 인스티튜트(Franklin Institute, FI)의 역사를 기술하면서, 이를 숙련 노동자의 권리를 보호하는 길드 같은 조직으로서가 아니라 노동자에게 기회의 평등을 촉진하기 위한 수단으로서 보았다는 점에 주목한다.[6] 불행하게도, 이는 그러한 기관이 목표로 삼은 관객들에게 지속적 호소력을 지니지 못했음을 의미했다. 과학의 기본 원리는 숙련 노동자에게 거의 가치가 없음이 판명되었다. 많은 경우 이는 그러한 기관의 소멸을 초래했다. 그러나 흥미롭게도 프랭클린 인스티튜트는 살아남았으며, 심지어 다소 다른 형태로 번성하기까지 했다. 싱클레어는 이것이 과학적 지식의 독특하면서도 "엘리트적인" 형태로 체계화하고 발전하는 기관이 되었다는 것에 주목했다. 이는 또한 미국 기계 제작소(machine shops)의 부상하는 지도력에 유용한 산업 및 기술 표준을 증진시키는 하나의 수단이 되었다.[7] 이러한 전환과 관련해 요점은 이 기관이 엘리트 지도력을 갖췄고, 19세기 중반에 이르러서는 기계 제작소 소유주와 부상하는 기계 엔지니어로부터 지도자들을 끌어낼 수 있었다는 사실이다. 그리하여 모순적이게도 미국적 사회 구조의 맥락에서 명백히 '민주적인' 기관이 산업 고용주와 연계해 탁월한 엔지니어 엘리트 형성에 중요한 역할을 했다.

초기 미국의 공학을 형성한 그 밖의 다른 주요 기관은 대학에 토대를 둔 공식적인 공학 프로그램이었다. 이는 19세기 선반 엔지니어의 높은 지위를 반영하면서 또한 강화되었다. 이런 학교는 소수를 위해 국가가 지원하는 공학의 프랑스적 전통에 강한 영향을 받았다. 그러나 미국인은 프랑스적 접근에서 비롯된 모든 영향을 받아들이지 않으려 했다. 그들은 (직어도 암묵적으로는) 강력하고 중앙 집권적인 국가와 밀접하게 연관된 공학 엘리트라는 관념을 거부했다.

남북전쟁 이전의 미국에서 최초이자 아마도 가장 중요한 공학 학교는 웨스트포인트(West Point)에 있는 미국군사아카데미(US Military Academy)였을 것이다. 독립전쟁 동안 신생 미국 정부는 군사 엔지니어의 필요성을 인정하지 않을 수 없었다. 그리하여 프랑스의 경험을 도입해 공병단(Corps of Engineers)을 만들고, 이를 뉴욕 주에 위치한 웨스트포인트 요새에 두었다. 기예와 학문을 가르치는 중심 기관을 창설해 프랑스 사례를 추종하려는 노력은 전쟁이 끝난 후 의회에서 폐기되었다.[8] 그럼에도 불구하고 공병단은 영구히 살아남았다. 1802년 미국군사아카데미가 웨스트포인트에서 문을 열었을 때, 공병단은 이 아카데미와 연계되었다. 웨스트포인트는 부분적으로 공병단과 민간 프로젝트를 위한 엔지니어를 훈련시키려 했다. 미국 공학 교육에 대한 프랑스의 영향은 1817년 실버너스 세이어(Sylvanus Thayer) 대령이 군사아카데미 교장으로 부임했을 때 강화되었다. 세이어는 파리의 에콜폴리테크니크(Ecole Polytechnique)를 모델로 웨스트포인트의 교과 과정을 명확하게 개혁하고 체계화했다.[9]

소수의 민간 공학 학교 또한 남북전쟁 이전 미국에서 출현했다. 1824년 뉴욕 주 트로이(Troy)에 위치한 렌슬러스쿨(Rensselaer School)—훗날의 렌슬러공대(Rensselaer Polytechnic Institute, RPI)—의 설립은 여타 초기 공학 학교에 대한 영향력 때문에 특히 의미 있는 일이었다. 이 학교는 "농부와 기계공의 자녀에게 실험 화학, 철학 및 자연사를 농업, 가내 경제, 기예 및 제조업에 응용하는 것을 가르치는"[10] 교육 기관으로 시작했다.

초창기에 이 학교는 흥미롭게도 주(州)의 후원 제안을 거부했다. 대신 이 학교는 개인의 후원을 받아 문을 열었다. 나아가 보통 사람들을 교육하겠다는 초기의 '민주적' 역점은 렌슬러공대가 4년제 토목 공학 프로그램으로 진화하면서 점차 퇴색했다. 이곳에서도 역시 프랑스의 영향력은 강력했다. 렌슬러공대의 공학 교과 과정은 파리의 중앙공예학교(Ecole Centrale des Arts et Manufactures)를 느슨하게 본받아 만든 것이었다.

그러나 이러한 공식적 프로그램들의 출현에도 불구하고 공학 학교는 남북전쟁 이전까지 상대적으로 소수의 엔지니어를 낳는 공간으로 남아 있었다. 웨스트포인트는 1802~1827년 겨우 121명의 공학 졸업생을 배출했다.[11] 20세기 초에 수행한 공학 교육 관련 조사는 1860년 미국에 100만 명당 1명의 엔지니어가 존재한다고 추정했다.[12] 엔지니어를 훈련하는 특별하고 비공식적인 방식이 이 시기를 통틀어 전형적인 것으로 남아 있었다. 미국이 국가에 토대를 둔 프랑스 스타일의 엘리트 엔지니어 양성과 사뭇 동떨어져 있는 동안, 영국적 사례와의 두드러진 대조 속에서 엔지니어들은 높은 사회적 신분을 즐겼다. 남북전쟁 이전 미국에서, 엔지니어의 지위는 상류층 및 산업계와 연계되어 있었다.

우선적으로, 대부분의 엔지니어는 높은 사회적 신분 출신이었다. 미국의 초기 토목 엔지니어를 분석한 존 레이(John Rae)는 그중 다수(아마도 대다수)가 상층 및 중간 계급 출신이라고 결론 내렸다.[13] (여성은 공학에서 배제되었기 때문에) 돈 있는 젊은 남성은 사회적 신분을 위협받지 않고도 하나의 경력으로서 공학을 열망할 수 있었다. 이는 19세기 후반까지도 그대로 유지되었다. 몬티 캘버트(Monte Calvert)의 미국 초기 기계공학에 대한 분석 또한 프레더릭 테일러(Frederick W. Taylor) 같은 고위 신분 출신을 언급한다.[14]

나아가 초기 미국 산업에서 엔지니어의 역할은 상층 계급의 사회적 정체성과 일치했다. 소수의 토목 엔지니어는 자신이 직접 사업을 하는 컨설턴트였지만 그들이 참여한 프로젝트에 금전적 이해를 갖는 게 상당히 일반적이었다. 게다가 엔지니어가 사업 책임자, 특히 정부의 건설 프로젝트에서 책임자 역할을 맡는 것도 가능했다. 엔지니어가 소유주 역할과 책임자 역할을 하는 것이 기계공학, 나아가 전기공학의 초기 역사에서 특징적으로 나타났다. 19세기 후반 미국의 기계 엔지니어는 종종 기계 제작소의 소유주가 될 수 있었다. 왜냐하면 그 진입 비용이 엄청나게 비싸지는 않았으며, 전기공학에서는 발명가-기업가의 초기 역할이 중요했기 때문이다.[15] 모든 엔지니어가 상층부로 이동할 수는 없었다. 하지만 사업 조직 안에서 자신의 역할과 중요성을 과장할 수 있었던 반면, 남북전쟁 이전 시기 소수의 엔지니어 집단은 상당히 합리적으로 그들 자신을 사회적 엘리트와 사업적 엘리트로 자리매김할 수 있었다. 그러나 이런 상황은 남북전쟁 이후 발생한 급속한 산업화와 더불어 변화했다.

산업과 엔지니어의 변화하는 정체성

남북전쟁으로 미국은 산업자본주의 발달 시기로 진입했다. 전쟁 자체는 강철과 군수품 같은 중요 산업의 발전을 자극하는 데 도움을 주었다. 농업 중심적인 남부의 패배는 또한 북부에서 산업화를 위한 길을 열어주었다. 전쟁 후 산업은 급속히 팽창했다. 화학 같은 새로운 산업이 나타나고, 대규모 산업 자본 회사가 출현했다. 서부 팽창은 새로운 광물 자원의 개발을 용이하게 했고 철도, 도로 및 통신 네트워크 발달에 공헌했다. 이 모든 것이 공학 노동력, 즉 (기계, 전기, 광산 같은) 새로운 종류의 엔지니어, 그리고 뛰어난 기술적 정교성을 지닌 엔지니어 대한 엄청난 수요 증가를 이끌었다.

엔지니어에 대한 새로운 수요를 보여주는 가장 즉각적이고 가시적인 결과는 바로 미국 사회에서 엔지니어를 만들어내는 방식을 궁극적으로 변화시킨 1862년의 모릴법(Morrill Act)이었다. 이 법안은 원래 1850년대 의회에서 제안했으나 남부 주들이 분리되어 그 법에 대한 많은 농본주의자들의 반대가 사라진 남북전쟁 시기까지 가로막혔다. 이 법은 주정부가 "농업 및 기계학(mechanical arts)과 관련한 학문 분야 같은 것을 가르치기" 위한 대학을 세울 수 있도록 연방정부가 토지 공여를 할 수 있는 권한을 주었다.[16] 이 법이 통과됨으로써 미국의 공학 프로그램은 1862년에 단 7개였는데 1888년에는 85개로 급속하게 팽창했다. 하지만 이 법이 즉각적으로 학교 교육을 받은 엔지니어를 대량 배출하지는 못했다. 실제로 1862~1876년 새로운 '토지 공여(land-grant)' 대학을 졸업한 엔지니어는 243명에 불과했다.[17] 그러나 19세기 후반쯤이면 이 학교들은 미국에서 자격 있는 엔지니어를 대량 배출하는 주요 기관이 되었다.

모릴법 통과의 역사에서 두 가지 사실이 주목할 만하다. 첫째, 산업계는 이 법의 통과와 이 법에 대한 차후 해석을 하는 데 중요한 역할을 했다. 요컨대 미국 산업가들은 영국 스타일의 도제 제도보다 학교에 기초한 공학의 성장을 지지했다. 부분적으로는 과학과 기술에 대한 문화적 심취 때문에, 또 다른 측면에서는 미국의 숙련 노동 부족이 정교하고 노동 절약적인 기계류(따라서 공학)의 발전에 대한 강조를 낳았기 때문이다.[18] 그러므로 의회에서 이 법안을 지지한 것은 북부의 산업가들이었다. 나아가 산업의 지지를 받은 덕분에 많은 토지 공여 대학에서 머지않아 공학에 역점을 두게 되었다. 이 법안의 용어는 농업과 '기계학'에서의 교육을 지지한다는 짐을 보여준다. 그러나 초기에는 농업 교육에 대한 열징이 거의 없었다. 대조적으로, 특히 산업으로부터 '기계학' 교육에 대한 실질적 지지를 받았다. 이것이 무엇을 의미하는지는 전적으로 분명하지 않다. 이를 직업 학교(trade schools)와 도제 프로그램에 대한 지지로 해석할 수도 있다. 하지만 공학 교육에 대한 어떤 역사학자의 주장을 따르면 "산업적 압력과 설립된 공대들의 성공이 결합한 효과로 인해 '기계학'이라는 용어가 공학을 의미하는 것으로 해석되기에 이르렀다".[19] 요컨대 미국 산업은 '중간 계급' 신분을 지닌 두드러진 직업으로서 공학의 발전이 공식 교육의 성적 증명서와 연결되는 것을 적극적으로 고무했다.

둘째, 이 법이 학교를 어떻게 조직해야 하는지에 대한 특정한 지침은 물론 연방정부가 학교를 감독하는 조항을 포함하지 않았다는 것은 의미심장하다. 따라서 국가는 미국 공학 교육의 발전을 후원할 수 있었다. 하지만 그렇게 함으로써 이 법은 산업을 이끄는 게 아니라 산업에 응답하는 것처럼 보였다. 유럽 대륙 내 많은 국가들의 패턴과 대조적으로, 기술(technology)과 기술자(technologists)를 놓고 국가와 산업가 사이에 명백한 갈등이나 경쟁이 없었다. 국가가 공학 교육에 대한 영향력을 통해 산업을 통제하거나 지시할 의사가 없음을 모릴법은 암시하고 있다. 다른 말로, 미국의 산업은 기술 교육에서 국가의 간섭을 두려워할 필요가 없었고, 따라서 그 법을 쉽사리 수용했다. 아울러 이러한 국가 참여는 미국의 산업이 공학 교육을 형성하고 통제하는 데 결정적 역할을 담당하는 것을 결코 방해하지 않았다.

대규모 전문직의 등장

엔지니어에 대한 변화하는 수요와 대학에 기초한 공학 프로그램이 결합해 공학 노동력을 전환시켰다. 기업 및 사회적 엘리트와 밀접한 관련을 맺는 소규모 엘리트 집단 대신 공학은 신분, 전공 그리고 경제적 지위에 의해 깊숙이 분열된 대규모 직업이 되었다. 그리하여 공학은 단지 크기만 커진 게 아니라, 미국의 산업화에 의해 근본적으로 변화를 겪었다. 그 결과는 공학 공동체의 진정한 위기, 즉 새로운 산업 질서 내에서 그들의 사회적 지위를 어떻게 정의할 것인가의 문제로 집중되었다.

공학 공동체는 19세기 후반과 20세기 초에 엄청나게 성장했다. 1900년에는 한때 소규모이던 인력이 거의 4만 명에 달했다. 이 수치는 1920년 13만 4000명에 이르러 20년 만에 3배 넘게 증가했다. 토목 엔지니어는 여전히 가장 큰 단일 집단이었다. 그러나 1920년 그들은 규모 면에서 토목공학에 필적하기 시작한 기계공학과 전기공학처럼 급속하게 팽창하는 다수가 더 이상 아니었다.[20]

따라서 공학의 성장은 양적인 팽창 이상의 것을 나타냈다. 직업은 점차 분화했으며, 심지어 분열되어 상이한 전공의 느슨한 결합체를 형성했다. 아울러 서로 다른 전공자의 경력과 노동 조건이 상당히 달랐다. 예컨대 토목 엔지니어는 보통 스스로 영업을 하거나 정부에 고용되었다. 이와 대조적으로, 기계 혹은 전기 엔지니어는 점차 대규모 기업체에서 일하는 경향이 있었으며, 독립적으로 일할 수 있는 기회가 상당히 줄어들었다. 아마도 좀더 중요한 점은 심지어 같은 업종 내에서도 공학이 점차 세분화되었다는 것이다. 한때 비교적 작은 엘리트 클럽을 형성했던 엔지니어-경영자(engineer-proprietors)와 독립 엔지니어들로 구성된 이 직업은 빠르게 규모를 넓혀갔다. 아울러 이들은 기업의 우두머리부터 산업체나 정부에 고용되어 초벌 작업을 하는 저임금의 종속적인 엔지니어까지 다양한 사회적 기원을 갖게 되었다.

엔지니어는 자신들의 직업이 극적으로 변화하는 것에 어떻게 대응했을까? 19세기 후반과 20세기 전반에 출현한 '중간 계급'에 있는 많은 사람처럼 엔지니어는 자신들이 밑으로는 산업 노동 계급과 위로는 경영자 사이의 어딘가 애매한 사회적 위치에 있음을 알았다. 엔지니어는 더 이상 배타적인 엘리트가 아니었지만, 전문직화를 통해 높은 사회적 지위, 요컨대 이 시기 미국 역사에서 '중간 계급' 사이에 널리 퍼진 조직 형태를 주장할 수 있었다.[21] 그리고 여러 공학 전공 분야는 이런 운동의 일부로서 그들 자신의 전문 단체를 만들었다.

그러나 이 시기 공학의 역사를 순전히 고전적인 전문직 단체를 추구하는 것으로, 의료 및 법률 직종을 따라 하려는 엔지니어의 단합된 노력으로 이해하는 것은 오류일 수 있다. '전문직화하는' 추진력은 엔지니어-관리자가 주도했으며, 그들은 의사나 변호사 같은 독립적이고 자율적인 직업이 아닌 "부를 산출하려는 산업자본주의와 적극적인 동맹 관계에 있는 엔지니어 엘리트 집단"[22]을 구상하고 있었다. 다른 종류의 엔지니어들이 전문가 단체와 전문가주의에 관한 논쟁에 빠져 있는 동안, 그들은 전문가주의가 무엇을 의미하는지 그리고 전문가주의가 자신들을 정의하려는 엔지니어의 노력에 적절한 전략인지 같은 근본적인 문제로 심각하게 분열해 있었다. 사실상 (앞에서 언급한 신분과 직종의 차이를 포함해) 점차 다양해지는 이 직업 내에서 여러 사회학적 구분과 갈등은 엔지니어들이 단일한 종류의 직능 단체에 동의할 수 없게끔 만들었다. 그렇다면 이 복잡한 갈등의 차원을 몇 가지 탐구해보자.

전문가주의, 직업적 분열 그리고 '엔지니어의 반란'

학교 문화 대 작업장 문화

공학 엘리트의 다양한 분화 가운데 가장 명백한 구분 중 하나는 엔지니어의 급속한 팽창과 이들을 양성하는 방식의 변화였다. 이런 종류의 갈등은 기계공학 내에서 가장 명백했다. 여기서는 '학교 문화'와 '작업장 문화' 사이의 갈등이 존재했고, 이러한 갈등이 19세기 후반에 폭발했다.[23] 학교에서 훈련받은 엔지니어들이 전통적인 상류층 엔지니어-경영자를 압도하기 시작하면서, 이 시기에 공학 지도자 사이의 긴장은 커져만 갔다.

부분적으로 이는 공학 교육자들의 신분이 상승하고 있었음을 반영한다. 이들은 이제 엔지니어 양성과 관련해 자신의 중심적 역할을 강조할 수 있었으며, 직업을 통제하려는 전통적인 기계 제작소 소유주와도 경쟁했다. 큰 뜻을 품은 엔지니어를 훈련하는 데 있어 공식적인 수학 및 과학 교육과 작업장 경험에 대한 적절한 역할 논쟁은 부분적으로 이러한 갈등까지 추적해낼 수 있었다. 그러나 거기에는 또한 변화하는 공학의 사회학에 뿌리를 둔 중요한 지위 문제가 위태롭게 존재했다. 공학 교육자들은 엔지니어의 지위에 훨씬 더 많은 관심을 갖고 있었는데, 이는 공학의 팽창이 열악한 임금과 종속적인 엔지니어링 일을 하는 사람을 양산했다는 그들의 생각을 반영한 것이었다. 그들은 엔지니어를 분리된 집단으로 정의함으로써 그러한 일을 하는 사람들의 지위를 올려주는 것이 바람직하다고 보았다. 그리하여 수준 끌어올리기와 공식적인 성적 증명서를 강조했다. 기계학의 경험을 반대하면서, 공학을 과학(아울러 그 위세)과 연결 지으려는 노력은 이러한 판단에서 해석할 필요가 있다.[24] 이와 대조적으로

(전통적 기계 제작소의 경험과 의심할 여지없이 공학 노동력의 고용주로서 자신들의 역할을 반영한) 노숙한 기계 제작소 엘리트는 이미 신분을 획득하고 있었으며, 자신보다 하급자들의 지위에는 관심을 덜 갖고 있었다. 그들에게 공학은 최상부에 '자연적' 엘리트(그들 자신)가 자리하고 있는 하나의 연속체로 간주되었다.[25]

학교 문화는 궁극적으로 전투에서 승리했다. 대학의 공식적 훈련은 머지않아 미국에서 공학 실천의 평범한 방식이 되었다. 그러나 의무적인 수료증을 통해 그것만을 유일한 방법으로 만들려는 노력은 성공적이지 못했다.[26] 사실상 (아래에서 논의하겠지만 공학 고용주를 포함해) 공학계 내에 강력하고도 효과적인 목소리들이 존재했는데, 그들은 전문가 단체라는 이 '강력한' 모델에 저항했다. 1930년 발표한 위킨든 보고서(Wickenden Report)에 따르면 공학의 현황 및 그들 직업의 과거와 미래를 점검한 엔지니어들은 교육 수료증에 뿌리를 둔 전문적 독점이라는 생각을 분명하게 거부했다.[27] 그 대신 1920년대와 1930년대의 공학 지도자들은 작업장 문화를 반영해 적어도 일부 엔지니어에 한해서는 학교에서 훈련받거나 수료증을 받지 않는 개방된 직업이라는 아이디어를 채택했다.

공학의 전문가주의와 관리

20세기 전반 공학을 '전문직화하려는' 노력은 엔지니어와 관리자 사이의 복잡한 문제와 얽혀 있었다. 엔지니어에 관한 많은 연구는 공학을 필수불가결한 '비즈니스 전문직'으로 언급하고 있는데, 전문직으로서 이러한 정체성은 경영과 동일시될 만큼 종속적이고, 상대적으로 전문직의 자율이라는 문제에는 관심이 없는 것처럼 보인다.[28] 그러나 미국 공학의 역사를 좀더 상세히 조사해보면, 특히 20세기 전반 격변의 시기 동안 엔지니어들이 경영과 관련해 상당히 분열되었음을 알 수 있다. 여러 다른 공학 전문 분야는 이 주제를 각기 상이한 방식으로 접근했으며, 심지어 개별적 특성, 차이점 그리고 관리자와 엔지니어의 관계에 대한 본질 논쟁까지 일어났다.

전공 간 차이는 화학공학의 역사를 다른 주요 공학 분야와 비교할 때 금세 명백해진다. 테리 레이놀즈(Terry Reynolds)는 미국의 화학 엔지니어가 처음부터 자기 역할의 일부로서 관리를 포괄했다는 점을 입증했다.[29] 다른 종류의 엔지니어와 달리 화학 엔지니어는 자신을 별개의 직업으로서 확립하려는 어려운 문제에 직면했다. 그들은 1908년 미국화학엔지니어협회(American Institute of Chemical Engineers, AICE)를 창설했다. 새로운 협회의 규칙은 회원의 신분에 대한 관심을 반영했다. 즉 회원 자격이 매우 제한적이었다. 그 결과 대부분의 화학자와 기계 엔지니어가 배제되었다. 초기 회원의 최상위층은 사실상 관리자였으며, 신분 하락에 대비하는 하나의 방법으로 화학공학은 처음부터 그들의 짐수레를 관리와 효과적으로 엮어놓았다.

초기 화학 엔지니어는 자신들이 독특한 학문 분야를 대표한다고 주장했다. 아울러 그들이 (굽기, 염색, 여과 같은 기본적 화학 '공정'의 처리 단위인) '단위 조작(unit operations)'이라는 지식을 갖고 있으며, 이는 화학과 여러 종류의 공학을 합친 것 이상이라고 주장했다. 화학 엔지니어만이 단위 조작과 관련한 훈련 기능을 소유하고 있기 때문에, 또한 일반 관리자는 기술적 전문성을 결여하고 있기 때문에 이러한 점을 강조한 효과는 화학 엔지니어가 공장 관리자가 될 기회, 즉 그들이 열정적으로 끌어안은 기회를 증대시켜주었다.

그리하여 관리자들은 AICE의 초기 역사를 지배했을 뿐 아니라, 화학 엔지니어가 그들의 신분적 주장을 토대로 삼은 화학공학에 대한 바로 그 정의를 관리와 밀접하게 연결시켰다. 대조적으로, 전기·전자 엔지니어의 역사는 엔지니어-관리자 관계의 합당한 수준의 갈등을 반영한다. 오늘날의 전기전자엔지니어협회(Institute of Electrical and Electronic Engineers, IEEE)는 초기의 두 조직, 곧 미국전기엔지니어협회(American Institute of Electrical Engineers, AIEE)와 라디오엔지니어 협회(Institute of Radio Engineers, IRE)의 융합을 대표한다. 20세기 전반 이 두 협회는 관리에 대한 접근을 달리했다. 그들은 또한 이 문제에 대해 어느 정도의 내부 갈등을 경험하기도 했다.[30]

20세기 초 AIEE는 전력 산업 대표자들의 지배를 받았다. 놀랍지 않게도, 전력 회사를 관리하는 엔지니어의 중요한 역할 때문에 미국전기엔지니어협회는 단호하게 관리를 강조했다. 그럼에도 여전히 전기 엔지니어 사이에 차이가 존재했다. 예컨대 20세기 전반, 공학에 있어 관리 교육의 적절한 역할에 관한 논쟁이 부상했다. 찰스 스타인메츠(Charles Steinmetz) 같은 일부 사람들은 공학 교육이 그 성격상 대체적으로 과학적이어야 하며, 공학의 실제적 응용은 직업에 대해 최대한 배우는 것이라고 주장했다. MIT의 더걸드 잭슨(Dugald Jackson) 같은 또 다른 사람들은 공학 교육이 실제적이어야 한다고 주장했다. 잭슨은 MIT의 산학 협업 교육(cooperative education) 선구자로서 그는 교육생이 엔지니어이면서 관리자임을 강조했다.[31] 어느 쪽도 비즈니스를 부정하지는 않았다. 사회주의자인 스타인메츠조차도 비록 잠정적으로 필요한 단계이긴 하지만 공학의 비즈니스 성격에 관대했다. 여전히 전문 엔지니어와 기업 사이의 적당한 관계에 대해서는 여러 견해가 존재했다.

AIEE의 전문가주의적 해석이 엔지니어와 기업을 매우 동일시하면서 협회 내 갈등이 상대적으로 온건했다면, IRE는 약간 달랐다. 여기서도 지도력은 종종 공학과 비즈니스를 연결했다. 예를 들어 데이비드 사노프(David Sarnoff)는 초기 IRE의 중요한 리더였는데, 그의 재능은 기술적이라기보다 경영적이었다. 그는 IRE가 공적(public)이 아닌 사적(private)으로 라디오를 통제해야 한다고 강력하게 주장했다. 그러나 다른 지도자들은 그 정도로까지 확신은 없었다. 1930년 IRE 회장 리 드포리스트(Lee deForest)는 사적인 소유권을 수용한 반면 라디오의 상업화, 특히 광고를 비판했다. 아울러 성공하지는 못했지만 회원들이 IRE를 "라디오의 사회적 적용을 변화시키는 데"[32] 이용하게끔 설득하려 했다.

AIEE와 더불어 엔지니어가 기업과 강력하게 연결되어야 한다는 견해는 IRE 내에서도 지배적이었으며 궁극적으로는 승리했다. 그러나 IRE는 이런 연관성을 둘러싸고 심하게 분열했으며, 엔지니어에 대한 '기술적' 이미지를 좀더 반영했다. 제2차 세계대전 이후 이런 이미지는 IRE가 좀 더 강력하게 과학을 지향하는 전기 엔지니어가 점차 늘어날 때 그중 알짜를 끌어들이는 데 도움을 주었다. 전반적으로, 전기 및 라디오 공학의 역사는 엔지니어가 그들의 직업과 비즈니스 사이의 관련성에 대해 의견이 다를 수 있고 또한 다르다는 것을 보여주었다.

이는 심지어 기계 엔지니어의 경우 더욱 그러했으며, 관리-전문가주의의 관련성에 대한 그들의 논쟁은 때로 격렬해졌다. 토목공학 내에서뿐만 아니라,[33] 여기서도 (기업가나 최고 경영자와 구별되는) 독립적 직업인으로서 엔지니어를 확립하려는 운동이 상당한 지지를 받았다. 비록 이러한 노력이 패배로 끝났지만 공학 전문가주의에 대한 비전은 여러 방식으로 뒤섞였고, 이것이 엔지니어와 관리자는 하나이며 동일하다는 견해에 대한 의미심장한 대안을 제시했다.

이러한 갈등의 가장 중요한 징후 중 하나는 과학적 관리에 대한 논쟁이었다.[34] 프레더릭 테일러와 과학적 관리 운동은 기계공학 내의 오래된 기계 제작소에서 출현했다. 상당한 자율에 익숙하고 심지어 이런 환경 속에서 소유권을 지닌 엔지니어들은 소규모 기계 제작소가 대규모 제작 업체로 넘어가는 상황에 적응하기 어렵다는 사실을 깨달았다. 이런 업체는 작업장 문화를 부숴버렸다. 현장 '도제 제도'라는 전통적 방식을 포기하면서 엔지니어는 점차 생산직 노동자와 멀어졌다. 동시에 소유권을 위한 전통적 기회로서 자신의 독립성을 일부 상실한 엔지니어는 대규모 조직 내에서 제대로 인정받지 못한 채 중간 수준의 지위로 대체되었다. 그들은 지위 딜레마 문제와 관련해 대기업 내에서 자신의 자율적 역할을 뚜렷이 세우기 위해 공학의 자율성을 재정의하려는 시도로 대응했다.

과학적 관리에 대한 여러 옹호자 사이에 중요한 차이가 있었음에도 불구하고, 그들의 제안은 작업장에 대한 상당한 통제권을 엔지니어에게 부여했다. 비록 전체로서 사업에 대한 것은 아니었지만 말이다. 테일러 자신이 썼듯이,

> 작업장은, 그리고 진실로 전체 작업은 관리자나 감독 혹은 십장이 아니라 계획부서(planning department)에서 관리해야 한다. 전체 작업을 운영하는 매일의 일과는 이 부서의 여러 다양한 기능적 요소에 따라 진행해야 한다. 그 결과 최소한 이론상 관리자, 감독 혹은 그들의 조수가 한 달 동안 한꺼번에 계획실을 비운다 해도 원활하게 운영할 수 있어야 한다.[35]

그리하여 과학적 관리자는 엔지니어를 (어떤 방식으로든) 관리자와 대립하는 그리고 관리자와 다른 사람으로 정의했다. 예컨대 테일러는 돈을 버

는 일에 우선적 관심을 기울이는 최고 관리자를 자주 우습게 알았다. 그는 최고 관리자가 재정 문제에 관심을 기울이는 반면, 엔지니어는 생산 관리에 신경을 쓰는 일종의 노동 분업을 생각했던 것으로 보인다. 많은 과학적 관리자는 엔지니어를 위한 이런 독립적 역할을 엔지니어의 신분을 회사 내에서나 공적인 입장에서 모두 향상시키는 하나의 방식으로 여겼다.

과학적 관리 운동은 미국기계엔지니어협회(American Society of Mechanical Engineers, ASME)에 상당한 영향력을 행사했다. 실제로 테일러 자신이 1906년 그 조직의 회장으로 봉사했다. 하지만 그 논리에 대한 반대가 너무나 심해서 이 운동은 결코 ASME를 지배하는 데 성공하지 못했다. 사실상 테일러는 자신의 생각을 ASME에 제시하고, 이 협회가 순수하게 기술적인 주제에 반대하며 관리에 대한 더 많은 논문을 수용하도록 하는 데 상당한 어려움을 겪었다. 결국 과학적 관리자들은 (한편으론 엔지니어-관리자가가 그들의 생각 중 일부에 공감하긴 했지만) 공학 자율성에 대한 자신들의 강조와 경영에 대한 비판이 너무나 논쟁적이었음을 깨달았다. 과학적 경영 아이디어를 발전시키기 위한 독립적인 토론장으로서 테일러협회(Taylor Society)를 창설한 것은 과학적 관리자들이 엔지니어를 어떻게 이해하는지와 관련해 기계 엔지니어가 얼마나 분열해 있었는지를 보여준다.[36]

테일러의 선도적 제자 중 한 명인 모리스 쿡(Morris L. Cooke)은 ASME 내에서 엔지니어-관리자 관계와 관련해 극심한 갈등을 일으켰다. 쿡은 공학을 공공의 신뢰 책무(trust)로 보았으며, 엔지니어가 일반 사람들하고 협력할 것과 공평무사한 공무원(public servants)으로 봉사할 것을 촉구했다. 이는 확실히 어느 정도의 엘리트주의를 포함했지만(쿡은 엔지니어에 대한 공동체의 통제를 옹호하지 않았다), 엔지니어는 반드시 독립적이어야 한다는 결

암시했다. 실제로 쿡은 엔지니어와 사업가 사이의 구분을 유지할 필요가 있다고 강조했다.

> 나에게 공학은 비즈니스—비즈니스에 영향을 끼치지만 상대적으로 비즈니스에 의해 영향을 받지 않는—와 상당히 동떨어져 있다. 잠깐 동안의 이점을 제외하고 공학은 전체로서 사회의 윤리적 기준과 대조되는 비즈니스 집단의 평균적 기량을 인정하는 세력으로서 비즈니스와 밀접한 관계를 맺어 얻을 것이 거의 없다.[37]

나아가 쿡은 그러한 독립성을 성취하는 게 쉽지 않으며 독자적 조직이 필요하다는 것을 인식했다. 1910~1930년 그는 ASME와 공익사업체(utility companies) 간 결합을 와해시키기 위해, 아울러 그 협회의 강력하고 충분히 실천할 수 있는 윤리를 개발하기 위해, 또한 그 협회를 민주화하고 더 많은 소장 엔지니어에게 개방하기 위해 열심히 투쟁했다.[38]

독립적 전문직으로서 공학을 재정의하고자 하는 쿡의 개혁 운동은 상당한 지지를 끌어냈다. 특히 비(非)엘리트층 엔지니어 사이에서 그러했다. 그러나 ASME를 좀더 독립적이고 민주적으로 만들고자 하는 그의 노력은 공학 엘리트들의 저항에 부딪쳤다. 그중 일부는 공무원으로서 엔지니어라는 생각에 동조했다. 하지만 그들에게 이는 개인 자격의 엔지니어를 중요한 시정(市政)의 지위에 앉힌다는 것을 의미했지 엔지니어 역할이 독자적 집단으로서 조직된 활동임을 의미하지는 않았다. 그들에게 공학과 관리는 어떠한 모순도 없었으며, 실제로 이 둘 사이에는 강력한 연계가 존재했다. 제1차 세계대전 이후 ASME에서 우세했던 것은 엔지니어에 대한 그들의 생각이지 쿡의 견해가 아니었다.

쿡 같은 뛰어난 공학 개혁가들이 20세기 초 공학 지도자들 사이에 존재했던 극심한 이념적 분열을 반영했다면, 쿡과 그 밖의 개혁가를 지지한 많은 사람은 그 직업의 평범한 일반 회원들이었다. 대부분의 경우 이들 엔지니어는 오랜 작업장 문화의 경험이 부족했고, 컨설턴트나 엔지니어-관리자로서 일한 경험이 거의 없었다. 오히려 그들은 조직에서 종속적 피고용인으로 일했다. 그리고 엔지니어 수의 증가와 대규모 조직체에서 고용자의 우위를 고려하면, 독자적인 일이나 관료적 지위를 통해 신분을 상승시킬 기회도 많지 않았다. 이들 엔지니어는 전문가주의와 경영에 관한 논쟁에 연루되었다. 왜냐하면 이들이 더 나은 보상과 평균적인 엔지니어를 위한 조직의 고용과 관련해 좀더 허용 가능한 조건을 추구했기 때문이다. 이러한 추구의 일환으로 그들은 일부 엘리트 공학 개혁가들과 연합했다. 그렇지만 이 두 집단의 서로 다른 이해관계가 그들의 단합을 방해해 공학 개혁 운동의 양쪽 모두를 실패로 이끌었다. 달리 말해, 지위와 기능에 따른 공학 전문직의 점증하는 차별화는 20세기 초 공학 전문가주의에 관한 논쟁을 형성한 또 다른 요소였다.

아마도 이들 평범한 엔지니어가 주도한 반란의 주요 징표는 제1차 세계대전 직후 미국엔지니어연대(American Association of Engineers, AAE)의 부상과 몰락이었다. 한때 전체 엔지니어의 약 15퍼센트인 2만 7000명이 가입한 AAE는 복합적 운동이었다. 조직의 지도자는 프레더릭 헤인즈 뉴얼(Frederick Haynes Newell) 같은 인물이었는데, 그는 대다수 회원보다 모리스 쿡 같은 엘리트 개혁가와 공통점이 더 많았다. 그럼에도 불구하고 AAE 성공의 열쇠와 궁극적인 종말은 평균적인 엔지니어의 물질적 조건

을 향상시키기 위해 어떤 일이라도 하겠다는 약속에 있었다.[39]

물질적 조건을 향상시킬 방법을 찾던 일반 엔지니어는 엔지니어의 중간 계급 지위와 양립하는 것처럼 보이지 않는 노동조합에 즉각적으로 이끌리지 않았다. 하나의 대안적 전략은 면허였는데, 이는 미국의 의사들이 매우 성공적으로 사용해온 터였다.[40] 1910년경부터 일반 엔지니어들은 의무적 면허 법안을 위해 압력을 행사하기 시작했다. 그러한 법안이 가져올 정당성과 유사 독점(quasi-monopoly)이 그들에게 물질적 상황을 개선할 협상에서 좋은 패를 제공할 것이라는 희망을 갖고 말이다. 면허 입법을 쟁취하려는 그들의 노력은 상대적으로 성공적이지 못했는데, 부분적으로 (그중 많은 사람이 엔지니어링 고용주였던) 공학 엘리트 회원이 그 법안의 통과를 적극적으로 반대했기 때문이다. 그리하여 의료계 방식의 전문직 진입 억제(professional closure)를 이루어내지 못했다.

일반 엔지니어들은 또한 자신의 물질적 상황을 개선하기 위해 AAE 같은 조직의 적극적 활동을 주시했다. AAE 성공의 열쇠 중 하나는 1919년 임시로 국유화한 철도에 고용된 엔지니어의 임금을 올리는 데 성공한 그들의 능력이었다. 이 조직의 몇몇 지도자는 엔지니어를 위해 증언을 해주었고, 철도위원회를 설득해 엔지니어의 임금을 올리는 데 영향력을 행사했다. 이러한 성공을 거둔 후 2년 만에 AAE의 회원은 3배로 늘어났다. 그러나 엘리트 공학 개혁가와 평범한 엔지니어의 저항 사이에서 느슨한 연합을 구성했던 이 조직은 쉽사리 분열했다. 좀더 보수적인 공학 지도자들은 개혁 방안에 동조하는 한편 개혁가들의 두 집단 사이에 쐐기를 박았다. AAE가 보상 문제에 초점을 맞추고 있다는 그들의 비판은 뉴얼과 쿡 같은 엘리트 개혁가들과 닮았는데, 후자의 경우 그들은 비전문가적 방식으로 행동한다는 암시에 특히나 민감했다. AAE가 노조처럼 행동하고 있다는 비난 때문에 놀란 지도자들은 보상 문제에서 물러났다. 아울러 그렇게 함으로써 조직의 성공 열쇠였던 일반 엔지니어들의 지지를 잃었다.

AAE의 진화는 지지자 없는 리더십과 지도자 없이 불만으로 가득한 엔지니어 집단을 낳았다. 후자의 경우는 아마도 자신들이 추구하고자 하는 전략이 무엇인지 끔찍할 정도로 몰랐던 것처럼 보인다. 그들은 확실히 노조 운동의 일부가 되길 원치 않았으나, 또한 전문가주의에 대한 엔지니어 협회들의 수동성과 비효율성 그리고 심지어 선발권에 대해서도 비판적이었다. 일반 엔지니어들은 또 다른 전문가주의의 틀을 만들어내려 애쓴 것으로 보인다. 그중 하나는 엔지니어가 대규모 조직에 종속되는 것을 수용하고, 그 조직이 그들의 물질적 위치를 끌어올리는 수단을 제공하는 것이었다.

1870~1920년 미국 공학의 대규모 직업으로의 전환은 전문가주의에 초점을 맞추면서 공학의 사회적 정의에 대한 격렬한 논쟁을 낳았다. 그러나 공학 내 분열은 진정한 전문화 운동의 성공을 막았다. 독립적인 전문가 조직은 엔지니어-관리자가 그 직업을 지배하는 한 불가능했다. 그럼에도 대부분의 미국 엔지니어는 통상적인 노조주의보다 전문가적 정체성을 선호했다. 왜냐하면 미국의 노동 운동은 허약하고 비효율적이었으며, 또한 미국 엔지니어는 경영에 대한 그들의 접근과 대학 훈련 때문에 육체노동자들과 차별되었기 때문이다.[41] 더 나은 시절과 대안의 결핍이 합쳐진 덕분에 미국 엔지니어는 엔지니어가 경영의 확장 혹은 일종의 동맹자로서 비즈니스-전문가라는 견해를 받아들였다. 그리하여 엔지니어의 내부적 계층화는 엔지니어 협회 전문가주의라는 가공의 집단에 의해 일시적으로 모호해졌다.

대공황과 제2차 세계대전

그러나 대공황으로 인해 1920년대의 번영이 갑작스럽게 종말을 고하자 이 모든 게 변화하기 시작했다. 비록 대공황 초기에는 육체노동자에게 좀 더 심각한 영향을 끼쳤지만, 엔지니어도 대공황의 영향으로부터 결코 자유롭지 못했다. 실제로 높은 수준의 고용에 익숙해질 만큼 성장하고 (적어도 어떤 지점까지) 경영의 연장 혹은 동맹으로서 안이한 견해를 수용했기 때문에 그들은 자신의 운이 갑자기 쇠락하자 깜짝 놀랐다. 1929~1934년 엔지니어의 평균 소득이 33퍼센트나 줄어들었다. 게다가 엔지니어는 높은 수준의 저고용과 실업을 경험했다. 엔지니어 중 34퍼센트가 1930년대 전반 실업 상태에 있었던 것으로 알려졌다.[42] 그 결과 공학 전문직 내의 분열이 다시 한 번 수면 위로 떠오르고, 엔지니어의 사회적 지위에 대한 관심이 되살아났다.

(자신들의 직업에 대한 진입을 제한하고자) 엄격한 면허 요구를 제도화함으로써 엔지니어의 교섭 지위를 강화하려는 일부 엔지니어의 요구는 미지근한 반응에 직면했다. 왜냐하면 대부분의 경우, 주요 공학 단체가 (제1차 세계대전 시기에 보유했던 것처럼) 더 이상 면허 법안의 통과를 반대하지 않았기 때문이다. 1930년대 중반에는 35개 주에서 일종의 면허법을 통과시켰기 때문에 그렇게 하는 게 불필요했을 것이다. 그러나 공학 지도자들은 엔지니어를 위한 강력하고 의무적인 면허를 위해 공격적으로 싸울 의사가 없었다. 대신 그들은 독립적이고 자기 사업을 하는 엔지니어를 위해 선택으로서 면허 제도의 존재를 허용하고, 기껏해야 이미 존재하는 그러한 법안을 '표준화'하는 데 힘썼을 뿐이다.[43]

면허 제도와 관련한 이렇듯 미지근한 접근에 대한 반응으로 1934년 전국전문엔지니어협회(National Society of Professional Engineers, NSPE)가 창립되었다. 이 단체는 공학 면허 제도를 위해 지속적으로 적극적 압력을 행사했으며, 단체의 역할을 엔지니어의 물질적 지위를 방어하는 것으로 정의했다. 이 협회가 7만 명의 엔지니어 회원을 가진 강력한 조직으로 남아 있었음에도, 이는 미국 공학계의 분열을 반영하는 것이지 세력을 반영한 것은 아니었다. 이 협회의 주된 지지층은 면허법이 매우 큰 효과를 나타내는 독립적이고 자기 사업을 하는 엔지니어들이었다. 그러나 (대다수 미국 엔지니어를 위한), 즉 회사에 고용된 엔지니어를 위해 효력 있는 면허 절차를 개발하는 것이 불가능하다는 게 입증되었다. 그 결과 이 단체는 공학이라는 직업의 단지 한 부분만을 효과적으로 대표했을 뿐이다.[44]

따라서 엔지니어 대다수, 특히 조직적 지위를 상실한 일반 엔지니어를 위해 공학 지도자와 공학 협회가 취한 행동이라고는 기껏해야 부적절하거나 최악의 경우 적대적인 것뿐이었다. 물질적 상황의 개선을 원하는 사람들에게 유일한 대안은 노조화였다. 그리고 실제로도 고도로 복잡한 노조화 운동이 1930년대와 1940년대 엔지니어의 일정 집단 사이에서 나타나기 시작했다. 이 운동은 미국 공학 전문직 내에서 어느 정도 가장 깊은 분열을 드러냈다.

엔지니어 노조가 미국에서 완전히 전례가 없었던 것은 아니나 소수 엔지니어들만 1930년대 이전에 노조에 가입했다. 사실상 초기 '엔지니어' 노조의 대다수 회원은 제도 기사(draftsmen)였다.[45] 따라서 1930년대 후반과 1940년대의 조직 활동 분출은 상당히 두드러진 것이었다. 1935년 와그너법(Wagner Act)이 통과될 무렵, 일련의 산업 노조에서 엔지니어 회원을 모집하기 시작했다. 그리고 아마도 더 의미심장한 것은 엔지니어만을 대표하고자 하는 몇몇 새로운 노조가 출현했다는 점이다. 두 종류의 노조가 1946년 미국 엔지니어의 약 10퍼센트를 조직하는 데 성공했다.[46] 이런 수준의 회원은 전후 공학 직업이 팽창하는 동안 유지되었다. 총 50만 명의 엔지니어 중에서 5만 5000명이 1957년까지 노조에 소속되어 있었다.[47] 1952년 배타적인 엔지니어 노조는 '미국의 엔지니어와 과학자(Engineers and Scientists of America)'라는 전방위 조직을 형성함으로써 자신들의 집단적 목소리를 강화하는 쪽으로 움직였다. 그러나 1950년대 말, 노조는 절대적 측면에서든 상대적 측면에서든 쇠퇴하면서 힘을 잃기 시작했다. 1967년에는 2만 명의 엔지니어, 즉 전체 엔지니어의 약 2.4퍼센트만이 노조 회원이었다.[48]

이런 갑작스러운 조직 활동의 분기(分岐)는 대공황 시기 동안 엔지니어의 노동 조건이 악화함에 따라, 아울러 엔지니어 간 조직적 고용—특히 결과적으로 진행된 전문화, 악화하는 임금 격차와 자율성의 상실—의 성장에 의해 자극받은 것이다. 그럼에도 대부분의 관찰자들은 대공황기 말 엔지니어 노조의 등장에 압도적으로 중요한 또 다른 이유가 있었다고 강력하게 주장했다. 요컨대 산업 노조 가입이라는 위협과 산업별조합회의(Congress of Industrial Organizations, CIO)로의 합병이 그것이다.[49] 엔지니어들이 조합화하는 현실에 직면한 미국토목엔지니어협회(American Society of Civil Engineers, ASCE)와 NSPE를 비롯한 기타 조직들은 마침내 전략을 수정해 이들을 회원으로 받아들이려는 CIO 가맹 단체와 그 밖의 엔지니어들만의 별도 조합을 구성할 것을 촉구했다. ASCE 이사위원회는 그들의 태도 변화를 상당히 공개적으로 설명했다.

> 이사위원회의 행동은 다음과 같은 가정에 근거하고 있다. 즉 전문적 엔지니어는 그들 스스로를 보호할 필요 때문에 조만간 조합에 가입할 것이다. 아울러

이 경우 엔지니어를 위해 확립될 조합을 통제하는 노조의 지도자라기보다 공학 전문직의 지도자를 위한 것이 더 바람직하다.[50]

조합에 가입한 대부분의 엔지니어가 배타적인 엔지니어 노조를 선택했다는 사실은 공학 지도자의 지지를 업은 조합을 정당화했다는, 또한 물질적 불만족이라기보다 육체노동자 조합에 끌려들어갈지도 모른다는 두려움이 1940년대 엔지니어 조합화의 우선적 원인이라는 견해를 지지하는 것처럼 보인다. 그럼에도 이러한 주장은 너무나 단순하다. 1947년의 태프트-하틀리법(Taft-Hartley Act) 통과는 산업 노조에 원치 않는 가입을 하게 만들었으나, 엔지니어 노조가 적어도 또 다른 10년 동안 산업 노조의 지지를 유지할 수 있게 했다. 이 시기 엔지니어 노조 활동의 분출은 엔지니어가 육체노동자와 다르다는 인식과 물질적 이슈에 대해서는 그들의 고용주에 맞서 집단적으로 행동하고자 하는 의지에 뿌리를 두고 있었다.

1950년대 후반 엔지니어 노조의 쇠퇴를 단지 노조주의와 전문가주의가 양립하지 못한다는 것을 뒤늦게 현실로 받아들인 탓으로 돌릴 수는 없다. 일련의 연구는 현실이 좀더 복잡했고, 엔지니어 사이에서 조합주의와 전문가주의의 갈등에 대한 인식이 놀랄 만큼 미약했다는 것을 제시한다.[51] 아울러 그 증거로 많은 엔지니어가 조합 자체를 반대하지 않았으며, 그들이 가입하지 않은 것은 단순히 철학적 이유 이상이었다는 점을 지적한다.

아마도 세 가지 요소가 엔지니어 노조의 쇠퇴에 중요한 역할을 했을 것이다. 첫째, (어쩌면 가장 중요한 것으로) 조합 운동이 엔지니어 노조 및 그 밖에 노동 운동과의 관계 문제로 인해 분열했다는 점이다. 일부 엔지니어는 기꺼이 조합에 가입하고자 한 반면, 육체노동자와 자신들이 합쳐지는 것을 많은 엔지니어가 강력하게 반대했다. 후자의 경우는 육체노동자를 비전문가로 보았기 때문이다. (이런 의미에서, 전문가-조합 갈등은 엔지니어 노조의 쇠퇴에 하나의 역할을 했다고 할 수 있다.) 엔지니어에게 접근한 조직이 미국노동연맹(American Federation of Labor)이 아니라 좀더 호전적이고 정치적인 산업별조합회의, 곧 CIO였다는 사실은 그들을 위해 발언하지 않는 운동 조직에 잡아먹힐지도 모른다는 엔지니어들의 두려움에 기름을 끼얹었다.[52] 아울러 많은 조합이 교섭 단위에 자신들보다 하위인 기술 노동자(technical workers)를 포함시키느냐의 문제로 인해 분열했다.[53] 물질적 조건을 향상시키기 위해 엔지니어가 조합에 가입하는 것과 자기 자신을 하위 기술 노동자 및 육체노동자와 동일시하는 것은 별개의 문제였다.

둘째, 개선된 물질적 조건 역시 조합 운동으로부터 상당한 추진력을 제거하는 역할을 했다는 점이다. 미국 산업은 지속적 호경기를 경험했으며, 엔지니어에 대한 수요도 높았다. 그 결과 엔지니어들의 봉급이 극적으로 상승했다. 이들과 다른 봉급자 간 차이는 다시 한 번 벌어지기 시작했고, 특히 젊은 엔지니어들의 초봉이 급속하게 높아졌다.[54] 많은 엔지니어가 조합의 유혹을 받은 것은 그들이 조합화한 육체노동자에 밀리고 있다는 인식 때문이었다. 임금 격차가 증가할수록 조합에 대한 관심이 줄어든 것은 놀라운 일이 아니었다.

마지막으로, 전체적인 측면에서 미국 노동 운동의 허약함과 좋지 않은 이미지를 엔지니어 노조 쇠퇴의 원인 중 하나로 꼽을 수 있다. 미국 노동 운동은 1950년대 이래로 잘 알려진 것처럼 쇠퇴해왔다. 엔지니어 노조의 축소는 부분적으로 이런 더 큰 현상의 징조였다. 엔지니어는 조합 운동에 흥미를 잃었다. 왜냐하면 조합이 더 많은 일을 할 수 없다는 것과 기존 조합이 엔지니어 문제를 잘못 이해하고 있다고 느꼈기 때문이다. 엔지니어 노조를 만들려는 좀더 최근(1970년대)의 노력도 실패했는데, 이는 경영진과 엔지니어 지도자들의 강력한 반대뿐 아니라 조합이 비효율적이고 타락했다는 엔지니어들의 인식 때문이기도 했다.[55]

엔지니어 노조의 흥망은 엔지니어의 정체성 문제를 해결해주지 못했다. 노동 시장의 현실에 노출된 일반 엔지니어는 조합주의를 경험했지만, 그들은 자신이 상위 신분이라는 인식을 포기하려 하지 않았다. 그럼에도 그들이 집착한 전문가적 정체성은 공학 엘리트들이 (효과적인 전문가 조합은 말할 것도 없거니와) 효력 있는 폐쇄 메커니즘을 차단했기 때문에 대체로 상징적으로 남아 있었다.

전후 시기의 공학

제2차 세계대전과 그 이후는 미국 공학의 특별한 성장기였다. 국방 부문의 엄청난 팽창에 의해, 새로운 하이테크 기술 산업의 출현에 의해, 일반적인 미국 제조업의 성장과 이윤에 의해 공학 직업이 놀라울 정도로 성장했다. 1940~1950년 미국의 엔지니어 수는 29만 7000명에서 54만 3000명으로 거의 2배가 되었다. 이 수치는 1970~1992년 다시 한 번 2배 이상 늘어나 175만 명이 넘었다.[56] 이러한 엄청난 팽창이 (1950년대 노조화에 관한 논쟁이 보여주듯) 공학 내의 전통적 분열을 없애지는 못했다. 그러나 이는 심대한 방식으로 엔지니어 직업을 재형성하고, 오랜 논쟁을 새로운 방향으로 유도하고, 긴장과 갈등의 새로운 논점을 만들었다.

전후 공학 팽창의 가장 중요한 특징 중 하나는 엔지니어와 국가에서 통제하는 방위 영역 사이에 강력한 연관성이 출현했다는 데 있다. 요컨대 미국의 엔지니어는 언제나 국가 및 군대(웨스트포인트의 초기 중요성에 주목하라)와 긴밀하게 연결되어왔다. 그러나 제2차 세계대전 이후 국방 부문에 대한 막대한 증가는 전례 없는 어떤 것을 창출했다. 미국은 제2차 세계대전을 거치며 자본주의 세계에서 가장 거대한 군사력을 지닌 국가로 등장했다. 이는 거의 즉각적으로 전통적인 고립주의 경향과 거대 군사 체제에 대한 회의론을 낳았고, 미국으로 하여금 글로벌 경찰과 '자유세계'의 평화 보호자 역할을 맡도록 했다. 아울러 이는 방위 산업 물품을 포함한 여러 산업에 엄청난 영향력을 발휘했다. 또한 미국의 군사적 우위성을 유지하기 위해 필요한 연구 개발 활동에도 참여해야만 했다. 국방 부문의 팽창된 역할은 군사비 지출을 역순환적(counter-cyclical) 방식으로 보려는 정부의 의지에 의해, 때로는 '군사적 케인스주의'로 알려진 태도에 의해 강화되었다.

이러한 팽창이 가져온 주요 효과 중 하나는 엔지니어 수의 급속한 증가였다. 특히 항공공학이나 전자공학 같은 군수 물자 생산 및 연구와 관련한 영역이 그러했다. 이는 또한 직간접적으로 정부 혹은 국방 관련 일과 연관된 엔지니어의 비율을 증가시켰다. (엔지니어가 노동력의 31퍼센트를 차지하는 유도미사일 생산 같은) '엔지니어-집중적인' 산업이 급속하게 성장했다.[57] 전반적으로, 공학과 과학 노동력의 20~30퍼센트가 군사 기술의 발전에 전념했다. 일부 전문 분야에서는 그 비율이 실제적으로 한층 더 높았다.[58]

하지만 공학과 관련해 군대와 정부의 성장이 보여준 현실은 엔지니어 수의 증가 그 이상이었다. 이는 또한 공학이라는 직업의 조직과 내부 분열에 의미심장한 효과를 가져왔다. 제2차 세계대전의 경험, 즉 과학자와 엔지니어가 전시 정부 계획가들의 후원 아래 군사적 필요에 직접적으로 연결되었던 경험은 전후 지도자들로 하여금 정부가 연구를 지탱하고 조정하는 역할을 해야 한다는 신념을 갖게 했다. 하지만 이를 어떻게 조직해야 할 것인가에 대해서는 의견이 일치하지 않았다. 정부가 연구 자금에 대한 결정을 직접적으로 통제할 것인가, 혹은 자금을 분산해 민간 통제 기구에 제공해야 하는가? 국방 관련 연구는 국방부를 통해야 하는가, 혹은 별도 민간 통제 기구를 통해 조정해야 하는가?[59] 정부 자금을 기초 및 응용 연구 모두를 지탱할 수 있도록 사용해야 한다는 데는 이견이 없었다. 1950년 국립과학재단(National Science Foundation)의 창립과 훨씬 규모가 커진 국방부 연구 프로그램은 여러 종류의 연구 개발 활동에 종사하는 엔지니어 수를 엄청나게 늘렸다.[60]

게다가 정부에서 자금을 제공하는 기초 및 응용 연구는 첨단 기술 생산의 지역 거점(regional centres) 수를 늘리고, 대학과 첨단 기술 산업 및 국방 부문을 연결해주었다. 이러한 거점의 초기 형태는 제2차 세계대전이 발발하기 오래전에 출현했다. 연구 설비, 군수 공장, 대학 그리고 기타 조직이 로스앤젤레스의 캘리포니아공대(Cal Tech) 인근에 모여 만든 네트워크는 이미 제1차 세계대전 중에 발전하기 시작했다.[61] 그러나 제2차 세계대전 이후 정부 예산의 엄청난 유입이 이런 과정을 가속화했다. 이제는 유명한 주요 기술 관련 대학 주변에 첨단 기술 지역—보스턴의 128번 도로(MIT)와 캘리포니아의 실리콘밸리(스탠퍼드)—이 번창하고 빠르게 성장했다. 그 결과 (앞으로 살펴보겠지만) 대학, 방위 분야 및 사기업 사이에서 이동이 표준이 된 곳에 엔지니어를 위한 고용 센터가 만들어졌다.[62]

공학 직업의 지위와 관련한 위계 또한 방위 부문의 성장에 부응해 변화했다. 연구와 개발에서 고임금과 흥미로운 일이 국방 관련 공학 작업에 '가장 우수한 인재'를 끌어 모았다. 항공공학과 전자공학 같은 국방 시향적 특수 분야는 명성이 떨어지고 있던 토목공학 및 산업공학과 달리 최상위 리스트까지 올라갔다. 무기 개발이라는 종종 은밀하고 정교한 종류의 연구 성격이 소비 지향적인 평범한 일보다 더욱 매력적으로 변하자 공학 작업의 내용 또한 영향을 받았다.[63]

공학의 국방 관련 연구 및 생산 지향은 대규모 조직에서 엔지니어의 집중을 증가시키는 경향을 보였다. 국방 분야는 수직 통합된 대기업의 지배를 받았는데, 이들은 당대에 유행하던 기업 재구조와 탈집중화를 실험할 의지가 거의 없었다. 이런 대기업 내에서 공학 작업은 국방 생산의 긴급성에 의해 틀이 짜였다. 비밀의 필요성과 첨단 기술 프로젝트의 복잡성은 방위 관련 공학에서 높은 수준의 분할과 칸막이화를 조장하는 경향이 있었다. 엔지니어는 종종 전체 공정에서 극도로 기술적이거나 협소한 영역의 일을 수행했다. 그들의 작업은 반드시 알아야 할 원칙에 따라 다른 이들로부터 고립되고, 어떤 경우에 외부인과 지식을 공유하지 못했다. 그 보상으로 국방 영역의 엔지니어는 (최소한 호경기 시절에는) 전형적으로 높은 임금을 받고 첨단 기술 문제에 종사할 수 있다. 조직적 구조 또한 프로젝트 선택과 개인적 발전을 위해 어느 정도의 자율성을 허용한다. 이 모든 게 의미 있는 공학 조직에 거꾸로 작용하는 경향도 있다. 아울러 국방 관련 엔지니어는 자신의 고용주와 그 고용주가 제공하는 고도로 전문화한 기술적 도전에 얽매이는 경향이 있다.[64]

마지막으로, 국방 부문의 역학이 공학 경력 구조에 영향을 미쳤다. 현대 전쟁의 핵심 특징 중 하나는 그러한 압력이 상시적인 기술적 혁신을 만들어낸다는 것이다. 무기의 효용성은 더욱 짧아지고 점차 복잡해진다. 아울러 새로운 제품과 아이디어, 과정을 위해 엄청난 수요가 생겨난다. 이 분야의 공학 작업은 전형적으로 상당히 전문화했기 때문에 엔지니어는 급속하게 노화한다. 새로운 엔지니어를 대량 배출할 필요가 있는 기술이 제한적인 일부 사람을 고용하던 1940년대와 1950년대에 그 취약성이 특히 부각되었다. 몇몇 경우 이는 비정상적 봉급 구조를 낳았다. 이런 구조 내에서 (최신의 기술적 전문성을 지닌 조직에 취업한) 영리한 젊은 엔지니어의 봉급이 경력 초기 정점에 이르거나 혹은 비정상적으로 높았다. 시대에 뒤진 엔지니어는 자신을 고용한 회사를 떠나야 할지도 모른다는 것을 깨닫고 조기에 은퇴하거나 덜 도전적인 직무 또는 상대적으로 중요하지 않은 감독 역할로 '승진'하기도 한다. 일부 엔지니어는 (특히 국방 분야에서) 공격적으로 경영학 학위나 관리 경력을 추구하며 이런 상황에 적응해왔다. 그러므로 많은 엔지니어는 꾸준하고 질서 잡힌 전문가의 경력 사다리로 특징지을 수 있는 인습적인 전문가 경력을 따르지 않는다.

공학과 과학

전후 시기 미국의 공학은 점차 진지하게 과학에 접근하려는 모습을 보여주었다. 엔지니어는 기초 연구를 더욱 강조하는 데 중점을 두고, 공학 교육에서 과학과 수학 영역을 늘렸다. 이따금 공학 자체가 별개의 과학인지 아닌지에 대한 열띤 논쟁이 있었다. 부분적으로, 과학에 대한 이런 관심은 공학이 군사화한 결과였다. 왜냐하면 국방 관련 작업은 전형적으로 고도의 기술적 정교화를 포함하고 있기 때문이다. 의미심장하게도 과학에 기초한 교과 과정과 '엔지니어링 과학'이라는 아이디어는 국방부 연구에 참여한 대학에서 시작되었다.[65]

그러나 공학과 과학의 연결 역시 엔지니어의 지위에 대한 관심과 관련이 있다. 특히 공학 교육자들은 아마도 다음의 사실로 인해 혼란스러웠을 것이다. 요컨대 엔지니어는 제2차 세계대전 동안 실제 경험이 부족해 다소 주변화했고, 공학의 좀더 '과학적인' 지위에 대한 압력이 있었다. 그 결과 중 하나는 직업 내에서 그들의 중요성을 실제적으로 향상시키는 것이었다. 제2차 세계대전과 그 이후 공학계 내 자체 검토의 일환으로 공학 교육에 대한 일련의 보고서가 만들어졌다.[66] 1944년 교육자들은 조심스럽게 엔지니어는 기초과학에 대한 좀더 강력한 토대가 필요하다는 점과 대학원 프로그램을 확대하는 게 바람직하다고 강조하기 시작했다. 그러나 공학은 단지 과학일 뿐 아니라 어떤 의미에서는 '기예(art)'라는 견해를 여전히 수용하고 있었다. 그러나 1955년 공학 교육자들은 공학에서 기예의 중요성을 평가 절하했으며, 그 대신 공학 교육의 중심적 역할은 "공학 방법론으로서 기예를 가르치기보다 엔지니어링 과학, 분석 혹은 디자인을 밝혀야 한다"[67]고 주장했다. 후속 보고서는 기초과학 교육을 위해 공학 교과 과정을 5년제로 확대해야 할 필요성이 있다는 요구를 추가했다. 과학에 대한 강조를 그들의 (아울러 그들 직업의) 지위를 끌어올리기 위한 교육자들의 순수한 노력으로 받아들이는 것은 과장이겠지만, 이런 개념을 통해 가장 큰 이득을 취한 쪽은 제조 역할에서 좀더 '실제적인' 기여를 한 엔지니어라기보다는 교육자와 연구자였다.

오늘날 공학의 단편화

미국 공학의 전후(戰後) 변화는 단편화라는 전통적 패턴의 많은 것을 그대로 남겨놓았다. 공학은 개별적으로 스스로의 정체성과 조직을 지닌 채 여러 특징 있는 학문 분야로 나눠져 있었다. 이러한 학문적 분열은 새로운 공학 분야(컴퓨터공학, 재료공학, 핵공학 등)의 등장 혹은 기존 단체들이 뚜렷한 이해 집단으로 내부 분열하며 새로운 엔지니어 단체들을 형성하면서 최근 몇십 년 동안 더욱 분명해진 듯싶다. 엔지니어가 대기업 이사실(boardroom)부터 실험과 여타 평범한 임무를 수행하는 종속적 지위에 이르기까지 어디서나 지위를 확보하면서 전통적 위계의 단편화가 지속되고 있다.

동시에 공학의 전후 진화는 전통적 분열을 강화하거나 복잡하게 만들어왔다. 그리고 일부 경우에는 새로운 분열을 추가했다. 과학과 연구에 대한 점증하는 강조는 분명히 연구자와 더 '응용적인' 엔지니어 사이의 분열을 첨예하게 만드는 경향이 있었다. 게다가 대학에 토대를 둔 엔지니어가 그 직업의 나머지 사람들로부터 고립되지 않는 반면(사실상 지역 하이테크 센터의 성장은 대학과 공학 현실 사이의 이동을 촉진했다), 대학이 선도하는 과학 방향으로의 이동은 강의와 연구를 지향하는 엔지니어와 생산을 지향하는 좀더 많은 엔지니어 사이의 기존 차이를 형성해왔다. 이와 유사하게 국방 관련 고용의 성장은 해당 분야의 엔지니어와 그 분야 밖의 엔지니어 사이에 매우 실질적인 차이를 낳았다. 방위 산업 엔지니어와 나머지 엔지니어 간 접촉은 군사적 비밀의 필요 때문에 제한적이고, 이 두 분야의 업무 조건 차이가 이들 간의 이동을 상당히 어렵게 만들었다. 경제적 변화는 다른 방식으로 이 두 분야에 영향을 끼쳤다. 이는 공학에 대한 의견 차이라는 오늘날의 패턴에 무시할 수 없는 중요성을 띤 사실이다.

여기에 또 한 가지 상대적으로 새롭고 매우 중요한 공학 내 분열을 더해야 할 것 같다. 요컨대 점증하는 젠더와 인종적 다양성이 그것이다. 공학은 미국에서 대체적으로 남성의 영역으로 남아 있다. 그러나 지난 20년 동안 여성 엔지니어의 수가 괄목할 만큼 성장했다. 여성 엔지니어의 비율은 1983~1992년 5.8퍼센트에서 8.5퍼센트로 증가했다. 공학에서 학사 학위 여성 수여자의 비율 또한 극적으로 늘어났다. 비록 1980년대에는 이런 사실을 무의미하게 만드는 증거가 일부 존재하긴 하지만 말이다. 여성 엔지니어가 (전체 엔지니어 중에서 14퍼센트나 차지하는) 산업공학 같은 낮은 지위의 전공에 비대칭적으로 집중되어 있는 것은 사실이다. 그러나 한때 전반적으로 남성만의 공학이라는 전문직이 어느 정도 남녀 통합을 경험하기 시작했다는 것은 의심할 여지가 거의 없다.[68]

공학에 대한 여성의 진입이 왜 늦어졌는지에 대해서는 여러 가지 설명을 할 수 있다. 공학 교육에서 수학과 과학을 강조한 것이 그 명백한 이유 중 하나다. 왜냐하면 그것이 이 분야에서 전통적으로 교육을 받지 못한 여학생들의 자격을 박탈하는 효과적 장치였기 때문이다. 그러나 일부에서는 수학 실력이 뛰어나고 대학의 공학 프로그램에도 탁월한 여성을 주목해왔다. 그럼에도 이들이 특정한 종류의 공학 분야에서 고용에 어려움을 겪는 것은 많은 공학 단체를 지배하는 실천적 '수선(修繕)' 문화(culture of hands-on 'tinkering')가 순수하게 수학적이고 이론적인 경험을 배척하고 있기 때문이다.[69]

흑인 및 히스패닉계 엔지니어 수는 전혀 비슷한 성장이 없었다. 1983년 이 두 집단은 합쳐서 미국 엔지니어의 5퍼센트, 1992년에는 7퍼센트를 차지했다. 그러나 미국 공학에서는 인종적 다양성이 증가하고 있다. 이는 특히 아시아계 미국인과 해외에서 출생한 엔지니어의 수가 늘어났기 때문이다. 영어를 못하는 엔지니어에 대한 고정관념과 미국에서 태어난 학사 및 박사 엔지니어 부족에 대한 우려가 공학계 내에 퍼지면서 미국 엔지니어 사이에 어느 정도 긴장이 생겨났다.[70]

소수 인종과 여성 엔지니어의 수가 상대적으로 적고 공학이 여전히 대체적으로 백인 남성의 영역임에도 위에서 언급한 대단치 않은 증가조차 내부적인 문제를 낳았다. 이미 아시아 및 아시아계 미국 엔지니어에 대한 편견이 존재해왔다. 또 여성 공대생을 희롱하거나 공학계 내에서 일반적으로 여성 엔지니어를 적대시하는 행위에 대한 비판도 제기되었다.[71] 공학계에 대한 당대 분석가들은 종종 인종적·성(性)적 다양성이 직업적 지위의 쇠퇴와 연결되거나 (전문가적 단합의 토대를 위협하는) 분열의 증대와 연결되는 것에 주목해왔다.[72] 공학 같은 직업에서는 어떤 종류의 단합이라도 항상 달성하기 어려운 상황에서 인구학적 복합성이 이러한 단합을 이전보다 훨씬 더 어렵게 만든 것처럼 보인다.

공학의 분열과 의견 차이

분열의 전통적인 그리고 새로운 패턴은 전후 공학의 구조적 특징 이상이었다. 이러한 특징이 공학에 대한 의견 차이의 패턴을 형성하는 데 일조했다. 1950년대 중반 노조화 논쟁이 일단 수그러들자 엔지니어는 안락함과 번영에 빠진 것처럼 보였다. 그러나 1960년대 말 엔지니어 공동체는 다시 한 번 근본적 중요성을 지닌 문제로 분열했다. 이번에는 공학 윤리, 즉 엔지니어의 전문가적 책임에 관한 문제가 대두했다. 최근의 공학 역사에서 이 에피소드를 자세히 검토해보면, 윤리 논쟁 배후에 엔지니어라는 특정 집단의 물질적 이해관계가 놓여 있음을 알 수 있다. 그리고 윤리 문제에 관한 엔지니어 간 차이는 여러 가지 방식으로 각 공학 부문의 다양한 사회학적 입장을 반영했다.

엔지니어 협회들 안에서 벌어지는 윤리 문제에 대한 논의는 적어도 대부분의 주요 엔지니어 협회가 윤리 규정(codes of ethics)을 작성하던 20세기 초까지 거슬러 올라간다. 그럼에도 불구하고 1960년대 후반 제정한 윤리 강령은 부실하고 제한적이있다. 게다가 규정 대부분은 (공공 공학 지도자들이 컨설턴트라는 사실을 반영한) 독립적인 컨설턴트가 마주치는 상황에 초점을 맞추고 있었다. 고객-전문가 관계나 비윤리적 사업 관행 및 전문가적 경쟁에 몰두한 이런 규정은 조직 내 평균적 엔지니어의 상황과는 거의 관련이 없었다.

1960년대 후반과 1970년대 전반, 여러 요인이 결합되어 윤리 문제가 공학 논쟁의 전면에 등장했다. 베트남 전쟁에서의 기술력 사용에 대한 공개적인 비판과 무기 설계에서 엔지니어 역할의 확대에 의해 어느 정도의 자아 성찰이 이뤄졌다. 이와 유사하게 환경 및 소비자 운동의 등장이 공학 분야 종사자의 비판적 사고를 자극했다. 마지막으로, 몇몇 잘 알려진 내부자 고발 및 논쟁적인 기술 사례가 엔지니어로 하여금 윤리적 행동을 지지하게끔 만들었다. 이를테면 새로운 자동 기차 통제 시스템을 비판했다는 이유로 엔지니어 3명을 해고한 BART(Bay Area Rapid Transit: 샌프란시스코 만 근교 지역을 연결하는 장거리 전철—옮긴이) 사례, 새로운 경찰 컴퓨터 시스템에 계속해서 의문을 제기했다는 이유로 뉴욕시위원회에 의해 해고당한 한 여성 엔지니어의 사례가 공학 분야 종사자들 사이에 널리 회자되었다.[73]

기술에 관한 비판적 사고를 자극하는 이런 새로운 분위기 속에서 공학 협회들은 윤리에 대한 열띤 논쟁에 휩싸였다. 특히 IEEE에서 그러했는데, 이 협회는 심지어 피고를 위해 법정 의견서(*amicus curaiae* brief)를 제출하는 등 BART 소송 사건에 직접적으로 관여하기도 했다. 스티븐 웅거(Stephen Unger) 같은 소수 의견자들은 공학 협회들이 스스로를 새롭게 자리매김하고, 전통적 기술에 관한 토론을 넘어서게끔 범위를 확대하고, 윤리적 실천과 관련해 이른바 '정당한 것'을 지지하는 공약을 하게끔 압력을 넣었다.

이 '새로운 전문가주의'는 미국 엔지니어 사이에서 폭넓은 지지를 받았다. 그러나 논쟁과 관련해 초창기에 명백해진 것처럼 윤리는 엔지니어 협회의 고유한 역할에 대한 논쟁에서 유일한 문제가 아니었다. 반대로 많은 엔지니어를 윤리라는 깃발 아래로 끌어당긴 이슈는 공학 공동체 내에서 일어난 또 다른 물질적 위기였다. 1960년대 후반과 1970년대 전반 우주 산업의 예산 삭감, 베트남 전쟁이 막바지에 다다름으로써 발생한 방위 산업에서의 일시 해고 사태, 총체적인 경기 후퇴 등으로 인해 엔지니어는 역사적으로 높은 수준의 실업이라는 충격을 겪었다.

윤리에 대한 새로운 관심과 일반 엔지니어들의 물질적 조건에 대한 불만족이 결합해 그들과 지도자 사이의 갈등이 생겨났다. 그러나 공학 윤리에 관한 논쟁은 엘리트와 일반인 사이의 싸움으로 축소시킬 수 없었다. 왜냐하면 일부 엔지니어는 엔지니어 협회를 개혁하기 위한 노력에 좀더 참여하려는 뚜렷한 경향이 있었기 때문이다. 특히 방위 분야 엔지니어가 '새로운 전문가주의'에서 매우 활동적이었다. 이는 부분적으로 반전(反戰) 및 반(反)군사 활동 감정을 반영한 것이지만, 이러한 엔지니어의 독특한 물질적 상황과도 직접적으로 연결되어 있었다. 방위 엔지니어는 국방 관련 사업의 호황과 불황의 경기 순환을 매우 직접적으로 경험했다. 1960년대 후반과 1970년대 전반 (그리고 또다시 1980년대 후반과 1990년대 초반), 방위 및 항공 우주 예산의 상당한 축소 혹은 전환은 고용 불안정과 통산 연금(portable pensions: 피고용인이 특정 회사를 그만둔 이후에도 자격을 유지할 수 있는 연금—옮긴이)에 대한 들끓는 관심을 불러일으키며 이 분야에서 높은 수준의 엔지니어 실업자를 낳았다.

나이와 경험 또한 공학 윤리에 대한 토론에서 중요한 요소였다. 1960년대의 저항 문화적 이념에 영향을 받은 젊은 엔지니어들이 개혁 요구 전면에 나섰을 것 같지만, 실은 나이 먹은 엔지니어들이 가장 큰 불만을 표출했던 것으로 보인다. 이는 그들이 방위 산업 분야에서 일어난 경기 후퇴의 희생자가 될 가능성이 더 많았음을 반영한다. 1960년대와 1970년대 전반 동안, 엔지니어의 초봉은 센 편이었다. 그러나 나이 먹은 엔지니어들은 '불필요한 퇴물'로 취급받아 해고될 가능성이 많았다. 공학 개혁가들이 초점을 맞춘 통산 연금과 고용 안정 같은 문제는 새로운 전문가주의의 핵심에 나이 먹은 엔지니어의 관심사가 놓여 있었음을 보여준다.[74]

'새로운 전문가주의'가 공학 단체를 근본적으로 바꾸는 데 성공하지 못한 반면, 이런 에피소드는 공학 공동체 내에서 전문가 프로젝트에 대한 소수의 의견이 지속적으로 나타났음을 보여준다. 전문 단체의 임무를 재정의하려는 노력을 지지하던 엔지니어는 전략적 문제에 대해, 혹은 윤리적 및 물질적 이슈 사이의 연결에 대해 몹시 냉철하지 않았을지도 모른다. 하지만 그들은 전문 단체의 기존 모델에 대한 거부는 분명하게 공유하고 있었다. 돌이켜보건대 1960년대와 1970년대의 새로운 전문가주의가 매우 잘 발전하지 못한 것은 명백하다. 또 다양하고 분열된 공학이라는 직업을 고려하면서 전문가 공동체로 나아가는 데 초점을 맞춘다면 어떻게 일관된 비전을 개발할 수 있었는지도 분명치 않다. 그들이 성취하고자 한 것이 무엇인지 그리고 어떻게 그것에 힘써야 할지에 대한 분명한 의식이 없었기 때문에 소수 이견자들은 공학 엘리트와 그들의 전문가 프로젝트 규정을 축출할 수 없었다. 그럼에도 불구하고 이 시기 공학의 경제적 위기는 공학 공동체가 (오래된 방식이건 새로운 방식이건) 사회적으로나 이념적으로 분열된 상태에 처해 있었음을 보여준다.

미국 공학의 미래

미래는 미국의 엔지니어 고용을 위해 무엇을 수용할 것인가? 여러 모순적 경향을 확인할 수 있기 때문에 미국 엔지니어 다수가 번영을 지속할지 여부와 그들의 작업과 관련한 사회적 상황이 어떻게 될지는 예측하기 어렵다.

긍정적 측면에서 하이테크 중심부, 특히 캘리포니아 주의 실리콘밸리가 지속적으로 중요할 것이라고 지적할 수 있다. 이런 중심부가 다수의 저임금 및 로테크(low-tech) 직업을 낳는 것은 사실이지만 적어도 엔지니어에게 이는 또한 상당한 기회를 제공하고 있다. 엔지니어는 고소득과 흥미로운 첨단 프로젝트에서 일할 기회 때문에 이들 지역에 매력을 느낀다. 많은 관찰자 또한 그러한 지역의 특성상 사업가적 가능성에 주목해왔다. 요컨대 창업 회사들이 빠르게 변화하는 기술과 자본의 이용 가능성 덕분에 기회를 잡고 있다. 여기에는 기술자 공동체뿐 아니라 독특한 문화가 존재한다. 요컨대 조직에 대한 충성을 강화하기보다 파생 및 분리해나가는 것을 돕고 있다. 공학과 과학 규범이 지배하는 회사의 존재는 또한 전통적인 성격의 공학-관리 갈등을 줄여가는 경향이 있다.[75]

이 모든 것이 엔지니어에게 진정한 기회를 제공한다. 독창적 아이디어와 기술 전문성을 지닌 사람들은 대학 연구소와 산업체 사이를 쉽사리 이동할 수 있으며, 심지어 아이디어를 그들 자신이 경영하는 독자적인 회사에서 개발할 수도 있다. 동시에 그러한 기회의 범위를 과장해서는 안 된다. 실리콘밸리조차도 창업자의 폐업률이 높으며, 대부분의 엔지니어는 그러한 시도조차 하지 않는다. 게다가 모든 하이테크 지역이 똑같은 것도 아니다. 예컨대 보스턴 128번 도로는 관료화한 대규모 방위 계약업자들이 지배하고 있다. 그래서 공학 문화가 훨씬 덜 강력하고, 소규모 회사나 파생 회사를 위한 기회가 상당히 감소하고 있다.

그러나 하이테크 분야는 엔지니어에게 작지만 밝은 측면 중 하나다. 미국 엔지니어의 전망에 대한 오늘날의 많은 토론은 엔지니어의 몫이 적어도 짧은 기간 내에는 개선될 것 같지 않다는 증거를 지적해왔다. 엔지니어에 대한 수요가 상대적으로 갑자기 계속 변화할 것 같다는 상당한 증거도 있다. 실제로 공대 등록 인원은 미국 엔지니어의 노동 시장 기회가 정체 및 수축된 것을 반영해 1990년대 전반 급속하게 떨어졌다. 대부분 이는 엔지니어의 고용을 자극해온 국방비 지출의 지속적인 역할이 초래한 결과다. 국방 예산이 강력할 때는 엔지니어 고용이 증가하고, 군사적 증강 직후나 예산상의 위기 때는 극적으로 줄어드는 경향이 있다. 널리 알려진 1980년대 '매사추세츠의 기적'은 주지사 마이클 듀카키스(Michael Dukakis)가 대통령 선거에 나서는 토대를 마련해주었다. 레이건 시절의 국방비 증강이 128번 도로에 위치한 회사들로 유입되어 일시적 호경기를 추동했기 때문이다. 하지만 개발이 끝나자 엔지니어의 고용 기회가 줄어들고 주 전체적으로 불경기가 시작되었다. 비록 실리콘밸리는 국방에 덜 종속적이었지만, 유사한 감소를 1990년대 전반 남부 캘리포니아를 포함한 미국의 여타 국방 지향적 하이테크 기술에서 목격할 수 있다. 특히 하이테크 기술의 전 지구적 경쟁이 심화함으로써 특정 제품에서 한때 독점적 지위를 유지했던 실리콘밸리의 위상이 추락했다. 예컨대 1980년대 동안 실리콘밸리의 생산자들은 일본 경쟁자에게 반도체 제품에 대한 주도권을 빼앗겼다. 지금은 그 지역이 아래로부터 회복세를 보이고 있지만 이런 에피소드는 경제적 부침에 따른 취약성을 여실히 보여준다.

물론 공학이 방위 관련 생산에서 소비자 부문으로 이행했다는 것은 있음 직하다. 실제로 일부 경제학자는 미국 제조업이 다시 한 번 경쟁력을 갖추려면, 엔지니어가 하는 일에 주안점을 둔 디자인 활동에 좀더 집중해야 한다고 주장해왔다.[76] 이런 것이 실리콘밸리에서 생겨났을지도 모른다. 하지만 다른 지역 및 다른 분야의 증거는 덜 전도양양하다. 방위 관련 활동을 하는 엔지니어는 쉽사리 소비자 산업으로 이동하지 않으며, 그들의 경험과 기술은 이런 종류의 일과 관련한 매우 다른 요구에 종종 부적절하다. 게다가 소비자 부문의 긴축이 엔지니어 사이에서 고용 보장의 기회를 줄이고 있다고 여길 만한 상당한 증거가 있다. 코닥(Kodak)과 제너럴 모터스 같은 주요 엔지니어 고용주들은 대규모 조기 퇴직 프로그램에 착수해왔다. 아울러 기업의 규모 축소와 '리엔지니어링(reengineering)'이 엔지니어를 포함한 전문직과 관리직 노동자를 쥐어짜고 있다. 재구조화한 기업들은 또한 '외주 계약직(contracting out)' 기술 전문인에게 더 심하게 의존하는 경향이 있다. 이는 몇몇 긍정적 효과도 갖는데, 여기에는 소규모 및 중간 규모 컨설팅 회사를 발전시킬 엔지니어에게 기회를 늘려준다는 것도 포함된다. 그러나 자영 업체와 컨설팅 회사는 불안정한데, 이는 특히 회사가 유연성을 늘리기 위해 종종 외주를 주기 때문이다. 게다가 일부 외주 계약직 일은 임시 업체나 '직업소개소'를 통해 이루어지는데, 이들은 전형적으로 덜 안정된 고용과 낮은 수준의 부가 급부(fringe benefit: 임금, 급여, 상여 등의 직접적 소득 외에 고용주가 제공하는 복지 후생를 가리키는 말—옮긴이)를 제공한다. 엔지니어 고용의 미래와 관련한 경제적 예측에 따르면, 기회라는 측면에서 작금의 축소는 단지 임시적 경기 후퇴가 아니라고 주장한다. 요컨대 상황이 좋아질 경우에도 회사들은 공학적 작업을 합리화하며 더 저렴하거나 외부에서 불러온 전문직 기술과 계약을 하기 때문에 경기가 회복되어도 엔지니어 고용이 이전만큼의 수준을 기대하지

못하게 되었다.[77]

결론

간단히 말해, 미국의 공학이 단순히 쇠퇴의 시기로, 혹은 전례 없는 상승 이동의 시기로 진입하는 중인지를 판단할 수 있는 증거는 거의 없다. 굳이 있다면, 공학이 분열된 직종으로 지속될 것 같다는 점이다. 일부 엔지니어는 관리직 지위를 차지하겠지만, 더 많은 엔지니어는 그렇지 못할 것이다. 일부는 물질적으로 번영하겠지만, 나머지는 그러지 못할 것이다. 일부는 이직과 경제적 독립의 놀랄 만한 기회를 붙잡겠지만, 나머지는 하위직에서 헤맬 것이다.

그렇다면 미국 공학의 주된 특징은 분열로 남아 있을 것 같다. 미국 공학은 전통적으로, 그리고 대체적으로 매우 다른 지위를 지닌 다양한 종류의 범위를 포함하는 직업으로 광범위하게 정의해왔다. 그 결과 미국의 여타 '중간 계급' 직업에서 매우 영향력 있던 전문가주의는 정의하기 어려운 상태가 되어버렸다. 대체적으로 공학의 이질성과 엔지니어-관리자의 강력한 영향력 때문에 엔지니어 협회는 상대적으로 취약했고, 판에 박힌 전문가적 프로젝트 배후에서 엔지니어를 단합시키려는 노력은 지속적으로 실패해왔다. 엔지니어-관리자는 전통적으로 엔지니어와 관리를 연결하는 전문가주의적 해석을 옹호해왔다. 그러나 이는 대다수 엔지니어를 만족시키지 못했다. 특히 주기적인 불경기가 엔지니어의 번영이 얼마나 허약한지를 드러낼 때 그러했다. 하지만 엔지니어와 노조를 연결시키려는 노력 또한 성공적이지 못했다. 고위직 연구자와 관리자로 이뤄진 공학 내 존재에 의해 지속적으로 자극받은, 대다수 엔지니어의 위상 같은 선입견이 그러한 연맹에 불리하게 작용했기 때문이다.

그 결과는 '분열된 집(a house divided)'이다. 공학을 미국에서 가능한 한 광범위하게 정의할 때, 여하한 종류의 직업적 단결도 사실상 불가능하다. '엔지니어'라는 용어가 너무나 넓은 범위를 포함해 사실상 의미 없는 것이 되었기 때문에 미국 엔지니어는 단합이 불가능했으며, 앞으로도 그런 상태를 유지할 것 같다.

4

프랑스 엔지니어의 형성

스티븐 크로포드

변호사와 달리 각국의 엔지니어는 다른 국가의 동료들과 상당히 똑같은 일을 한다. 이는 놀랄 일이 아니다. 그 이유는 엔지니어가 발전시킨 자본재와 소비재는 어느 곳에서나 매우 동일하고, 그들이 응용하는 과학 지식은 어디서나 보편성을 지니기 때문이다. 또 엔지니어가 어디서건 대기업의 유급 전문가로 일하고, 사회적으로 안정된 중간 계급을 형성한다는 점도 놀랄 일이 아니다. 놀라운 점은 이 같은 유사성에도 불구하고 엔지니어 사이에 다양성이 분명히 존재하고, 그에 따라 정체성·가치·조직뿐 아니라 교육·일·보수·명성·사회 유동성에서 차이가 있다는 것이다.

국가별로 볼 때 공학의 성격이 가장 뚜렷한 나라는 엔지니어가 예외적으로 높은 지위를 누리고 있는 프랑스다. 프랑스의 교육 및 고용 제도, 엔지니어에 대한 사회적 정의는 매우 독특하다. 프랑스에서 학위 소지 엔지니어는 특히 다른 선진 산업 사회에 비해 높은 보수와 사회적 신분을 갖고 관리직으로 진출할 기회 등을 누린다.[1]

프랑스 엔지니어가 이런 특권을 누리는 이유는 무엇일까? 아울러 그들이 유지하고 있는 제도의 가치는 무엇일까? 이 논문은 이런 특권 및 제도가 250년에 걸쳐 프랑스의 정치적·경제적 발전이라는 맥락 속에서 어떻게 등장했는지 보여줌으로써 위의 질문에 답하고자 한다. 첫 번째 절에서는 국가 엔지니어 양성 과정에서 이론적 지식을 중요시했다는 점에 주목하며 산업화 이전 시기의 국가 엔지니어에 대해 설명하고자 한다. 두 번째 절에서는 산업화와 민주적 계급 정치의 발달이라는 배경 속에서 국가 엔지니어와 대비되는 '민간(civil)' 엔지니어의 성장 과정을 살펴본다. 그리고 세 번째와 네 번째 절에서는 1930~1940년대 위기의 시기에 간부층(cadres) 엔지니어의 출현과 현대 엔지니어 계층 구조 내에서 그들의 위치에 대해 고찰하고자 한다.

산업화 이전 프랑스 국가 엔지니어의 유산(1650~1850)

대부분 국가에서처럼 프랑스 엔지니어의 교육, 노동, 조직, 사회적 위치는 산업화 이전 엔지니어의 성격과 지위를 반영한다. 예를 들어 13세기로 거슬러 올라가면 고딕 대성당을 건설한 건축가-엔지니어(architect-engineers)는 높은 보수 및 사회적 신분을 누렸다. 그러나 17~18세기에 이런 지속적 특징을 갖고 공학 직업을 제공한 것은 군사 엔지니어 및 여타 국가 엔지니어였다. 루이 14세 시대 보방(Sébastien Le Prestre de Vauban) 원수의 지도력 아래 군사 엔지니어는 1600년대 말 그들이 구축한 혁신적 축성 시스템으로 크게 존경을 받았다. 1716년 정부는 프랑스 최초의 비군사적 국가 엔지니어 엘리트 집단인 (도로와 교량) 토목단(Corps des Ponts et

Chaussées)을 설립했다. 그리고 1747년에는 프랑스 최초로 본격적인 공학 학교이자 오늘날에도 명성이 높은 국립토목학교(Ecole Nationale des Ponts et Chaussées)를 설립했다. 산업화가 시작되기 10~20년 전인 1815년 여타 엔지니어 학교가 출현했고, 국가 엔지니어는 고등 교육을 받은 기술 책임자로서 선망의 대상이 되었다. 또한 그들은 프랑스 미래 엔지니어 직업의 발전에 큰 영향을 미칠 유력한 전문가 집단으로 자리를 잡았다.

1815년 이전의 국가 엔지니어

국가 엔지니어의 중요성을 이해하기 위해서는 프랑스 사회에서 국가가 차지하는 강력한 위치에 주목할 필요가 있다. 프랑스는 영국보다 반세기나 늦게 산업화에 진입했으나 1500~1900년 유럽의 국가 형성이라는 거대한 역사 과정에서 줄곧 선도국의 자리를 지켰다.[2] 프랑스에서 국가는 엔지니어 직업을 정의하는 데 중요한 역할을 해왔다.

그렇지만 앙시앵 레짐의 국가 엔지니어가 높은 명성과 영향력을 누린 강력한 왕실 행정가 집단 내에서 그들은 단순한 기술직 관리자가 아니었다. 마찬가지로 "군대 경력이 여전히 높은 존경을 받는" 귀족 사회에서 대체로 귀족에게 제한되었던 엔지니어는 군사 또는 준군사(quasi-military) 장교였다.[3] 높은 신분 의식을 지닌 문화에서 엔지니어는 최상류층의 전통적 명예 및 권위와 연관되어 있었다. 그리고 18세기 계몽주의 시대의 합리적·지적 풍토에서 엔지니어는 자신들의 교육적 성취와 고등과학 지식의 존중에 대한 추가 조치를 꾀했다. 그 결과 프랑스 "엔지니어는 매우 일찍 고위 공직자 및 자유 전문직 종사자와 견줄 만한 지위를 획득했다".[4]

소수로 시작한 국가 엔지니어 교육은 광업학교(Ecole des Mines, 1783)나

세계적으로 유명한 에콜폴리테크니크(1794)를 포함해 전문적인 대학교 수준으로 발전했다. 최근까지도 군사 학교로 남아 있는 에콜폴리테크니크 외에 기존의 공학 학교는 응용 학교(écoles d'application)가 되었다. 학생들은 에콜폴리테크니크에서 예비 과목을, 응용 학교에서 좀더 전문적인 실무 위주의 현장 교육을 받았다. 이 공학 학교들은 훗날 프랑스 대학교 시스템과 별도로 전문적 엘리트 양성 기관인 그랑제콜의 요체가 되었다.

그랑제콜은 프랑스 엔지니어의 양성과 보호에 중요한 역할을 했다. 예컨대 1870년까지 국가 엔지니어가 되기 위한 길은 단 하나뿐이었다. 다시 말해, 에콜폴리테크니크와 응용 학교 중 한 군데를 졸업하는 것이었다. 이 합법적 독점이 다른 학교나 직장에서 훈련받은 엔지니어의 커다란 불만을 낳았다. 그들의 분노는 매우 컸다. 그 이유는 에콜폴리테크니크의 입학시험이 고등학교 졸업 후 부유한 가정의 자제만 감당할 수 있는 1~2년의 준비 과정을 거쳐야만 통과할 정도로 고등 지식을 요구했기 때문이다. 동시에 이러한 선별(選別)은 국가 엔지니어의 특권을 정당화하는 데 도움을 주었다.

프랑스 엔지니어의 정규 학교 교육은 19세기에 대부분의 영국 엔지니어를 양성했던 도제 제도와 대조를 이뤘다. 그러나 프랑스 엔지니어가 학교 교육을 받았다는 것보다 더 중요한 사실은 그랑제콜에서의 교육이 유독 이론적이었다는 점이다. 이것이 갖는 중요성에 대해서는 나중에 다시 설명하고자 한다.

또한 응용 학교를 지원하는 데 있어 에콜폴리테크니크 졸업생은 국가 엔지니어단(state of corps of engineers) 중 하나의 위원회에 지원해야 했다. 19세기 초 수십 년 동안 최고의 학생은 비군사적인 토목단을 주로 선택했다. 아울러 토목 엔지니어는 높은 경쟁력을 가진 기술 전문가로서 전국적 평판을 얻었고, 주로 공공 토목 공사를 감독하는 공직자로 활약했다. 국가 엔지니어가 아닌 기술직 노동자는 이들의 독점과 오만에 분개했지만 대다수 시민은 이들을 국가 발전을 위해 일하는 숭고한 대리자로 여겼다.

토목 엔지니어는 국가 공무원이었다. 아울러 어떤 점에서는 군 장교였지만, 그렇다고 해서 육군 장교는 아니었다. 실제로 앙시앵 레짐 아래서 이들은 도박이나 채무를 피하고 "자신의 직업적 의무를 이행하는 데 충실함으로써"[5] 귀족들 사이에서 주로 모집한 육군 장교보다 높은 도덕적 우월성을 획득하려 애썼다. 그럼에도 다른 방법으로 그들은 상공업 분야에서 오점을 남긴 귀족이 스스로를 부르주아 계급과 구별하고자 했던 군사적·귀족적 스타일을 모방했다.[6]

특히 국가 엔지니어는 지휘관이나 지도자로서 책무를 진지하게 받아들였다. 토목 엔지니어의 경우 그들의 직속 부하는 현장 감독이었고, 현장 감독 중 일부는 기술직업학교(Ecoles d'Arts et Métiers) 졸업생이었다. 1829년 이후 소수의 현장 감독은 사립 공학 학교인 중앙공예학교 졸업생이었다. 종종 과도한 부담을 진 토목 엔지니어는 더 많은 능력을 갖고 있는 고참 현장 감독에게 책임을 위임했다. 현장 감독은 이따금 엔지니어의 기능을 수행했다. 그럼에도 에콜폴리테크니크 졸업장이 없는 그들은 엔지니어 직급으로의 승진에서 제외되었다.

19세기 프랑스 엔지니어 직업의 역사는 여러 가지 점에서 이런 국가 엔지니어의 독특한 특성 및 그들과 다른 기술직 노동자 사이에 발생한 긴장의 역사이기도 하다. 특히 두 가지 쟁점이 두드러진다. 하나는 국가 엔지니어와 성장 일로에 있던 개별 산업체에서 종사하는 '민간' 엔지니어 사이의 경쟁에 관한 것이다. 또 하나는 국가 엔지니어와 현장 감독 사이의 위계를 둘러싼 긴장, 즉 그들 사이의 카스트 같은 경계 및 그와 관련한 학력편중주의 때문에 심화한 긴장에 관한 것이다. 그러나 역설적으로 두 가시 쟁짐 모두와 투쟁했던 국가 엔지니어는 산업화 과정에서 새로운 기술 교육 및 직업 구조에 영향을 미친 국가 모델의 확장으로 어느 정도 이득을 보았다.

18세기의 유산을 만들어낸 마지막 중요한 점은 엔지니어 직업에서 프랑스 혁명이 끼친 간접적 영향에 관한 것이다. 혁명은 길드—그리고 모든 중개 조합—를 폐지함으로써 숙련 장인을 양성하던 도제 제도를 크게 약화시켰다. 그 결과 기계 관련 기술자, 기계 운전자, 산업 수공업자 같은 숙련 노동자 부족 현상을 초래했다. 남성 후손들끼리 동등하게 토지를 나눠 갖는 전통과 혁명으로 토지를 재분배한 결과 나타난 농민의 광범위한 토지 소유가 이러한 부족 현상을 심화했다. 특히 19세기 중후반 노동력의 부족은 보통 외곽 지역에 있던 석탄 및 제철 산업에서 극심했다. 간단히 살펴봤듯 이러한 결핍은 엔지니어를 포함해 신흥 직업을 형성시켰다는 점에서 경영 전략에도 영향을 미쳤다.

1789년의 혁명과 이를 둘러싼 신화는 19세기 고용주들에게 또 다른 중요한 영향을 미쳤다. 이를테면 고용주들의 두려움과 노동자 계급의 불신을 심화시켰다. 1830년, 1848년, 1871년의 과격한 봉기와 1789년의 영광스러운 승리에서 비롯된 암시가 그러한 감정을 더욱더 부추겼다. 그뿐만 아니라 모든 노동 단체를 불법화한 1791년의 르샤플리에법(Le Chapelier Law)은 프랑스 단체 교섭의 발전이 지연되는 데 영향을 미쳤다. 이번 장 2절에서 설명할 프랑스 엔지니어의 지위와 이데올로기는 오랫동안 공장 내에 존재했던 불편한 계급 관계라는 맥락에서만 완전히 이해할 수 있다.

제1제정과 산업화 시기의 엔지니어

프랑스 혁명과 나폴레옹의 제1제정은 "사기업에 대한 기존의 모든 장애물을 정리해 부르주아 토지 소유자에게 맞추려는 사회적·법적 질서를 철저히 확립하는"[7] 기조를 계속 이어갔다. 그럼에도 1789년부터 1815년 나폴레옹의 마지막 패배까지 25년 동안의 전쟁은 혁신적 기업에 대한 투자를 위축시켰고 "루이 18세는 프랑스를 혁명 이전의 형태를 그대로 간직한 경제 구조로 되돌려놓았다".[8]

복고 왕정은 장기간의 평화 시대를 열었으나 이제 프랑스의 부르주아 계급은 1770년대 이래 엄청난 산업적 도약을 일궈냈다. 프랑스는 세계적 제품 시장을 지배하던 영국과 직면해야 했고, 고율의 관세를 통한 국내 산업 보호 정책이 기술 변화를 위한 동기를 약화시켰다. 따라서 직물업, 광업, 제철업의 진전에도 불구하고 19세기 첫 3분기에 프랑스 산업은 완만하게 발전했다. 1830년대는 경영 및 은행 조직 형태에서 중요한 진전이 있었고, 1840년대는 철도 시대가 도래했다. 그러나 1848년 혁명 이후 산업화가 본격적으로 시작된 것은 제2제정(1852~1870)의 보호주의 정책 아래에서였다.

이런 환경에서 국가 엔지니어는 물론 민간 엔지니어도 번창하지 못했다. 분명 국가 엔지니어는 계속 엄청난 명성을 누리고, 많은 돈을 벌며 생계를 보장받고, 최종 봉급의 3분의 1 정도에 해당하는 국가 연금의 혜택을 받았다. 하지만 나폴레옹 치하에서 번영을 누린 이후 민간 분야에서 경력 쌓는 것을 경멸하던 그들의 자만은 결국 미래 성장 산업 분야에서 스스로를 고립시켰다. 더욱이 기업주 역시 민간 산업의 요구에 지나치게 이론적이고 사무적인 태도를 보인 국가 엔지니어를 채용하는 데 큰 관심을 갖지 않았다.[9] 산업 엔지니어를 훈련해야 한다는 요구가 점증함에 따라 1829년 기업가 및 과학자를 중심으로 프랑스 최초의 사립 공학 학교인 중앙공예학교를 설립했다. 이로써 프랑스 엔지니어 직업에서 (국가 엔지니어와 대비되는) 민간 엔지니어의 부상을 가져온 새로운 시대가 열렸다.

산업 연구 및 개발에 별로 유용하지 못한 과목에 집중한 에콜폴리테크니크에 비판적이던 중앙공예학교 설립자들은 물리학, 화학 그리고 실험실 작업 같은 과목을 교과 과정에 도입했다. 존 와이스(John Weiss)의 지적대로 "'공예' 학교라는 이름에도 불구하고 학교 설립자들은 지금의 '모범 사례(best practice)' 기술이라는 조직적 선택을 하지도 않았고, 그들이 구축한 관례적 형태의 산업을 전달하는 데 국한시킬 의도도 없었다".[10] 오히려 그들은 국가 엔지니어의 사회적 지위에 필적할 지위를 요구하던 산업 엔지니어 양성을 목표로 삼았다. 이 과정에서 에콜폴리테크니크는 "정식으로 오랫동안 과학을 집중적으로 공부한 '과학자'로서 프랑스 엔지니어라는 이미지의 유일한 주요 원천이 되었다".[11]

실용적 성향을 보완하기 위해 중앙공예학교는 공학에 특화한 포괄적이고 통합된 과학으로서 산업과학이라 부르는 다학제 간 접근법을 발전시켰다. 공학 교육에서 "전문화 우위에 대한 거부는 중앙공예학교의 초석이 되었고, 이는 결과적으로 전체 프랑스 민간 엔지니어 직업의 기초가 되었다".[12]

중앙공예학교가 양성한 일반 엔지니어는 점증하는 프랑스 산업에 필요한 기계·야금 엔지니어의 수요와 맞지 않았다. 그런데 19세기 내내 중앙공예학교의 교과 과정은 덜 이론적이기는커녕 한층 더 이론적이 되었다. 산업과학에 대한 강조는 좀더 수학적이고 '비실용적인(그래서 덜 통속적인)' 다른 과목 위주로 짜여졌다. 이는 직업 지식의 핵심보다 리더십을 위한 자격에 더 도움을 주었다.[13] 여전히 중앙공예학교 졸업생은 좋은 일자리를 얻었고, 신속하게 중·고위 경영직에 올랐다. 이런 성공 이유는 엄격하게 뽑힌 중간 계급 사람들이 불안정한 비숙련 노동력보다 존경스럽고 신뢰할 수 있는 전문 경영자를 원하는 다수 프랑스 고용주의 요구에 부응했기 때문이다. 어쨌든 프랑스에서는 전문가를 관리하는 일반 엔지니어를 최고위 경영자로 승진하는 데 유리한 엘리트 공학 학교 출신 엔지니어로 충당하는 독특하고도 오래된 관행이 발달했다.

프랑스 공학의 이론적 전통

앞에서 언급했듯 프랑스 공학 학교의 특징은 오랫동안 이론 교육을 강조했다는 것이다. 1790년대 초 에콜폴리테크니크는 2년 동안 평면기하학, 대수학, 미적분학, 화학과 기계학을 가르쳤다.[14] 1837년과 1869년에 이 학교를 방문한 미국인 과학자와 교육자들은 프랑스 학생이 미국 학생보다 수학과 이론과학을 공부하는 데 얼마나 많은 시간을 할애하는지, 그리고 실험실이나 작업장에서 얼마나 적은 시간을 보내는지에 대해 논평했다.[15] 아직도 에콜폴리테크니크 학생에게 추상적·연역적 지식의 보편적 속성은 의사와 법률가의 실용적·귀납적 지식보다 우위를 차지했다.[16]

이런 이론적 지식에 대한 중시는 학교 너머로까지 번졌다. 에다 크라나키스(Eda Kranakis)에 따르면 "국가 엔지니어단에서 가장 이상적인 엔지니어 유형은 실용적 체계를 이론적으로 분석할 수 있는 사람, 거꾸로 말하면 실습을 가르치는 데 이론을 잘 이용할 수 있는 사람이었다".[17] 민간 산업 분야 엔지니어가 실용성에 대해 더 많은 경제적 압박을 받았다 해도 그들 역시 공학 문제를 이론적으로 접근했다. 중앙공예학교를 졸업하고 토목공학 회사를 설립한 귀스타브 에펠(Gustave Eiffel, 1832~1923)은 자신의 모든 디자인을 이론적으로 계산했고 "여러 차례의 시행착오와 실험"[18]으로 치수를 정하는 영국 엔지니어의 경향을 비판했다. 그에 반해 "19세기 이론, 특히 수학 이론에 대한 미국 엔지니어의 태도는 단지 무시가 아니라 거의 적대감 수준의 불신이었다."[19]

초기 프랑스 엔지니어가 이론적 지식에 매겼던 높은 가치는 당시 프랑스 문화를 반영했고, 이것이 오늘날 프랑스 엔지니어 직업의 독특한 특징이 되는 데 기여했다. 알렉시 드 토크빌(Alexis de Tocqueville)이 1830년대 프랑스와 미국 사회를 비교해 잘 알려진 것처럼 귀족적인 것은 이론적인 것, 민주적인 것은 실용적인 것과 연관이 있었다.[20] 또한 귀족적인 것은 사회의 위계 조직 및 사회 이동의 견고한 장벽과 연관이 있었으며, 일과 실행 양식은 다른 계급이 아니라 어느 한 계급에 적절한 것으로 여겨졌다.

18세기 프랑스 사회에 널리 퍼졌던 귀족적·합리주의적 특성은 1789년 혁명으로 사라지지 않았다. 나폴레옹의 패배와 부르봉 왕가의 부활은 "1830년까지 귀족이 정치를 지배하며 사회 분위기를 조성하고, 국부의 상당 부분을 관리했다"[21]는 것을 의미했다. 그리고 점차 귀족의 정치적·경제적 영향력이 약화하는 동안에도 그들의 가치는 산업혁명 동안 특히 주로 (상류층) 그랑제콜 출신의 엔지니어 사이에서 상당한 영향력을 유지했다. 반면 잭슨민주주의 시대라 일컫는 1830~1850년대 미국의 여러 주의회는 고등 지식에 근거해 독점적 권위를 표방하던 전문직에 대한 민중의 불신에 부응해 전문직 자격증 관련 법을 폐지했다.[22]

이론 교육의 중요성은 "미적분학을 아는 사람만 공학에서 혁신적 연구를 할 수 있다"[23]는 말로 정당화되었다. 이러한 주장은 국가 엔지니어단

내 에콜폴리테크니크의 독점을 정당화하는 데 지속적으로 이용되었다. 아울러 이는 결국 수학과 이론과학에서 다른 학교보다 고등 교육을 제공한다는 에콜폴리테크니크의 경향을 강화시켰다.

이론 지식의 우위에 대한 대표적 주장은 이런 지식이 더 일반적이므로 이를 보유한 자들에게 전문가가 할 수 없는 방법으로 전문가의 일을 계획하고 조직화하는 걸 일임한다는 것이다. 프랑스에서 국가 엔지니어의 특징은 공학이 초기에 고등 교육 기관 출신 일반 엔지니어의 기술 경영과 관련이 있었음을 의미했다. 이와 대조적으로 영국에서는 도제 훈련을 받은 전문가의 창의적인 장인 정신과 관련이 있었다. 결과적으로 공학은 오랫동안 영국보다 프랑스에서 더 높은 지위를 누렸다. 찰스 킨들버거(Charles Kindleberger)는 영국과 프랑스의 차이를 이렇게 지적했다. "차이점은 과학기술 교육을 프랑스에서는 엘리트를 위해(for) 허가했고, 영국에서는 엘리트에 의해(by) 허가되었다는 것이다."[24]

실용적 지식보다 이론적 지식이 확실히 더 우위에 있다는 인식은 (영국에서처럼) 흔히 과학과 산업공학 사이의 완전한 분리와 관련이 있었다. 프랑스의 경우는 그렇지 않았는데, 아마도 그 이유는 엘리트가 잦은 영토 전쟁에 개입하면서 강력한 국가와 결합했고, 그것이 군사공학(military engineering)에 우선권을 부여했기 때문일 것이다. 이유가 무엇이건 영국과 미국이 경험 지향적인 것과 대조적으로 프랑스에서는 종종 생시몽(Henri de Saint-Simon)이나 오귀스트 콩트(Auguste Comte)와 관련 있는 '테크노크라시(technocracy)' 이데올로기가 발달했다. 이는 이론과학자를 합리적으로 조직된 산업 사회의 엘리트로 간주하고, 이론적·과학적 학업을 강조하며 과학기술 교육에 기반을 둔 기술직 노동자 사이의 계층화를 정당화했다. 콩트에 따르면 "이른바 과학자와 생산 기업의 유능한 중역 사이에 오늘날 엔지니어라는 중간층이 자체적으로 형성되기 시작했다. 그들의 특별 임무는 이론과 실습 사이의 관계를 조직화하는 것이다".[25]

산업화와 민간 엔지니어의 증가(1851~1930)

정치적·경제적 발전

1851~1930년 프랑스 경제는 1882~1895년의 스태그플레이션과 1914~1918년의 전쟁 기간을 제외하고 꾸준히 성장했다. 이런 성장의 대부분은 산업 근대화의 두 물결, 즉 1850~1860년대 1차 산업화와 1890~1920년대 2차 산업화의 결과였다. 제1차 세계대전은 어떤 점에서 경제를 후퇴시켰으나 또 다른 점에서는 산업 생산 합리화의 원동력으로도 작용했다. 1920년대에 산업 성장이 재개되었지만 1930년대의 대공황은 20년 동안의 위기와 쇠퇴를 이끌었다.

이 80년(1851~1930년—옮긴이)은 1850년대의 호황과 함께 시작했으며 1860년대의 성장으로 지속되었다. 이 시기에 "철도 건설과 그 밖에 공공사업의 급속한 팽창은 제철업에서 주된 기술 시스템의 전환과 재편성을 가져왔다". 이를테면 1860년대 말 르크뢰제(Le Creuset)에 있는 유명한 쉬네이데르(Schneider) 제철소는 1만 명의 노동자를 고용했다.[26] "기관차와 중장비 제작은 공장의 현장 감독부터 기획관리실의 엔지니어와 제도사까지 제작 계획과 관리의 주안점을 바꾼 산업에 부담이 큰 기술적 요건을 부과했다."[27]

'1차 산업화' 동안 프랑스는 여전히 생산을 담당하는 민간 엔지니어의 수가 적었고, 기업가들은 영국의 기계와 장인에 크게 의존했다. 그러나 산업화가 진행되면서 새로운 공학 학교가 생겨났다. 1850~1860년대에 4개, 1870~1880년대에 13개, 1890~1910년대에 33개의 공학 학교를 신설했다. 1880년대 초의 '2차 산업화'는 화학, 전기, 알루미늄, 자동차, 석유 산업의 발흥을 가져왔다. 이 시기에 프랑스 엔지니어는 세계에서 가장 앞선 산업에 선도적인 일을 했으며, 새로운 기업을 창설하고 경영하는 데 주도적 역할을 담당했기 때문에 엔지니어 직업이 번성했다.

노동의 국제적 분화와 관련한 프랑스의 위치부터 기업가의 태도에 이르기까지 여러 가지 이유로 프랑스는 독일보다 완만하게 성장했으며, 전통적 성격을 훨씬 더 유지했다. 이례적으로 독립 자영농이 지배하던 농업 분야는 크게 퇴보하면서 소비재를 위한 국내 시장에 한정되었다. 이런 저런 이유로 프랑스 제조업은 대규모 대량 생산 기술에 투자하는 데 소극적이었고, 프랑스 기업은 대부분 소규모 가족 기업이었다. 설령 대기업이라 해도 국제 표준에서 볼 때 규모가 작았다. 아울러 이런 기업은 챈들러(A. Chandler)와 담스(H. Daems)가 가족·금융자본주의를 관리자본주의(managerial capitalism)의 근대적 형태라고 부른 것에서 매우 늦게 이행했다.[28] 엔지니어에게 중요했던 하나의 결과는 프랑스에서 산업온정주의(industrial paternalism)가 다른 곳보다 오랫동안 지탱되었다는 점이다.

이 시기의 엔지니어에게 가장 중요한 정치적 발전은 프랑스 노동 운동의 독특한 발흥이다. 프랑스에서 노동 운동은 오랫동안 탄압을 받았다. 1791년 르샤플리에법은 파업과 노동조합을 모두 금지했고, 1803년 나폴레옹 1세는 노동증 지참 의무를 부과했다. 1864년에야 노동자는 파업권을 얻었다. 그리고 1868년에 노동조합을 공식적으로 허용했고, 1884년에 노동조합이 합법화되었다. 그렇기는 하지만 제3공화국 내내 거의 대부분의 정부는 선거 기반이 소시민층이던 중도파 정당과 연립 내각을 구성했고, 산업 성장 또는 노동자의 권리나 복지를 약간 고취시켰다.

이런 상황에서 미약하나마 투쟁적인 노동 운동이 일어났다. 그 가장 두드러진 특징은 일반적인 자본주의와 특히 단체 협상에 대한 장기간의 비타협적 적대감이었다. 제1차 세계대전 이전에 주요 노동조합 연맹은 혁명적 '총파업'의 진행에 모든 희망을 걸었던 무정부주의적 노동조합주의를 공식적으로 지지했다. 또한 주요 좌파 정당인 사회당은 주도적일 수 없는 연립 정부에 불참하겠다고 선언했으며, 그 약속은 1936년까지 계속 이어졌다. 그러나 1914년 프랑스 제2정당이던 사회당은 혁명적 마르크스주의를 대부분 포기하고 개혁주의로 돌아섰다.

제1차 세계대전 후 프랑스에서 영국보다 규모가 큰 공산당이 탄생했다는 점은 약간 놀랍다. 아마도 갤리가 양국의 지배 엘리트들이 제1차 세계대전 동안과 직후에 노동자 소요를 다루는 방식에 차이가 있었다—영국의 경우가 협조적이었다면 프랑스의 경우는 매우 억압적이었음—고 지적한 것은 옳다.[29] 이유가 무엇이건 "프랑스 공산주의자들은 사회당 당원인 다수에 대한 승리라는, 다른 유럽 공산주의 운동이 거의 달성하지 못한 것을 성공시켰다".[30] 마찬가지로 그들이 노동 운동권 내에서 괄목할 만한 영향력을 얻었다는 점도 놀라운 일이 아니다. 그 결과 노사 갈등은 정치화했고, 다른 산업 국가보다 오랫동안 제도화하지 못했다. 다음에서 살펴보겠지만 엔지니어의 위치와 미래는 그들의 고용주 및 하급자 사이의 계급 갈등에 오랫동안 영향을 받았다.

일반 엔지니어: 가자르와 기타 엔지니어

여태까지 엔지니어 직업은 엘리트 국가 엔지니어와 민간 산업계의 모방자인 중앙공예학교 출신으로만 이뤄진 것으로 설명했다. 그러나 사실 19세기 엔지니어 다수는 기계 제작 기술자나 기계 운전자로 경력을 시작했으되 종국에는 엔지니어 지위에 오른 낮은 수준의 기술 학교 졸업생이었다. 이와 같은 신분 상승은 특히 기술직업학교 졸업생—가자르(Gadzarts)—의 특징이었다. 1880년대에는 중등 기계 학교가 프랑스 기계 엔지니어의 주요 공급원이었다. 토목 엔지니어가 프랑스의 계층화한 엔지니어 직업의 최고위 엘리트였다면 가자르는 그 '직업'의 하위를 차지했다.

19세기에 기술직업학교는 "실험 방식에 대한 훈련은 거의 하지 않고 초보적인 수학과 이론만을 지닌 채 작업장과 실습을 주로 제공했다".[31] 그와 대조적으로 에콜폴리테크니크는 작업장 교육을 제공하지 않았다. 이러한 차이는 잘 알려진 속담에도 반영되었다. "에콜폴리테크니크 출신이 다리를 놓으면 무너진다—그는 이유를 모른다. 가자르가 다리를 놓으면 그대로 유지된다—그는 이유를 모른다."[32] 이것이 가자르에게 우호적인 표현일지라도 지배적인 문화는 그렇지 못했다. 크라나키스에 따르면

> 프랑스의—계층화하고, 이론 및 실습 공부로 배치해서 신분의 위계를 만드는—기술 교육 시스템은 직업적 장벽을 정당화하고 영속화하는 것을 도왔다. 가장 중요한 점은 그것이 국가 엔지니어단 내에서 중요한 지위를 차지하고 있는 에콜폴리테크니크 출신의 합법적 독점을 영속화하도록 했다는 것이다.[33]

특히 독점은 토목 엔지니어의 조수로서 현장 감독으로 일하던 많은 가

자르를 난처하게 만들었다. 크라나키스에 따르면 "1848년에는 사실상 64명의 현장 감독이 일반 엔지니어단에 의해서만 채워지던 각 시(市)의 구(區) 엔지니어 역할을 맡았다". 그런데도 엔지니어단 내로의 승진에는 장벽이 있었다. 게다가 "이 두 집단 사이에는 법적으로 인정받고 사회적으로 강화된 차이가 있었다".[34] 아래에서 살펴보겠지만 장교와 신병 사이에 가로놓인 것과 유사한 이러한 장벽은 현대 프랑스 산업에서도 완전히 사라지지 않았다.

19세기 내내 국가 엔지니어단에서 배제된 사람들이 자신에 대한 입회 규정을 바꾸기 위해 투쟁했다. 그들이 집단행동을 하는 데 있어 중요한 조직은 동창회였다. 이는 교육 기관 수료에 근거를 둔 배제라는 점에서 그리 놀랍지 않다. 그러나 여전히 영향력 있는 동창회가 중요한 데는 또 다른 이유가 있었다. 바로 대부분의 공학 학교, 대표적으로는 에콜폴리테크니크와 기술직업학교의 군사적 특성이 그것이다. 특히 기술직업학교는 사소한 규정을 혹독하게 강요하는 강력한 집단 결속력과 지속적인 운명 공동체 의식을 만들어낸 엄격한 기숙 학교였다.[35]

잘 조직된 동창회의 노력에도 불구하고 현장 감독의 지위는 1907년과 1915년 법령 덕분에 20세기가 되어서야 인정받기 시작했다. 다행스럽게도 산업화는 민간 분야에서 가자르에게 많은 기회를 제공했다. 대부분의 고용주는 열심히 일하는 가자르를 우호적으로 바라보았다. 데이(C. Day)가 인용한 기관차 제조업자는 이렇게 말했다. "기계에 관한 철두철미한 지식을 갖춘 괜찮은 기술자와 제도사의 부족 때문에 …… 여러분은 에콜폴리테크니크나 중앙공예학교 출신 중에서 이런 비슷한 사람을 찾기 어려울 겁니다." 게다가 평범한 가정 출신의 가자르는 엘리트 공학 학교 엔지니어처럼 고위 경영직으로 빨리 승진할 기대를 갖지 않은 채 오랜 끈기를 가져야만 했다.

사실 민간 산업 분야의 가자르는 현저한 신분 상승을 누렸다. 분명 그들은 대기업의 고위 경영직을 놓고 중앙공예학교 출신(그리고 점차 국가 엔지니어단을 떠난 에콜폴리테크니크 출신)과 경쟁할 수 없었다. 그러나 데이는 1820~1880년 졸업한 가자르 중 4분의 3 이상이 기업주, 고위 관리자, 엔지니어가 되었다고 주장했다.[36] 아울러 중앙공예학교 출신은 여러 가지로 가자르를 업신여기면서도 국가 엔지니어단에 진입하는 데 에콜폴리테크니크 출신의 독점을 깨뜨리려는 관심사를 가자르와 공유했다. 1883년에는—중앙공예학교 출신이 설립하고 오랫동안 장악해온—프랑스민간엔지니어협회(Société des Ingénieurs Civils de France, SICF) 회원의 약 20퍼센트가 가자르였고, 어떤 가자르는 협회장으로 선출되기도 했다.[37]

데이에 따르면 열심히 일한 덕분에 이룬 개인적 신분 상승은 "보통 정치적으로는 중도 우파이고, 사고방식은 기능주의자"[38]였던 가자르의 사회적·정치적 관점에 영향을 주었다. 또 그들의 이데올로기는 기업주 및 감독관과 긴밀하게 일하던 온정주의적 소기업에서 그들의 관리 책임에 영향을 받았다. 데이의 지적대로 "일부 가자르는 정치나 지역 사회 일에 개입하기 시작했다. 그리고 평범한 가정 출신이었음에도 불구하고 그중 일부는 사회주의적 대의를 위해 적극적으로 활동하기 시작했다".[39] 어쩌면 더 놀라운 사실은 그들이 프랑스 엘리트 엔지니어의 기술 관료적 입장을 수용했다는 점이다. 와이스[40]가 연구한 중앙공예학교 출신과 마찬가지로 가자르는 계급의 존재를 부정했고, 진보와 인류애를 강조했다. 아울러 자본주의 시스템에 대해서는 "관료와 정치가보다 과학기술 전문가들이 실권을 잡으면 더욱더 효율적으로 일하게 될 것"[41]이라는 생각을 가졌다.

그들의 성공에도 불구하고 가자르는 엔지니어 졸업장이 없다는 약점을 오랫동안 벗어날 수 없었다. 앞에서 언급했듯 1890~1910년 새로운 공학 학교들이 설립되었다. 특히 중요한 점은 대학교 이학부 부설 응용과학연구소의 성장이었다. 그랑제콜은 아니지만 국가 후원을 받는 이 대학교 연구소는 전기 및 화학 공학에서 탄탄한 교육을 제공했고, 1913년에는 정규 학교 교육을 받은 엔지니어의 4분의 1을 배출했다.[42] 가자르는 이 대학교 연구소 출신 엔지니어를 산업계에서 자신들이 어렵게 획득한 지위에 대한 심각한 위협 세력으로 간주했다.

이에 대응해 가자르는 어느 정도 성공적인 노력을 기울였다. 그들은 기술직업학교의 교과 과정을 개선하기 위해 애썼다. 세기가 바뀔 즈음에는 106개의 지부와 100만 프랑 이상의 예산을 가진 동창회를 통해 일했다. 그리고 마침내 1907년 그들은 종합 시험을 통과한 졸업생 60퍼센트에게 기술직업학교가 그토록 열망하던 엔지니어 학위를 수여할 권리를 획득했다. 그러나 같은 시기에 그들은 젊은 가자르들이 맹렬하게 반대한, 기술직업학교의 수를 3개에서 6개로 늘리는 것을 받아들였다. 독일의 산업적 우세에 대한 두려움이 응용과학연구소를 많이 설립하도록 했던 것과 마찬가지로 학교 수를 늘려야 한다고 압력을 가한 것은 바로 국가였다. 이 모든 것에서 우리는 되풀이 발생하는 패턴의 형태를 볼 수 있다. 요컨대 중앙 집권적 국가가 지배하는 교육 시스템 아래서 프랑스 엔지니어는 오랫동안 모든 정치적 영향력을 이용해 매년 배출하는 엔지니어 학위의 총수를 제한하고 전체 공학 학교 중 자기 모교의 평판을 높이기 위해 동원되었다.

변화하는 세계에 적응하기

제1차 세계대전이 발발하기 전 마지막 20년은 프랑스 엔지니어에게 참으로 '좋은 시절'이었다. 여전히 엔지니어를 위해 많은 기회를 제공한 산업 성장은 또한 그들의 일과 지위에서 중요한 변화를 위한 발판이 되었다. 이런 변화에 대해 과장해서 말하면 전형적인 산업 엔지니어는 1900년의 존경받는 무슈 엔지니어(Monsieur l'ingénieur)에서 1930년대의 급여를 받는 과학기술 전문가가 되었다고 할 수 있다.

20세기 초 프랑스 엔지니어의 높은 지위를 이해하기 위해서는 프랑스 산업의 특징에 주목할 필요가 있다. 앞에서 언급했듯 대부분의 회사는 기업주가 경영하는 소규모 가족 기업이었다. 그런 기업은 어디나 온정주의적 경향을 띠었다. 산업 노동자가 부족하고 힘은 없지만 투쟁적인 노동조합을 가진 가톨릭의 나라 프랑스에서 가족 기업은 악명이 자자했다. 모집, 동기 부여, 그리고 노동 유지라는 중대한 문제를 처리하기 위해 19세기 고용주들은 먼저 노동 도급업자, 그다음에는 현장 감독에게 의지했으나 양쪽 다 노동자를 착취하고 그들에게 교육을 시키지 않았다. 따라서 19세기 말 기업들은 현장 감독과 달리 출신 배경과 (또는) 교육이 노동력과 완전히 분리된 엔지니어의 손에 기술력과 재량권을 집중시키는 방법을 찾았다.[43]

물론 전투가 주요 임무인 병과에 속하는 장교로서 엔지니어 모델은 이미 국가 엔지니어단에서 잘 확립되었다. 하지만 계급 갈등과 온정주의적 경영 전략이라는 맥락에서 엔지니어의 책임감 높은 리더십은 새로운 의미를 지니게 되었다. 당시 널리 읽힌 책에서 조르주 라미랑(Georges Lamirand)은 무슈 엔지니어의 "사회적 역할"에 대해 전형적인 서술을 했다. 그는 엔지니어란 "자신의 방식으로 아랫사람들의 지지를 얻어야 하고"(50쪽), "자신의 정신력과 의지력으로 아랫사람들에게 깊은 감명을 주고"(68쪽) 또한 "어떻게 벌을 줄지 아는"(57쪽) 리더라고 적었다.[44] 라미랑은 엔지니어의 책임감을 전투에서 군 지휘관의 역할과 비교한다(147쪽). 다방면에 걸쳐 많은 것을 아는 제너럴리스트로서 엔지니어는 개인적 경영 능력, 고객 관계, 기술 및 관리 업무를 포함한 여러 문제를 해결해야 한다.

2차 산업화는 국가 엔지니어의 영향력을 반영하고, 일반 엔지니어의 일과 경력에 영향을 미친 두 가지—에콜폴리테크니크 출신의 민간 산업 분야 이직과 다수 대기업의 생산 합리화—를 발전시켰다. 관세를 낮추고 경제 발전을 촉진한 제2제정과 대조적으로 제3공화국은 1892년 이후 고율 관세를 유지했으나 경제에는 덜 개입했다. 그 결과 공공 부문에서 국가 엔지니어를 위한 취업 기회가 감소했다. 따라서 "1890년대 초 …… 국가 엔지니어는 민간 부문의 주요 영역으로 이직했다". 아울러 대기업은 "공공 부문의 지위와 맞먹는 취업 기회를 제공했는데, 승진과 급여 측면에서 한층 우월했다".[45] 1905년경 에콜폴리테크니크 출신이 대기업의 고위 경영직을 장악했고, 그 이후에도 계속 그러했다. 이런 전개는 에콜폴리테크니크에서 교육받지 않은 엔지니어의 취업 기회를 감소시켰다. 더 중요한 것은 경제 성장과 기술 노동 분화의 결과가 민간 부문의 조직과 경영에 영향을 미쳤다는 점이다. 레비르부아예(M. Lévy-Leboyer)는 이렇게 썼다.

> 군대와 공직 같은 비영리 관료 조직에 들어가거나 국가 감독을 받는 대규모 노동력과 안정적 기술을 이용하는 철도 및 석탄 회사를 경영하는 엔지니어로 숙

> 달된 에콜폴리테크니크 출신의 주요 관심사는 서열, 업무 수칙, 리더십 그리고 권한 배분이었다. ……20세기 초반에 경영을 이끈 또 다른 주된 요소는 기술과 특히 해외에서 개발한 연속 공정과 조립 라인 기술에 대한 숭배였다. …… 관료적이고 공학적 관심사를 가진 그들 세대의 이상은 시장의 성장이라기보다 …… 논리적으로 구축한 기능적 조직의 확립이었다. 그곳에서 고도로 훈련받은 엔지니어로 구성된 전체 직원은 서열과 노동력이 그들로 하여금 고분고분하게 업무를 수행하리라는 기대에 따라 규칙을 세웠을 것이다…….[46]

프랑스 산업 부문 기업의 성장과 관료화는 제1차 세계대전 동안 생산을 극대화하려는 정부의 압력으로 더욱 촉진되었다. 아울러 프랑스는 과학적 경영과 포드주의적 생산 기술에 열광했고, 다수의 일반 엔지니어는 곧 합리화된 자신들의 작업을 발견했다. 콜붐(I. Kolboom)의 말대로 "2차 산업화와 관료주의적 대기업의 발흥이 가져온 결과 중 하나는 봉급을 받는 기술자의 출현, 그리고 고용주(patron)와 과거 고용주의 조수(assistant patron)였던 엔지니어 사이의 공생 관계가 무너졌다는 것이다".[47] 그를롱(A. Grelon)은 "엔지니어 업무의 다기능적 성격이 다양한 공학 전문 분야에 양보를 하기 시작했다"[48]고 덧붙였다.

1920년대에 많은 엔지니어가 이러한 위협적인 전개에 우려를 표명했다. 설상가상으로 엔지니어의 양산은 결국 그들의 발목을 붙잡았고, 심지어 수요보다 공급이 남아도는 과잉 현상을 보였다. 그리고 일부 학위 소지 엔지니어는 제도사나 십장으로 고용되었다. 결국 전후 육체노동자의 엄청난 성장은 기술직 노동자 사이에서 어느 정도의 이동과 반대 움직임을 불러왔다.

이에 대응해 새로운 공학 단체가 출현했다. 19세기의 가장 큰 단체는 SICF, 곧 프랑스민간엔지니어협회였다. 1848년 중앙공예학교 출신들이 창설한 이 협회는 산업 관료제 내의 자율적 전문가로서가 아니라, 산업 관료제의 자격을 잘 갖춘 관리자라는 엔지니어 개념을 고취시켰다. 제1차 세계대전 초에 이 협회는 6000명 넘는 회원을 거느렸으나 그 대부분은 경영자와 독립적 기업가, 취업자로서 자기의식을 드러낼 수 없는 봉급 엔지니어였던 게 사실이다.

19세기 말 또 다른 단체가 등장했다. 그중 가장 중요한 단체는 가톨릭엔지니어사회연맹(Union Sociale des Ingénieurs Catholiques, USIC)이었다. 이 단체는 고용주와 노동자 사이의 중립적 설계자, 조직자, 중재자로서 엔지니어의 특수 역할을 강조했으나 생산 합리화를 가능케 한 자본주의를 받아들이며 '제3의 길' 이데올로기를 추구했다. 그러나 진정한 봉급 엔지니어의 노동조합이 출현한 것은 제1차 세계대전 이후였다. 1920년대에 프랑스엔지니어조합연맹(Union des Syndicats d'Ingénieurs Français, USIF)은 5만~6만 명의 산업 노동자 가운데 4000명 넘는 회원을 포함했으며, 이들 대부분이 그랑제콜 출신의 학위 소지 엔지니어였다. 이렇게 다양한 공학 단체의 회원 자격, 목적, 프로그램에는 커다란 차이가 있었다. 그렇기는 해도 이들 단체는 엔지니어의 수를 제한하고, 그 자격과 직업에 대한 법적 보호를 획득하는 것이 중요하다는 데 모두 동의했다. 따라서 이들의 주요 투쟁 대상은 경영진이 아니라 '국가'였다. 요약하면 이들 단체는 직업별 노동조합이지 산업별 노동조합은 아니었다. 고용인으로서 그들의 취약성에 대한 인식이 점차 확대되긴 했지만 대부분의 엔지니어는 노동자 계급으로서보다는 그들의 직업을 통해 규정되었다.

현대 엔지니어의 형성(1930~1990)

간부층의 출현(1930~1945)

프랑스에서 1930년대는 경제 침체와 정치 위기의 10년이었다. 거의 모든 산업 사회에 타격을 줬기 때문에 대공황에 관한 이야기는 잘 알려져 있다. 프랑스에서 대공황의 여파는 다른 지역보다 다소 늦었지만 오래 지속되었다. 실업률은 몇몇 나라만큼 높지 않았다. 그러나 정부가 물가를 잡기 위해 관세와 수입 쿼터에 의존한 것은 고정적인 부문보다 역동적 경제 부문에 더 큰 피해를 입혔다.

이에 대응해 엔지니어는 마침내 그들이 오랫동안 모색해온 법적 보호를 얻는 데 성공했다. 학위 소지 엔지니어 지위의 사용과 교부 조건에 관한 '1934년 7월 10일 법'과 더불어 공인된 공학 학교를 졸업한 엔지니어는 '학위 소지 엔지니어'라는 칭호에 대한 법적 보호를 받았다. 더 중요한 것은 법 역시 공학 학교의 규제와 성장을 좌우하는 국가위원회 내 공학 단체에 상당한 발언권을 주었다는 사실이다. 그 결과 기업계, 정부 그리고 좌파 단체에서 학위 소지 엔지니어의 수를 늘리려는 반복적인 압력에 효과적으로 저항할 수 있었다. 최근의 공학 교육 확대에도 불구하고 프랑스는 여전히 다른 주변 국가보다 매년 적은 수의 학위 소지 엔지니어를 배출하고 있다. 1980년에는 영국이 1만 2500명, 서독이 2만 5000명, 미국이 8만 7000명의 엔지니어를 배출한 반면 프랑스는 1만 1000명에 그쳤다.

따라서 어느 한 범주의 소멸 없이도 학위 소지 엔지니어와 '독학 엔지니어' 사이에 중요한 차이가 나타났다. 공학 현장에서의 합법적 독점을 확보하려는 엔지니어들의 무능력 때문에 경영진은 열심히 일하는 기술자를 산업 전체의 단체 교섭에서 작업과 봉급 서열상 공식 지위인 '엔지니어 I(Ingénieur I)'으로 계속 승진시켜야 했다. 여전히 학위 소지 엔지니어는 노동 시장에서 유리한 지위를 보존하고 있다. 이들 대부분은 '엔지니어 I'으로 경력을 시작하고, 보통 학위 없는 엔지니어보다 높은 직책에 오른다. 그 결과 기술 관련 직업에서 프랑스의 독특한 구조와 중급 기술자, 독학 엔지니어 그리고 자격증을 가진 엔지니어 사이에—19세기 현장 감독과 국가 엔지니어 사이의 갈등을 연상케 하는—갈등이 생겨났다.

1930년대의 경제 위기는 정부의 극심한 무능과 우파 단체들의 급속한 성장으로 악화했다. 1934년 2월 6일 우파 세력의 거리 시위는 15명의 사망자와 1500명의 부상자가 발생하는 폭력을 낳았다. 부분적으로 이에 대응해 급진당, 사회당, 공산당은 이른바 인민전선(Front National)이라는 연합체를 구성했다. 그리고 공산당이 장악한 통일노동총동맹(Confédération Générale du Travail Unitaire, CGTU)은 더 오래되고 규모가 큰 노동총동맹(Confédération Générale des Travailleurs, CGT)과 통합했다. 이 동맹은 사회당이 이끌던 좌파가 대단히 중요한 1936년 선거에서 승리하는 데 기여했다.

1936년은 프랑스 엔지니어 단체 조직의 역사에서 중요한 전환점을 형성한다. 그 이유는 이 시기에 간부층 노조의 출현과 통합이 이뤄졌기 때문이다.[49] 1936년 인민전선의 선거 승리와 함께 노동자들의 연대 파업 물결 그리고 정부의 후원으로 조직화한 노동자와 고용주, 고용 엔지니어 사이의 합의는 그들 자신의 이해관계와 궁지에 몰린 중간 계급의 이해관계를 동일시했다. 자본과 노동 사이에 끼여 있는 느낌을 받은 그들은 새로운 협상의 장에서 서로 다른 이해관계를 나타내기 위한 수단을 찾기 시작했다. 1936년 몇몇 주요 공학 단체가 생겨나거나 자치 노조로 재조직되었다. 그중 가장 규모가 컸던 세 단체, 곧 USIF, SPID, SIS가 1937년 2만 명의 회원을 거느린 전국엔지니어조합연맹(Fédération Nationale des Syndicats d'Ingénieurs, FNSI)으로 통합되었다.

그러나 실질적인 '제3세력'은 중간 계층에서 한층 광범위하게 나타났다. 따라서 볼탕스키는 다음과 같이 설명한다.

> 그런 다음 엔지니어들이 "회사의 건전한 요소"라고 종종 불렀던 신규 모집을 환영하는 토론이 열렸다. 동시에 이는 십장, 감독관, 중등 기술자, 판매 대리인, 판매 부장, 회계원 등 …… 회사 내에서 비교적 권한을 갖고 있는 모든 사람, 요컨대 모두가 엔지니어라는 지위와 태도로 그들과 공조할 수 있는 …… 모든 사람을 의미했다. 통일성, 조직, 정체성 그리고 더 나아가 명성 없이 여기저기 흩어져 있던 사람들이 '간부'라는 모호한 용어로 불리기 시작한 것은 분명했다. 용어의 모호함은 그것의 대단한 미덕이었다. 그 이후로는 어떤 사람이 엔지니어 주변에 형성된 동원(mobilization) 분야의 내부에 있느냐 외부에 있느냐라는 끝없는 질문을 방지할 수 있었다.[50]

자신들을 중심으로 가능한 한 큰 규모의 단일 그룹을 조직하길 원했다 해도, 엔지니어는 "고도의 자격을 갖춘 엔지니어와 자격 없는 '간부층'이 사회적으로 뒤섞이고, 구별이 없어지고, 궁극적으로 분열의 위험을 수반하는 하나의 조직으로 결합"[51]하는 것을 우려했다. 1937년 FNSI는 엔지니어자격위원회(Commission des titres d'ingénieur, CTI)와 공동 선언문에 서명했고, 몇몇 사무직 종사자 조합의 총동맹이면서 처음으로 '간부'라는 이름을 사용한 경제간부총동맹(Confédération Générale des Cadres de l'Economie, CGCE)을 새롭게 조직했다. 하지만 이 조직은 서로 다른 정체성을 유지했다. 볼탕스키에 따르면 엔지니어는 낮은 수준의 간부층이 "그들〔엔지니어〕 이미지로 자신의 사회 정체성을 구성"하는 단 하나의 조건을 허용할 때에만 완전한 합병이라고 느꼈다. 볼탕스키는 다음과 같이 썼다.

> 이런 조건은 비시(Vichy) 정부 아래에서 이행되었다. 비시 정부는 '간부' 범주에 법적 존재감을 부여하면서 '새로운 그룹'의 대상화에 유리한 조건을 만들어냈다. 노동헌장(Charte de Travail)은 (군대에서 빌려온) 공식적이고 널리 퍼진 '간부'라는 용어를 만들었다. '제3의 길' 이데올로기에 부합하게 '3자(Third Party)'를 제도화했다. 그것은 중급 기술자, 감독관, 엔지니어, 관리 담당 '간부' 등을 묶어서 '중재적인 3자' 형태인 사회위원회(comités sociaux)로 구체화되었다. ……3자위원회의 주요 기능은 '간부' 및 고용주에게 반대표를 행사하는 노동자 계급의 대표자 수를 좀더 많게 하는 것이었다.[52]

비시 정부는 프랑스 최대의 전국 노동조합 조직인 CGT와 프랑스기독교노동자총동맹(Confédération Française des Travailleurs Chrétiens, CFTC)을 해산하면서 엔지니어와 간부의 노동조합 조직을 수월하게 만들었다. FNSI 내 학위 소지 엔지니어의 반(半)자치 조합인 SPID는 페탱(P. Pétain)과의 협력을 여전히 조장했고, CGT 폐지를 유감스러워하면서도 새로운 코포라티즘(Corporatism)을 열렬히 환호했다. 그러나 1944년 이후 자치적인 엔지니어 간부 조합들은 재개된 전국 노동조합 조직들과의 경쟁에 직면했다. CGT와 CFTC는 '간부층'을 조직 내 특별 부문으로 끌어들였다. 따라서 1944년 10월 기존의 FNSI, CGCE와 2개의 또 다른 중급 기술자, 감독관, 하급 관리자 자치 연맹이 오래도록 중요한 역할을 담당할 간부총동맹(Confédération Générale des Cadres, CGC)으로 통합되었다.

처음에 CGT와 CFTC는 표면상으로는 SPID의 초기 비시 정부와의 협력을 내세워 정부의 CGC 승인에 반대했다. 정부는 CGC가 충분히 대표 자격을 갖춰야 한다는 점을 구실로 승인을 연기했다. 이에 대응해 CGC는 1946년 3월 25일 하루 24시간 파업을 조직했다. 8월에는 그 존재를 인정받고, 1947년 추가 법령을 통해 법적 지위를 얻어냈다.[53] 이로써 1930년대의 계급투쟁과 산업 관계에서 국가의 역할이 점증하는 상황에서 엔지니어의 집단 이익을 대표할 주요 조직이 새로운 중간층의 방어적 동원을 대표하던 불분명한 이합집산의 고용 노동자 그룹인 '간부층' 연맹으로 나타났다.

새로운 프랑스에서 스스로를 지키기

1930년대의 대공황과 경제 위기 그리고 프랑스의 패배와 독일 점령은 전통적 엘리트에 대한 존경심을 약화시켰고, 자유주의적 자본주의에 대한 프랑스인의 신념을 산산조각 냈으며, 개입주의적 국가가 주도하는 국가 쇄신에 대한 광범위한 지지를 불러왔다.[54] 상당히 놀랄 만한 쇄신이 목전으로 다가왔다. 제2차 세계대전 이후 25년 동안 "프랑스는 전체 역사를 통틀어 가장 지속적인 경제 성장과 가장 빠른 사회적 변모를 경험했다".[55] 전후의 베이비붐이 소비자 수요를 부채질하는 동안 프랑스는 유럽 공동시장에 가입해 경쟁과 성장을 촉진했다. 프랑스 농업은 괄목할 만한 현대화를 겪었고, 정부의 지원과 합병 물결에 의해 프랑스 산업은 항공과 전자 같은 하이테크 부문에서도 국제적으로 경쟁력을 갖춘 기업을 탄생시켰다. 심각한 노동력 부족으로 남유럽과 북아프리카로부터 몇 백만 명의 외국인 노동자가 유입되었다. 그러나 전후의 장기 호황은 1973년 석유 파동 후 지속적인 '스태그플레이션'과 실업의 증가로 무너졌다.

정치적으로 제2차 세계대전 이후의 시대는 다섯 시기—제4공화국(1944~1958), 드골(C. de Gaulles) 대통령 임기(1958~1969), 중도파 정당들의 12년 통치, 사회주의자 미테랑(F. Mitterrand) 대통령의 임기 10년(1981~1991), 시라크(J. Chirac)와 쥐페(A. Juppé)가 이끄는 보수파의 재기—로 구분할 수 있다. 제4공화국은 제3공화국 마지막 20년의 특징이 된 일종의 정치적 불안정이 두드러졌다. 이는 대부분 베트남 및 알제리 전쟁에 대한 의견 충돌과 연관이 있었다. 1959년 쿠데타 위험에 직면한 의회는 낙향해 있던 드골을 불러들였고, 대통령이 강력한 권한을 갖게 될 헌법 개정에 대한 그의 요구에 응했다.

이렇게 해서 정치적으로 안정적이고 여전히 지속되고 있는 제5공화국이 탄생했다. 드골 대통령 임기 10년 동안 괄목할 만한 사회적 저항이 일어났다. 우파 연합이 통치하던 그 시기에 국민의 거의 절반이 좌파에 투표를 했다. 1968년 5~6월의 총파업은 드골 정부를 와해시켰고, 노동조합은 노동자를 조직화하고 대표할 새로운 권리를 얻었다. 1930년대처럼 많은 엔지니어, 특히 노동 집약적 산업 부문의 생산 엔지니어는 엔지니어라는 신분과 권한이 미칠 영향에 대해 우려했다. 문제를 복잡하게 한 것은 노동 운동 내 지배 세력으로서뿐만 아니라 프랑스에서 두 번째로 많은 지지를 받은 강력한 좌파 정당이 서유럽에서 가장 정통적인 친소련 마르크스주의 정당인 공산당이었다는 사실이다.[56]

1970년대의 주요 정치 발전으로는 미테랑이 이끄는 사회당이 성공적인 좌파로 선회한 것을 들 수 있다. 선거에서 사회주의자들의 힘이 커진 것처럼 (1970년대의 경제 침체에 고통을 받으면서도 중도 우파가 지배하는 몇십 년을 공고하게 만들었던) 점점 더 많은 유권자가 오락가락하는 협력자인 공산주의

자보다 사회주의자들이 장악할 좌파 정부에 기회를 줄 용의가 있는 것처럼 보였다. 1981년에는 미테랑이 대통령에 당선되었고, 국민투표에서 38퍼센트의 지지를 얻은 사회주의자들이 의회의 절대 다수를 차지했다. 당시 국민투표에서 16퍼센트를 획득한 공산주의자들은 약화했고, 사회주의자들은 사회당을 북유럽의 사회민주주의 정당들과 아주 유사하게 변모시켰다. 그러나 프랑스에서 이러한 인상적인 계급 갈등의 제도화와 정당정치의 정상화는 사회당 정부를 지속시키지 못했다. 1990년대에 사회주의자들은 시라크와 쥐페가 이끄는 보수파 정부의 승리로 권좌에서 물러났다. 지금은 시라크 정부가 〔르펜(J.-M. Le Pen) 같은 정치인들과 동일시되던〕 반이민자 외국인 혐오와 그들이 제시한 엄격한 조치에 반대하는 강력한 저항에 직면하고 있다.

제2차 세계대전 이래 두드러진 정치적·경제적 발전은 여러 가지 점에서 엔지니어의 일과 미래에 영향을 미쳤다. 우선 현대 산업 사회로서 프랑스의 출현은 기술직 노동자에 대한 요구가 엄청 커지게끔 만들었다. 1954년 프랑스의 인구 조사는 학위가 있거나 없는 엔지니어를 포함해 현재 활동 중인 엔지니어 수를 7만 5000명이라고 발표했다. 이 수치는 1986년 학위 소지 엔지니어 19만 명을 포함해 대략 38만 명으로 증가했다. 1954~1975년 사무직 종사자가 91퍼센트, 보통 노동력이 14퍼센트 증가한 데 반해 엔지니어 수는 238퍼센트 늘어났다. 프랑스에서 엔지니어보다 급속히 증가한 유일한 직업군은 중급 기술자(293퍼센트)였다. 이 기간 동안 엔지니어와 중급 기술자의 전체 노동력은 1.5퍼센트 미만에서 5퍼센트 이상으로 증가했다. 몇몇 첨단 기술 산업 분야에서 중급 기술자는 고용인의 3분의 1 이상을 차지했다.

엔지니어 수가 급속히 증가하긴 했지만 그들에 대한 요구는 더 빠르게 확대되었다. 프랑스는 엔지니어를 포함한 노동력 비율에서 여타 유럽 국가보다 뒤떨어져 있었다. 이런 상대적 부족의 한 가지 이유는 프랑스 엔지니어의 급여가 다른 직업에서보다 더 높았기 때문이다.[57] 게다가 1960~1970년대 호황기 동안 차별을 줄이고 엔지니어 생산을 확대하려던 개입주의적 정부의 다양한 노력에 따라 프랑스 엔지니어의 급여는 육체 노동자보다 빨리 올랐다.

정부의 이런 두 가지 노력은 커다란 저항에 부딪혔다. 그랑제콜과 잘 조직된 동창회는 공학 학교를 늘리고 민주화하려는 시도에 맹렬히 저항했고, 대부분의 엘리트 공학 학교는 크게 성공했다. 이에 대한 정부의 대응은 신설 공학 학교를 세우는 것이었다. 일부 집단은 누구한테나 열려 있지만 명성이 없는 신설 공학 학교를 하급 학교(petites écoles)라고 불렀다. 1957~1977년 엘리트 공학 학교의 재학생 수가 3285명에서 4893명으로 증가한 데 그친 반면 신설 공학 학교의 재학생 수는 8300명에서 2만 5480명으로 크게 늘어났다.[58] 학위가 직업 이동을 결정하는 데 유독 중요한 프랑스 사회에서 이는 학위 소지 엔지니어 사이에 계층화를 심화시키는 결과를 낳았다. 1981년 정권을 잡은 사회당은 평등주의적 좌파가 오랫동안 주장해온 그랑제콜을 폐지하거나 적어도 민주화하려 (다시 한 번) 시도했으나 엔지니어들은 이에 강력히 반대해 다시금 입법을 효과적으로 막아냈다.

엔지니어 수의 확대를 제한하려는 조직화한 엔지니어들의 수완은 프랑스 정부로 하여금 교육받은 기술직 노동자에 대한 국가의 점증하는 요구에 부응할 또 다른 방법을 강구하도록 만들었다. 프랑스에서 직업 교육의 발달은 아주 늦었으나, 1952년과 1968년 정부는 2년간의 대학 입학 자격시험 후 중요한 두 가지 프로그램—고등기술자분과(Sections de Techniciens Supérieurs)와 대학교기술연구소(Instituts Universitaires de Technologies)—을 시행했다. 양쪽의 수료증은 지금도 산업계 내에서 상당히 인정받고 있다.

이들 신설 공학 학교는 처음에 소수의 학생만 유치했으나 1972~1986년 산업 및 컴퓨터 전공 분야의 졸업생 수가 매해 2만 2000명으로 2배 넘게 늘어났고, 엔지니어 학위 소지자는 1만 4000명을 넘어섰다. 현재 이 학위를 소지한 고급 기술자는 학위 소지 엔지니어 수에 매우 빨리 근접하고 있으며, 20세기 말에는 엔지니어 수를 초과할 것으로 보인다. 게다가 이들 대부분은 간부 지위를 얻었고, 평균 6~8년이라는 빠른 기간에 엔지니어가 되었다. 프랑스에서 악명 높은 간부 진입 장벽이 많이 낮아지기 시작하면서 최대 피해자는 전통적 독학 엔지니어였다. 학위 소지 엔지니어도 자신들이 고위 기술직을 위한 새로운 경쟁 형태에 직면하고 있다는 심각성을 깨달았다. 같은 시기 프랑스에서 경영대학원(business school)의 증가는 학위 소지 엔지니어가 장악해온 다수 고위 경영직을 둘러싸고 새롭고 효과적인 경쟁 형태를 가져다주었다.[59]

엔지니어가 일하는 세계는 또 하나의 다른 중요한 방식으로 변모했다. 제2차 세계대전 이후 첨단 기술 산업의 증가는 산업과 산업 내 기능 양쪽 모두에서 엔지니어 분포에 변화가 있음을 의미했다. 예컨대 1967~1987년 광산업과 야금업에서 일하던 학위 소지 엔지니어의 비율은 8퍼센트에서 5퍼센트로 감소한 반면 전기·건설업계에서의 비율은 10퍼센트에서 15퍼센트로 증가했다. 1987년에는 30세 이하 엔지니어의 3퍼센트가 광산업과 야금업, 20퍼센트가 전자 및 전기·건설업계에서 일했다.

전통 산업과 첨단 기술 산업 사이의 주된 차이는 여러 엔지니어 기능의 활동 비율에서 찾을 수 있다. 광산업과 야금업에서 학위 소지 엔지니어의 23퍼센트가 연구 개발이나 설계 일을, 34퍼센트가 생산·유지 보수 또는 물류 지원 분야 일을 하고 있다. 이와 반대로 전자 및 전기·건설 분야에서는 39퍼센트가 연구 개발이나 설계 일을, 16퍼센트가 생산·유지 보수 또는 물류 지원 관련 일을 하고 있다. 아울러 12퍼센트가 컴퓨터 '소프트웨어' 분야에서 일하는 반면, 2퍼센트만이 전통 부문에서 일하고 있다. 따라서 전후 과학 기반 산업의 급속한 성장과 함께 한층 더 개념적이며 첨단 기술 분야에서 일하는 엔지니어의 비율도 덩달아 증가했다. 1971~1987년 연구 개발, 설계와 소프트웨어 분야에서 일하는 전체 학위 소지 엔지니어 수는 31퍼센트에서 41퍼센트로 늘어났다.[60]

엔지니어의 기능 분포상 이런 변화가 갖는 사회적 의미는 무엇일까? 한 가지는 일부 엔지니어가 육체노동자를 감독한다는 점이다. 이는 여성 엔지니어가 증가하고 있는 이유 중 하나다. 이와 관련해 확실히 더 중요한 이유는 많은 여성이 노동력에 진입할수록 경제를 성장시키는 부문과 직업에서 일자리를 찾는다는(아울러 준비한다는) 것이다. 따라서 공학 학교의 여학생 비율은 1970년대 초 3퍼센트에서 1986~1987년 19퍼센트로 증가했다. 1987년까지도 자격증을 가진 엔지니어의 7퍼센트만 여성이었다. 그만큼 군사적 관리 전통이 두드러진 프랑스 공학은 남성이 지배하는 영역이다.

점점 더 많은 연구 및 설계 엔지니어가 한층 값싸고 표준화한 제품을 생산하는 방법을 찾기보다 개발 분야에서 일한 결과, 엔지니어는 육체노동의 탈숙련화보다 노동을 감독하는 일에 더 관여했다. 사실상 오늘날 대부분 엔지니어는 육체노동자와 거의 접촉하지 않지만, 어떤 의미에서 그들은 사용된 원자재에 더해진 가치의 직접적 생산자다. 이런 변화의 영향은 국가적 맥락과 기업 정책에 의존한다.

공학이 전통적으로 관리직과 연관되었고 노동조합이 오랫동안 자본가 권한의 적법성을 부정해온 프랑스에서 접촉이 줄어든 결과는 노동자의 조합 및 권리 요구에 대한 엔지니어의 적대감도 약화했다는 것이다. 그뿐만 아니라 관료주의적 사고로 오랫동안 생산을 조직하는 경영 방식이 지배적이었고, 온정주의적인 고용주들이 저항적이지만 분열되고 조직이 약한 노동 운동에 직면해 자신의 경영 특권을 결단코 지키려 한 프랑스에서 엔지니어들이 직접 생산자가 되려고 시도한 결과는 적어도 처음에는 엔지니어와 경영진 사이의 긴장을 키웠다. 엔지니어의 전통적 이미지가 국가 산업군의 강력한 기술 장교 이미지인 사회에서 양성된 엔지니어의 약화된 위치에 대한 인식이 이러한 긴장을 한층 더 높였다.

그 결과 프랑스 엔지니어 사이에 약간의 불만이 생겨났다. 이런 불만은 1960년대 10년 동안 파업의 물결과 전투적 항거에 참여하는 형태로 여러 차례 드러났다. 이런 특이한 행동은 첨단 기술 산업 분야에 집중되었다. 아마도 그 이유는 많은 젊은 엔지니어가 해당 분야에서 일했고, 그들의 노동 시장이 특히 치열했기 때문일 것이다. 1970년대의 유연한 노동 시장은 더 위험한 저항을 양산했다. 1973년과 1979년의 석유 파동은 경제와 기술직 노동자의 요구를 둔화시킨 반면 경쟁적인 노동자의 공급을 확대했다. 앞에서 언급했듯 1970년대에 엔지니어는 고위 경영직을 둘러싸고 경영대학원 졸업생과 심한 경쟁에 직면하기 시작했다. 아울러 정규 엔지니어직을 둘러싸고 수가 늘어난 고급 기술자와 학위 소지 엔지니어의 심한 경쟁이 나타났다. 그 결과 엔지니어의 급여 혜택과 고용 보장뿐 아니라 그들의 투쟁성 또한 약화했다. 그 자리를 회의주의·불안·냉소주의가 차지했고, 언론이 '간부층의 불만'이라고 널리 보도한 일련의 산업적 사고방식이 생겨났다.

엔지니어 조합, 계급 정치 그리고 사회 이론

전후 프랑스의 엔지니어 고용 조건에서 이런 전개는 그들을 대표하던 노조에 반영되었다. 가장 중요한 노조는 간부총동맹, 곧 CGC였다. 급여 차이를 줄이려는 프랑스 정부의 다양한 노력에 저항했던 단체가 CGC다. 창립 시절부터 CGC는 잘 알려진 간부층의 세 가지 관심사—급여 호봉위계의 유지와 급여의 자유, 사회보장세의 상한선과 관련한 간부단의 특별 추가 퇴직기금 보존, 세금 인하—를 강력히 촉구했다.

전후에 CGC가 크게 이득을 봤던 것처럼 노동총동맹, 곧 CGT와 프랑스기독교노동자총동맹, 곧 CFTC는 자체 간부 집단을 재조직했으며, 엔지니어를 계속 모집하는 데 성공했다. 공산주의자들이 주도한 CGT와 비공산주의 계열인 'CGT-노동자의 힘(CGT-Force Ouvrière, CGT-FO)'의 분열은 많은 간부로 하여금 1945년 이후 CGT 내 간부 조합을 탈퇴하도록 만들었다. 이에 대응해 CGT는 엔지니어간부총연맹(Union Générale Ingénieurs et Cadres, UGIC)을 창설했고, 1969년 중급 기술자들이 여기에 가입하면서 현재의 엔지니어간부기술자총연맹(Union Générale des Ingénieurs, Cadres et Techniciens, UGICT)이 되었다. UGICT는 CGT 산하 육체노동자 및 사무직 노동자 조합과의 독립성을 강조하며 간부층에서 주장을 개진해 1974년 CGC와 함께 불만과 관련한 공동성명을 성사시켰다.[61] 그동안 CGT-FO도 전국엔지니어간부연맹(Fédération Nationale des Ingénieurs et Cadres, FNIC)을 성공적으로 조직했다.

1960년대에 가톨릭노동자총동맹 역시 세속화 문제로 분열했다. 그 결과는 상당히 작고 전통적인 CFTC와 신설 조직이지만 과격한 투쟁을 펼치며 급속히 성장한 프랑스민주노동총동맹(Confédération Française

Démocratique du Travail, CFDT)이었다. 두 조직 모두 간부 부문을 만들었다. 요컨대 CFTC는 엔지니어·간부·준간부연맹(Union Générale des Ingénieurs, Cadres et Assimilés, UGICA), CFDT는 간부총연맹(Union Confédérale des Cadres, UCC)을 조직했다.

1975년 UCC와 공산주의자들이 이끄는 UGICT는 실업에 대비해 간부층을 보호하기 위한 공동 선언문을 발간했다. 그러나 급여 차이, 사회보장 세금의 상한선을 정하는 수입, 그리고 노동자 자주관리제(autogestion) 같은 쟁점에 대해 한층 과격한 평등주의적 입장을 취한 것은 UCC였다. 이는 정확히 CGC가 간부들의 배타적 이익의 옹호자로서 명성을 얻게 만든 이슈였다.[62]

노동자 계급 연맹과 연계한 엔지니어 노조와 달리 CGC는 '비정치적'이고 '책임감이 높다'는 데 자부심을 가졌다. CGC는 좀처럼 시위를 벌이지 않았으나 실제로는 매우 정치적이었다. 우선 CGC의 전통적 요구 세 가지는 중앙 정부가 결정하는 국가의 정치적 입장을 나타냈다.[63] 더 중요한 것은 CGC 내 주류 보수파는 '중간 계급'이나 앞에서 다뤘던 "간부들은 일자리, 기업 내 위치보다 사회 내에서의 위치와 사회적 지위에 의해 더 규정되었다"고 보는 관점, 즉 '제3세력'의 관점을 유지했다는 것이다. 이런 사고방식을 보여주는 징표는 1977년 그들이 '책임 주도 집단(Groupe d'Initiative et Responsabilité)'이라 부르던 CGC의 창설이었다. 뱅기기(G. Benguigui)와 몽자르데(D. Monjardet)에 따르면 이 집단은 농민, 장인, 소기업가 등 관리자 협회의 임원을 포함했고, "주요 보수당인 신드골주의 공화국연합(Rassenblement Pour la République, RPR)의 당수였던 시라크 지지자들이 후원하는 정치적 계획이라는 소문이 있었다".[64] 요컨대 CGC는 명백히 계급 정치의 형태를 수반했다.

1980년 CGC는 간부직 노동자들의 '대표자회의'를 조직하고, 자체적으로 대통령 후보를 내겠다고 위협했다. (CGC는 종종 그 단체의 유권자를 무시하는 보수당 정부에 반대한다고 위협함으로써 대통령 선거전에 맞섰다.) 1981년 대선에서 사회당 후보 미테랑이 당선되면서 CGC는 초기의 사태를 관망하는 중립적 태도에서 우파 야당과 적극 협력하는 쪽으로 돌아섰다. 쟁점이 된 사안은 다시금 기업 및 세금과 관련한 간부들의 권한이었다. 산업 노동자를 위해 새로운 권리를 제시한 사회주의 법안은 관리직 종사자에게 일종의 위협처럼 비쳤다. 뱅기기와 몽자르데에 따르면 사회주의자들의 세제 개혁은

> 1982년 2월 CFDT 소속 관리직 종사자들을 분개시켜 추후 증세에 대해 2년 동안의 지불 유예를 요구하게끔 했다. ……CGC와 야당(RPR와 UDF) 사이의 회합은 좌파 정부에 대한 극렬히 비판적인 공동성명을 낳았다.[65]

1982년 CGC 지도자 마르셀리(P. Marchelli)와의 인터뷰는 계속적인 반(反)평등주의와 기술직·관리직 고용자의 지위에 대한 우려를 많이 담고 있다.

> 20년 또는 25년 전에 소수의 간부가 있었고, 사람들은 간부에게 여섯 발자국 떨어져서 존경심을 갖고 인사했다. 오늘날에는 그들의 수가 현저히 늘어났고, 업무 조직화의 진전과 교육의 전반적 발전 덕분에 간부와 다른 범주의 사람을 더 이상 구별하기 어렵다. 재정 수준에서도 전혀 구별되지 않는다. ……우리는 이러한 변화에 잘 적응하고, 다른 사회 범주가 우리의 급여를 점진적으로 따라잡는 것을 보고 받아들였다. 급여 호봉 체계가 더 이상 1 대 6은 아니지만 1 대

2.5의 호봉 체계는 받아들일 수 없다. ……최근 몇 년은 이런 상황을 극단적으로 밀어붙였다.[66]

엔지니어, 특히 학위 소지 엔지니어가 그들의 자격 보호와 엔지니어 수 확대에 효과적으로 저항한 덕분에 대부분의 간부층이 가졌던 상대적 지위와 동일한 쇠퇴 수준으로 고통 받지 않았다는 점을 덧붙이는 것이 중요하다. 동시에 그들은 선진 사회에서 교육받은 노동자의 운명을 공유했다. 즉 그들의 교육 및 업무 수준은 50년 전 노동자의 평균 수준보다 그렇게 높지 않았다. 아울러 엔지니어가 더욱더 몰락해야 하고 국가가 여전히 중요한 나라에서 그 결과는 방어적이고 정치색 짙은 간부노동조합주의(cadre unionism)였다.

전후 프랑스 엔지니어의 지위와 노조 가입의 발전은 프랑스 계급 구조의 변화에 관한 치열한 지적 논쟁이라는 환경에서 생겨났다. 급여 차이의 감소, 실업 감소, 간부 사이의 불만을 심화시키는 데 큰 영향을 준 해석 중 하나는 봉급 노동자를 모든 노동을 탈숙련화하는 자본주의의 냉혹한 대상으로 여긴 정통 마르크스주의였다.

하지만 노동자의 실질 소득 급증과 비육체노동 직업의 성장을 포함한 전후 프랑스의 경제 '기적'은 많은 좌파 세력 사이에서 공산당이 옹호하던 마르크스의 프롤레타리아화 이론과 전통 노동 계급의 진보적·혁명적 역량 모두에 대해 심각한 의문을 낳았다. 이런 맥락에서 특히 세르주 말레(Serge Mallet) 같은 소수 혁신적 신마르크스주의자들은 1960년대 초에 교육받은 기술자들에 관한 참신한 분석을 전개했다. 이 '새로운 노동 계급' 이론은 이런 환경에서 기술 노동이 자본주의 경영의 위계적 통제에 의해 깊은 좌절감을 주는 집단 개입 및 경쟁의식을 일으킨다는 이유로 중급 기술자와 다수 엔지니어를 포함한 첨단 기술 산업 분야 노동자의 급진화를 예견했다.

1960년대의 파업과 사회 운동에서 다수 노동자의 이런 참여는 새로운 노동 계급 이론의 신빙성을 높였고, 다양한 산업 부문 간부들의 산업적·정치적 태도에 대한 주요 전국 조사는 첨단 기술 산업 부문에서 일하는 사람들이 많은 전통 산업 부문에서 일하는 사람들보다 좌파 노조 및 정당에 더 우호적이었다는 것을 밝혀냈다.[67]

엔지니어에 관한 한 프롤레타리아화나 새로운 노동 계급 이론은 면밀히 검토되지 않은 부분이 많다. 예컨대 테스트와 컴퓨터 프로그래밍 같은 몇몇 기술 노동은 단순화할 수 있으나 이는 중급 기술자에 국한된다. 특히 새로운 제품과 기술이 관례화를 거부하는 문제 해결 프로젝트를 계속 만들어내며 급속도로 변화하는 과학 기반 산업에서 해야 할 첨단 기술 업무가 너무나 많다. 주관적 수준에서 엔지니어는 전통 기술 산업과 첨단 기술 산업 부문 모두에서 특히 기술적 도전과 자율성이 자신들에게 여유를 주는 업무를 좋아한다고 말한다.

만약 이런 결론이 탈숙련화 논거의 주장을 약화시킨다면 다른 주장이 새로운 노동 계급 이론에 의구심을 제기한다. 첨단 기술 산업 부문 엔지니어의 좌파 지지는 자본주의에 대한 강력한 거부를 나타내는 것이 아니다. 필자가 전통적인 금속 가공 회사와 첨단 통신업체에서 일하는 129명의 엔지니어와 진행한 인터뷰는 사실상 모든 엔지니어와 대부분의 중급 기술자가 산업 효율성과 경제 성장에 크게 가치를 두고 있으며, 시장을 앞의 두 요소를 실현할 당연한 장치로 여기고 기술 결정에 있어 시장 기준에 대한 회사의 사용권을 받아들인다는 점을 보여준다.[68] 1970년대 금속 가공업체 엔지니어의 16퍼센트와 통신업체 엔지니어의 32퍼센트가 사회당 후보에게 투표하긴 했지만, 사실상 그들 모두—고급 기술자를 제외하고—가 사회당 강령의 주요 항목인 대기업의 국유화에 반대했다.

비록 프랑스 지식인 집단의 관심을 많이 끌지는 못했지만 사회 구조 내에서 엔지니어가 자리를 잡는 데 더 유용한 또 다른 개념이 있다. 학위 소지 엔지니어의 자격에 대한 법적 보호와 프랑스 엔지니어의 상대적으로 높은 급여 및 신분은 이것이 전문화 수준을 성취한 직종임을 시사한다. 그렇지만 엔지니어 사이의 계층화와 다양성 그리고 간부층이라 부르는 다양한 직업 계층으로 규정되는 경향은 효율적인 직업 분석을 어렵게 만든다.

아마도 더 유용한 것은 '서비스 계급(service class)' 개념일 것이다. 그 이유는 이 개념이 프랑스 엔지니어와 중급 기술자의 태도에서 발견할 수 있는 뚜렷한 차이를 설명해주기 때문이다. 서비스 계급은 고용주와 관계에서 정신적 만족 및 장기적 성격 그리고 "'충실하게' 신뢰를 쌓아야 할 의무를 수용하는 대가로"[69] 주어진 승진 약속에 의해 노동자 계급과 구별된다. 골드소프(J. Goldthorpe)의 관점에서 볼 때, 그러한 신뢰는 필연적으로 많은 자율성과 재량권을 수반하는 일자리를 가진 노동자에게 필요하다. 이는 골드소프가 서비스 계급과 노동자 계급 사이의 '중간층'으로 격하시킨 중급 기술자가 아니라 엔지니어에게 해당한다.

다른 사회학적 개념과 마찬가지로 서비스 계급 개념은 첨단 산업계에서 직업 구조와 고용 제도가 달라지는 방식과 그러한 차이가 생기는 이유를 조명하기보다 모호하게 하는 경향이 있다. 모리스(M. Maurice), 셀리에(F. Sellier), 실베스트르(J.-J. Sylvestre)는 이렇게 썼다. "분석 범주는 반드시 사회화해야 한다. 프랑스의 현장 감독과 고위 간부는 독일의 마이스터(Meister) 및 간부층(leitende Angestellte)과 비교할 수 없다. 그 이유는 중개자 범주가 다른 사회적 공간에서 형성되었기 때문이다."[70]

이번 장은 프랑스에서 기술직 구조와 그 결과 초래된 기술직 노동자의 범주가 국가적으로 차이가 있다는 점을 강조했다. 더 중요한 점은 이런 차이가 프랑스 역사에서 뿌리 깊은 독특한 교육 및 고용 제도—그랑제콜에서 간부층까지—와 어떤 연관이 있는지 보여주고자 한 것이다. '1934년 7월 10일 법'의 지원을 받은 학위 소지 엔지니어는 특권을 갖고 보호받는 지위를 확보하기 위해 각별히 노력했다. 그럼에도 악명 높은 간부 진입 장벽은 독학 엔지니어가 정규 교육을 조금 받았던 시절처럼 더 이상 뚫을 수 없는 것이 아니다. 더군다나 오늘날에는 경영대학원 졸업생이 고위 경영직을 놓고 경쟁하며, 제조 회사의 경영자는 다른 많은 새로운 서비스 산업계의 경영자 및 전문가와 경제적·사회적 상황을 공유해야 한다.

게다가 엔지니어의 '직업'은 크게 성장하고 있다. 아울러 프랑스의 학력편중주의와 공학 관리 전통이라는 맥락에서 그렇다. 그 내부 계층화 시스템은 학위 소지 엔지니어냐 독학 엔지니어냐에 큰 차이가 있었던 데서 엔지니어가 다닌 공학 학교의 지위에 따라 학위 소지 엔지니어 사이에 별다른 구분을 하지 않는 방향으로 변화했다. 더욱이 산업 수의 증가와 기능 전문화에 따라 엔지니어 사이의 업무도 차이가 커지고 있다. 그 결과—혹은 아마도 그 때문에—자신들의 각별한 특권에 대한 도전에 효과적으로 대응하기 위한 지속적인 능력에도 불구하고 직업 연대 의식이 약화하고 있다.

대규모 사회에서 프랑스 엔지니어는 중간 계급 내의 안락한 지위를 계속 누렸다. 실제로 그들은 한편으로는 오늘날의 엔지니어 수가 많기 때문에, 또 한편으로는 도시화, 문화의 국민화 그리고 교육 수준의 향상이 그들을 개인적으로 눈에 덜 띄고 덜 인상 깊게 만들었기 때문에 19세기의 '무슈 엔지니어'라는 한줌의 영광을 더 이상 누리지 못한다. 하지만 그들은 높은 급여를 계속 요구하고 있을 뿐만 아니라 승진을 통해 최첨단 성장 산업의 중간 관리직에 진입할 준비를 계속하고 있다.

규격화한 노동을 이행하는 임금 노동자도, 생산재의 소유주도 아닌 엔지니어는 어디서나 중간 계급에 속하는 경향이 있다. 그러나 프랑스에서 그들은 부가적으로 엔지니어 직업에 대한 법적·제도적 지위로부터 이익을 얻고 있다. 여러 역사적 상황의 변화에도 불구하고 향후 엔지니어의 지위가 많이 변할 것 같지는 않다.

5

장기간에 걸친 전문직 정체성에 대한 탐색
역사적 관점에서 본 독일 엔지니어 1850~1990년

케스 기스펜

서론: 독일에서 엔지니어란 누구인가

대다수 다른 유럽 대륙의 국가처럼 독일에서도 엔지니어(Ingenieur)라는 단어는 최소한 두 가지 의미를 담고 있다. 한 가지는 업무의 형태를 말하고, 다른 한 가지는 교육에 대한 무엇인가를 뜻한다. 이렇게 한 단어가 두 차원의 의미를 담고 있다는 건 그것이 시간에 따른 역동성을 보여준다는 점, 곧 독일에서 엔지니어라는 전문직이 등장하고 구성되는 과정을 보여준다는 점에서 흥미롭다.

독일의 산업화 초기 단계인 1850년 무렵 엔지니어라는 단어는 그들이 받은 교육의 정도와 거의 무관했고, 대신 꽤나 정확성을 갖춘 작업 활동을 지칭했다. 그 당시 엔지니어라 함은 주로 민간 분야에서 직업적으로 좀더 진취적이고 좀더 높은 산업 기술 업무에 종사하는 사람이었다. 토목 엔지니어와 건축사는 관료가 되는 경향이 있었다. 비록 기술 관료직 엔지니어는 법률 공부를 한 관료보다 낮은 수준의 지위에 있었지만 말이다. 관료가 된 엔지니어는 무엇보다 민간 기업에 종사하는 동료와 구분되고 더 나은 대접을 받았다. 실제로 정부와 민간 기업에 종사하는 엔지니어 사이의 차이는 아주 두드러져 독일에서 엔지니어라는 용어 자체는 (네덜란드 같은 나라와 확연히 다르게) 토목 엔지니어(도로, 교량, 운하)보다 산업화 및 산업 기술과 더 밀접한 관련을 맺고 있었다.[1]

새로 등장했지만 아직 규모가 작은 이 분야에서 수평적·수직적 분화는 바야흐로 막 시작되었다. 게다가 산업화, 과학 그리고 기술은 모두 진보와 국가 형성이라는 거대한 이념적 프로그램의 일부였다. 그 결과 엔지니어라는 단어는 숙련된 장인부터 거물급 사업가 그리고 훈련받은 기술 교육자에 이르기까지 근대적 기술에 관심을 두거나 거기에 적극적인 개개인 모두의 이른바 동류의식을 가리키기도 했다. 그러므로 19세기 중엽 독일에서 엔지니어는 대체로 폭넓은 직업적·이념적 표제어였으며 약간의 교육적 함의를 담고 있었을 뿐이다.[2]

오늘날 독일처럼 산업 사회가 한층 더 복잡해지고 분화한 곳에서 이 단어는 전문직 활동을 묘사하는 것으로서는 거의 아무런 의미가 없다. 엔지니어라는 단어는 어떤 이가 정부나 학계 혹은 민간 업체의 어떤 경력이나 분화한 노동에서 어떤 위치에 있는지에 대해, 말하자면 최고위급 산업체 경영 업무에서 하위직 사무직 노동, 곧 공장 감독·판매·디자인·연구 개발·컨설팅·프로젝트 관리 등 어떤 직무를 수행하고 있는지에 대해 말해주는 바가 거의 없기 때문이다. 오히려 이 단어가 아주 정확하게 알려주는 것은 바로 그 사람이 받은 교육이다. 오늘날 엔지니어는 우선 법적으로 보호받고 학술적으로 전문화한 학위를 가리킨다. 유일하게 독일에서는 이중으로 분화한 고등 교육 시스템 가운데 한 곳을 이수한 사람들만이 엔지니어라는 명칭을 쓸 수 있는 자격이 있다. 기술 관련 분야에서 이 두 곳은 4년제 교육 과정을 갖춘 고등기술학교〔공과대학(Technische Hochschulen, Technische Universitäten, Gesamthochschulen)〕와 3년제 혹은 4년제 교육 과정을 갖춘 전문대학(Fachhochschulen)으로 구성되어 있다. 이들 대학 졸업자가 갖는 호칭은 디플롬 엔지니어(Diplom-Ingenieur: '학위를 갖춘 엔지니어.' 약자로는 Dipl.-Ing.)이며, 이는 공과대학과 전문대학 졸업자 모두가 받을 수 있는 학위다. 남성 혹은 여성 엔지니어(전체 엔지니어 가운데 여성이 차지하는 비율은 2퍼센트다)는 또한 계속해서 박사 엔지니어(Doktor-Ingenieur: '엔지니어 박사.' 약자로는 Dr.-Ing.) 학위도 받을 수 있는데, 이는 공과대학에서만 부여하는 것으로 대학 졸업자의 약 10퍼센트가 이수한다. 디플롬 엔지니어를 소지한 사람은 "공공과 민간 부문에서 엔지니어라는 전문 직종을 완벽하고 책임성 있게 실행하는"[3] 자를 말한다.

독일에서는 학위와 법적 자격증이라는 특성이 있는데, 이로 인해 엔지니어 학위 소지자는 상당한 사회적 존경을 받고, 나치를 경험하며 사회적 위계질서가 변화함으로써 자신들의 지위를 공고히 했다. 그러므로 전반적으로 볼 때, 독일 엔지니어의 사회적 신분은 아마도 영국이나 미국 같은 나라의 동료에 비해 얼마간 더 높거나 분명 더 엄격하게 규정되어 있다. 영국이나 미국에서는 엔지니어라는 단어를 그처럼 명확하게 규정하지도 않을뿐더러 대학 교육을 받았다는 함의를 내포하고 있지도 않다. 이런 곳에서는 학위와 대학이라는 타이틀이 역사적으로 독일에서만큼 중요한 의미를 갖고 있지 않다. 그렇지만 덧붙여야 할 사항은 서독에서도 이런 상황은 아주 최근에 나타난 현상이라는 점이다. 다시 말해, 엔지니어 사이의 결정적인 사회적·교육적 차이가 학위라는, 겉으로 보기에 단일한 것 뒤에 숨어 있다. 또한 독일에서는 (엔지니어가 경영진의 주된 충원자였던 민간 기업에서와는 반대로) 규범적인 공공 분야의 그들이 신분이나 경력에서 차별을 당했던 길고도 서러운 역사가 존재한다. 또한 독일 사회의 직업상 위계질서는 전반적으로 앵글로색슨의 유산을 가진 사회와 성격상 다르고, 작동하는 기준도 차이를 보인다. 그러므로 영미와 독일 엔지니어 사이에 존재하는 신분상의 의미 있는 차이점을 찾아내기란 겉으로 보기보다 쉽지 않다.

독일에서는 엔지니어를 처음에는 직무에 따라 정의했다가 나중에는 학력으로 정의했는데, 이는 자연스러운 발전 과정이었다. 1850~1914년 산업화가 확대되고 성숙하면서, 산업 사회 이전에 확립된 직업 구조도 변화했다. 당시 독일은 정치적으로 통일되고 군사적으로나 경제적으로 강력한 국가가 되었다. 당시에는 기술 노동자를 대거 배출하고 기술적 전문화 및 여러 계층화가 복잡하게 엉켜 있었다. 이에 엔지니어라는 단어는 초기의 명확성을 잃어버리기 시작했다. 반면 학교의 기술 교육은 점차 두드러졌다. 부분적으로는 외부의 사회적 압력(곧 대학과의 경쟁, 독일의 학력과 사회 신분 사이의 밀접한 관련성) 덕분에 원래 초라했던 기술 교육 기관이 1850년대에 급속하게 발전해 대학의 위상을 갖추었다. 여기에 종사하던 많은 대학 졸업자와 대다수 교육자는 높은 기술적·경영적 업무에 적합한 정규 교육을 시행하고자 했으며, 학력의 관점에서 엔지니어를 다시 정의하기 시작했다. 엔지니어의 업무보다 더 간단하고 쉬운 작업을 '기술자(Techniker)'의 업무로 간주하기 시작했는데, 원래 이 단어는 엔지니어라는 단어와 호환할 수 있었던 것으로 육체노동 혹은 현장 감독의 업무보다 더 기술적인 업무에 종사하는 모든 사람이나 집단을 가리켰다.[4]

그렇지만 독일에서 엔지니어라는 단어가 용어상으로 분화하고 교육에 초점을 맞추는 과정은 아주 느렸고 논쟁적인 과정이었다. 오늘날까지도 기술자라는 단어는 여전히 그 원래 의미가 남아 있는 반면, 엔지니어라는 단어를 교육 정도에 따라 정의하는 경향은 1970~1971년에 이르러서야 그 정점에 다다랐다. 그제야 비로소 서독연방공화국은 엔지니어라는 단어(그것의 변형어, 접두어 그리고 접미어까지 포함해)의 사용을 위에서 언급한 두 형태의 대학 졸업자에게만 제한한다는 법령을 통과시켰다.[5]

1899년 이후부터 1970~1971년 이전까지는 이 용어를 사용하는 상황이 특히 혼란스러웠다. 1899년 독일은 연구 기관의 성격을 지닌 고등기술학교 아홉 곳에 디플롬 엔지니어와 박사 엔지니어 학위를 수여할 수 있는 권한을 부여했다. 이 두 가지 학위는 이름 앞에 적절하게 축약해 표기하는 것을 (최소한 이론적으로는) 보장받았다. 그렇지만 이 엔지니어라는 단어를 이름 앞에 직함이나 경칭 방식으로 사용하거나 조작하거나 축약하는 것도 허용되었다. 그러므로 1960년대 중반까지도 독일에서는 마음만 먹으면 누구나 거짓으로 엔지니어 혹은 '엔지니어 학위'를 소지한 사람으로 행세할 수 있었다. 출세하고자 하는 수많은 사람, 기계공, 사기꾼, 야심찬 독학 기계공, 대학 중퇴자, 초급 혹은 중등 기술 학교 졸업자, 그리고 학위를 받지 못한 훈련원 출신 기술자들이 그렇게 했다. 이는 엔지니어가 항상 더 높은 혹은 비밀스러운 기술적 능력과 전문적 지식을 갖춘 사람으로 여겨졌고 또 어느 정도 존경을 받았기 때문이다. 민간 사업체에서도 경험 많고 능력 있는 기술자가 자신들이 받은 학위에 상관없이 내부에서 '엔지니어', '수석 엔지니어', '운영 엔지니어' 등과 같은 직책을 갖는 것은 오랜 관행이었다. 요컨대 독일에서 엔지니어에 대한 명확한 규정이 생긴 것은 겨우 30년밖에 되지 않는다. 그 이전까지는 누가 엔지니어인지 혹은 엔지니어가 어떤 사람인지, 또한 비록 '엔지니어'라는 단어를 사용하더라도 그게 무슨 뜻인지 명확하지 않았다. 이는

1930년대 중반 혹은 그 이전에 엔지니어 개념이 상대적으로 명확해진 네덜란드, 프랑스, 스위스, 오스트리아 혹은 스웨덴 같은 이웃 나라와 대비된다.[6]

근대 독일에서 기술 교육의 발전

왜 독일에서는 엔지니어를 학위라는 기준을 통해 명확하게 규정하는 데 19세기 중반부터 1970년대 초까지 오랜 시간이 걸렸던 것일까? 이는 그 전문 직업의 독특한 변증법적 발전의 결과였다. 또한 근대 독일에서 엔지니어 교육이 특이하게 두 단계로 이루어졌기 때문이기도 하다. 그 첫 단계는 오늘날 고등 교육 기술의 정점에 있고 기초 연구에 치중하는 고등기술학교(공과대학) 같은 기관의 등장과 관련이 있다. 이는 1820년대와 1830년대에 이런 학교가 탄생하면서 시작되었고 1880년 무렵 이들을 내적으로 통합하면서 그 과정이 종결되었다. 이 단계의 특징은 엔지니어 교육의 형성에서 외래적인, 산업 사회 이전의 요소가 크게 영향을 미쳤다는 점이다.

고등기술학교(공과대학)

독일은 나폴레옹이 이끄는 프랑스에 유린당한 후, 그리고 영국이 산업적 힘을 과시하기 시작한 후, 근대화했으며 이러한 서유럽 강대국을 따라잡기 위해 기술 학교를 도입했다. 이들 학교는 경제 성장과 산업화가 본궤도에 오르기 전 이를 촉진하기 위해 설립했다. 이러한 일이 벌어질 당시 문화적 배경을 살펴보면, 다른 중간 계급에 대한 교육은 주로 고전에 의존하던 시절이었다. 고전 교육을 받은 집단은 실용적인 응용 교육을 받은 사람을 사회적으로 열등한 자들이라 멸시했고, 상업이나 기업 활동에 윤리적으로 의심스러운 시선을 보냈다. 그러한 태도는 도덕적 우수성의 개념 및 사회적 유동성의 형태와 연관이 있었다. 당시 독일 사회에서는 귀족주의적, 군사주의적 그리고 관료주의적 가치가 계속해서 중요했다. 아울러 상업이 발달하지 못했으며, 체통을 지키는 시민 계층이 전통적으로 국가 관료층을 형성했다. 이 점은 아주 중요해서 특별히 강조해둘 만하다. 요컨대 19세기 초 독일에서 산업, 기업, 상업 그리고 기술에 종사하는 사람들의 사회적 신분은 낮았다. 독일 산업이 시간이 지남에 따라 획득한 경제적 힘에도 불구하고 이런 상황은 아주 서서히 변했으며, 20세기 말까지도 엔지니어들에게는 당혹스러운 일이었다.

기존 사회의 위계질서를 위험에 빠뜨리지 않고 사회적 기술 발전을 촉진하기 위해 19세기 초 정책 입안자들은 의도적으로 기술 교육을 주류 교육 기관으로부터 분리해 사회적으로 좀더 낮은 자리에 위치시켰다. 이들이 원했던 바는 이로 인해 새로운 기술 공학자가 자신들의 세속적이지만 중요한 경제적 목적에만 전념토록 하고, 기존 사회의 위계질서를 그대로 두는 것이었다. 그러므로 기술 학교는 토목공학 및 건축 같은 정부의 업무와 반대되는, 민간 영역의—다시 말해 기계 과목과 철강 제작 같은—기술공학에 집중하도록 했다. 그러므로 예비 교육도 미미했고 입학 허가 수준도 낮았다. 초등 교육을 졸업한 후 고전 교육이 아닌 실용적 훈련이나 실습을 몇 년간 한 것으로 족했다. 대부분 낮은 중간 계급 출신의 졸업자는 공직에 진출할 특권을 얻지 못했으며, 신분 상승을 위해 더 높은 수준의 다른 학교나 교육 기관에 다닐 수 있는 권리를 갖고 있지도 않았다.

바로 이로부터 제2차 세계대전 이후까지 독일 사회를 특징지었던 일반 고등 교육과 기술 고등 교육의 차별적인 이중 시스템이 유래했다.[7]

이러한 구분 전략은 성공적이었지만 분명 오래 걸렸고, 의도치 않은 결과를 낳았다. 그러한 결과 가운데 하나는 독일 엔지니어가 지속적인 사회적 열등감에 사로잡힌 것이었다. 또 다른 것은 기술 교육자에게 아주 중요한 역할을 부여했고, 이들에게 더 뛰어난 교육을 하겠다는 열정을 불러일으켰다는 점이다. 이들 공학 교수는 공학에 관한 모든 실제 업무와 그들이 문화 엘리트로서 해야 하는 매혹적인 업무라고 여기는 것 사이에 존재하는 사회적 장벽뿐만 아니라, 국가와 민간 기업 사이에 존재하는 사회적 장벽까지 무너뜨리고자 혼신의 힘을 다했다. 이들은 엔지니어의 업무를 일종의 고급 문화 형태로, 혹은 순수하고 이론적인 과학으로서, 곧 돈과 상관없고 자본주의 산업의 일상적 문제 위에 존재하는 것으로 인식하도록 노력했다. 비록 그러한 노력이 기술과 엔지니어 작업을 옛 사회 질서 속에 통합시키는 데는 실패했지만, 결과물이 아예 없었던 것은 아니다. 이들 교수진의 계획과 야망은 독일 엔지니어 공동체를 기존 질서와 동화시키는 데 엄청난 장벽으로 발전할 수밖에 없었던 기술의 '저항 문화'에 큰 흔적을 남겼다.

기술 교육 담당자들의 이런 노력으로 기술 학교는 급속하게 대학으로 발전했고, 대학과 유사한 거대한 고등기술학교로 변화했다. 1870년대까지 이들 학교의 특징은 매우 야심찬 교과 과정, 아주 협소한 입학 자원, 설립자가 애초에 의도한 것보다 훨씬 더 학술적인 결과물이었다. 현장에서 쌓은 경험은 무시된 반면, 입학 요건은 더 까다로워졌다. 고전에 기초하지 않은 예비 교육을 실시한 것을 제외하면, 1880년대 무렵 이들 학교의 졸업자는 아마도 민간 기업의 대다수 직업보다 정부 관료, 교육 및 연구 분야에서 일하는 데 더 적합했을 것이다. 전문 직업화의 관점, 다시 말해 중간 계급 교육과 직업을 상기할 때 가장 먼저 떠오르는 전문 직업화의 관점에서 보면 이는 중요한 성취였다. 이것은 1879년 베를린 실업학교와 그보다 오래되고 명성이 있던 베를린 바우아카데미가 하나의 고등기술학교로 통합되어 베를린 서부 교외에 새로 설립된 것에서 상징적으로 확인할 수 있다. 라틴어 중심의 중등 교육 과정을 이수하지 않고서는 엔지니어가 될 수 없었던 점, 아울러 바로 그 시기에 고전 교육에 기초하지 않은 새로운 고등 교육 기관이 설립되었다는 점을 고려하면 이러한 성취는 독일의 지배적 교육 시스템이 근대화하는 데 기여했다.

그로부터 20년 후인 1899년 공학 교수와 전문가들은 이러한 기술 교육 발달 과정의 첫 번째 국면에 종지부를 찍는 최종적인 승리를 거두었다. 그해에 황제 빌헬름 2세는 고등기술학교와 대학이 공식적으로 동등하다는 것을 보장했다. 고전 교육을 하는 김나지움과 고전 교육을 받지 않는 다른 중등 교육 기관을 명목상 평등하게 취급한 것처럼 그때부터 두 가지 형태의 공학 학위가 존재하기 시작했다. 비록 승진 기회, 급여 인상, 실제 권위의 획득, 관료주의적 특권은 법학 전공자와 비교할 때 여전히 눈에 띌 만큼 이류로 취급당하긴 했지만, 고등기술학교 졸업자들이 공무원으로 임용될 가능성이 한층 높아졌다. 이후 고등기술학교는 점점 더 입학 기준을 엄격하게 강화했으며, 이들이 개교할 때 갖고 있던 폭넓은 수업 내용 가운데 마지막 유물을 제거했다. 따라서 1900년까지 근대적 중등학교 수업을 기반으로 한 고등 기술 교육을 사회적으로 수용하게 되었고, 독일 엔지니어를 간단히 그들이 받은 교육에만 기초해 다시 정의하는 과정이 거의 완결되었다. 전문 직업을 만드는 프로젝트는 거의 완성 단계에 접어든 것처럼 보였다.[8]

실제로는 1880년 이후 전혀 다른 시나리오가 펼쳐지기 시작했고, 기술 교육자들이 추진한 전문 직업화는 그 조급한 성공 때문에 그들 스스로 희생자가 되었다. 19세기가 막 시작될 때부터 기술 관련 기업가와 사업가는 이들 학교의 수업을 공무원 임용을 겨냥해 운영하고 공학을 추상적 이론과 순수수학에 기초한 과학으로 다시 정의하려는 교수진의 노력을 비판했다. 이들이 접하는 것은 그것과 다른 내용, 곧 연기와 증기 드럼통, 이윤 그리고 공작 기계의 실용성 등이었다. 특히 기계공학의 경험적 노하우는 일반적으로 정교한 추상적 지식보다 가치가 있었다. 따라서 기계 제작자와 철강 제조업자는 이들 학교에 학자가 아니라 실제적인 엔지니어 교육을 요구했다. 그들이 원하는 졸업생은 수학과 물리학에 튼튼한 기초를 갖고 있으면서도 장기간의 적응 훈련 없이 곧바로 생산 라인에 투입할 수 있는 현장 경험과 능력을 갖춘 사람이었다.

1870년대 중반 이전에는 기업가 진영이 자신들의 비전을 강제할 능력이 없었다. 그것은 바로 이들 기술 학교의 증가가 산업화 이후에, 아니 적어도 그것과 함께 진행되었기 때문이다. 공학에서 '작업장 문화'는 '학교 문화'의 그늘에 가려져 성장했는데, 후자의 권위가 강했던 이유는 이것이 공학의 실행에 실질적 기여를 해서라기보다 전해 내려오는 사회적 가치와 더 친숙했기 때문이다. 1870년대 초반이 되자 기업들은 자신의 권리를 행사할 수 있을 만큼 성장했지만, 이렇다 할 위기를 경험하지 못한 기업의 대변자들은 이 전문 직업 안에 존재하는 기존 위계질서를 깨뜨릴 만한 자신감이 부족했다.

1870년대의 세계 경제 침체는 그에 필요한 충격을 주었다. 공학 관련 경영진과 기업가는 이제 제 목소리를 내기 시작해 그들이 겪는 경제적 문제가 부분적으로 기술 교육자와 학교들이 이론만 앞세워 (자신들이 보기에) 독일 제품의 경쟁력을 하락시킨 잘못에서 비롯되었다고 비난했다. 그들에 따르면 노동 시장에 진입하는 독일 엔지니어는 불필요한 교육을 많이 받고, 실용적이지 않으며, 나이가 너무 많고 임금이 많이 드는 데다 오랫동안 공식적인 학교 교육을 받은 터라 유연성도 떨어졌다. 기업에 필요한 인재는 다른 형태의 엔지니어로서, 기술 교육 기관이 처음 몇십 년 동안 배출했던 사람과 비슷하거나 영국 또는 미국 엔지니어와 같은 사람이었다. 나아가 그 후 독일 경제가 되살아나자 기술 관련 기업가들은 기술 교육 기관이 대학으로 격상되어 점차 엘리트적인 고등 교육을 실시한다 해도 장차 기업에 필요한 기술적으로 훈련된 대규모 인원을 양성할 수 없을 것이라는 결론에 도달했다. 그들은 사회적 전문 직업화를 추구하는 사람 가운데 자신들에게 반대하는 세력을 억누르고, 1870년대 후반과 1880년대 후반 사이에 엔지니어 교육의 급진적인 방향 수정을 통해 이를 강제했다.[9]

이렇게 해서 기술 교육 발달의 두 번째 국면이 시작되었고, 이 시기는 1968~1971년까지 이어졌다. 첫째 국면에서는 공급하는 측에서 역동성을 보여준 반면, 둘째 국면에서는 노동 시장과 엔지니어의 예상 수요를 우선적으로 고려한 내용이 특징적이었다. 기업의 요구와 자본가의 이익을 최우선으로 여겼다. 그 결과 기술 교육은 훨씬 폭넓은 기초 수업으로 돌아가고, 경영자들은 대졸 엔지니어의 전문화와 기술 관료적 경향에 지속적인 의심을 품게 되었다.

전문대학

엔지니어 교육에서 새로운 방향성은 두 가지로 노선으로 표현되었다. 첫째, 1880~1914년 공과대학은 더 많은 실용성을 위해 이론적인 학문주의를 포기했다. 계속 과학을 강조하긴 했지만, 과학을 이해하는 그들의 방식은 근대 산업자본주의에 더욱더 포섭되는 결과를 낳았다. 이는 공과대학의 팽창 및 주요 교과 과정의 변화로 반영되었는데, 후자의 사례는 실습 학기제의 재도입, 엔지니어의 도식 해법(graphical method)을 위한 고등수학 수업의 감축, 교육과 연구를 위한 실험실 설치, 체계적 실험, 전문화 강화, 그리고 비용 대비 효율성에 대한 고려였다. 공대 졸업생의 지식은 점점 더 산업에 응용되고, 전문화하고, 적용할 수 있게 되었다. 공학 훈련과 자본주의의 합리성을 서로 분리할 수 없었다. 공과대학 교수진과 정부 관료 그리고 기업가의 차이는 그들 간 순환 근무와 그 밖의 연계성이 늘어나면서 줄어들었다. 요컨대 오늘날 공과대학의 조직적 틀과 근대 공학의 패러다임은 이 시기에 등장했다.

둘째, 1880년 이후 엔지니어 교육에서 새로 독자적인 기관이 탄생했고, 이와 더불어 새롭고 덜 고상하지만 훨씬 더 실용적인 형태의 엔지니어가 등장했다. 1820년대와 1830년대에 시작된 실업학교와 마찬가지로 이들 새로운 엔지니어 양성 학교는 처음부터 서로 상충하는 경제적·사회적 압력의 구조 속에 뿌리를 두고 있었다. 그들은 막 싹트기 시작한 독일 제국주의, 산업의 폭발적 성장, 세계 주도권을 쥐기 위한 경제 전쟁, 미국 및 영국과의 경쟁이라는 맥락 속에서 출현했다—이 모두는 기술적으로 훈련된 인력을 저렴하고 풍부하게 공급하는 방식을 필사적으로 찾으려는 노력을 고무했다. 이들 새로운 엔지니어 양성 학교는 또한 중요한 부가 기능도 했다. 요컨대 당시 독일은 사회주의 혁명이라는 유령에 의해 기존 체제를 위협당하고 있었는데, 기술 교육은 소시민층, 수공업자, 그리고 노동 계급 출신의 야심찬 사람들에게 사회적 상승과 직업적 출세의 수단을 제공할 수 있었다. 그로 인해 이들 학교는 체제를 안정시키고 합법화하는 임무를 수행했다.

독일제국 치하에서 정부는 그런 정책이 의미하는 사회적 개방성에 엄격한 제한을 두었고, 정도는 좀 약했지만 바이마르공화국에서도 또한 그렇게 했다. 19세기 초반과 마찬가지로 이들 새로운 기술 학교는 경제를 돕고 사회를 안정시키긴 했지만 노동 계급과 소시민층, 그리고 소시민층과 엔지니어 계층 사이를 구분하는 위계질서를 허물지는 못했다. 따라서 정책 입안자들은 입학 기준과 전문 직업의 자격에 대한 교육적 규제를 이용해 사회적 상승을 조절하는 익숙한 기술에 의존했다.[10]

사회적 유동성을 억누르는 이러한 전략이 실패한 주된 이유는 독일 산업자본주의의 힘과 역동성에 있었다. 사실, 새로운 이들 엔지니어 양성 학교는 의도한 것과 정반대되는 역사적 결과를 낳았다. 20세기를 거치면서 이들 학교는 독일의 사회·교육적 위계질서를 전환시키는 데 일조했고, 종래에는 이웃 나라보다 유동성이 큰 위계질서를 만들어놓았다. 왜냐하면 이들 학교가 대학에서 배워야 하는 전문 직업과 다른 업무 사이의 전통적인 경계를 흐려놓았기 때문이다. 그렇다고 해서 그 차이가 완전히 사라졌다는 얘기는 아니다. 새로운 엔지니어 학교는 전문대학으로 발전했고, 따라서 일종의 고등 교육 기관으로 간주되는 수준에 도달했다. 그렇지만 기업에서 요구하는 인력, 노동 분화에 따른 결과 그리고 사회·정치적 요소를 감안해서뿐만 아니라 이전부터 공과대학이 존재했기 때문에 새로 생긴 전문대학은 나름의 독특한 지향점을 찾을 수밖에 없었던 측면이 있다. 양 기관이 중복되는 측면은 있지만 더 오래된 공과대학이 계속해서 고차원의 추상 및 기본 연구에 중점을 두었다면, 이들은 항상 더 구체적이고 응용적이고 실제적인 엔지니어 업무를 강조했다. 게다가 아주 최근까지도 새로 생긴 전문대학의 졸업생은 공무원으로 임용될 때 하급 직(하사관의 식급에 해당)을 부여받는 공무원법이 존재할 만큼 오래된 차별은 견고했다. 따라서 마치 은메달이나 동메달 수상자처럼 이들 전문대학은 우승자 옆 약간 낮은 자리에 위치했다.[11]

신설된 엔지니어 교육 학교는 처음에 상당히 소박했다. 아울러 기존 학교들이 대학으로 격상되고 그들의 예비 학교가 일반적인 인문계 고등학교로 변모함으로써 기술 교육에 공백이 생기자 자연스럽게 그 공백을 메우기 위해 생겨났다. 독일에서 가장 넓고 인구가 많은 프로이센 주가 그 간격을 메우는 데 늦게 대응하자, 민간 교육업자들이 먼저 이런 상황에서 이익을 도모했다. 1880~1890년대에 폴리테크닉아카데미 같은 인상적인 명칭의 사립 기술 학교가 숱하게 생겨났다. 이들 학교는 아주 다양한 자격을 갖춘 수많은 학생을 등록시키고 2~5/6학기에 걸쳐 어디서든 '학위에 준하는 엔지니어'를 양성했다. 그들 학교 가운데 일부는 우수했고, 일부는 아주 엉터리로 운영되었다. 얼마 되지 않아 그들 대부분은 정부의 통제를 받거나 문을 닫았지만, 1880~1940년까지 새로운 종류의 엔지니어 가운데 최소 50퍼센트를 배출했다.[12]

주정부의 지원을 받은 학교는 다소 느리게 발전했지만, 궁극적으로는 체계적인 운영과 엄격한 기준이 이런 학교를 성공으로 이끌었다. 이들 프로이센 학교는 독일 나머지 지역에서도 모범이 되었다. 1890년 이후 등장한 이들 학교에는 두 종류가 있었다. 요컨대 하나는 수준이 높고 다른 하나는 낮았다. 수준이 낮은 후자는 원래 '현장 감독 학교'로 알려졌다. 입학 요건은 초등학교 졸업과 4년간의 실무 경험이었다. 학생은 주로 노동계급 출신으로 2년 교육 과정을 통해 기술자의 업무가 될 만한 내용을 배웠다. 사무실이나 현장에 있는 기술자들이 맡은 업무는 숙련 노동자와 엔지니어 사이의 간격을 이어주는 일이었다. 가장 우수한 졸업생 몇몇은 엔지니어 위치에 오르기도 했지만 일반적으로 엔지니어와 기술자 사이의 구분선은 여기서 굳어졌다.

주정부의 지원을 받은, 수준이 더 높았던 학교는 바로 오늘날 전문대학의 전신이 되었다. 애초부터 2년제 교육 과정은 상당히 야심차고 부담스러운 것이었다. 비록 1933년 이전에 미적분학을 공식적으로 삭제했지만, 이는 공과대학이 제1차 세계대전 이전에 자신들의 수준이 높다는 표시로 강력하게 독점한 교과목이었다. 1914년 직전에 이들의 교육 과정은 5학기제였다. 아울러 1954년에는 6학기제가 되었고, 1970년대에는 몇몇 학교에서 8학기제를 채택했다. 처음에 정부와 기업은 이들 학교의 졸업생이 맡을 업무를 묘사할 때 '엔지니어'라는 단어가 들어가지 않게끔 했다. 요컨대 1890년경 이들은 '현장 관리자', '보조 설계자', '세부 설계자', '사무실과 현장의 매개자', '기계 기술자' 등으로 불렸다.[13] 그러나 1910년에 이미 영향력이 컸던 독일엔지니어협회(Verein Deutscher Ingenieure, VDI)와 강력한 공학 교육 로비 기관이던 독일기술학교위원회(Deutscher Ausschuss für Technisches Schulwesen, DATSCH)는 이들 학교의 많은 우수한 졸업생이 엔지니어가 되어야 한다고 공식적으로 밝혔다. 1932년 독일기술학교위원회는 모든 졸업생을 명시적으로 '엔지니어'라 불렀고, 그다음 해에 나치 정권이 묘사한 이들 학교의 공식적인 직업 목표는 엔지니어 직종이었다.[14]

1948년 공학 교육자, 기술 및 기업 단체의 폭넓은 협의체는 이들 새로운 엔지니어 학교의 업무와 위치에 대한 논의를 재개했다. 그 결과 중 하나가 1964년 이들 학교 졸업생이 처음 공식적으로 '엔지니어'라는 명칭이 붙은 칭호〔학사 엔지니어, Ing. (grad.)(graduierter Ingenieur)〕 여전히 디플롬 엔지니어보다 아래이긴 하지만—를 부여받은 것이다. 1968~1970년 서독 정부는 추가 개혁을 단행했는데, 그 이유는 부분적으로 유럽공동체라는 맥락에서 교육 제도의 상호 일치와 전문 직업인의 기준에 대한 국제적 협상이 필요했기 때문이다. 유럽공동체는 독일의 '학사 엔지니어'를 전문 직업인으로 인정하길 거부했는데, 그 까닭은 '학사 엔지니어'가 인문계 중등 교육을 선행 학습으로 이수하지 않고 독일 주정부와 연방정부조차 이들 졸업생을 고위직 공무원으로 임용하는 걸 허용하지 않은 데 있었다. 이런 비판은 1970년대의 입법 과정에서 주된 요소였는데, 그 결과 이들 전문대학 학생의 중등 교육 과정이 강화되었다(대부분 겉치레에 불과했지만). 아울러 1980년대에 이들 학교의 졸업생은 공과대학 출신과 똑같은, 외부적으로는 전혀 구별되지 않는 '디플롬 엔지니어' 학위를 받았고 공공 분야에서 경력상으로 더 나은 기회를 얻었다.

이들 새로운 엔지니어 양성 학교에 대해 유럽공동체가 1968년에 취한 입장은 그 후 정기적으로 바뀌었지만 근본적인 문제에 대해서는 그대로였다. 이들 학교를 세울 때 입학 요건은 '중간 수준', 곧 16세에 독일 인문계 고등학교 교과 과정 9년차에 해당하는, 다시 말해 대학 입학 자격인 아비투어(Abitur)를 획득하기 약 3년 전의 수준으로 정해져 있었다. 게다가 대학생이 되려는 사람은 2년간의 훈련 과정에 대한 증명서를 제출해야만 했다. 이러한 기준은 이들이 최소한 소시민 계층의 출신 배경을 가졌음을 보증하는 것이고, 이는 주로 사회·정치적인 이유에서 채택한 것이었다. 그 중요한 목적은 기존 체제의 위계질서를 특징짓는 계급, 교육, 직업 사이의 밀접한 연관성을 보전하고 이를 민간 부문에까지 확대하려는 것이었다. 교과 과정의 내용이나 기업의 요구 같은 실제적인 고려 사항은 그저 부차적인 것이었을 뿐이다.

만약 이 정책이 성공했다면, 새로운 엔지니어 양성 학교가 공과대학으로 꽤 신속하게 그리고 문제없이 동화되는 결과를 낳았을 것이다. 그렇지만 독일 빌헬름 시기에 세계 패권 추구와 급속한 경제 성장이라는 맥락에서 보면, 정부가 운영하는 학교에 대해 좀더 개방적이고 민주적인 입학 정책을 요구하는 기업가와 경영 엔지니어의 주장을 억누르거나 혹은 등록된 이들 학교를 아예 없애는 것은 불가능했다. 기업에서 대안으로 내놓은 입학 조건은 14세까지 초등 교육, 추가로 최소 2년 동안의 실습 기간 그리고 입학시험이었는데, 이 입학시험을 위해 어떤 곳에서는 1년짜리 이론을 가르치는 예비 과정을 개설하기도 했다. 이는 노동자에게도 문호를 개방한 것이었다. 제1차 세계대전 이전에 이런 방식으로 입학한 학생 수는 무시할 만한 정도였다. 그 후에는 점차 인기를 얻게 되었는데, 특히 나치 시대에 그러했다.[15] 사실 나치는 의도적으로 이런 대안적인 입학 기준을 통해 수많은 대학생의 진로를 바꾸었다. 이는 기존 사회의 위계질서를 그들에게 개방하도록 한 거대한 프로그램의 일부였으며, 그러한 노력에 이들 엔지니어 학교가 결정적 역할을 했다.

나치 정권은 노동 계급이 신설된 엔지니어 학교에 들어가는 길을 넓혔을 뿐만 아니라 1933~1939년 여러 다양한 방식으로 그들의 사회적 신분 상승을 지원했다. 나치는 또한 그때까지 사용한, 다소 경멸적인 용어인 '문하생'보다 공식적으로 '대학생'이라 부름으로써 그들의 사기를 북돋아 주었다. 그때까지 남아 있던 등록된 엔지니어 학교는 나치가 국유화해 국가의 공공 기관으로 통합시켰다. 마지막으로 나치는 이들 학교에 일정한 점수를 획득한 졸업생에게는 공과대학에 등록할 수 있는 권리를 주도록 허가했다. 이로 인해 노동 계급 출신자가 처음으로 사회적 신분 상승의 기회를 얻었다. 이들은 교육을 통해 아비투어, 곧 인문계 고등학교 졸업 자격을 획득하지 않고서도 엔지니어 전문직과 고위 공무원의 지위에 올라갈 수 있었다. 오늘날에도 이런 정책의 변형된 형태가 이른바 중등 교육에서 고등 교육으로 넘어가는 길에 필수적인 부분으로 남아 있다.[16]

1945년 이후, 공과대학은 잠시 이들 엔지니어 학교가 새로 부여받은 자격을 박탈하려 했지만 성공하지 못했다. 나치의 정책이 기존의 경향을 결정적으로 가속화했기 때문에 서독연방공화국은 이를 되돌리려 하지도 않았고 그럴 수도 없었다. 반면 1940년대 후반과 1950년대에 이들 학교가 대학교로 전환되는 과정이 더욱 가속화했는데, 이는 부분적으로 경험 풍부한 과학자와 연구자들이 직업을 찾아 대거 이들 학교의 교수진으로 들어왔기 때문이다. 교수진의 공급이라는 측면에서 보면, 공과대학에서의 수업 부담이 줄어들고 교수진과 학생들의 위상이 높아졌다는 점도 한몫을 했다.[17]

서독의 자유주의적 자본주의로 인해 번영하고 안락한 사회적 분위기가 조성되고 1960년대의 교육에 대한 수요가 폭발하자, 그에 대한 응답으로 정부는 오래전에 시작된 전문 직업화와 민주화의 동시적 진행이 가져온 결론에 고무되었다. 시간이 흐르면서 변화해온 이들 학교의 이름이 장기적인 경향을 보여준다〔1880년대에는 중등기술학교, 1898년 이후에는 고등기계제작학교(Höhere Maschinenbauschulen), 바이마르공화국 후기에는 고등기술훈련원(Höhere Technische Lehranstalten), 1930년대 후반에는 엔지니어학교(Ingenieurschulen), 1968~1971년에는 전문대학〕. 1976년 서독 정부의 고등교육기본법은 이들 학교를 고등전문학교로 통합시키는 마지막 절차를 마무리 지었다. 그렇지만 위에서 언급한 유연하고 대안적인 예비 교육 기관의 원칙을 삭제하지는 않았다. 비록 다른 나라들은 반대했지만, 독일 내에서는 이런 격상 작업이 독일엔지니어협회가 언급한 적 있는 "대학 수준에서 교육받은 엔지니어와 전문대학에서 교육받은 엔지니어 사이의 전문성 동등화"[18]를 구축하는 데 충분했다. 전체적으로 보면 보잘것없는 직업 학교에서 대학 수준이 되기까지 거의 80년이 걸렸는데, 기술 학교의 첫 세대가 공과대학이 되는 데도 역시 비슷한 시간이 걸렸다.

독일 엔지니어 직업군의 발전

기술 교육의 진전은 독일에서 엔지니어 직업에 어떤 영향을 미쳤을까?[19] 몇 가지를 유보한다면, 그 영향을 기준으로 독일 엔지니어 직업의 역사를 세 국면으로 나눌 수 있을 것이다. 첫 번째는 초기 전문 직업화의 시기라고 할 수 있는데, 이때는 산업화 이전 시기의 사회적 가치를 모범으로 삼았다. 예컨대 고전 교육과 문화의 중요성에 대한 강조, 엔지니어 업무를 수작업으로 낙인찍는 것에서 벗어나기, 이윤 동기에 대한 의구심, 그리고 공무원과 다른 기존 전문 직업의 사례를 토대로 한 직업 집단의 폐쇄성 추구가 바로 그것이었다. 이 국면은 1880년대까지 지속되는데, 공학을 가르치는 교육자들이 이 직업의 가장 영향력 있는 부류였다. 두 번째는 방향 재설정—산업화한 계급 사회의 등장과 강화—의 시기인데, 이때는 엔지니어 출신의 자영업자, 경영자 그리고 산업가들이 이 직업을 주도했다. 이 시기는 제2차 세계대전까지 이어지며 그 특징은 전문 직업화와 탈전문 직업화가 동시에 진행되는 모순적인 양상이었다. 아울러 이 직업 집단이 개방성을 높이고 분화했으며 내부 갈등이 증폭한 점도 특징으로 들 수 있다. 마지막으로, 1945년 이후의 재화해와 재통합 시기다. 이 직업 집단은 자신의 명확한 정체성을 안정 및 발전시켰는데, 그 정체성은 이전 두 시기에서 나온 종합적 요소이자 전후(戰後) 상황의 산물이기도 했다.

초기(1856~1880)

첫 번째 국면은 1856년 베를린 실업학교 졸업생들이 독일에서 가장 유명하고 큰 독일엔지니어협회, 곧 VDI를 결성한 것으로 시작된다. 이 조직은 주로 사기업 분야의 기계 및 금속 엔지니어로 구성되었으며, 수는 적어도 영향력 있던 일부 기술 교육자를 포함하고 있었다. 후자는 곧 전문 직업화 전략을 구체적으로 짜고 가다듬었다. 그렇지만 원래 이 새로운 조직이 포괄하는 엔지니어의 범위는 훨씬 넓고 목적도 더 다양했다. 이는 바로 그 조직이 출범한 역사적 상황을 반영한 것이기도 하다.

1850년대 독일은 정치적으로 분열해 있었고 경제적으로 후진적이었다. 산업공학에 과학이 스며들거나 자본주의적 가치에 종속되는 일도 아직 요원했다. 산업화 이전의 사회적 위계질서는 거의 아무런 도전도 받지 않았다. 그래서 VDI가 스스로 규정한 임무는 강력하고 산업적인—반드시 자본주의적일 필요는 없지만—독일을 만들고, 공학을 과학적으로 구축하는 것이었다. 따라서 이 협회의 초기 문화는 기술에 대한 열정, 독일 민족주의, 그리고 사회적 해방에 대한 희망이 독특하게 혼합된 것이었다.

사회적 주변인이던 이 협회 창립자들은 산업화와 공학을 강력하게 추진해 구질서를 타파하고 엔지니어를 자동적으로 존경받고 영향력 있는 위치에 올려놓아 일종의 자연스러운 엘리트 교체, 말하자면 이 새로운 직업 집단이 필연적으로 토지 소유 귀족, 관료 혹은 장교 같은 집단을 대체하는 과정을 꿈꾸었다. 기술의 도래에 대한 확고한 믿음으로 이들 초기 엔지니어는 전문 직업화를 추진하는 일, 예컨대 자신들의 즉각적인 물질적 혹은 사회적 이익을 대변하거나 혹은 자신들의 직업을 매우 엄격하게 규제하는 일이 필수적이라고 생각하지 않았다. VDI가 향후 독일에 대해 제시한 이상적인 비전에 공감하는 사람이라면 누구나 가입을 환영받았다. 입회자가 자신들의 전문적 기술을 어디에서 어떻게 취득했는지 혹은 그들이 정말 엔지니어인지는 그다지 중요하지 않았다. 간단히 말해, 이 엔지니어 협회는 초창기에 근대적 전문 직업인의 조직이라기보다 "일종의 기술공학 프리메이슨"을 닮았다.[20]

비록 이러한 방향 설정이 지속되긴 했지만, 이 조직은 곧바로 기술 교육자와 결합해 그들에게 계승되었다. 기술 교육자는 이 협회 안에서 가장 영향력 있는 구성원이었다. 학자이자 과학자이자 또한 관료이기도 했던 그들은 산업화 이전 세계에 한쪽 발을 담근 채 구질서가 하루아침에 간단히 사라지진 않을 것이라고 믿었다. 아울러 그들은 그런 가능성에 큰 기대를 걸지도 않았다. 그 결과 그들은 엔지니어를 기존 사회의 존경받는 구성원으로 만드는, 실제적인 전문 직업화를 추구하기 시작했다. 이들의 노력은 교육적 전략의 형태, 곧 앞서 언급한 대로 학문화, 풍부한 이론, 순수과학으로의 공학 재개념화, 고전에 바탕을 둔 중등 교육, 자본주의에 대한 반감의 형태를 띠었다. 이러한 정책은 이 직업 집단의 사회적 면모를 바꾸기 시작했다. 즉 원래 사회적으로 다양했던 성격이나 개방성 혹은 잠재력 규모 등이 축소되었다. 이런 경향이 멈추지 않고 계속되었더라면, 독일 엔지니어는 아마도 1900년경 구질서 속에서 확고하면서도 교육에 기초한 정체성을 확립하며 단일하고 전문화한 전문 직업 집단으로 변모했을 것이다. 산업자본주의가 독일처럼 강력하지 않았던 이웃 나라 네덜란드와 오스트리아에서 실제 그랬던 것처럼 말이다.

이 직업 집단의 두 번째 국면은 전문적 체제에 대항해 경영 엔지니어가 성공적인 혁명을 이룩하면서부터다. 1880~1914년 기업가이면서 엔지니어였던 사람들이 공학을 자본주의에 종속시키고, 초기의 공학적 합리성에 대한 배타적이고 자율적이고 비자본주의적인 경향을 억눌렀다. 이렇게 되자 전문 직업화가 후퇴하고, 그로 인해 다수 엔지니어가 자괴감에 빠져 점차 후회와 기성 체제에 대한 질시를 느꼈다. 기성 체제는 대기업가와 산업가의 수가 늘어나면서 기술자로서의 능력만으로 엔지니어를 인정했다. 그러므로 이런 경영 혁명으로 엔지니어의 대항 문화—기술에 대한 열정, 민족주의 그리고 아웃사이더로서 정체감이 뒤섞인 것—가 끝나기는커녕 도리어 강화되었고, 약간 더 변화한 형태로 계속 이어졌다. 그렇게 변화한 형태는 엔지니어 집단과 더불어 성장해 독일 사회에서 이전보다 존재감이 더 커졌다.

경영자들이 VDI를 장악하면서 생긴 가장 중요한 변화 가운데 하나는 교육 분야였다. 이 협회는 공과대학이 좀더 실용적이고 (좀더 실제적이며 혹은 덜 이론적인) 엔지니어—1890년 이후 대량으로 출현하기 시작했다—를 양성하도록 하는 교육 정책을 채택했다. 이 시기에 이루어진 독일의 대규모 산업화로 인해 엔지니어의 압도적 다수는 정책 결정자가 아닌 봉급생활자가 되었다. 이런 현상은 민간 분야에서 먼저 일어났지만 시간이 지남에 따라 팽창하는 공공 분야에서도 그렇게 되었다. 교육자와 기업가를 나누는 초기의 이분법도 점차 복잡해져서 세 집단, 곧 엔지니어 교육자 및 전문가, 엔지니어 출신의 고용주·경영자·사업가, 그리고 점차 불만이 쌓여가는 대다수 봉급 받는 엔지니어 등 세 집단 사이의 관계가 되었다. 이런 새로운 상황에서 엔지니어 출신 경영진과 노동자 사이의 이해관계에 따른 갈등이 주목을 받기에 이르렀다.

비록 엔지니어의 경력 패턴에 대한 정확한 정보는 없지만 증거를 통해 볼 때 대학 교육을 받지 않은 상당수 엔지니어가 전기 분야 그리고 특히 기계공학과 건설 산업 분야의 중소기업에 들어갔다. 이들은 대규모 산업에서보다 경영 책임자나 사업가로 성장할 기회가 훨씬 더 많았다. 그렇지만 그중 다수는 MAN, 지멘스(Siemens), 보르직(Borsig), 마파이크라우스(Maffei-Krauss), AEG, 블롬 앤드 보스(Blohm & Voss) 그리고 여타 국제 시장 혹은 정부 발주에 주력하는 대규모 기계 제작 회사에서 봉급 엔지니어가 되었다.[21] 대학 교육을 받지 않은 이들(종종 외국어 훈련이나 사회적 품위가 결여된)이 이런 회사에서 고위직에 오를 기회는 일반적으로 공과대학 졸업생과 같지 않았으며, 20세기에 접어들면서 그런 집단의 대표성도 점차 사라졌다.[22]

대학 교육을 받지 않은 엔지니어와 비교할 때, 공대 졸업자는 전형적으로 좀더 안정된 중산층 배경, 더 나은 사회적 연결망뿐만 아니라 어느 정도 폭넓은 시야와 교양을 갖추고 있었는데, 이 모두는 그들이 대기업에서 최고 경영진으로 올라가는 데 중요한 원천이었다.[23] 그렇다고 해서 대학 졸업장을 지닌 엔지니어가 다른 관점에서도 경력상의 기회가 훨씬 더 나았다고 볼 수는 없다. 1900년 이후 공공 부문에서 디플롬 엔지니어의 학위는 원칙적으로 더 높은 기술 관료직으로 나아가는 자격증이 된 반면, 공인된 새로운 엔지니어 학교의 졸업생은 단지 중간 관리자 수준에서만 종사할 수 있었다는 것은 사실이다. 그렇지만 실제로는 정부 내에서 엔지니어가 일할 수 있는 기회는 거의 없었다. 주정부는 물론 시정부도 훨씬 더 어렵고 시간도 더 많이 드는 국가고시 합격자이자 국가 기술자 집단인 사람들을 우대했다. 그렇지만 이들 선택된 집단조차 1980년대 초까지 법대 졸업생에 비하면 계속해서 심각한 경력상의 차별 대우를 받았다.[24]

그러므로 디플롬 엔지니어 대다수는 당연히 민간 기업으로 갔다. 경영이나 연구 개발 분야에서 높은 지위에 오른 행운아는 관료의 봉급보다 많이 받았지만, 일반적으로 초봉은 정부에서보다 낮았다. 대학 졸업자로서 이들 공대 졸업생은 손이 더럽혀지는 중소기업을 피하려는 경향이 있었다. 그렇지만 거대 기업에서 고위 경영자가 되는 길은 오래 걸리고 몹시 힘들고 아주 불확실했다. 특별한 관계나 뛰어난 재능이 없는 사람은 전형적으로 설계자, 중간 조정자 혹은 낮은 감독관 같은 관리 기능직에서 출발해 때로는 중간 관리자 수준으로 올라가거나 기술 분야에서 상급 엔지니어 위치에 도달하곤 했다.

고용주는 이들 신참자 및 중간 수준의 위치에 있는 사람을 고용할 때는 그 일을 할 수 있으면 누구나 가리지 않고 채용했다. 독학 엔지니어든, 공대를 졸업한 디플롬 학위 소지 엔지니어든, 혹은 신생 엔지니어 학교(국가의 지원을 받거나 기업에서 운영하는) 출신자든 말이다. 1880년 이후 공대에서 이론 수업이 줄어든 것도 이러한 인사 관행을 부추겼다. 이로 인해 대학을 졸업한 엔지니어와 그렇지 못한 엔지니어 사이의 지적 차이가 줄었기 때문이다. 실제로 경영자는 여러 측면에서 학술적으로 자격을 취득한 엔지니어보다 이들을 더 선호했다. 이들은 젊고 몸값도 싸고 적응력도 더 있었다. 아울러 비록 공대에서 응용 훈련을 새로 강조하긴 했지만 대졸자보다 한층 실용적이었다. 그 결과 대졸자와 그렇지 않은 엔지니어 사이의 긴장과 적대감이 극심해지고, 경력 구분이 사라지고, 직업에 대한 경쟁의식이 커졌다. 경영진은 이런 상황을 거의 해소하려 하지 않았다. 오히려 잠재적으로 반항적인 '프롤레타리아' 엔지니어와 직면하자 자신들의 목적을 위해 그러한 갈등을 이용하려는 경향이 있었다.

대졸 엔지니어와 그렇지 않은 엔지니어 사이의 좁혀진 기술적 차이는 1880~1945년 엔지니어 전문 직종의 불만에서 유일한 요소였다. 기업가는 새로운 엔지니어 학교 졸업생인 전문대 출신을 선호했다. 이는 무엇보다도 사실상 노동 시장에서는 이들 두 형태의 엔지니어 사이에 (비록 겹치긴 하지만) 약간의 차이가 존재했고, 또한 더 새로운 형태의 기술자가 훨씬 더 많이 필요했기 때문이다. 이 시기 내내 대학을 졸업하지 않은 엔지니어에 대한 수요가 학술 연구 경향을 지닌 공대 졸업자보다 3~4배 많았다.[25] 바로 그 시기에 새로운 엔지니어 학교가 배출한 졸업자와 공대 졸업자의 비율은 2 대 1을 결코 넘지 못했다.[26] 그 결과 엔지니어에 대한 노동 시장 구조와 교육 기관의 배출 구조 사이에 심각한 불일치가 생겨났다. 학술적으로 교육받은 대학 졸업자는 상당수가 교육 과잉으로 일자리를 구하지 못했다.

1890년 이후 엔지니어가 경력을 쌓는 과정에서 구조적 변화가 생겨나 이러한 양상을 더욱 악화시켰다. 산업 생산이 가속화하자 과학을 바탕으로 한 산업에서 기술자들이 대거 관료화하는 양상이 일어난 것이다. 이러한 기업에서 수직적·수평적 분화가 이루어지자, 최고 경영진과 기술 관리직 사이의 거리가 멀어졌다. 이로 인해 새로운 직업과 기능이 탄생했을 뿐만 아니라 관리 업무에 관한 통제와 편제가 증가했다. 대다수 엔지니어에게 이는 전문 직업인으로서 갖는 책임과 자율성이 줄어드는 결과를, 그리고 많은 경우 아예 그 책임과 자율성이 사라지는 결과를 의미했다. 엔지니어가 이제 사무직 노동자의 산업적 위계질서에서 본질적 부분을 차지하기에 이르렀다. 엔지니어의 업무 자체도 가능한 한 한층 더 세분화하고 표준화했으며, 따라서 예전에는 뭔가 새로운 것을 찾아야 했던 많은 업무가 이제 지식만 있으면 틀에 박힌 대로 할 수 있는, 곧 대개는 공대 졸업자 같은 산업 과학자들이 아니어도 할 수 있는 일이 되었다.[27] 이는 특히 기계 및 구조의 설계, 계산 그리고 조립 분야에서 그러했는데, 이들 분야에서 독일 기업은 뛰어난 제품에 대한 요구를 충족시키고자 엔지니어를 대량 채용해 거대한 기계를 주문·제작하고, 기계 및 전자 설비를 전문화했다. 이와 비슷하게 화학 산업도 제약, 농업 비료, 염료, 필름 생산에서 세계적 우위를 유지하기 위해 대학 교육을 받은 화학자를 고용해 일상적인 연구 개발에 투입했다. 그 결과 신참 엔지니어와 과학 담당 관리직은 자본주의적 비용 절감의 대상뿐 아니라, 생산을 극대화하고 경영 통제를 유지하기 위한 노력과 시도의 대상이 되었다.

기업의 관료화와 교육 시스템 및 노동 시장의 불일치 외에도 엔지니어의 불만을 초래한 세 번째 요소가 있었다. 20세기 초반 약 30년 동안 엔지니어의 수요와 공급 사이에 존재했던 장기적 불균형이 바로 그것이다. 우선 이런 상황은 20세기에 들어서면서 바로 나타났는데, 당시에는 기술직 직업에 대한 열망과 모든 종류의 기술 교육에 대한 붐이 일어나 독일 엔지니어가 과잉인 시기였다.

제1차 세계대전이 일어나기 이전 10여 년 동안에는 실업자가 만연했다고까지는 말할 수 없어도, 임금이 낮고 노동 시간이 길었으며 경력 상승의 기회도 드물었다. 전쟁 이후에는 중등 교육에 대한 개혁과 1914~1918년(제1차 세계대전이 벌어진 기간—옮긴이) 교육 중단의 결과, 공과대학 입학생 수가 2배로 늘어 과거 절정기였던 1902/1903년 약 1만 2500명에서 1922/1923년에는 2만 5000명이 되었다. 바이마르공화국 초기의 인플레이션 정책으로 잠시 엔지니어의 완전 고용이 가능하기도 했지만, 통화 안정화와 산업 합리화로 인해 나타난 경기 침체로 1924년에는 임금과 일자리가 급격하게 줄어들었다. 그 후 이 전문 집단에는 가난과 실업이 떠나지 않았고 대공황 때에는 거의 뿌리째 흔들렸다. 실업률이 고조된 1930~1933년에는 공대 졸업생 가운데 약 65퍼센트가 일자리를 구하지 못했고, 엔지니어의 약 3분의 1이 실직 상태였다.[28] 그런 가운데 공대 입학생 수는 히틀러가 권력을 잡은 1933년 1월까지 높은 수준을 유지했고(2만 명 상회), 새로운 엔지니어 학교들의 입학자 수도 1910~1930년 60퍼센트 이상 높아졌다(1910년 1만 700명에서 1930년 1만 7400명으로).[29]

1933년 이후 이러한 경향은 역전되었다. 히틀러의 '경제 기적'(재무장을 바탕으로 한 경제 성장과 완전 고용으로의 복귀)과 제1차 세계대전 시기의 낮은 출생률이 결합해 입학생 수가 떨어졌고, 1930년대 말까지 심각한 엔지니어 부족 현상이 나타나 제2차 세계대전 말까지 계속되었다. 그렇지만 이런 현상마저도 엔지니어 직업의 만성적 위기를 타개하지는 못했을 것이다. 왜냐하면 기술 교육에 대한 나치 정책이 아마도 공대 출신 엔지니어와 새로운 엔지니어 학교 출신자 사이의 긴장을 격화시켰을 것이기 때문이다. 안타깝게도 이러한 가설에 대한 증거를 제시하기는 어려운데, 이는 나치가 이 직업에 대해 입으로는 '협력'을 운운했지만 실제로는 통제를 했기 때문이다.[30]

이렇게 엔지니어라는 전문직 집단이 두 번째 국면에서 입은 내상(內傷)으로 인해 이들의 다양한 사회정치적·이데올로기적 대응이 등장했다. 1914년 회원 수가 2만 5000명으로 늘어난(전체 엔지니어의 약 4분의 1에 해당하는 수치) 독일엔지니어협회, 곧 VDI는 그들의 사회정치적 중립성이라는 개념을 핵심으로 하는 이데올로기를 형성했다. 중립성이란 과학적 객관성과 비당파성 같은 전문직의 가치와 딱 맞아떨어졌고, 기술 관료적(technocratic) 및 관료적(bureaucratic) 해결책이 정치적 해결책보다 낫다고 생각하는 좀더 일반적인 독일인이 갖고 있던 태도의 일부였다. 더욱 절실했던 것은 VDI가 고용주, 경영자, 고용인, 교육자, 자영 컨설턴트, 사기업 고용인, 공대 졸업생과 비공대 졸업생 등 구성원이 다양했기 때문에 그들 사이의 물질적 이해관계의 갈등에서 빚어지는 이탈 압력을 억제하기 위해서라도 중립성에서 그 탈출구를 찾아야 했다는 점이다. 그러므로 엔지니어의 중립성이라는 원칙, 곧 자신들이 정치를 뛰어넘어 계급의 이해관계를 조정하는 위치에 있다는 개념은 1880~1945년 독일 엔지니어들이 스스로를 이해하는 데 필수적 요소였다.[31]

물론 중립성으로 엔지니어가 직면한 사회경제적 문제를 해결할 수는 없었다. 그 결과 이들은 분열된 정체성을 발전시켰다. 곧 VDI는 한편으론 공학의 중립성에 대한 신념을 표현하면서도 (아울러 계속해서 회원 자격을 엄격하게 엔지니어 업무라는 기술적 실체에 두면서도) 다른 한편으로는 동시에 엔지니어의 일반적 이익이 아니라 그들이 고용주, 고용인, 공대 졸업자 등으로서 갖는 특정한 이익을 변호했다. 따라서 독일 엔지니어 사이의 내적인 분열과 갈등이 급속하게 커지는 결과를 가져왔다.

사회경제적 분열에 따른 첫 번째 조직은 1880년대 초에 등장했다. 철강 기업의 경영 엔지니어, 국영 철도의 기계 엔지니어, 그리고 하급 토목 기술자들이 조직을 결성한 것이다. 얼마 후에는 기계 공작소 및 전기 산업의 경영을 위한 독자적 로비 집단이 나타났다. 1908년 인가받은 새로운 엔지니어 학교들의 졸업생도 협회를 조직했다. 이 협회는 이들 학교에 대학교 자격을 부여해줄 것을 공격적으로 요구했고, 협회 회원들이 진정한 엔지니어임을 각인시키고자 끊임없이 투쟁했다.[32]

첫 번째 엔지니어 조합은 1904년에 형성되었다. 사무직기술자연맹 (Bund der Technisch-Industriellen Beamten, Butib)으로 알려진 이 급진적 집단은 기업의 기술 담당 이사와 봉급생활자 사이에 계급 갈등이 존재한다는 점을 인식하고, 파업 및 다양한 방식으로 강경한 독일 기업주에 맞서는 독일 최초의 사무직 조직이라는 점에서 역사를 새로 썼다. 이 조직은 엔지니어의 봉급을 개선하고자 했을 뿐만 아니라 독일 통일 후 보수적 자유주의와 권위적 자본주의가 절정에 달한 시기에 합법적이고 제도적인 틀 안에서 전반적인 고용 조건을 개선하고자 했다. 이 조직은 때로 사회민주주의적 색체를 띠면서 엔지니어의 최소 임금, 모든 독일 사무직 노동자에 대한 일률적인 고용 법규 그리고 봉급을 받는 개발자와 기업 과학자의 권리를 보호하기 위한 새로운 특허법 같은 개혁을 요구했다. 회원(제1차 세계대전 직전 약 2만 4000명)은 민간 기업체의 고용 엔지니어와 화학자였으며 새로운 엔지니어 학교 졸업자가 80퍼센트, (지도부를 주도한) 공대 졸업자가 20퍼센트를 차지했다.[33]

디플롬 혹은 박사 학위를 가진 공대 졸업자의 독자적인 협회는 1909년에 결성되었다. 독일디플롬엔지니어연맹(Verband Deutscher Diplom-Ingenieure, VDDI)은 Butib의 급진주의에 대해, 또한 VDI가 통상적인 전문직 집단의 책임을 방기한 것에 대해, 특히 직업의 전망이 급격하게 나빠지고 실업이 만연한 시기에 비대졸자에 대한 공세를 계속하는 데 실패한 것에 반발해 생겨났다. VDDI의 창설 배경은 본질적으로 엔지니어라는 직업을 협소하게 정의하고자 하는 노력이었다. 곧 새로 등장한 엔지니어 양성 학교 졸업자들에게서 '엔지니어'라는 명칭을 박탈하고, 공무원 조직을 모델로 기업체에서도 자신들이 높은 자리를 독점하는 구조로 발전시키려는 것이었다. 이 조직은 경영진과 적대적 관계를 맺는 것을 거부하고 전반적으로 노동 문제를 의제로 삼기보다 전문직 보호와 그 밖의 신분상 문제에 초점을 맞추었다. 이 연맹에는 엔지니어가 대학 졸업장만 갖고 있으면 분야와 직위를 불문하고 가입할 수 있었다. 산업자본주의가 초래한 엔지니어 사이의 격차를 무시한 이런 조직상의 원칙은 실질적 성공을 거두기엔 너무나 협소한 것으로 드러났다. VDDI의 회원 수는 1914년의 4000명 수준을 넘어서지 못했다. 그럼에도 불구하고 이 조직은 바이마르공화국에서까지(제2차 세계대전 후 서독에서는 강도가 조금 낮아졌지만) 꾸준하게 새로운 엔지니어 학교 졸업자를 공격하는 운동을 전개했다.[34]

제1차 세계대전 후 약간의 조직적 변동이 있었다. 독일제국기술연맹(Reichsbund Deutscher Technik, RDT)이라는 느슨한 연합체, 곧 이 전문 직업의 비정치적 경향을 변화시킬 목적으로 분야와 전문성을 막론한 모든 대졸 엔지니어와 비대졸 엔지니어 그리고 기술자가 합세한 연맹체가 형성되었는데, VDI도 이와 약간의 관련을 맺고 있었다. 그렇지만 RDT는 나치가 권력을 장악하자 성공하지 못하고 거의 사라지다시피 했다. 그러자 VDI는 재빨리 RDT와 거리를 두고 다시금 엔지니어의 엄격한 중립성이 필요하다고 강조했다. 바이마르공화국의 맥락에서 볼 때, 이는 의회주의와 민주주의를 경멸하는 선언이나 다름없었다.[35]

1919년 점차 좌파로 기운 Butib는 줄곧 사회민주주의 및 자유 노조와 연합해온 '기술직 사무원과 공무원 연맹(Bund der Technischen Angestellten und Beamten, Butab)'과 통합되었다. 확대된 이 새 조직체는 기술자와 비대졸 엔지니어의 사회경제적 압력 집단이 되었지만, 바이마르공화국의 완고하고 투쟁적인 기업가들에 밀려 몇 가지 작은 승리 이상의 성과를 거두는지 못했다.

이렇게 Butib가 재편되자 제1차 세계대전 이전 그 조직에 속해 있던 대졸 엔지니어와 화학자 약 5000명이 탈퇴했다. 이들은 역시 불만에 싸여 있던 다른 많은 화학자와 함께 '고용직 화학자와 엔지니어 연맹(Bund der

Angestellten Chemiker und Ingeniere, Budaci)'이라는 새로운 조직을 만들었다. 이 조직의 가입 자격은 엄격하게 화학자와 대졸 엔지니어로 국한되었으며, 1920년에는 중도 노선을 표방한 기독교노동조합연맹(GEDAG)에 합류했다. 이로써 Budaci는 바이마르 시기 엔지니어 노조 가운데 가장 영향력 큰 조직이 되었다. 단발적인 동맹 파업과 그 이상의 행동에 위협을 느낀 화학 기업들은 임금 협상에 나섰다. 이로 인해 1920년 봉급을 규정하는 집단 노동 협약, 개발품의 특허권, 그 밖의 다른 모든 고용 조건에 관한 선구적인 합의가 이루어졌다. 이는 나치가 권력을 장악할 때까지 효력을 발휘했고, 제2차 세계대전 이후에도 기업과 전문직 노동자 사이의 관계에서 하나의 모델이 되었다. 1920년대 중반 Budaci는 대학을 졸업한 수많은 전기 및 기계 엔지니어를 받아들여 토대를 넓혔고, 화학 분야의 집단 계약 사례를 다른 산업 분야로 전파하는 데 어느 정도 성공을 거두었다.

Budaci의 공격성과 이 조직이 원래 화학 기업의 젊은 전문직 노동자를 겨냥했던 점은 1919년 이와 경쟁하는 집단이지만 그보다 성공하지 못한 '상공업경영고용자연합(Vereinigung der Leitenden Angestellten in Handel und Industrie, Vela)'이 형성되는 계기로 작용했다. 이 조직은 그 명칭이 말하는 것과 달리 실제로는 고위직 경영 엔지니어의 조직이 아니었다. 요컨대 주로 산업체에 근무하는 약간 더 경험 많고 온건한 전문인(회계사 및 다른 비기술직 고용자를 포함해)으로 구성되었다. 이 조직과 Budaci는 서로 적대 관계를 맺고 있었지만 그것이 동일한 목표를 추구하는 데 걸림돌이 되지는 않았다. 이는 바이마르공화국 시기에 모든 엔지니어가 본질적으로 동일한 경제적·제도적 어려움에 직면했다는 사실을 고려할 때 놀랄 일이 아니다.[36]

이들 다양한 엔지니어 조직이 침체된 경제와 대량 실업의 파괴적 영향으로 인해 경영진과의 투쟁에서 그리고 서로 간 투쟁에서 크게 성공을 거두지 못한 채 많은 어려움을 겪었다는 것은 엔지니어가 왜 나치즘에 쉽게 경도되었는지를 설명하는 데 도움을 준다. 분명 내적 분열상에 대한 염증과 중립성을 지키지 못하는 무력감에 따른 좌절감 또한 일정한 역할을 했다. 1933년 이전 엔지니어들이 정확하게 얼마나 나치와 결탁했는지는 아직 알려지지 않았다. 비록 최근의 연구 결과는 다른 전문 직종보다 엔지니어가 중립성이라는 전통 때문에 히틀러에 덜 경도되었다는 예전의 견해를 부정하긴 해도 말이다. 그럼에도 불구하고 1933년 이전에 나치에 대한 엔지니어의 태도는 교사 혹은 법조인과 아주 유사했던 것 같지도 않으며, 또한 엔지니어 전문 직종의 특정 부류(더 젊거나 더 주변적인 사람)가 두드러지게 나치에 속했던 것도 분명 아니다.[37]

제3제국 시대에 엔지니어는 점차 새로운 지배자에게 순응했다. 새로 늘어난 경력 상승의 기회는 물론 정치적 중립이라는 덕목과 기술 관료적 전문성도 그들이 나치 독재에 기꺼이 자발적으로 충성을 바치는 데 큰 역할을 한 요소였다.[38] 게다가 이들의 기술 관료적이고 전문적인 지위는 나치를 위한 정치적 광기를 숨기는 데 편리한 이점이 있었다. 거의 모든 엔지니어 협회와 이익 집단이 1936년까지 사라져 하나로 '통합될' 때도 VDI는 정권의 비위를 맞추며 그러한 운명을 가까스로 피할 수 있었다.[39] 그렇다고 이 단체가 정책 결정에서 목소리를 낼 수 있었던 것은 아니다. 오히려 반대로 1933~1945년 이 직업 집단의 발전은 거의 모두 외부 요소에 의존했다. 곧 군수 산업에 필요한 엔지니어 수요와 나치 이데올로기 덕분에 완전 고용 회복과 경력 상승, 대학 교육을 받지 않은 엔지니어의 승진이 가능했다. 심지어 엔지니어 개발자에 대한 호의적인 정책도 그 덕분이었다. 엔지니어가 자본주의적 경영이라는 완강한 손아귀에서 해방되는 길은 바로 발명이었다. 이러한 긍정적 발전의 대가는 기술 교육의 수준과 양이 크게 하락하고, 협회의 자율성이 손상당하고, 정권의 반유대적이고 범죄적인 정책에 가담해 도덕적으로 타락하는 것이었다.[40]

안정화와 성숙을 향한 전진(1945~1975)

제2차 세계대전 후 독일의 엔지니어 직업은 비록 그 수가 급속하게 늘어났음에도 통합과 안정화 국면에 접어들었다. 기존의 자본주의적 경영자도 혹은 전문직 신분 상승자도 이제 주도권을 잃었지만, 양쪽의 특성이 엔지니어 엘리트에게 얼마간 내재화했다. '사회적 시장 경제'라는 종합적 방식이 바이마르 시대 때 좁혀지지 않았던 자본과 노동 사이의 간극을 대신한 것처럼 전후 엔지니어의 유연성과 타협성이 그 이전 국면의 비생산적이고 엄격한 이분법을 대체했다. 새로운 엔지니어 학교의 졸업자와 공대 졸업생 사이의 갈등도 누그러졌다.

패망한 제3제국의 파편 속에는 히틀러 이전 독일의 사회정치적 위계질서가 숨어 있었다. 하지만 독일 엔지니어 또한 자신들의 역사적 정체성에 포함된 많은 대항 문화적 특성을 포기했다. 그 공백을 메운 것은 오히려 독자적인 아웃사이드 문화였고, (대체로 아무것도 하지 않음으로써) 이것이 지배적인 문화가 되었다. 이미 나치 시대에 상당한 이득을 취한 이들 직업군은 1950년대와 1960년대에 이룩한 경제 기적의 결과 훨씬 더 커다란 명성을 얻었다.[41] 그러므로 서독의 자책하는 이미지로 인해 커다란 정치적 야심이 없는 산업 및 기술 공학에 역량을 집결함에 따라 사회석 변방에 속했던 엔지니어의 위상은 반대가 되었고, 전후 독일의 특권 계층으로 부상할 수 있었다. 이러한 전환은 몇 가지 방식에서 잘 드러난다.

1945년 이후 VDI는 엔지니어의 직업적 이데올로기에서 중심적 요소인 중립성을 포기하고, 대신 사회정치적 책임성이라는 개념을 도입했다. 이 협회는 1950년 과거를 재조명하면서 새로운 '엔지니어 신조'를 채택했는데, 이는 엔지니어에게 기술적 혹은 경제적 실현 가능성 같은 도덕적으로 무심한 사항보다 인간적이고 세계 시민적인 가치를 따를 것을 요구했다. 또한 1954~1973년 이 협회는 진정한 전문 직업인 조직으로 발전했으며, 단순히 공학의 기술적 문제에만 관심을 쏟는 것이 아니라 회원의 물질적 복지와 사회적 신분에도 관심을 기울였다. 이들은 내적 갈등을 피하기 위해 고용주와의 임금 협상, 다른 노동조합 문제에까지 관심을 넓혀갔다. 그렇기는 해도 VDI가 과거와 가장 크게 단절한 내용은 법과 보험에 대한 상담 같은 직업 관련 폭넓은 서비스를 도입하고, 지적재산권·자격·신분 보호 같은 문제에 도움을 주고, 수수료 일람표를 발간하고, 경력 개발 기회와 상담을 제공하는 것이었다. 또한 엔지니어, 기술, 환경 및 경제 문제에 대한 정치적 입장을 밝히기 시작했으며 교육 기회, 지속적인 교육과정, 학술 모임, 정보지 발간 등 폭넓은 서비스가 이루어지도록 했다.

전체적으로 보면, 이러한 혁신으로 인해 근본적 단절과 결정적 방향 수정이 이루어졌다. 회원 개개인에 대한 VDI의 사회적 서비스 기능은 이 협회의 새로운 핵심 기능이 되었다.[42] 이로 인해 엔지니어가 모든 사회경제적 이해관계를 제각기 고립되고 서로 경쟁하는 조직들로 추구하고자 하는 압력이 줄어들었다. 경쟁하던 여러 조직은 1945년 이후에도 사라지지 않았다. 하지만 이들은 사무관리직협회(Union der Leitenden Angestellten, ULA: 1985년 회원 수 4만 명, 산하 조직 7개) 같은 총괄 조직으로 통합되거나, 사무직 노조 및 육체노동자 조합들의 연맹체〔독일노동총연맹(DGB), 독일사무직 노조(DAG)]와 연합해 전후 독일 사회의 새롭고 복잡한 담합 구조의 필수적인 부분이 되었다. 그러한 능력으로 이들 협회는 엔지니어의 삶에서 중요한 역할을 계속 수행했지만, 1933년 이전보다는 약화되었다.[43]

이러한 새로운 출발에서 중요한 전제 조건은 엔지니어들의 상호 파괴적인 투쟁을 완화하는 것이었다. 가장 결정적인 두 가지 문제는 엔지니어 업무의 관리 및 수행 사이의 갈등 그리고 대졸자와 비대졸자 엔지니어 사이의 적대감이었다. 전자는 1945년 이후 경제 분위기가 근본적으로 변화하고, 독일 내의 사회정치적 대립 구도가 지리적인 외적 분단 갈등으로 일부 전환됨으로써 누그러졌다. 1948~1973년 서독의 번영과 엄청난 경제 성장으로 인해 양자의 타협이 용이해졌는데, 이런 결과는 또한 고용주에 대한 고용인의 위치를 강화시킨 제도적 변화(그중 일부는 바이마르와 나치 시대에 유래했다) 덕분이기도 했다.

개발자와 기업에 고용된 과학자의 법적 권리도 중요한 요소다. 봉급을 받는 개발자에게 일종의 로열티를 제공하려는 움직임은 제1차 세계대전 직전에도 있었다. 정치적 교착 상태와 노사 간 대립으로 인해 1933년 이전에는 개혁이 불가능했지만 1920년 '고용직 화학자와 엔지니어 연맹', 곧 Budaci 협약에는 상황에 따라 개발에 대한 보상금을 지불해야 한다는 규정이 포함되기도 했다. 1936년 나치 정권은 새로운 특허법을 도입했는데, 여기서 개발자의 권리에 대한 법적인 근거가 생겼다. 1942년에는 기업의 반대에도 불구하고 고용인이 로열티를 갖는 규정을 관철했다. 제2차 세계대전 이후 경영진과 노조는 전시에 나온 이 규정을 서로 자기에게 유리한 쪽으로 바꾸려 했다. 1973년 이전, 곧 엔지니어에 대한 수요가 공급을 계속해서 초과하던 시기에는 고용주도 시계를 거꾸로 돌릴 수 없었고 고용된 엔지니어에게 유리한 상황이었다. 경제적 성장과 이윤이 컸기 때문에 기업도 타협에 나설 수 있었다. 특허권을 둘러싸고 힘겨루기를 한 지 50년도 더 지난 1957년, 서독 의회는 드디어 고용인특허법을 통과시키고 모든 고용된 개발자의 로열티 권리를 보장했다. 수많은 나라에서 독일의 이 규정을 본받았지만, 어떤 나라도 독일의 원본처럼 자세하게 규정하지는 않았다. 이런 점은 서독이 전문 직업인의 자율성(신분성)과 사무관료적 종속성(계급성) 사이의 긴장, 곧 기술 노동의 사회적 정체성에 대한 논쟁에서 핵심 부분인 이 긴장을 풀기 위한 제도적 장치를 마련하는 데 예외적인 성과를 거두었다는 것을 시사한다.[44]

대졸 엔지니어와 그렇지 않은 사람들 사이의 적대감을 극복한 것은 외부적 상황보다는 스스로 내적 역동성이 쌓여가면서 효과가 나타났기 때문이다. 물론 의심할 바 없이 번영과 많은 일자리도 긴장을 약화하는 데 도움을 주었을 것이다. 비대졸자 엔지니어의 전문 직업화는 바이마르공화국과 나치 시대에 이미 이루어졌고, 그 덕분에 이들과 대졸자의 관계가 변화했다. 원래는 감독과 종속이라는 수직적 관계로 인식되던 업무 구분이 수평적 관계, 즉 한쪽은 좀더 실무형 엔지니어에 다른 한쪽은 좀더 이론형 엔지니어에 가까울 뿐 양자가 똑같은 가치를 갖는 동등한 관계로 바뀌기 시작했다. VDDI 같은 강력한 조직만이 제2차 세계대전 후 다시 등장했지만(비록 유명무실해져 역할이 아주 축소되긴 했지만) 결국에는 사라졌다. 아울러 이 조직과 마찰을 빚었던 공과대학이 1950년대 초 그러한 발전에 반대했다. 이러한 새롭고 더 민주적이고 유연한 방식으로의 전환을 강력하게 지지한 사람들은 기업가, 엔지니어 조직의 지도부 및 대다수 일반 엔지니어였다.[45]

옛 독일기술학교위원회를 이어받기 위해 1960년에 세운 강력한 엔지니어 교육 로비 단체, 곧 독일엔지니어교육위원회(Deutsche Kommission für

Ingenieurausbildung, DKI)와 VDI는 두 가지 형태의 엔지니어 사이에 수평적이고 협동적인 노동 분화 모델의 제도화를 특히 강하게 추진했다. 한편으로 이런 민주화와 사회화 정책은 분명 제2차 세계대전 후 독일의 가치가 크게 방향 수정을 하는 데 일조했다. 다른 한편으로 이 협동 모델은 아주 중요한 경제적·기술적 목적에도 기여했다. 위의 두 조직은 지위의 동등성을 옹호했는데, 이는 그들이 보기에 엔지니어 학교 출신자의 신분을 높여주는 것과 두 엔지니어 부류 사이의 부당한 사회적 차별을 폐기하는 것이야말로 신생 엔지니어 학교가 교과 과정, 교육 임무 그리고 경제적 기능 면에서 공과대학에 동화되지 않도록 하는 조치라고 여겼기 때문이다. 엔지니어 학교 졸업생과 공과대학 졸업생 사이에 확연한 사회 신분적 차이가 존재하는 한 그 격차를 메우기 위해 엔지니어 학교의 교과 과정을 더욱더 이론화하고 학문화하는 것은 학교 입장에서야 강하게 그렇게 하고 싶어 할지라도 기업이 필요로 하는 인력 양성에는 어긋나는 일이었다.

게다가 두 부류 엔지니어 사이의 신분상 동등성을 보장하면, 엔지니어 학교에 훌륭한 입학 자원을 충분히 공급하는 여건을 마련할 수 있을 터였다. 인문계 중등 교육을 좀더 넓은 계층으로 확산시키는 주요한 교육 개혁이 이루어짐으로써, 전통적으로 이들 엔지니어 학교에 입학하던 인력 자원층이 줄어들 위험성이 있었기 때문이다. 1960년대와 1970년대의 중등학교 개혁으로 전통적인 대학 교육을 받을 자격이 있는 인문계 고등학교 졸업생 수가 거의 4배나 늘어났다. 이로 인해 예전 같았으면 엔지니어 학교에 진학했을 많은 고등학생이 공과대학으로 진로를 바꾸었다. 그러므로 VDI가 두 부류의 엔지니어와 두 엔지니어 교육 기관의 완전한 사회적 동등성을 추진한 것은 경제적 측면에서 기업이 필요로 하는 서로 다른 두 가지 형태의 엔지니어 체제를 변화하는 사회교육적 환경 아래서 유지시키려는 전략이었다. 사회적 동등성 덕분에 엔지니어 교육과 구성의 이중적 기능이 지속되고, 결국에는 성공적인 기업에 생명수와도 같은 이론과 실습 사이의 창조적 긴장이 유지될 터였다.[46]

앞서 기술 교육에 대한 논의에서 나타난 것처럼, 이 전략은 정책이 되었고 상당한 성공을 거두었다. 비대졸자 엔지니어가 대학 졸업자 신분, 곧 공과대학에서 수여하는 것과 차이 없는 학위를 얻었고, 인문계 고등학교에서 크게 개혁된 시스템과 그다지 차이 나지 않는 한층 정교해진 중등 교육을 받았다. 두 부류 사이의 공공연한 갈등은 사라졌다. 그렇지만 다양한 이유 때문에 이에 대한 조정 과정이 오늘날에도 계속 이어지고 있다 (결코 완전히 안정되지 않은 채). 첫째, 이론과 연구가 실용적인 작업보다 고유의 우수성을 갖고 있다는 과거의 분위기가 지속되는 한, 두 부류 사이에 비록 작긴 하지만 봉급상의 차이가 존재하는 한, 그리고 두 엔지니어 교육 기관의 교육 내용과 조직이 실제적으로 통합되지 않는 한 완전한 신분상의 동화를 이루기란 어렵기 때문이다. 둘째, 다른 유럽 나라들은 동일한 중등 교육의 외면적 평등은 창조했지만 근본적이고 어려운 현실은 그렇게 하지 못한 독일식 속임수에 계속 반대하고 있기 때문이다. 마지막으로, 인문계 고등학교 졸업자들이 전문대학에 더 입학하도록 하려는 노력이 기대만큼 성공적이지 않았기 때문이다.[47]

이런 문제점에도 불구하고 1970/1971년의 엔지니어명칭법(Engineer Title Laws)과 1976년 고등교육기본법으로 독일 엔지니어 전문 직업 집단은 1970년대의 10년을 성숙한 정체성을 획득한 시기로 보냈다. 오일 쇼크로 인해 원유 가격이 오르면서 경제 성장이 끝나고, 경제적 재편의 필요성이 대두하고, 그 시기 후반 엔지니어의 실업 사태가 다시금 찾아오면서 1970년대 말을 전후해 이 전문 직업 집단의 역동성도 끝났다는 견해가 확고하게 자리를 잡았다.

독일 엔지니어의 현황

과거 10년 혹은 15년 동안 독일 엔지니어에게 중요한 문제는 어떤 것이었을까? 그리고 오늘날 이 전문 직종의 모습은 어떠한가? 후자에 대한 대답부터 하자면, 현재 서독의 엔지니어 수 전체를 말하기란 어렵다. 역사적으로 VDI의 회원 수는 전체 엔지니어 가운데 약 4분의 1 또는 5분의 1 정도였다. 5분의 1로 잡는다면 1980년 이 협회의 회원 수가 7만 5487명이었으니, 그해 총 엔지니어 수는 약 38만 명으로 추산할 수 있다. 지난 10년간 교육 시스템을 통한 배출자 수가 계속해서 급속하게 늘어났기 때문에 1990년에는 약 50만 명에 이를 것이다.[48] 물론 여성의 비율은 극히 낮다. 1986년 여성 엔지니어는 전체 가운데 2퍼센트를 차지했는데, 다른 학문 분야에 비하면 훨씬 적은 편이다. 이들은 주로 기록화(documentation), 계획 그리고 기술적인 시험 사업소 같은 곳에 집중되어 있다. 공대생 수로 판단하자면, 상황은 서서히 변화하고 있다. 1975년 공대생 중 약 7퍼센트가 여성이었다. 1984년 이 수치는 11퍼센트까지 올라갔다(전체 공대생 수 26만 6000명 중 3만 100명). 이는 모든 학문 분야에서 여성이 차지하는 평균 38퍼센트의 비율과 비교된다. 공대 여학생은 좀더 전통적인 기술 학문보다 컴퓨터과학, 환경 및 생의학 기술 같은 새로운 분야에 더 많이 진출하고 있다.[49]

독일 엔지니어 대다수는 정부와 기업에서 일하고 있다. 현재 엔지니어를 가장 많이 고용한 곳은 정부이며, 대기업이 고용한 엔지니어는 그에 훨씬 못 미친다. 컨설팅 엔지니어 조직의 회원 수로 보건대 독립적인 자영 엔지니어의 수는 아주 적은 것 같다. 독립 컨설팅 엔지니어 조직 중 가장 큰 것도 회원 수가 1985년 약 3000명에 불과했다.[50]

현재의 문제점과 관련해 엔지니어 전문직의 이중 구조와 그 운명은 기업 및 정부에 엔지니어를 공급하고 엔지니어 지도자를 배출하는 데 계속해서 중요한 역할을 하고 있다. 1988년 공과대학과 전문대학 출신 엔지니어의 비율은 3 대 2로, 연구직 엔지니어가 넘쳐나고 응용직 엔지니어가 부족한 상황이 계속되고 있음을 보여준다. 이러한 불균형의 원인 가운데 하나는 1970년대 경제 위기에 대한 이 전문 직업의 대응이 그리 적절하지 못한 데 있었던 것처럼 보인다.

1970년대 후반 VDI는 향후 엔지니어의 수요 및 공급에 대한 수많은 연구를 진행했다. 그 답은 1880년대 이후 독일의 산업공학적 전략에 변화를 꾀해야 한다는 것이었다. 이 협회가 내린 결론은 높은 생활 수준, 천연자원의 결핍 그리고 수출 의존의 특징을 지닌 서독으로서는 세계 시장에서 확장을 지속하는 것 외에 다른 방법이 없다는 것이었다. 이는 가격 경쟁, 우수한 품질, 혁신적 디자인, 전문화한 상품 그리고 합리화를 통한 고도의 노동 생산성이 아니면 결코 성공할 수 없을 것이다. 달리 말하면 이 협회의 지도부는 녹색당, 무성장주의자 그리고 환경주의자들이 옹호하는 근본적인 재방향 설정보다 전통적인 독일의 방식을 강화하는 것이 살아남는 길이라고 결론지었다. 성공적 적응이란 더욱 정교화한 기술을 의미하며, 이는 곧 엔지니어 직업에 대한 변화를 요구하고, 또한 그렇기에 가장 근본적인 차원에서 엔지니어 교육의 변화를 요구했다.

교육은 두 가지 방식으로 향상시켜야만 했다. 첫째, 프로세스공학, 컴퓨터과학, 환경공학 그리고 정보 기술 같은 새로운 분야를 확대하는 것이다. 실제로 1970년대 후반 이래 이러저런 새로운 전문 분야가 토목, 기계, 전기 공학 같은 전통적인 분야와 어깨를 나란히 하게 되었다. 이미 1950년대 후반부터 건축/토목 공학, 기계공학, 전기공학의 세 분야가 전체 공대생 수의 80~90퍼센트를 차지했다. 그렇지만 이들 집단 내에서도 우위가 바뀌면서 끊임없이 교과 과정이 변화했고, 전기공학은 더욱 확대되어 1959년 전체 공대생 가운데 20퍼센트 이하를 차지했지만 1987/1988년에는 거의 30퍼센트까지 상승했다.[51]

둘째, VDI는 엔지니어 개개인의 '능력 범위'를 더욱 확대시켜야만 한다고 결론지었다. 갈수록 급속하게 변화하는 작업 환경에서 성공을 거두려면 특정 학문 분야를 넘나드는 폭넓은 기술과 구조적 퇴행을 피할 수 있는 적응성이 필요하다는 것이었다. 이런 점에서 비판적으로 사고하는 법, 문제를 독자적으로 분석하는 법, 효과적으로 소통하는 법을 익히는 것이 중요했다. 교과 과정 측면에서 보면, 이는 가장 전문적인 공학 과목과 (그보다는 덜하지만) 수학 및 자연과학에 대한 수업을 줄이는 반면 경제학, 사회학, 정치학, 법학 등 비기술적인 과목은 늘려야 한다는 것이었다. 비록 컴퓨터 및 생명 공학에서 미국과 일본에 계속해서 훨씬 많이 뒤처져 있지만, 독일로서는 이 제안을 실행에 옮기는 게 세계 시장에서 자국이 차지하고 있는 뛰어난 위치를 유지하고, 심지어 강화할 수 있는 것처럼 보였다. 동시에 이러한 교육의 변화로 인해 기술 노동의 학문화를 더욱 강화하고 공과대학 학생 수가 더 늘어남으로써—공대 졸업자만 과잉 배출하게 되었다—엔지니어 교육의 이중 구조라는 토대가 무너질 위험에 처했다. 이로 인해 전문대학도 학생 수를 늘릴 수밖에 없고, 역사적으로 내려온 공과대학과의 차이를 더 줄일 수밖에 없고, 입학 수준도 더 낮출 수밖에 없는 압력에 시달렸다. 과거엔 전문대학에 가곤 했던 학생들이 이제는 공과대학에 등록하고, 과거엔 기술자가 되려 했던 학생들이 이제는 전문대학에 등록하고, 과거엔 숙련 노동자를 배출하던 곳이 이제는 부분적으로 기술자 양성 학교로 바뀌었다. 그 결과 고등기술학교인 공과대학과 전문대학에서 중퇴자 비율이 높아지고 교육 피라미드가 점차 역전되면서, 기술자와 숙련된 육체노동자의 공급 부족 현상을 맞이하고 있다. 특히 후자의 문제점은 지난 15년간 서독 산업계가 직면한 가장 심각한 문제 가운데 하나였다. 누구나 전문 직업인이 되려 하지 자기 손에 더러운 것을 묻히고 싶어 하는 사람은 없다.[52]

흥미롭게도 산업화 초창기에 널리 퍼졌던 태도가 다시 등장하는 가운데, 현장 노동을 멸시하는 태도는 1989년 동독의 해체로 인해 부분적으로 균형이 잡혔다. 공산주의의 몰락과 함께 동독의 암울한 경제적 조건을 피하고 서독에서 일자리를 찾기 위해 동독의 숙련 노동자, 기술자, 엔지니어가 대거 서독으로 이주했다. 그렇지만 1990년의 통일은 또한 동독 지역의 엔지니어 교육을 대폭 재편하는 결과를 낳았는데, 이로 인해 동독 지역의 엔지니어 교육은 서독의 모델과 급속히 유사해졌다. 원칙적으로 과도한 학문화가 다시 등장하고 숙련된 육체노동자의 공급이 원활해지지 않는 것은 단지 시간문제였다.

어떤 다른 해결책을 채택할 수 있을지, 혹은 1990년에 시작된 동독 지역 엔지니어 교육의 재편을 어떻게 피해갈 수 있을지는 여전히 알기 어렵다. 과학과 기술의 중요성을 강조하는 이데올로기에도 불구하고 옛 동독 지역은 서독보다 엔지니어를 더 적게 양성했고(1989년 같은 연령대의 수치는 2.6퍼센트 대 3.6퍼센트였다), 여기서 양성한 많은 엔지니어는 극히 좁은 영역에 전문화해 있기 때문에 여러 과학 분야에 적응하기 어려웠다. 예컨대 컴퓨터과학 같은 분야에서 1988년 동독은 서독에 비해 평균 배출 엔지니어 수가 5분의 1에 불과했다. (인구는 각각 1700만 명과 6000만 명이었고, 졸업자 수는 각각 164명과 2825명이었다.) 도서관과 장비 같은 기본 시설에서도 부족한 부분이 있었고, 기초 연구도 산업 복합체의 단기적 필요성 때문에 무시되는 경향이 있었다. 결국 통일 전야에 옛 동독의 기술 교육 경향은 실제 경험과 이론적 지식 양 측면에서 부족한 단일 형태의 엔지니어를 양성하는 것이었다. 전문대학 같은 기관은 존재하지 않았고 많은 공과대학은 이름뿐이었다. 무엇보다도 이와 같은 아주 심각한 문제를 해결하고, 정치적으로 '부정확한' 전문 인력(공학보다는 사회과학에 더 관심을 쏟는)을 추방하고, 국가적으로 단일한 엔지니어 교육의 제도적 틀을 확립하기 위해 독일은 기본적으로 새로 편입된 동독 지역 5개 주에 이중적인 엔지니어 교육 시스템을 강요했다.[53]

6

전문직인가, 임금 노동자인가
스웨덴의 엔지니어와 경제 변동[1]

보엘 베르네르

유럽 변방의 엔지니어

> 엔지니어가 받은 과학적 훈련 덕분에 그는 의사나 변호사와 같은 존재다. 그의 직업은 기본적으로 자유직이며, 영국인이 '전문직'이라고 일컫는 것과 같다. 이는 분명히 귀중한 특권으로서 우리가 아끼고 기려야 할 것이다.[2]

1928년의 이 발언은 이 시기와 그 이후에 여러 스웨덴 엔지니어들이 품었던 전문적 야망과 자기 이미지를 표현한다. 대학 교육을 받은 스웨덴 엔지니어는 19세기 말부터 자신을 국가의 교육 및 산업 엘리트의 일원으로 규정했다. 엔지니어의 이러한 노력은 그들의 고급 기술 지식에 대한 사회적 수요에 의해 뒷받침되었고, 엔지니어는 영향력과 위신으로 보상받을 수 있었다. 하지만 위의 발언은 엔지니어의 전체적 모습을 보여주지 못한다. 대부분의 스웨덴 엔지니어는 1928년이나 그 이후에도 '자유롭거나' '독립적인' 전문직 종사자가 아니었다. 그들 대다수는 민간 기업이나 국가 기구에서 봉급을 받는 피고용인이었고, 그들의 복지는 고용주 측의 수요와 노동 시장의 변동에 좌우되었다. '전문직화' 전략은 이런 상황에 대한 대응이었다. 대학 졸업장이 없는 엔지니어는 다른 경로를 걸었다. 봉급을 받는 그 밖의 피고용인처럼 그들은 희소 기술 보유자로서가 아니라 임금 노동자로서 지위에 기초한 노동조합을 결성했다. 또한 스웨덴의 정치경제적 맥락에서 후자의 전략을 통해 사회 내에서 안정적이고, 심지어 영향력 있는 지위를 확보할 수 있었다. 따라서 스웨덴에서는 미국에서와 같은 성난 '엔지니어들의 반란'도 없었고, 20세기 초 독일에서와 같은 '엔지니어 프롤레타리아'도 없었고, 영국의 전문직과 같은 독자적인 중산층화 기획도 없었다.

이번 장에서 나는 스웨덴 엔지니어의 정체성과 그들의 직업 활동을 형성한 주요 요소를 검토할 것이다. 이를 위해 고용 기회, 조직 상황 그리고 엔지니어의 자기 이미지에 초점을 맞출 것이다. 공학 교육을 받은 사람은 1880년대에 수천 명, 즉 남성 경제 활동 인구의 2퍼센트 미만에 불과했다. 100년 후, 그들은 약 25만 명, 곧 남성 경제 활동 인구의 11퍼센트에 달했다. 이런 성장은 스웨덴 경제가 후진적 변경 국가에서 선진 산업 국가로 변화한 상황과 연관이 있다. 따라서 엔지니어의 지위와 그들의 이데올로기는 이 급격한 변동의 맥락에서 파악해야 한다. 또한 스웨덴의 합의지향적(consensus-oriented) 정치사 및 산업 관계 체계와도 관련이 있음에 틀림없다.

스칸디나비아적 맥락에서 본 스웨덴

다른 스칸디나비아 국가들처럼 스웨덴은 유럽의 변경에 속한다. 그들의 경제는 작고, 일방적이며(one-sided), 개방적이었다.[3] 그들의 내부 시장은 작고, 기업이 규모의 경제를 달성하고 생존하기 위해서는 거의 대부분 수출에 의존할 수밖에 없었다. 그들은 역사적으로 생산과 수출을 하나의 또는 극소수 경제 부문에 의존했다. 예를 들면 덴마크의 농업, 노르웨이의 해운과 알루미늄 산업, 핀란드와 스웨덴의 삼림 제품, 그리고 스웨덴의 철강이 그것이다. 이 지역에서 산업 발전은 19세기 말에야 시작되었는데, 보통 주요 생산품에 대한 영국의 수요가 낳은 효과였다.

이런 세 가지 특성—개방성, 일방성, 소규모—은 오늘날 제3세계의 여러 종속 경제를 특징짓는다. 하지만 스칸디나비아 주변국은 대략 1870~1930년대까지 비교적 짧은 기간 동안 고도로 발달한 경제로 진화하는 데 성공했다. 그들은 전후 기간에도 고성장 패턴을 유지하는 데 성공했다. 개발과 저개발에 대한 표준적인 설명은 이들의 경우에는 들어맞지 않는다. 스웨덴의 급속한 경제 성장과 생활 수준 향상을 설명하기 위해 두 가지 조건을 살펴볼 텐데, 이는 스웨덴 엔지니어를 이해하는 데 적합하다. 첫 번째 조건은 주요 수출 부문으로부터 전후방 산업과 경제 부문들로 광범위한 연결이 이뤄졌다는 점이다. 철(iron), 강(steel), 목재 그리고 농업 생산물은 산업 다각화, 기술 혁신 그리고 다면적 경제 성장의 시작점을 형성했다. 아래에서 살펴보겠지만, 스웨덴 엔지니어는 지속적 경제 성장에 필수적인 산업 연관을 창조하는 데 핵심 역할을 했다.

두 번째 조건은 민주주의로의 상대적으로 평화로운 이행과 관련이 있다. 스칸디나비아 국가들(핀란드는 예외)에서는 조직 노동과 자본 간의 제도적인 조합주의적 협약을 수반한 계급 타협이 전간기에 이미 성립되었다. 이는 동유럽 및 남유럽 주변부에서 오랜 기간 고통스럽게 혁명과 반혁명을 통해 민주주의로 이행한 것과 대조적이다. 계급 타협과 복지 국가에 기초한 사회민주주의적 이데올로기는 지속적인 경제적·기술적 성장과 공존했을 뿐만 아니라 그것들에 의존했다. 기술적·산업적 변동은 모든 사회 집단에 유익한 것으로 규정되었다. 따라서 엔지니어의 사회적 이미지는 대단히 긍정적이었다.

이번 장 첫 번째 절에서 나는 전문화한 공학 직업이 스웨덴의 산업 '이륙' 이전에 어떻게 형성되었고, 곧이어 급속하지만 평화로운 산업화와 어떻게 연결되었는지 논의할 것이다(1930년대 말까지). 두 번째 절에서는 스웨덴의 발달을 전후 국제 경제 통합과 관련해 논의할 것이다. 대량 생산과 소비 경제로의 이행 그리고 제도화한 계급 타협의 '스웨덴 모델'은 엔지니어에게 새로운 임무와 사회적 역할을 부여했다. 아울러 마지막으로 스웨덴의 최근 사회 변동과 그것이 엔지니어에게 어떤 의미를 지니는지 논의할 것이다.

엔지니어와 산업화: 1880~1930년대

역사적 배경

최초에 국가가 있었다. 절대주의 국가는 '엔지니어'라고 불린 사람들(17세기 초의 축성 및 전쟁 기계 군사 전문가로서 종종 네덜란드나 독일 출신이었다)의 첫 번째 고용주였다. 군사 전문가의 역할은 스웨덴 제국의 발흥과 관련이 있는 데, 스웨덴 제국은 전성기이던 17세기에 핀란드, 노르웨이 일부, 발트의 넓은 지역, 그리고 북부 독일 영토를 포함하고 있었다. 러시아 및 프로이센 제국이 융성하자 스웨덴은 18세기에 발트 연안과 스칸디나비아 지역에서 우위를 상실했다. 하지만 그 이후 1805년까지도 엔지니어의 사전적 이미지는 여전히 주로 '야전 축성과 요새 축조를 이해하는 군무 종사자'였다.

광산 엔지니어는 국가의 기술 전문가 중에서 두 번째로 중요한 집단이었다. 매우 중요한 철과 구리 생산을 양적·질적으로 통제해야 했다. 17세기 스웨덴은 유럽 내 구리 공급의 절반을 담당했고, 18세기 중반에는 철 공급의 3분의 1을 담당했다. 스웨덴은 고품질 철과 타르, 구리를 거의 독점적으로 공급했다는 점에서 오늘날의 OPEC과 같았다. 첫 엔지니어 자격시험은 법학 및 과학 학위(1750년부터)를 부여했고, 학위 보유자는 광산위원회(1637년 창설)에 들어가 광업 분야의 검사, 통제 그리고 개발 기능을 수행할 수 있었다.

이 시기에 기술적·과학적 훈련은 귀족이 지배하는 국가 관료 기구에 진입하는 수단이었다. 1818년 마리에베리군사아카데미(Military Academy of Marieberg: 스톡홀름 시내 마리에베리에 있던 고등 포술 학교. 현 스웨덴 국방대학의 전신—옮긴이)가 설립되면서 군사 엔지니어 교육을 전담했는데, 이곳에서 국가 엔지니어들의 세 번째 집단이 출현했다. 이들이 곧 '민간 엔지니어'인데, 운하와 교량의 건설 및 관리를 담당했고 나중에는 철도와 통신도 담당했다. 민간 엔지니어라는 명칭은 군사 훈련을 받았지만 민간 부문에서 활동하는 엔지니어를 마리에베리의 군사 엔지니어와 구분하기 위해 1844년에 만든 것이다. 토목 엔지니어를 뜻하는 영어권의 용례와 달리, 스웨덴에서 이 단어는 20세기 초에 이르러 대학 학위를 지닌 모든 엔지니어의 공식 명칭이 되었다. 아울러 오늘날에는 이학 석사 학위로 번역된다.

따라서 엔지니어가 된다는 것은 17세기부터 19세기 중엽까지, 위계적으로 조직된 민간 또는 군사 국가 기술단의 일원이 된다는 뜻이었다. 제국을 상실한 이후 국가적 야망은 경제 영역으로 방향을 바꾸었다. 교육받은 엘리트는 스웨덴의 풍부한 자연자원 개발을 자신들의 사명으로 여겼다. 과학자와 국가 관료는 외국의 산업 및 학문 중심지와 광범위한 연계를 가졌고, 과학과 기술을 장려하기 위해 학회를 창설했다. 하지만 스웨덴 경제를 근대화하려는 그들의 시도는 종종 실패했다. 나라는 여전히 빈곤하고 후진적이었으며, 대규모 산업 변화를 여전히 허용하지 않는 농경 및 전통적 사회 제도의 지배를 받았다.

이런 상황은 19세기 중엽부터 바뀌기 시작했다. 전통적인 광업 및 제철 산업 지역 외곽에서 제조업이 형성되기 시작했다. 1820년대부터 다양한 기술 교육 학교가 설립되었다. 영국의 상황과 아주 대조적으로, 이런 기술 학교 대부분은 산업 기예를 진흥하려는 의도적인 노력의 일환으로 국가가 직접 설립했다. 국가는 이미 자본주의적 산업을 위한 간접 자본과 교육 기반의 창출을 사명으로 삼고 있었다. 스톡홀름공과대학은 1826년 국립 기관으로서 설립되었다. 예테보리의 차머스공과대학(1829년)은 민간의 기부로 설립했지만, 곧이어 상당한 국가의 지원을 받았다. 1850년대부터 중등 수준의 기술 학교가 설립되면서, 두 기관 모두 점차 과학 중심적으로 변모했다. 1876년 스톡홀름공대는 왕립공과대학(Kungliga Tekniska Högskolan, KTH)으로서 대학의 지위를 획득했다. 예테보리의 학교는 세기 전환기에 실질적으로 대학의 지위를 획득했으나 이를 공식화한 것은 1937년이었다. 이 두 대학이 공과대학 세 곳을 추가로 신설한 1960년대까지 엔지니어 양성을 주도했다. 차머스공대 및 KTH는 독일어권에서처럼 전통적 대학과 별도로 설립되었다. 이는 산업과 기술에 대한 당시 학계의 무관심을 반영한 것이지만 이후 상당 기간 지속된, 기술과 인문학이라는 '두 문화' 간의 날카로운 구별을 제도화하는 것이기도 했다.

이런 맥락에서 세 가지 측면을 강조할 필요가 있다. 첫째, 19세기 중반 국가가 창설한 것은 이후 오래 지속된, 다양한 수준의 기술 교육의 위계적 체제였다. 이는 다양한 종류의 기술 능력에 대응하는 노동 분업이라는 착상에 기초했다. 스웨덴은 중등 및 고급 엔지니어가 받는 교육의 질을 보장했다. (영국에서는 전문직 단체가 보장했고, 프랑스에서는 고급 엔지니어의 경우에만 국가가 보장했다.) 이는 중등 수준 및 보조 기술 업무는 고급 중등학교('김나지움') 교육을 받은 엔지니어가 맡을 수 있지만, 지도적인 지위는 민간 엔지니어의 영역임을 뜻했다. 이런 노동 분장은 '민간 엔지니어'를 높은 지위를 가리키는 칭호로 자리 잡게끔 했다. 고등 기술 교육에 대학 지위 및 그에 상응하는 입학 요건을 부여함으로써(1876년), 국가는 민간 엔지니어 자격시험이 교육받은 엘리트 계층으로의 입장 티켓임을 보장했고, 따라서 엔지니어 직종을 사회의 중간 및 상류 계급이 사회적으로 수용할 만한 것으로 만들었다.

강조해야 할 둘째 측면은 국가 공학 교육 기관의 성격에 관한 것이다. 이들은 국가의 필요뿐만 아니라 민간의 산업적 필요에 복무하는 이중 목적을 갖고 설립되었다. 19세기 말 엘리트 학교 졸업생 상당수가 설계사, 제도사 또는 생산 엔지니어로 활동하기 위해 산업계에 진출했다. 이는 예컨대 프랑스의 경우와 아주 대조적이었다. 이런 상황은 스웨덴 사회에서 산업-기술적 전통이 크게 존중받으며 중심적 지위를 차지하고 있었기 때문이기도 하다. 하지만 이는 동시에 세기 전환기에 새로운 종류의 기업이 등장하면서 엔지니어의 산업체 경력에서도 위계질서가 출현했음을 의미한다.

그러므로 마지막으로, 우리는 이러한 변화를 스웨덴에서 일어난 산업화의 유형과 연관시켜 살펴봐야 한다. 스웨덴 중부 지역의 오래된 광산 및 야금 전통에도 불구하고, 또 일찍부터 대형 섬유 회사 및 기계공학 회사가 존재했음에도 불구하고 산업적 '이륙'은 1870년대까지 진정으로 발생한 것이 아니고, 특히 1890년대 들어서야 뚜렷해졌다. 이 무렵에는 이미 광범위한 기술 교육 체제가 존재했는데, 이는 두 가지를 의미한다. 하나는 이미 존재하는 고도로 교육받은 엔지니어가 대규모 산업 변화의 경로에 영향을 미칠 수 있었다는 것이다. 다른 하나는 이 집단의 엔지니어가 학위 증명서와 국가의 사회 간접 자본 및 기술 근대화에서 자신들이 차지하는 중요성에 기초한 전문직 정체성을 이미 형성하고 있었다는 것이다. 이런 요인은 스웨덴 엔지니어로 하여금 자신들을 산업 변동과 사회 근대화의 중심 세력으로 여기게끔 만들었다. 하지만 사회가 변화하면서, 새롭게 등장하는 엔지니어 공동체 내에서 갈등과 긴장이 나타났다.

산업화와 구조적 변화

1880~1930년대까지 스웨덴은 농촌 중심의 후진적 농경 사회에서 산업사회로 변모했고, 점점 더 도시화의 길로 나아갔다. 이 시기의 마지막 무렵에는 산업계 종사자가 농업(및 임업) 종사자보다 많아졌다. (이는 영국에서 100년 전에 일어난 변화였다.) 또한 도시 인구가 처음으로 농촌 인구보다 많아졌다.

이런 변화는 매우 급격한 경제 성장과 함께 일어났다. 산업은 1890년대부터 급속 성장해 세기 전환기에는 농업을 제치고 GNP의 가장 큰 부문을 차지했다. 스웨덴에서 초기 산업화는 대부분 농촌적 현상이었다. 이는 철, 목재 및 농업 생산물에 대한 외국 수요뿐만 아니라 농업 기계와 단순한 소비재에 대한 내부 수요에도 기초했다. 중소기업이 생산을 주도했고, 전통적인 광업과 제철 회사와의 연계가 강력했다. 이런 패턴은 새로운 산업 구조로 확장 및 연계되었다. 고급 강재(鋼材), 엔지니어링 생산품, 종이와 펄프 등 더 많은 최종재를 생산 및 수출했다. 스웨덴의 자연자원, 특히 철광석과 수력을 팽창하는 산업에 이용하려는 대규모 시도가 이루어졌다. 20세기 초 가장 저명한 엔지니어들의 주요 관심사는 폭포를 활용하는 것이었는데, 종종 지역적 또는 대중적 보존 세력과 격렬한 갈등이 벌어졌다.[4]

또 다른 핵심 특징은 세기 전환기에 몇몇 주요 엔지니어링 회사가 설립되었다는 점이다. 오늘날까지 이들 회사는 스웨덴 산업 및 수출 분야의 근간을 이루고 있다. 이들 업체, 즉 볼베어링 분야의 SKF, 크림 분리기 및 터빈 분야의 알파 라발(Alfa Laval), 발전 및 송전 분야의 ASEA, 통신 분야의 에릭슨(Ericsson) 등등은 스웨덴 대중의 마음속에서 거의 신화적인 중요성을 부여받고 있다. 이들 기업 대부분은 스웨덴 내의 혁신에 기초했다. 주로 스웨덴 자본의 도움으로 설립했고, 해외에 지사를 만들었으며, 해외 시장에서 성공적인 경쟁자로 자리 잡았다. (해외 시장 중에서 러시아는 1917년까지 가장 중요했다.) 아울러 이들은 옛 제철 및 채광 전통에서 발달한 기계 및 전기 산업, 그리고 후일에는 전자 산업으로 이어지는 기술적 가교를 제공했다.

스웨덴은 제1차 세계대전과 제2차 세계대전의 파괴를 겪지 않았지만, 1920년대 초부터 1930년대까지 국제적인 경기 후퇴에 타격을 받았다. 대공황은 다른 곳에서처럼 극적이지 않았고, 오히려 스웨덴 산업을 합리화하는 계기를 제공했다. 표준화와 대량 생산이 구식 생산 및 경영 방법을 대체하기 시작했다. 대기업은 더 강력해졌고, 1930년대 말에는 오늘날까지도 이 나라의 산업적 일상을 지배하는 모든 주요 회사들이 생겨났다.

정치적 근대화

다른 국가에 비해 짧고 집중적이었던 스웨덴의 산업화 및 산업 다각화 시기는 동시에 정치적·경제적 투쟁의 시기이기도 했다. 새로운 사회 집단이 출현해 사회 내에서 자신의 정체성과 지위를 만들어내려 했다. 노동자들은 조직화되었고, 자본가들 또한 그러했다. 스웨덴에서 산업자본주의와 민주주의로의 이행이 대체로 평화롭게 이뤄졌다는 것은 스웨덴의 독립 소작농이 (국제적으로도 독특하게) 정치·경제적으로 강력했다는 점으로 설명할 수 있을지도 모른다. 프랜시스 캐슬스(Francis Castles)에 따르면, 스웨덴에서는 영국이나 프랑스와 달리 "산업화를 이루기 위해 귀족이나 소작농 같은 옛 농촌 계급을 혁명적 폭력으로 파괴할 필요가 없었다".[5] 그보다는 독립적 소작농의 존재가 산업화에 긍정적 요인으로 작용했다. 그들은 유제품 및 기타 농업 생산물을 시장 생산에 의지했고, 그들의 농업용 기계류 수요는 초기 공업에 긴요했다. 게다가 토지 귀족은 허약했다. 귀족 대부분은 도시의 관료 계급이었다. 이들과 소수 자생적 독점 기업가 사이의 금권정치적 결탁이 존재는 했으나, 그러한 결탁은 예컨대 프로이센에서처럼 강력했던 적은 결코 없었고, 권위주의적 자본주의의 기초를 형성하지도 못했다. 그 방향으로의 어떠한 경향도 정치적 및 경제적 측면에서 강력했던 소작농 계급에 의해 억제되었다.[6]

그리하여 산업 프롤레타리아는 상대적으로 우호적인 환경에서 형성

될 수 있었다. 1888년에는 매우 중요한 금속 노동자 조합이 결성되었고, 1889년에는 사회민주당 그리고 1898년에는 사회민주당과 연계한 전국노조연맹, 즉 LO(Landsorganisationen)가 생겨났다. 노동조합은 급속히 발달해서 1907년에는 남성 노동자의 3분의 1 그리고 핵심 집단인 금속 노동자의 경우는 40퍼센트가 조직화되었다. 노동 진영의 발전에 대한 대응으로 1902년에는 중앙고용주협회인 SAF(Svenska Arbetsgivareföreningen)가 설립되었다. 1909년 발생한 스웨덴 총파업은 프랑스 68혁명의 5월 총파업 이전까지 세계 최대 규모였다. 이 총파업은 노동자의 패배로 끝나고, 조합원 수가 절반으로 줄었다. 하지만 조합원 수는 1912년 이후 증가하기 시작해 1939년에는 남성 육체노동자의 약 75퍼센트인 100만 명에 이르렀다.[7]

이렇듯 단결권을 확보한 노동 계급은 초기부터 이를 활용했다. 그럼에도 다른 사회 세력과의 동맹은 민주주의로의 평화로운 이행에 필수적인 조건이었다. 자유주의 및 사회주의 세력은 보통선거권을 위해 함께 싸웠고, 1919년 마침내 이를 획득했다. 산업 및 농업 민중 세력의 동맹은 1932년의 역사적인 정치적 타협으로 귀결되었다(이때부터 사회민주당이 연속 집권하기 시작했다). 그리고 자본과 노동은 1938년 살트셰바덴 협약(Saltsjøbaden Agreements)에서 역사적인 계급 대타협에 도달했다. 이 협약은 1970년대 중반까지 지속된 자본과 노동 사이의 산업적·정치적 합의를 제도화했는데, 이는 사회민주당의 헤게모니 아래 전후 장기 안전성의 토대를 닦는 데 기여했다. 이 협약은 국가가 고용 관계에 개입하는 것을 막는 데 목적이 있었다. 에드퀴스트(C. Edquist)와 룬트발(B. A. Lundvall)에 따르면, "스웨덴 모델"은 "효율적이고 집중화한 자본, 강력하고 중앙 집중화한 노조, 그리고 (사회민주주의적) 국가"라는 3자의 전형적인 조합주의적 방식의 상호 작용으로 특징지을 수 있다.[8]

이러한 사회적 전개는 스웨덴 엔지니어의 계급적 지위와 정체성에 확실하게 영향을 미쳤다. 아래에서는 엔지니어의 두 주요 집단에 대해 각각 살펴볼 것이다. 대학 교육을 받은 엔지니어와 나머지 집단 사이에는 역사적으로 중요한 균열이 있었다. 그들의 지위와 사회적 정체성은 다른 경로를 따랐고, 최소한 최근까지도 그들은 종종 각기 다른 계급 동맹과 충성심을 갖고 있었다.

'민간 엔지니어': 전문직 정체성의 모순

대학 교육을 받은 엔지니어는 세기 전환기에 약 2000명이었고, 1930년대에는 7000명에 달했다. 두 시기 모두 엔지니어 학위를 지닌 집단의 약 40퍼센트를 차지하고 있었다.[9] 이들은 상대적으로 균질한 집단이었다. 공통의 교육 배경을 통해 단합되어 있었고, 비슷한 중산층 또는 상류층 계급 출신이었다. 또한 기술적 리더십과 전문성으로 비슷한 작업장 내 지위를 갖고 있었다. 이들은 여러 지역별 기술 애호회와 소유자·경영자·엔지니어가 교류하는 잘 확립된 기술 협회에 더해 1880년대부터는 전국적인 전문직 단체인 스웨덴기술자협회(Svenska Teknologföreningen, STF)로 조직화되었다.

20세기 초에는 고등 교육을 받은 기술자 내에서 갈등이 발생했다. 이러한 갈등의 핵심은 정부 및 국가 중심의 과학적·공학적 이상을 방어하려는 측과 스스로를 '현대적' 엔지니어라고 내세운 집단 간에 벌어졌다. 첫 번째 집단은 전통적인 분야의 공학적 전문성에 토대를 둔 엔지니어였다. 요컨대 주로 국가 및 교육 부문의 엔지니어였다. 그들의 반대자는 산업계 인사로서 새롭게 등장한 경영자 유형이었다. 독일의 경우처럼 고용 형태와 활동의 차이가 발생했고, 대학 내에서 아카데미적 이상을 추구하는 엘리트와 좀더 실용적인 자본의 필요에 복무하는 실행 위주의 엔지니어가 각기 두 극단을 대표했다. 산업 경영자들은 실제로는 소수였지만 팽창하는 기술 산업 내에서 점증하는 엔지니어와 기업 지도자를 대변했다.

이들 엔지니어는 미국식 대량 생산에서 영감을 얻어 사회와 산업의 새로운 이상을 내세웠고, 합리적 생산을 시도하며 기계와 인력을 '과학적으로 관리하려' 했다. 그들의 목적은 산업적 및 자본주의적 필요에 복무하도록 정부 행정, 고등 교육 그리고 엔지니어 전문직 단체를 변화시키는 것이었다. 그들은 STF는 '중립적'이고 과학적인 성격을 탈피해야 하고, KTH는 아카데미적 학문의 전당이 아니라 좀더 실용적인 산업 학교가 되어야 한다고 주장했다. STF를 주도한 '전통적' 엔지니어는 이에 반발했다. 그들은 아카데미와 과학 엘리트의 일원으로서 엔지니어 정체성을 위해, 그리고 불편부당하고 순수한 전문 기술 단체로서 STF의 성격을 위해 싸웠다. 그들은 산업적·자본주의적 이해를 위해 방향을 바꾸면 기술 교육이 억압을 받고, 그들 자신의 사회적 영향력과 명망이 줄어들 것이라고 두려워했다.

엔지니어 단체와 고등 공학 교육의 통제권을 둘러싼 투쟁은 강렬한 공개·비공개 논쟁과 로비 및 청원의 형태로 10년 넘게 지속되었다. 그 결과는 (어느 정도) 역사적 변화에 의해 좌우되었다. 어느 쪽도 패배하지 않았다. 그 대신 과학적 기술에 기초해 두 경쟁 집단의 이해관계를 통합시킨 새로운 공학적 개념이 창출되었다.

여기서도 스웨덴의 늦은 산업화가 상당히 중요한 요소로 작용했다. 산업 팽창은 대체로 몇몇 새로운 중요 공학 분야의 출현과 동시에 이뤄졌다. 이들 분야는 과거 고등 공학 교육 기관에서 가르쳤던 순수 이론적 분야와 달랐다. 전기공학과 화학공학 같은 새로운 이론적 공학 분야도 출현했다. 또 산업계에 특히 중요했던 것은 생산 규모 거대화가 초래한 문제, 품질 관리 문제 그리고 새로운 공업 제품 개발 문제 등등을 과학적으로 해결할 가능성이었다. 과학과 공업의 결합은 산업체 연구소의 창설, 국가-산업체 연구소와 공업계 및 과학계의 엘리트를 위한 왕립공학아카데미(Kungliga Ingenjörsvetenskapsakademien, IVA)의 창설(1919년)과 함께 제1차 세계대전 무렵 탄력이 붙었다. 1927년에는 KTH에서 공학 박사 학위를 획득할 수 있게 되었고, 이 무렵이면 '과학적 경영'의 경영 독트린과 산업심리학이 고등 공학 교육 기관의 교육 과정에서 필수적인 부분으로 수용되었다. 이런 방식으로 '전통적' 엔지니어와 '현대적' 엔지니어는 새로운 유형의 민간 엔지니어 창출에 힘을 합쳤고, 새로운 엔지니어는 자연스럽게 과학적·산업적 엘리트에 속하게 되었다. 대학의 공학 학위는 국가의 기술 단체와 산업체에서 경영, 개발, 연구 경력을 쌓기 위한 통상적인 요건이 되었다.

노동과 자본 사이의 엔지니어

기계실 저 아래에서는 그동안 노동자들이 단결했다. '현대적' 엔지니어의 투쟁은 상당히 조직화한 노동 계급으로부터의 위협에 대응하는 것이기도 했다. '과학적 경영'은 대형 공학 회사 내에서 통제권을 확립하고, 생산 문제를 해결하기 위한 이데올로기와 실천으로 도입되었다. 하지만 엔지니어계는 테일러주의의 사회적 역할을 놓고 분열했다. 공격적이고 반(反)노동조합적이며 반(反)사회민주주의적인 엔지니어 집단과 좀더 유화적인 집단이 병존했다. 테일러주의는 (대변자들에 따르면) 더 많은 임금과 더 합리적인 생산으로 귀결된다. 그들은 엔지니어를 계급 투쟁에서 중립적 행위자로 간주했고, 엔지니어가 중재자로서 그리고 자본과 노동을 결합하는 정신적 힘으로 활동할 수 있다고 보았다. 이 두 집단 사이의 긴장은 최소한 계급 타협을 중시하는 분파가 살트셰바덴 협약에서 승리할 때까지 고용주 집단 사이에서 상존했다.[10]

하지만 자신을 임금 소득자로 위치 짓고, 그들의 경제 상황을 개선하기 위해 조직화한다는 생각은 몇몇 예외를 제외하고는 엔지니어 지도자뿐만 아니라 대부분의 민간 엔지니어에게 낯선 것이었다. 그들은 대개 전문적이고 개인적인 야망을 품고 있었다. 좋은 보수와 안정적 지위를 누렸으며, 편안한 상층 및 중간 계급이 그들의 사회적 정체성이었다. 이런 친(親)자본가적이고 엘리트주의적인 성향을 그들은 이후로도 오랫동안 유지했다.

'조직 인간'의 등장

다른 주요 엔지니어 집단의 상황은 달랐다. 대학 학위가 없고 단지 고급 중등 교육이나 실무 산업 경력만 지닌 엔지니어는 '민간 엔지니어'처럼 자기 인식이 뚜렷한 집단을 형성하지 못했다. 그들의 사회적·교육적 배경은 더욱 다양했고, 전간기에 제품 개발, 생산 합리화 및 표준화 등 새로운 직무가 출현하면서 인원도 한층 늘어났다. 1930년대 말에는 '기술 작업'에 종사하지만 교육 과정을 이수하지 않은, 그 수를 파악할 수 없는 인력에 더해 어떤 형태의 기술 과정 졸업장이라도 지닌 엔지니어가 1만 1000명가량 있었다.

이들 엔지니어의 사회적·경제적 지위는 '민간 엔지니어'에 비해 불안정했다. 그들의 업무는 틀에 박힌 특색 없는 것이었다. 특히 대형 작업장에서 그러했다. 많은 전통적 제철소와 기술 회사가 사라지면서는 더욱더 그랬다. 1920년대 말과 1930년대의 대공황 시기는 그때까지 자신을 상대적으로 보호받는 집단으로 여겼던 많은 엔지니어에게 실업을 의미했다. 1933년 '스웨덴 사무 및 기술 노동자 연맹(Svenska Industritjänstemannaförbundet, SIF)'의 기관지는 다음과 같이 비통하게 토로했다.

> 우리 연맹원들은 여전히 비가 오든 그치든 회사를 유지해야 할 의무를 지고 있다. 그들은 상급자의 모든 명령에 이의제기 없이 복종해야 한다. 자신의 월급에 대해, 고용 조건에 대해, 회사 안팎에서의 행동에 대해……. 하지만 그들은 고용 안정성을 잃었다. 그들은 어떠한 자비도 없이 예전의 임시 노동자처럼 거리로 쫓겨난다. 경제 상황이 열악해지면서 그들은 사회적 지위도 잃었다. 그들이 깨달은 것은 가장 즐거운 종류가 결단코 아니다.[11]

1920년대와 1930년대에 두 가지 중요한 변화가 일어났다. 첫째, 많은 화이트칼라 노동자는 자신을 새롭고 잠재적으로 강력한 사회 세력으로 보기 시작했다. 그들은 고용주나 육체노동자와 구별되는 공통적인 이해관계를 갖고 있었다. 전통적으로 그들은 사회적 지위와 정치적 측면에서 자신을 노동자와 다른 존재로 여겼다. 하지만 이제 그들은 자신의 고용주가 자기편이 아닐 뿐만 아니라 더 잘 조직된 육체노동자를 달래기 위해 자신들을 기꺼이 희생시키려 한다는 점을 깨달았다. 둘째, 이 '중간 계급의 반란'은 사회적으로 평화롭고 (나중에 밝혀진 것처럼) 경제적으로 효과적인 형태로 일어났다. 스웨덴의 경우 기술 관료적 이상에 대한 심취는 오래 지속되지 않았다. 비록 1930년대 초의 '의회 정치 부패'를 묘사한 많은 기사와 붕괴하는 자본주의 경제를 통합하고 제어할 전문적 식견을 지닌 인력에 대한 수요에도 불구하고 그러했다. 바로 남쪽에 있는 거대한 독일의 경우와 달리, 스웨덴에서는 선동적인 우익 정치 운동이 불만에 찬 중간 계급을 장악하지도 못했다. 대신 화이트칼라 노동자는 주로 중간 계층 엔지니어의 주도로 1930년대 초에 SIF를 조직했다.

연맹은 기존 육체노동자 노동조합의 모델에 기초해 조직되었다. 이는 몇 가지 의미를 지닌다. 첫째, 직종별이 아니라 산업별로, 모든 계층의 피고용인을 대상으로 삼았다.(요컨대 사무직 및 기술직 노동자를 함께 조직 대상으로 삼았다.) 둘째, 단체 교섭에 개입하는 강력한 중앙 지도 체제와 더불어 개별 회사의 노동자를 동원하고 대표할 수 있는 지역 노동조합 클럽을 동시에 건설했다. 마지막으로, SIF 자체는 정치적으로 중립을 지켰고(최소한 비사회주의적이었다), 조직을 창설하는 데 여러 사회민주주의적 육체노동자 노동조합처럼 친노동조합적인 사회민주주의 정부로부터 도움을 받았다. 또한 단결권과 단체교섭권을 입법으로 보장한 중요한 법적 변화(1936년)와 노동과 자본 관계를 규제하는 살트셰바덴 협약을 통해 혜택을 받았다. 이러한 요소가 어울려 SIF는 국제적으로 유례없는 강력한 조직이 되었다. SIF 가입자는 1930년대 말부터 급격히 증가했다.

요약

두 주요 엔지니어 집단이 각기 자신의 이해관계와 정체성을 규정할 무렵 스웨덴은 이미 산업화를 달성했다. 요컨대 빈곤한 농업 사회에서 생활 수준이 유럽 최고인 도시화한 공업 사회로 변신한 것이다. 스웨덴은 여러 측면에서 현대적이고 역동적인 산업 구조를 구축하며 대공황을 헤쳐나왔다. 현대 스웨덴 정치는 일련의 사회민주주의적 승리의 첫 파도와 함께 시작되었다. 또한 노동과 자본의 관계도 이후 50여 년간 이어질 계급 타협의 패턴에 따라 제도화되었다. 스웨덴 엔지니어는 이러한 전개 과정에서 핵심 역할을 했다. 그중 일부는 현대화를 추동한 기술적 또는 경영적 엘리트 집단에 속하면서도, 새로운 시대의 민주적이고 평등주의적인 측면에 종종 회의적이었다. 다른 엔지니어들은 그다지 특색 없는 역할을 했다. 그들은 산업 변동 시기의 '작업장 현장' 노동자였고, 자신들의 운명을 사회의 다른 대규모 임금 노동자 집단과 연계시켰다.

전후 변동

포드주의와 엔지니어의 팽창

전후 시기에 엔지니어 수의 대규모 팽창이 이뤄졌다. 위에서 살펴보았듯 1930년대 말에는 약 7000명의 대학 졸업 엔지니어가 있었다. 오늘날에는 7배로 늘어서 약 5만 명에 이른다. 낮은 학위를 지닌 엔지니어의 수는 1930년대 말 1만 1000명 수준에서, 50년 후에는 17배나 늘어난 18만 5000명에 이르러 모든 엔지니어 학위자의 약 80퍼센트에 달했다. (1930년대 말에서 1990년대 초까지 스웨덴 전체 인구는 630만 명에서 850만 명 수준으로 늘었다. 2010년대 중반 인구는 950만 명을 넘었다—옮긴이.)

이러한 양적 팽창 이면에서는 공공 및 민간 부문의 강력한 수요, 기술 교육과 연구에 정부 자원을 사용하려는 의지가 있었다. 이런 팽창은 전후 스웨덴 사회의 '포드주의적' 재편성의 한 부분이기도 하다.[12] 포드주의의 핵심에는 합리화, 표준화, 성장 촉진을 위해 합리적 대량 생산과 대량 소비를 계급 관계 및 사회 복지와 연결시키는 것이 있었다. 이 질서의 핵심 특징은 전쟁 전에도 이미 스웨덴 사회에 존재했지만, 전후 시기에야 제도화했고 미국이 주도하는 국제적 성장 경제의 일부로 편입되었다.

스웨덴적 맥락에서는 다음과 같은 측면을 강조해야 한다. 첫째, 1950년대부터 미국발 기술 혁신과 산업 조직 모델의 광범위한 확산을 수반한 중요한 산업 팽창 및 변형이 있었다. 그에 따라 군사 관련 생산, 신산업 창출, 제품 개발 그리고 특히 기존 생산 과정의 합리화 등에서 공학 전문 지식에 대한 수요가 증가했다. 대체로 스웨덴 산업은 최근에 확산된 산업 로봇과 NC 공작 기계(numerical control machine)를 포함한 신기술이 예외적일 만큼 고도로 현대적이다. 오늘날 산업계에서 근무하는 엔지니어와 기능공 중 아마도 40퍼센트가량이 다소 차이는 있을지라도 테일러주의적 특성이 도드라진 계획 및 생산 합리화에 종사할 것이다.

둘째, 산업 성장과 구조 조정이 노동과 자본 간 제도화한 계급 타협을 수반한 혼합 경제 체제 내에서 일어났다. 임금은 강력하고 중앙 집권화한 조직 간의 집단 협상을 통해 결정되어왔다. 어떤 면에서 이들 조직은 경제적으로 가능한 수준에서 임금 인상 요구가 억제된다는 것을 보장해온 셈이다. 이 방식의 성공은 거의 완전한 조직화에 힘입은 것이다. (1980년대에는 모든 육체노동자와 화이트칼라 노동자의 85퍼센트가 노조에 가입했다.) 이는 모든 피고용자가 게임의 규칙을 (그들이 얻는 게 있는 한) 준수할 것임을 보장한 덕분이다. 1930년대 이전까지 세계 최고 수준이었던 파업 활동은 1932년 사회민주주의가 권력을 장악하고 1930년대 말의 협약을 체결한 이래 거의 찾아볼 수 없는 수준으로 감소했다.

혼합 경제의 또 다른 측면은 부분별, 이익 집단별 자본가 단체뿐만 아니라 육체노동 노조와 화이트칼라 노조도 국가의 계획 및 의사 결정 구조에 광범위하게 참여했다는 점이다. 그들은 함께 일종의 '성장 협약'을 맺었고, 이를 통해 산업 및 기술 분야의 기득권층과 집권 사회민주당, 주요 노조 그리고 국가 기구가 하나로 묶였다. 노동조합은 경영진에게 작업장 내 작업 지시권, 노동의 '인간적 측면'을 희생시키며 노동 강도를 높이거나 생산 기계화를 추진할 권리 등을 넘겨주는 대신 임금 증가를 얻어냈다. 동시에 국가는 팽창하는 산업의 수요를 충족하기 위해 지역 간 이동성, 산업 재훈련, 기술 변화를 제고하는 교육 및 노동 정책을 시행했는데, 이는 동시에 완전 고용을 추구하고자 하는 노력의 일환이었다. 국가는 또한 우주 기술, 컴퓨터, 핵에너지, 군사 기술 등의 부문에서 광범위한 분야의 첨단 기술을 장려했다. 이러한 노력은 주로 스웨덴의 대형 수출 기업에 혜택을 준 것이 분명하지만, 몇몇 경우에는 그런 노력이 없었더라면 쇠퇴했을 분야에도 고용을 창출했다. 작은 나라가 국제적으로 중요 기술 그룹에 진입하려는 노력은 일부 실패했지만, 그런 노력이 낳은 하이테크 추구 성향은 여전히 사회민주주의적이고 대기업 중심인 공학 이데올로기의 두드러진 특징으로 남아 있다.

마지막으로, 전후 시기의 산업 팽창은 사회 대다수의 실질 임금이 꾸준하게 상승했기에 가능했던 민간 대량 소비의 성장에 기초해왔다. 노동조합은 1980년대 말까지 대체로 성공적이었던 평등주의적 임금 정책을 추구했다. 연금과 양육 보조를 포함하는 복지 국가 정책, 그리고 대규모 건설 및 주택 보조 국가 프로그램도 민간 대량 소비를 선호했다. 모든 엔지니어와 기능공의 18퍼센트가 건설 및 건축 분야에 고용되었다. 국가 보조와 실질 임금 상승은 스웨덴의 다른 산업 부분, 예컨대 백색가전(냉장고, 세탁기 등등) 산업, 특히 세계 최대 규모인 엘렉트롤룩스(Electrolux)나 오늘날 스웨덴 최대 기업인 볼보(Volvo)로 대표되는 스칸디나비아 유일의 토착 자동차 산업 등에도 이득을 주었다.

포드주의적 사회 변동은 모든 스칸디나비아 국가에서 찾아볼 수 있지만, 스웨덴이 최초이자 가장 현저한 사례다. 이곳에서 계급 타협은 1930년대 말에 성립되고 1950년대에 강화되었다. 선진 기술과 높은 생산성을 통해 기술적·산업적 성장을 확보하려는 국가 개입 정책은 1940년대 이래 계속 중요했다. 임금 상승과 생산 증대에 기초한 소비 패턴은 1960년대에 확고하게 자리 잡았다. 이러한 변동 과정에서 엔지니어는 또다시 중요한 역할을 했다. 사회민주주의 정부, 노조, 대기업 간 국민적 '협약'은 그들의 세계관을 선호했다. 그들의 전문 지식은 산업 현대화와 합리화 및 새로운 소비 상품 창출에 핵심적이었다. 여러 엔지니어가 국가적으로 또는 산업적으로 중요한 지위에 도달했다. 하지만 엔지니어 대부분은 사회적으로 존중을 받지만 여전히 이름 없는(널리 환영받는 기술 변화의 설계자나 관리자로서) 증가일로인 집단의 일원일 뿐이었다.

사회적 유동성과 엔지니어 교육

근대화는 이동성을 뜻한다. 1950년대와 1960년대에 많은 사람이 쇠락하는 북부에서 남부와 중부 스웨덴의 팽창하는 산업 지대로 자의반 타의반 이주했다. 노르딕 국가 이외 지역에서 단순 노동 일자리를 찾아오는 이주자는 1960년대에 특히 많았다. 숙련 노동자는 차례로 교육이나 현장 직무 훈련을 통해 공학 직종으로 승진하도록 고무되었다. 전후 엔지니어 수요가 급증함에 따라 전통적 인력 충원 방식은 더 이상 작동할 수 없었다.[13]

고급 중등 교육, 즉 김나지움 수준에서의 변화가 중요했다. 노동 계급 출신 학생은 모든 공학도의 30퍼센트 정도를 차지했다. 고등 기술 교육으로의 사회적 이동은 더 제한적이었다. 1930년대의 대공황기에는 최고 명문 공과대학인 KTH 학생의 10퍼센트 미만이 노동 계급 출신이었다. 1950~1960년대에 이 수치는 18퍼센트로 증가했다. 대학 규모가 팽창하고 노동 계급 출신 학생 비율을 높이려는 1970년대의 다양한 개혁에도 불구하고 1980년대 중반 KTH의 노동 계급 출신 학생 비율은 전체 학생 수가 과거보다 훨씬 많아졌음에도 불구하고 19퍼센트였다. 다른 공과대학에서는 이 비율이 더 높았다. 하지만 대중의 마음속에서 고등 기술 교육은 여전히 의학이나 경제학 교육과 함께 '명문 교육'으로 여겨진다. 고등 기술 교육은 까다로운 입학 자격 요건, 이론적인 고급 교육 과정, 강력한 소속감 그리고 산업계와 기술계 주요 지위로의 진출로 대표된다.

노동 계급과 하층 중간 계급이 기술 직종에 진출하는 가장 중요한 통로는 1930~1970년대에 존재했던 사립 또는 시립 기술 교육 기관이었다. 이들은 산업체의 하층 또는 중층 직위에 진출할 수 있는 특화된 훈련을 제공했다. 이들 학교는 거의 교육을 받지 못했지만 야망 있는 젊은 남성을 다수 받아들였고, 학생들은 종종 상당한 비용과 시간을 들여 '학교 엔지니어' 학위를 획득했다. 구인난을 겪는 근무처는 물론 만민 기회 균등을 강조하는 자유주의/사회민주주의 이데올로기도 이들의 노력을 장려했다. 특히 노동 계급의 '발현되지 못한 재능'에 대한 기회 제공을 강조했다. 아래에서 살펴보겠지만, 이 세대의 자수성가형 엔지니어 중 상당수가 산업계에서 지도적 또는 고도의 자격 요건이 필요한 지위에 올랐다. 하지만 오늘날 이런 일은 대학 학위 없이는 더 이상 가능하지 않다.

여성은 1970년대 중반까지 공학에 필요한 재능을 지닌 집단으로 여겨지지 않았고, 고등 교육을 받은 엔지니어의 부족이 재차 강조된 1980년대에나 상황이 달라졌다.[14] 여성은 차머스공대에 1914년부터, KTH에

1921년부터 입학이 허용되었지만, 1960년대와 1970년대까지 입학자는 무시할 만한 수준이었다. 전공 선택도 관습적이었다. 한 지도적 엔지니어가 1901년 "여성도 기술 직종에 종사할 수 있지만 제한된 특정 직종, 예컨대 제도사나 화학자로서만 그러하다"[15]라고 말한 것이 이를 확실히 보여준다. 여성 엔지니어는 주로 건축(스웨덴에서는 건축도 고등 공학 교육의 일부다)이나 화학 기술을 전공했다. (스웨덴, 한국 등 일부 국가에서만 건축 교육 과정을 공과대학 내에 설치하고 있다—옮긴이.) 1996년 현재 건축과 화학공학 졸업생의 거의 절반이 여성이다. 토목공학처럼 과거 남성 주도적이었던 분야도 예전보다 많은 여성(신입생의 40퍼센트가량)이 입학하고 있는데, 토목공학의 경우는 아마도 환경 및 사회적 측면처럼 '부드러운' 분야를 교육 과정에 도입한 결과로 보인다. 하지만 스웨덴의 주요 공업 및 수출 부문과 기술 분야는 여전히 남성 주도적이다. 컴퓨터공학 졸업생의 92퍼센트, 전기공학 및 통신공학 졸업생의 90퍼센트, 기계공학 졸업생의 88퍼센트가 남성이다. 대체로 1990년대 중반 여성은 김나지움과 대학 수준 공학 학생의 5분의 1 정도를 차지했다. 20년 전에는 김나지움 수준의 7퍼센트, 대학 수준의 11퍼센트만이 여성이었다. 이러한 증가는 1970년대 이래 여성을 기술 분야로 유인하는 대규모 홍보 프로그램을 지속한 결과일 수 있다. 교육 당국, 진로 상담가, 노동조합, 여성 운동 단체, 그리고 많은 주요 기술 기업이 공동으로 펼친 노력도 직장 내 '기회 균등'을 보장하기 위한 여러 법제적·실무적 변화와 함께 효과를 가져왔음이 분명하다. 스웨덴은 다른 선진 경제와 비교해볼 때, 여성을 공학 직종으로 유도하는 데 많이 앞서 있다.

대학 수준의 여성 엔지니어는 남성의 경우보다도 노동 계급 출신이 더 적었다. 극소수만이 계급과 젠더의 이중 장벽을 극복했다. 여성 엔지니어 대부분은 중간 계급 또는 학계 집안 출신이다. 예컨대 엔지니어인 아버지가 성장기에 영향을 주고, 지원한 경우가 많다. 여성 토목 엔지니어는 남성 토목 엔지니어처럼 빨리 승진하지 못하며, 대체로 임금도 낮다. 그럼에도 불구하고 대학 교육을 받은 여성 엔지니어는 '기술 직종'에 종사하는 여성 중에서는 엘리트에 속한다. 이 분야에 종사하는 1만 6000명의 여성 중에서 3분의 2는 아무런 기술 교육을 받지 못했다. (남성의 경우는 2만 3000명 중 35퍼센트가 공식 기술 교육을 받았다.) 절반 이상의 여성이 지위가 낮은 기능공이다. (남성은 11퍼센트만이 그러하다.) 여성 기능공은 기술 변화의 위협을 받는 반복 작업에 종사한다.

엔지니어는 어디서 무슨 일을 하는가

대부분의 스웨덴 엔지니어는 기계공학(27퍼센트), 전기·전자·통신 공학(19퍼센트) 그리고 컴퓨터 프로그래밍 및 시스템 분석(13퍼센트) 분야에서 일한다. 건설 엔지니어 인원 수(18퍼센트)도 무시하지 못하지만, 화학공학 분야의 종사자는 소수(6퍼센트)에 불과하다. 약 80퍼센트가 민간 부문에서 근무한다. 스웨덴 기업은 유연 생산 시스템, CNC 공작 기계, 산업 로봇, 그리고 CAD 등 자동화 기술을 적극적으로 사용한다.[16]

이러한 수치는 수출, 고용, 기술 변화에 기계 및 전기 산업이 지닌 극도의 중요성을 함축한다. 생산은 고도로 집중화되어 있으며, 대부분의 다른 자본주의 국가에 비해서도 그러하다. 소수 회사가 총 산업 생산, 수출, 연구 개발의 대부분을 차지한다, 소유와 경영권 또한 고도로 집중화되어 있다. 이들 주요 회사는 해외에 주요 자회사를 보유한 다국적 기업이며, 투자 비중이나 성장률도 스웨덴 내보다 해외에서 더 높다. 여러 경우, 이들은 국제 분업 관계에서 독과점적 틈새시장을 누리고 있다. 스웨덴은 해외 투자 부문에서 세계 10위이며, 경제 다국적화 정도에서 5위다. 아울러 단 20개 기업이 해외 고용의 85퍼센트를 점유한다.[17]

스웨덴 엔지니어의 작업 내용은 이들 대형 지배 기업의 지위와 밀접한 관련이 있다. 이들 기업은 올손(L. Ohlson)과 비넬(L. Vinell)이 지칭한 지식 집약형 경제 부문의 뼈대를 이룬다.[18] 이 부문은 고도의 생산성과 제품 개발에 엔지니어의 기술 지식 및 노동자의 높은 숙련도에 의존한다. 몇몇 주요 기업은 연구 집약적 부문에도 속하는데, 이들은 새로운 제품과 시장을 산업 연구에 의존한다. 두 경우 모두 기술 지식은 성공에 필수적이다.

엔지니어는 이들 부문의 세 주요 분야에 종사한다. 첫째, 다수가 내구성 소비재 산업에 고용되는데, 자동차 분야의 볼보와 사브(Saab), 백색가전 분야의 엘렉트롤룩스 같은 소수 초대기업이 이 분야를 지배한다. 둘째, 다수가 생산 기계, 공작 기계, 반완제품, 볼 베어링 등을 생산하는 자본재 산업 분야에 종사하는데, 이 분야는 몇몇 오래된 초대규모 다국적 기업〔ABB, 알파 라발, 아틀라스 콥코(Atlas Copco) 등〕이 주도하지만 상당히 많은 중소 규모의 공학 기업도 공존하고 있다. 셋째, 산업 분야를 통틀어 통신 엔지니어 절대 다수가 텔레베르케트(Televerket: 1993년 민영화된 스웨덴 통신 회사—옮긴이)와 전자 및 통신 분야의 에릭손에서 근무한다. 에릭손은 단일 민간 기업으로는 ABB 다음으로 민간 엔지니어를 많이 고용한다.

대부분의 스웨덴 엔지니어와 기능공이 설계(42퍼센트)와 연구 개발(18퍼센트)에 종사한다는 점은 놀랍지 않다. 산업 부문의 연구 개발 투자는 1980년대에 상당히 증가했다. 1987년에는 GNP의 약 3퍼센트를 연구 개발에 투입했다.[19] 이는 국제적으로도 높은 수치인데, 같은 시기 미국은 2.7퍼센트, 일본은 2.8퍼센트를 투입했다. 정부 부문의 연구 개발 투자는 놀라울 정도로 낮은 수준이다. 연구 개발 투자의 3분의 2를 민간 기업이 담당한다. 산업체 연구 개발의 절반 이상을 ABB·볼보·에릭손·사브-스카니아(Saab-Scania: 자동차 및 항공기 제작)의 주요 4개 회사가 수행하는데, 이들은 모두 기계 및 전기 공학 분야 기업이다. 이들 4개 회사는 앞서 지적했듯 오랜 기간 스웨덴 산업계를 주도해왔다.

산업체 연구 개발은 기초 연구가 아니라 대부분 제품 개발이다. 스웨덴에서 기초 연구는 정부가 재정을 지원하는 대학 부문에 맡겨져왔다. 민간 부문 연구 개발의 절대 다수(85퍼센트)가 산업 개발에 투입된다. 국방 관련 투자가 그다음으로 많아서 12퍼센트에 달한다. 민간 부문의 국방 관련 연구 지출액은 정부 부문의 4배에 달하는데, 이들 투자의 상당액은 정부가 재정을 지원하거나 군사 조달과 관련되어 있다. 또한 대규모 에너지 사업체나 통신 사업체 창설의 사례에서도 볼 수 있듯 전통적으로 밀접하게 진행된 국가와의 협력 관계에서 혜택을 본 것은 소수의 대규모 기술 기업이다.

요약하면, 대부분의 대학 출신 엔지니어와 다수의 하위 학위 엔지니어는 대규모 다국적 선진 기술 기업이 지배하는 분야에 종사한다. 그들의 업무는 종종 혁신 지향적이며 국제적 확장 및 경쟁력과 강력하게 결부되어 있다. 엔지니어가 수행해온, 그리고 앞으로도 수행할 작업은 산업 국가로서 스웨덴의 생존에 핵심적이다. 엔지니어는 지리적으로도 이른바 선진 자본주의의 '성장 중핵'에 밀집해 있다. 대부분의 '민간 엔지니어'는 스톡홀름 시내와 그 인근, 주요 대학 도시와 중부 및 남부 스웨덴의 주요 공업 도시 등에 소재한 대기업과 공공기관에서 근무한다. 스웨덴의 대부분 지역과 많은 중소 규모 기업에는 대학 교육을 받은 엔지니어가 전혀 없거나 극소수만이 근무한다.

엔지니어와 산업 위계

출신 배경에 상관없이 엔지니어는 사회적으로 특권 집단을 형성한다. 봉급은 상대적으로 높으며, 직업 안정성도 높고, 종종 업무 자체도 전문적이며 독립적이다. 센서스에서 '기술 직종'으로 지칭하는 직종의 70퍼센트 이상이 (민간 및 공공 부문 공히) 중간 계층 직위로 분류된다. 여기에 더해 12퍼센트는 지도적 또는 전문직 직위로 나뉜다. 이들 직위가 대부분 남성으로 채워진다는 점은 특히 언급해야 한다. 남성은 중간 계층 직위의 97퍼센트와 최상위 계층 직위의 94퍼센트를 차지한다.

이러한 패턴은 민간 산업 부문만 따로 살펴볼 때도 반복된다. 대부분의 엔지니어는 남성이며, 그들 대부분은 중간 계층 직위에서 근무한다. 산업계 엔지니어와 기능공의 7퍼센트가 '지도적 직위'로 분류되고, 58퍼센트가 '독립적이며 전문적인 직위', 24퍼센트가 '전문적인 직위' 그리고 불과 11퍼센트만이 '반복 작업'으로 분류된다. 따라서 기술 직종은 사회의 다른 직종에 비해 더 독립적이고 전문적이다.

최상위 계층에서 공학 교육의 형태와 업무 수준 사이에는 강력한 상관관계가 있다. 고등 교육을 받은 인력의 3분의 2 이상이 산업계에서 높은 지위의 기술 직종에 종사한다. 오늘날 '지도적 기술 직위', 즉 전체 인력의 7퍼센트 중 절반이 '민간 엔지니어'다. 나머지는 1950년대와 1960년대에 김나지움 또는 학교 수준의 교육을 받은 후 승진한 엔지니어다. 이들은 은퇴 연령에 근접해 있고, 기업체는 그들을 오로지 민간 엔지니어로만 대체하고 있다. 오늘날 산업계에서 대학 학위 없이 지도적 기술 직위에 도달하는 것은 거의 불가능하다. 최상위 또는 중간 계층 직위에 신규 진출하는 인력은 보통 민간 엔지니어다.

제2차 세계대전 때까지, 민간 엔지니어는 고위 경영 직위에 도달하는 유일한 대학 졸업자 집단이기도 했다. 사실상 그들은 최소한 기술 기업 및 제철 기업에서는 고위 경영직을 거의 독점했던 것으로 보인다. 1930년 116개 대형 산업체의 피고용 경영진의 53퍼센트가 고등 기술 교육을 받았다. 소수의 하위 기술 학위 보유자가 있었고, 단 2명만 고등 경영 학위를 지니고 있었다. 오늘날에는 고도로 선택된 경영대학 졸업자들이 산업체의 피고용 경영진에서 하위 기술 학위자나 다른 교육 배경을 지닌 사람들을 대체한다. 1980년 161개 대규모 산업체의 45퍼센트에서 민간 엔지니어가, 35퍼센트에서 경영학 전공자가 최고 경영자였다.[20]

또 다른 중요한 경향은 최고위층뿐만 아니라 모든 엔지니어 직위에서 교육 수준 상승이 일어나는 것이다. 낮은 교육 수준의 엔지니어(이를테면 김나지움 수준. 학교 수준의 학위는 1970년대 이래 사라졌다)는 미래에도 다소 반복적인 중간 및 하위 계층 기술 직위에 머무를 것이다. 독립적이거나 최상위 계층의 직위는 민간 엔지니어나 새로운 중간 수준 대학 학위 보유자가 차지할 것이다. 사실 스웨덴에서는 1980년까지 스칸디나비아 국가들을 포함한 다른 나라와 달리 학사 학위 수준의 공학 학위 제도가 없었다. '민간 엔지니어' 학위는 일종의 이학 석사 학위에 해당했다. 이러한 교육 공백이 아마도 민간 엔지니어의 높은 전통적 지위에 기여했을 것이다. 아울러 이는 김나지움 또는 학교 교육이나 현장 직무 훈련과 많은 현장 경험을 보유한 엔지니어가 상대적으로 높은 사회적 상승에 기여했을 수 있다. 많은 중간 계층 직위에서 그들이 필요했고, 때로는 일부 최고위층에서도 그러했다. 작업장 또는 사무실 현장으로부터의 이동성은 미래에는 아마도 덜 중요해질 것이다.

심지어 오늘날에도 많은 김나지움 엔지니어는 최소한 직업 경력 초기에는 전통적으로 육체노동으로 분류되며, 전국노조연맹, 곧 LO의 조직원으로 직무에 종사한다. 기술 직종과 육체노동 직종의 경계선은 NC 기계와 다른 자동화 기술이 도입되면서 모호해졌다. 하지만 여기에는 직무 영역 확대 프로그램과 생산의 집단적 조직화에 따른 결과도 기여했다. 프로그래밍, 컴퓨터 유지 및 수리, 컴퓨터 활용 검사 및 재고 조사는 금속 노조, 화이트칼라 노조(SIF), 감독직 노조[Sveriges Arbetsledareförbund(SALF), 스웨덴감독직노동자연맹] 사이에서 경쟁이 벌어지는 영역의 일부 직무 사례다. 각 노동조합이 조합원에게 매력적인 일자리를 확보하고, 조합원 수를 늘리려 하면서 노조 간 경쟁이 치열해졌다. 오늘날의 경향은 기술이 필요한 육체노동을 화이트칼라 직종으로서 SIF 영역으로 분류하려 한다. 하지만 이런 패턴은 엄격하게 준수되지 않는다. 전국 노조 중앙 집행부는 많은 지역 노조 클럽과 대표자보다는 전통적인 직종 간 장벽을 방어하려 하기 쉽다. 개별 회사에서는 육체노동자, 엔지니어, 기능공 그리고 고용주가 직무 및 조합 간 구분을 유연하게 만든다. 이런 새로운 국지적 패턴은 시간이 지날수록 기술 직종의 전체적인 모습에 영향을 주고, 육체노동과 정신노동 간 전통적인 경계를 무너뜨릴 것이다.[21]

노동조합과 정체성

스웨덴 노동 시장에서 중요한 한 가지 특징은 주요 사회 집단의 자기 조직화 정도가 높다는 점이다. 이익 단체는 국가 기구 내에서 중요한 대표성을 갖고 중앙 집중화한 거대 단체로 진화했다. 육체노동자와 화이트칼라 노동자를 대표하는 문제는 예외적으로 넓은 균열이 존재해왔다. 1990년 LO는 198만 명(은퇴자 및 학생 제외), 봉급노동자연맹(Tjänstemännens

Centralorganisation, TCO)은 114만 4000명, 스웨덴전문직협회연맹(Sveriges Akademikers Centralorganisation, SACO/SR)은 26만 명의 활동 회원을 확보하고 있었다.[22]

산업계의 화이트칼라 조합인 SIF는 TCO 내의 가장 중요한 구성 단체로서 민간 기업체의 평직원뿐만 아니라 중간 계층 피고용인은 물론 일부 최고위 피고용인까지 조직화하는 데 매우 성공적이었다. (이 점은 다른 나라와 비교할 때 더욱 두드러진다.) 민간 산업체의 모든 엔지니어, 기능공, 사무직 노동자의 약 80퍼센트가 조직화했고, 지도적 직위에 있는 피고용인의 70퍼센트가 SIF 조합원이다(1981년).[23]

대학 교육을 받은 엔지니어는 SIF에 속하지 않고, 1954년에 설립된 민간엔지니어협회(Civilingerjorsförbundet, CF)에 가입했다. CF는 SACO 내부의 최대 노동조합이다. 1947년 설립된 SACO(현재의 SACO/SR)는 민간 부문과 공공 부문의 민간 엔지니어를 모두 조직 대상으로 삼았다. 이 단체와 그 산하 조직은 고용 형태나 담당 업무와 상관없이 교육 자격을 기준으로 회원을 받아들인다는 점에서, 스웨덴적 맥락에서는 독특하다. 사실 SACO는 대학 교육을 받은 화이트칼라 집단과 다른 화이트칼라 집단 간 임금 격차를 유지하려는 노골적인 목적 아래 설립되었다. 아카데미적 엘리트 집단을 방어하려는 정책은 좀더 평등주의적인 정책을 취하는 LO와 TCO 양자로부터 SACO를 구별 짓는다.

그럼에도 불구하고 대부분의 민간 엔지니어는 다년간 이처럼 엘리트주의적인 조직에조차 가입하는 것을 주저했다. 그들은 노동조합화의 원칙을 수용하지도 않았고, 개인적으로도 노조의 도움이 필요하다고 느끼지 않았다. 그들의 봉급은 상대적으로 높았고, 일자리는 안정되었으며, 정체성은 교육 배경과 연결되었고, 충성심은 고용주가 그 대상이었다. 그들은 경제적 필요가 아니라 기술적 필요에 따라 조직하는 것을 선호했다. 요컨대 전문직 단체인 STF를 노동조합인 CF보다 선호했다.

1960년대 말 상황이 바뀌기 시작했다. 몇몇 신설 공과대학에서 이학 석사 학위(즉 '민간') 엔지니어가 대규모로 노동 시장에 진입했다. 1960년대 말에는 일시적인 고용 침체가 있었고, 많은 젊은 민간 엔지니어가 대규모 관료 조직적 환경에서 반복적인 업무를 맡았다. 1970년대 초에는 STF가 CF와 합병했는데, 이는 후자를 강화하기 위함이었다. 이렇게 강화된 CF는 오늘날 약 5만 명의 민간 엔지니어 중 95퍼센트를 조직했다.

주장하건대 SACO는 고등 교육의 가치를 옹호하는 일에 그다지 성공적이지 못했다. 공공 부문의 회원 다수(사회복지사와 교사 등)가 상대적으로 낮은 임금을 받는다. 대부분 민간 부문에 고용된 엔지니어는 더 나은 보수를 받지만, 독일이나 미국의 엔지니어에 비하면 상대적으로 저렴한 노동력이라고 할 수 있다.[24] 최고위 엔지니어가 높은 조직률을 보이는 원인은 다른 곳에서 찾아야 한다. CF는 전문직 단체였던 STF의 여러 특징을 이어받았다. 이 단체는 개별 엔지니어가 필요한 전문직 서비스, 기술 교육 그리고 집단 전체에 정보를 제공하는 방향으로 강하게 경도되어 있다. 또한 교육받은 엔지니어 엘리트를 위한 포럼도 제공한다.

CF에 소속되지 않은 극소수 민간 엔지니어는 SIF 소속인데, 이는 아마도 이데올로기적 동기 때문인 듯싶다. CF의 반평등주의적 이데올로기를 거부하는 것일 수도 있고, 다른 모든 사람이 SIF에 소속된 환경에서 일하는 것일 수도 있다. SIF는 공공 정책에 영향력을 행사할 때 CF보다 핵심적인 역할을 하는데, 강력한 금속 노조와 좋은 관계를 유지하는 것과 조합원 규모가 크다는 걸 그 원인으로 뽑을 수 있다. SIF는 100만 명을 상회하는 TCO의 총 조직원에서 약 30퍼센트를 차지해 SACO/SR에 비해

6배 많은 조합원을 보유한다.

정체성과 사회적 도전

앞에서의 논의가 함축하듯 여전히 지위, 조직, 경력 등의 측면에서 이학 석사 학위 엔지니어와 여타 엔지니어 사이의 차이는 현저하다. 이 두 집단의 업무가 겹치는 영역은 무시할 수 없다. 하지만 민간 엔지니어는 여타 엔지니어보다 최고위 직위, 설계 및 개발 업무, 대기업과 경제의 주요 성장 영역에 몰리는 경향이 있다. 또한 그들은 대학 학위 없이 유사한 직위에 있는 엔지니어보다 많은 봉급과 더 좋은 직업적 전망의 혜택을 받는다. 그들은 대학 교육 배경 덕분에 잘 확립된 동창 인맥을 누릴 수 있고, 이는 채용과 경력 개발의 좋은 기반이 된다. 여타 엔지니어는 그렇지 못하다. 직장 내 직위, 사회적 지위와 배경의 차이는 정치적 성향에도 반영된다. 전통적으로 민간 엔지니어는(그중에도 민간 부문에서 활동하는 경우에는 특히) 보수 정당이나 자유주의 정당에 투표해왔다. 낮은 직위의 엔지니어와 기능공은 대체로 사회주의 블록에 투표해왔다.

스웨덴 엔지니어의 정체성은 이미 살펴보았듯 고도 산업 사회로 빠르고 평화롭게 성공적으로 변모하는 과정 속에서 진화했다. 사회적으로 엔지니어는 선진 기술, 계급 타협, 대량 생산과 소비에 기초한 포드주의 모델과 동일시되었다. 그러나 최근 이 성장 모델은 경제와 이데올로기 양 측면에서 도전받고 있다. "적색, 녹색 그리고 청색 파도"라고 부를 수 있는 사회적 불만이 스웨덴 엔지니어의 직위와 정체성에 영향을 주고 있다.[25]

'적색 파도'는 1960년대 후반에 시작되었다. 이는 테일러주의적 노동환경에 대한 대규모 항의 운동이었는데, 광산 및 자동차 공장에서 가장 눈에 띄게 나타났다. 자본의 요구에 굴복한 노동조합과 사회민주당 지도부도 항의 운동의 타깃이 되었다. 일부 중요한 변화가 뒤따랐다. 사회민주당과 노동조합은 더 많은 직장 내 민주주의와 임금 노동자의 요구에 따른 기술적 변화를 목표로 법률적 변경을 추구했다. 노동조합 편을 드는 법률적 개입은 제한적 국가 개입을 전제로 성립된 스웨덴 모델의 정신을 정면으로 위반하는 것이었다. 자본은 직접적이고 테일러주의적인 통제 대신 자동화와 사회-기술적 실험을 동원한 새로운 합리화 전략으로 대응했다. 생산 엔지니어는 새롭고 더 '민주적인', 즉 집단 중심적인 조직 원리를 배워야 했고, 많은 시간-동작 연구 엔지니어들이 실직했다.

기존 작업 조직 방식에 '적색' 도전의 장기적 효과는 별로 인상적이지 않다. 많이 회자되기는 했지만, 몇몇 널리 홍보된 작업장에서만 테일러주의 작업 방식과 급진적으로 결별했다. 사브와 볼보의 사례가 가장 널리 알려졌다. 볼보의 칼마르(Kalmar) 공장과 우데발라(Uddevalla) 공장은 각각 '한 사람, 한 작업, 한 위치'라는 테일러주의 및 포드주의적 원리 대신 팀 단위 작업 조직의 일원으로서 여러 직무를 담당하는 방식으로 직무를 얼마나 이행할 수 있는지 보여준다. 우데발라 공장의 경우에는 작업 속도를 좌우하는 조립 라인도 아예 없었다.[26] 한편으로는 많은 생산 기술의 문제점에 대한 화이트칼라 노동자의 인식이 증가했다. SIF와 CF 공히 자동화와 전산화의 부정적 효과로부터 회원들을 지켜야 했다. 그들은 노동자 기술 변화에 대한 피고용인의 더 많은 통제권을 요구하는 프로그램을 전개했다. 스웨덴식 팀 또는 집단 단위 작업 조직은 직무를 설계할 때 사회-기술적 원리와 함께 품질 및 작업 수준 결정에 노동조합을 개입시키는 것이 특징인데, 생산성과 작업자 개인의 만족도 모두 높았다. 직무 순환 주기도 길고, 개별 작업도 수평적으로 통합할 뿐만 아니라 노동자에게 자율

성을 부여할 수 있도록 수직적 통합을 보충적으로 추가했다.[27]

'적색 파도'가 계급 타협과 생산 과정의 테일러주의화의 결과에 도전했다면, '녹색 파도'는 외적인 전제 조건과 효과에 대항했다. 1980년의 원자력 정책 관련 국민투표와 1988년 '녹색 정당'의 의회 진출(및 1991년의 진출 실패) 등이 주요한 이정표이었다. (스웨덴 녹색당은 1994년 이후 계속 의석을 유지하고 있다—옮긴이.) 엔지니어와 그들의 업무는 새로운 방향에서 비롯된 도전에 부딪혔다. 이는 군사 기술에 대한 그리고 기술 변화가 초래하는 다른 여러 '도덕적' 이슈에 대한 맹비난이었다. 정치권은 물론 공학계와 산업계의 기득권층 내에서도 환경 문제를 진지하게 염려하는 목소리가 있었다. 하지만 동시에 이 나라의 에너지, 군사, 산업 정책의 근본적 변화에 대한 극심한 저항도 있었다. 크게 보아 엔지니어 사회는 분열해 있는 것으로 보인다. 오늘날의 스웨덴 엔지니어는 이전보다 환경 문제에 더 많은 관심을 기울이면서도, 여전히 전통적인 기술적 해결책에 강한 애착을 보인다. 예컨대 핵 발전을 지지하는 엔지니어의 비율은 국민 전체의 비율보다 매우 높다. 에너지 산업, 군수 산업 그리고 자동차 및 연관 산업이 엔지니어 고용에 중심적 역할을 하는 탓일 수 있다. 엔지니어 사회 내에서 남성이 계속 우세한 점 또한 원인일 수 있다. 전반적으로 여성은 남성보다 기술 비판적이고, 윤리 문제나 정치적 '녹색' 문제를 더 우려하는 경향이 있다.[28]

성장과 계급 타협의 포드주의 모델에 대한 가장 최근의 도전은 '청색 파도' 또는 자유주의적 여론의 형태를 띠었다. 이는 '비효율적인' 복지 국가에 대한 비판, 노동조합과 평등주의적 임금 정책에 대한 부정적 태도와 관련이 있다. 또 개인주의적 기업가 정신, 첨단 기술, 자본주의적 국제 통합 등등에 대한 높은 평가도 여기에 수반되었다. '청색 파도' 이데올로기의 많은 부분은 CF나 IVA, 즉 왕립공학아카데미 등 공학계의 기득권층이 내놓은 공식 보고서에서 반복되었다.

1990년대의 스웨덴에서 자유주의적 정치 기획은 불과 몇 년 전에 상상할 수 있었던 것보다 훨씬 많은 호응을 얻었다. 1982년 사회민주주의자들은 6년에 걸친 '부르주아' 정권기의 막간극을 끝내고 정권에 복귀했지만, 1991년 선거에서 패배했다. '적색 파도'와 '녹색 파도'는 그 파도의 지속 여부와 상관없이 새로운 정치적 의제를 남겼고, 새로운 우익 집단도 대중의 지지를 얻어 그해 선거에서 의회에 입성했다. 전통적으로 매우 강력했던 계급 투표 양상도 깨졌고, 노동조합 가입자 수도 감소했으며, 강력한 이익 집단과 조직에 대한 전통적인 충성도 과거의 일이 되었다. 사회민주당은 더 이상 스웨덴 인구 절반의 정당이 아니라 여러 정당 중 하나로 전락했고, 사회민주주의적 해결책은 더 이상 작동하지 않았다.

이러한 과정에서 전후의 성장 모델은 깨져버렸다. 첫째, '합리적'이고 평등한 임금 인상을 보장했던 중앙 임금 협상 제도가 부분적으로 붕괴했다. 고용주 단체인 SAF는 1980년대에 걸쳐 중앙 임금 협상 제도 대신 산업별 임금 협상을 채택하려는 공세를 적극적으로 펼쳤다. 이는 장차 기업별 임금 협상을 위한 전주곡이었다. 고용주 측의 공세를 버텨낼 노동운동 측의 능력은 내부 긴장 때문에 약화했다. 구체적으로, 상당수가 여성인 공공 부문 피고용인은 더 나은 대우를 요구했지만, 남성 산업 노동자와 피고용인은 그런 목표를 달성하기 위한 추가 부담을 원치 않았다. 1980년대의 호황기에 자본과 고소득층이 불균등하게 더 많은 이득을 거둬 불평등이 심화하는 동안, 정부의 재정 위기는 사회 불평등과 강력한 민영화 압력의 길을 열었다. 스웨덴 사회는 예전보다 더 분열되고 개인주의화했다.

둘째, 성장 자체에 문제가 많아졌다. 스웨덴 회사들은 생산 합리화와 신기술 제품 도입에 능숙했었다. 그러나 대부분의 제품이 '성숙한' 물건이 되어버렸다. 새로운 고급 제품을 창출하거나 새로운 해외 시장을 개척할 여지가 거의 없는 것처럼 보인다. 볼보와 사브의 자동차 부문이 겪은 극적인 어려움이 경제 전반에 악영향을 미친 것에서 볼 수 있듯 스웨덴 경제가 지식 및 연구 집약 부문을 지배하는 극소수 대기업에 의존하는 상황은 장차 심각한 문제로 떠오를 수도 있다. 1990년 사상 처음으로 스웨덴 기업의 해외 투자가 국내 투자를 넘어섰다. 유럽 내에서나 세계적으로 이동성에 대한 제약이 줄어들면서 촉진된 세계화는 스웨덴 모델에 강력한 압력으로 작용한다. 스웨덴 모델은 "사회민주주의 국가와 대기업이 상호 의존한다는 사실에 기초했다".[29] 오늘날 대기업은 더 자유롭게 이동할 수 있고, 따라서 스웨덴의 사회 여건이라는 제약에서 벗어날 수 있다.

마지막으로, 환경 문제, 사회 문제 그리고 작업장 내 문제에 독자적인 스웨덴식 해결책—종종 더 급진적인—을 적용할 수 있는 여지가 급속하게 줄어들고 있다. 경제 및 기술 정책의 많은 영역이 이제 대중 통제는 물론 국가 통제로부터도 완전히 벗어나 있다. 주요 스웨덴 기업은 철저히 세계화했고, 이는 최근에 더 강화되었다. 유럽공동체 지역에 대한 스웨덴의 투자는 스웨덴에 대한 유럽공동체 투자의 10배에 달한다. 국제적인 기업 합병이 증가하면서 스웨덴 기술의 '대표 상품'은 더 이상 스웨덴만의 것이 아니게 되었다. 스웨덴의 유럽공동체 가입은 사회민주주의자를 포함한 정치경제 엘리트 대부분이 국제적이고 자유주의적인 경제 성장 모델을 받아들였음을 확증한다.

결론적으로, 이제는 전후 시대와 달리 계급 타협과 경제, 기술적 성장으로 대표되는 안정적인 '스웨덴 모델'은 더 이상 존재하지 않는다. 새로운 경제 문제가 나타났고, 그에 대한 대응은 새로운 이데올로기에 기반을 둔 것이었다. 스웨덴 경제는 더 이상 세계 나머지 지역으로부터 격리되어 있지 않다. 1990년대 초 실업률은 10퍼센트 직전까지 치솟았다. 기존의 정치적 해법과 전통적인 이익 집단에 대한 불만이 광범위하게 퍼졌다. 1980년대의 호경기에 여러 분석가들은 노동 집약적 산업이 아니라 지식과 연구에 기초한 새로운 경제가 나타나고 있다고 주장했다. 스웨덴의 주요 공학 관련 저널에서 엔지니어야말로 "1990년대의 영웅들"이 될 것이라고 선언했던 것처럼, 후기 산업화 세계에서는 엔지니어가 승리자 진영의 일원이 될 것으로 여겨졌다. 하지만 경제 위기와 공격적인 고용주 측의 전략이 함께 가하는 압력 밑에서 피고용자의 영향력, 정치적 성향 그리고 이익 단체의 양상은 급격하게 변화할 것이다. 그런 와중에 여러 엔지니어가 국제 경쟁력 확보 경쟁을 통해 영웅의 지위를 실제로 획득할 수도 있다. 반면 다른 엔지니어는 자신들이 예전보다 더 위태로운 상황에 처했음을 발견할 것이다.

7

월급쟁이 회사원, 일본 엔지니어

케빈 매코믹

서론

산업 사회의 엔지니어를 다룬 많은 사회과학 문헌은 기술 전문성에 대한 엔지니어의 권리 주장과 자본주의적 기업의 권위 구조 간 긴장이라는 주제를 중심으로 정리할 수 있다.[1] 연구자들은 그러한 긴장의 주요 논점, 강도, 결과에 대해 동의하지 않더라도 그 긴장이 자본가적 산업주의라는 바로 그 조직 속에서 구조화했다고 보는 관점을 공유한다. 그러나 일본 엔지니어에 대한 많은 설명에는 긴장의 조짐이 드러나지 않는다. 반대로 회사와의 매우 긍정적인 동일시를 강조한다. “무슨 일을 합니까?”라는 질문에 엔지니어는 직업 특성보다 회사와 동일시하는 방식으로 대답하는 경향이 있다. 예를 들어 “나는 기계 엔지니어입니다”라든가 “나는 전기 엔지니어입니다”가 아니라, “나는 도시바맨입니다” 또는 “나는 닛산맨입니다”라고 답한다. 이는 일본 예외론의 또 다른 사례일까? 일본 엔지니어가 또 다른 사례인 '산업주의'의 특징적 사회 패턴을 드러내는 것일까? 일본 엔지니어와 다른 주요 산업 사회 엔지니어 사이에서 관찰할 수 있는 차이점은 산업주의 이전의 문화적 차이의 결과물일까? 예를 들어 자신을 회사와 동일시하는 것은 가부장주의, 집단주의, 250년 이상 지속된 도쿠가와 막부 시대(1600~1868)의 준(準)중앙 집권적 봉건주의 때문일까? 그렇지 않으면 일본의 산업화 과정은 유럽 및 북아메리카의 선구자와 그 추종자들이 따른 경로와 다른 것일까? 이러한 의문은 이 논문의 핵심 내용을 보여준다. 그러나 이 논문은 차이를 찾고 설명하는 데만 몰두하지 않는다. '자본주의적 산업주의' 같은 범주는 유사성에 대한 관심도 뜻한다. 그리고 일본 엘리트, 기업, 엔지니어가 외국의 사회 제도에서 배우려 했던 많은 요점이 있다. 일본에서 기술과 제도를 인지된 수요에 적용하는 것은 유사한 효과와 상이한 효과 모두에 대한 추구를 포함했다.

웨일리는 엔지니어의 가치와 포부, 그리고 자본가적 산업주의 조직의 논리 사이에 존재하는 잠재적 갈등을 설명하는 3개의 큰 축으로 "기술 관료", "전문가주의", "새로운 노동 계급"을 규정했다.[2] "기술 관료"라는 테제는 생시몽과 '산업 사회' 개념 이전에도 이미 여러 번 논의되었다. 생시몽은 엔지니어와 산업가에 기반을 둔 새로운 엘리트가 등장해 귀족이 돈을 댄 전쟁과 정복에서 얻은 부도덕한 전리품과 약탈품이 아니라, 생산적이고 새로운 부의 축적에 기초한 사회 성장의 새로운 조직 원리를 촉진할 것이라고 내다보았다.[3] 베블런(T. Veblen)은 이러한 인식을 조금 각색해 엔지니어를 20세기 자본주의의 붐과 슬럼프를 통해 발생한 쓰레기에서 새로운 사회 질서를 구원한 합리적 사회 조직의 챔피언으로 묘사했다.[4] "전문가주의" 관점은 기술 관료 테제나 새로운 도덕 질서 형성을 떠올리게 한다. 전문가는 오랜 교육과 훈련이 보증하는 고급 기술 능력과 동료 규제(peer regulation)가 보증하는 진실성을 누린다. 새로운 도덕 질서에서 전문직과 고객 사이에 이루어지는 재화와 서비스 교환은 비착취적 교환에 기초한다. 그러나 사회과학자들은 직업을 바탕으로 하는 사회 질서에 대한 전망을 별로 인지하지 못했다. 엔지니어에게는 기업 자본주의(corporate capitalism)에 도전할 만한 조직적 권력 기초가 없어 보였기 때문이다.[5] 그러나 웨일리의 관찰대로 기업 자본주의는 직업과 자기를 동일시하는 엔지니어의 서비스를 확보하기 위해 조직의 형태를 바꾸어야 할 수도 있다.[6] 전문직 대 조직이라는 주제가 1950년대, 1960년대의 주도적 관점에 영향을 주었다면 1970년대에 신마르크스주의에 대한 관심의 부활은 '노동 계급 관점'을 발전시켰고, 그 속에서 엔지니어는 육체노동자와 하나가 되어 기업 자본주의에 도전하는 것으로 그려졌다.[7] 일본 엔지니어는 전문직의 포부이든 노동 계급의 염원이든 거기서 나온 기업 자본주의와의 긴장이나 도전에 대한 이러한 설명과 거리가 멀어 보였다. 이러한 설명은 분명 영국, 미국, 프랑스의 매우 특수한 산업화 맥락에 대한 민족적 대응으로 보인다. 일본 자본주의 산업화의 타이밍, 궤적, 특징에서 나타난 차이를 보면 일본 엔지니어가 기업과 자신을 동일시하는 것에 대한 설명을 찾을 수 있다. 비록 최근의 몇몇 사건은 일본 엔지니어와 기업 간 갈등의 잠재성을 보여주지만, 전문가주의나 계급 관점에서 예상되는 집단행동에 대한 전망과는 거리가 먼 것 같다. 일본 기업 자본주의는 엔지니어와 그가(엔지니어는 남성 중심의 직업이다) 속한 회사를 단단히 묶어주는 인력 관리 패턴을 발전시켰다.

2절에서는 일본의 산업화에서 엔지니어의 주된 역할의 발전과 산업화 과정이 일본 엔지니어 형성에 미친 영향을 추적한다. 여기서는 기업의 고위직 고용 패턴과 엘리트 교육 기관의 공학 교육에 대한 강조가 일찍이 메이지 시대에 자리 잡았다고 주장할 것이다. 일본의 계급 구성에서 엔지니어의 위치를 정하는 문제는 3절에서 다룬다. 서유럽의 산업화 경험에서 탄생한 개념의 타당성을 문제 삼는 논쟁 때문에 자본가와 노동자의 중간 그룹에 대한 계급 분석이 일본에서는 복잡해졌다. 3절에서는 유럽의 경험을 관찰하고 일본에서 계급 갈등이 일어날 잠재성에 민감해진 고용주들이 계급과 계급 갈등을 완화하는 인력 관리를 형성했다고 주장할 것이다. 이런 주장은 노동 현장 관계에 대한 검토와 연관이 있다. 아울러 4절에서는 노동조합주의의 특성을 논의한다. 교육 및 훈련과 인력 관리의 상호 작용은 전문 분야와 자기를 동일시하는 경향을 줄이고, 엔지니어와 기술자의 경계를 흐리고, 직업이나 계급에 초점을 맞추는 것이 아니라 개별 회사를 장려하는 방식의 노동조합주의와 관련이 있다. 5절은 사회적 재생산에서 공학 교육의 역할을 다룬다. 교육 시스템이 작동한 결과, 생산 질서나 노동 시장에 기초한 계급이 아니라 '교육 계급(education class)'이라는 대중의 관념을 낳았다. 엔지니어링 노동력이 계속 헌신하게 하려는 대기업의 인상적 노력에도 불구하고 몇몇 영역에서는 미래에 갈등이 일어날 잠재성이 분명하다. 예를 들어 대안 직업의 증가, 특수 전문화의 증가, 그리고 노력 협정(effort bargain: 노동생산성에 대한 노사 합의—옮긴이)에 대한 불안감이 기업과 엔지니어 사이에 발생했다. 이러한 문제는 6절에서 다룬다. 그리고 결론에서는 기업의 월급쟁이로서 엔지니어의 현재 상황을 평가할 것이다.

일본 산업화 속의 엔지니어

일본 기업은 대학 수준 공학의 필요성을 강조하고 이를 충족할 교육 시스템의 발달을 장려하는 형태로 발전했다. 더욱이 일본 기업이 발전함에 따라 엔지니어의 경력 구조는 고위 관리직 수준까지 올라갔고, 공학 기술의 중요성을 유지하고 정당화하는 '생산주의 이데올로기'가 촉진되었다. 이러한 발전은 생산주의 이데올로기, 즉 기업의 기술과 생산 역량을 끌어가는 경영상의 이해와 능력을 갖고 경영 활동을 정당화하는 일종의 경영 이데올로기를 키웠다.[8]

이 절에서 나는 산업 조직, 기업 경력, 교육/훈련 발전의 패턴을 세 시기, 즉 1868~1912, 전간기, 그리고 1945년부터 현재에 이르는 시기로 나누어 살펴볼 것이다. 모든 시기 구분에는 자의적 결정이라는 위험이 있지만, 이 세 시기는 다음과 같은 기간을 망라한다. 1) 준중앙 집권적 봉건주의를 극복한 도쿠가와 막부의 종말, 1870년대와 1880년대부터 제1차 세계대전 발발 전까지 강력하게 추진된 산업화의 시작. 2) 1914~1918년의 전쟁 기간 동안 세계 무역의 혼란에서 일본이 초기에 얻은 이익과 뒤이어 군사화를 활발하게 추진하는 동안 회복과 함께 경험한 일본 경제의 취약성과 불황의 시기인 전간기. 3) 한국전쟁 발발에서 도움을 받아 전쟁의 폐허로부터 복구된 시기(1945~1955), 경제 번영의 시작과 뒤이은 고도성장 붐의 시작(1955~1965), GDP가 연평균 11퍼센트에 이르는 놀랄 만한 고도성장 시기(1965~1973)부터 오늘날에 이르는 시기. 특히 이 시기에는 1970년대 여러 차례의 오일 쇼크에 대응하며 지속적인 조정과 '사양' 산업 또는 중공업과 전자 산업이나 생명공학 같은 '떠오르는' 신흥 산업의 구조 조정이 포함된다. 각 시기의 주된 목적은 기업 자본주의에서 여러 발전의 상호관계와 공학 형성 및 발전에서 국가와 교육 훈련 시스템의 상호관계를 보여주는 것이다.

1912년까지의 발전

메이지 시대 개혁가들의 주요 임무는 소작농 경제를 서양의 그 어떤 정치적·군사적 위협도 막아낼 기술력을 갖춘 근대 경제로 전환하는 것이었다. 영국과 미국의 정형화한 '규제 국가' 모델과 대조적으로 일본은 '개발 국가'였다.[9] 메이지 정부는 산업화를 주도하면서 서구 기술을 도입하고, 근대 공장의 사례를 제공하고, 국가를 위한 교육 제도를 감독했다.

메이지 정부가 많은 노력을 기울여 추진한 일 중 하나는 합자 회사 시스템을 위한 것이었다.[10] 도입 후 40년이 지나면서 가족 회사 시스템과 반대되는 합자 회사는 영국보다 훨씬 더 빠른 비율로 일본 경제의 모든 영역에 스며들었다.[11] 이처럼 빠르게 확산된 것은 첨단 사회 기술을 가진 사업 조직과 최신 서구 산업 기술의 도입이 긴밀하게 연관되어 있었기 때문이다. 나카가와 게이치로(中川敬一郞, Keiichiro Nakagawa)는 전직 사무라이 집안의 교육받은 아들들이 전통적인 가족 기업이 아니라 합자 회사 취직을 선호했다는 점을 또 다른 요인으로 인용한다. 대형 합자 회사는 1890년대 후반 면화 산업의 성장에서 특히 두드러졌다.[12] 그러나 이들 합자 회사는 단일 상품, 단일 기능을 가진 회사로 유지되었고 마케팅 기능을 종합상사(general trading)에 의존했다. 전 세계에 걸쳐 효율적인 마케팅 시스템을 창출하고 경쟁력 있는 가격에 품질이 더 우수한 상품을 공급할 수 있는 회사와 관계를 맺는 데 집중하는 종합상사가 있었기 때문에 제조업체는 생산에만 집중했다.[13] 제조업체에서 경영은 마케팅이나 재정의 경영이 아니라 (수입한) 기술을 관리하는 것이었다. 이로 인해 생산 기술의 관리로서 경영이란 개념의 발전이 가능했다. 유이 쓰네히코(由井常彦, Tsunehiko Yui)의 주장에 따르면 메이지 시대 일본의 많은 기업에서 진정한 리더십은 "산업 자본가들"이 아니라 "월급 받는 경력직 간부들"에 의존했다. 1893년 개정된 상법 아래 합자 회사를 도입한 영역에서 경력 있는 간부 지휘자들은 주임 엔지니어이거나 종합 관리자였다.[14] 더구나 이들은 대체로 관련된 공식 학술 교육을 받았거나 외국을 경험한 적이 있었다.

메이지 시대 일본은 1872년 교육부를 신설했고, 초등 및 고등 교육을 받는 학생 수는 1910년의 영국과 비슷했다.[15] 1868년 이후 일본의 교육 발전에서 서구는 여러모로 영향을 주었다. 그중에서도 일본 공학 교육의 제도화와 관련한 가장 놀랄 만한 관찰은 다음과 같은 헨리 다이어(Henry Dyer)의 언급이라고 할 수 있다. "영국의 첫 번째 근대 공학 칼리지는 일본에서 생겨났다."[16] 1877년 이 대학의 설립자로서 다이어 자신의 위치는 메이지 정부가 근대화를 추진하면서 기술에 부여한 우선순위와 서구의 식민지화를 피하기 위해 기술 수단에 부여한 우선순위에 따른 것이었다.[17] 다이어는 취리히의 고등기술학교(Technische Hochschule) 노선을 따라 글래스고대학교(Glasgow University)를 개혁하려 했으나 성공하지 못한 것으로 알려졌다. 다이어는 불과 25세에 당시 일본 내각의 장관보다 20퍼센트 많은 월급을 받고 글래스고에서 할 수 없었던 일을 도쿄에서 하라고 초빙된 것이 분명했다.[18] 수입 추가 부담금은 서구 열강이 일본에 강요한 '불평등 조약'에 따라 종가세(ad valorem, 從價稅: 과세 물건의 가격을 표준으로 부과하는 세금—옮긴이)의 5퍼센트 이하로 제한되었고, 정부는 외국 차관에 얽매이는 것을 두려워했기 때문에 근대화에 필요한 잉여 자본을 위해 소작농을 쥐어짤 수밖에 없었다. 자원이 빈약하고 러시아의 침입을 미연에 방지하기 위해 홋카이도 섬 전역에 걸친 폭동과 토지 분쟁을 해결할 비용이 긴급하게 필요했음에도 불구하고, 메이지 정부는 1868~1872년 전체 예산의 거의 40퍼센트를 외국인 전문가들의 월급으로 썼다. 이 비율은 1873~1877년에는 2.42퍼센트, 1878~1882년에는 1.2퍼센트로 줄어들었다.[19] 엔지니어는 외국 전문가 중에서 제일 큰 집단이었고, 그중에서 영국 엔지니어가 가장 두드러졌다.

메이지 초기 일본에서 정규 교육을 통해 고급 엔지니어를 양성하는 두 흐름이 있었다. 하나는 공무부(Department of Public Works) 산하 다이어기술대학(1873)을 통하는 것, 또 하나는 도쿄대학(1877) 과학부를 통하는 것이었다. 이 두 학교는 1886년 도쿄제국대학을 새로 설립할 때 각각 공학부와 과학부가 되었다. 1894~1895년의 청일전쟁에서 자극을 받아 교토에 두 번째 제국대학을 설립할 때까지(1896) 10년 동안 도쿄제국대학은 공학 전공 졸업생(실제로는 모든 졸업생)을 배출하는 유일한 학교였다. 1900년까지 1000명 넘는 엔지니어가 도쿄제국대학을 졸업했고, 비슷한 수의 학생이 다른 고등기술학교를 졸업했다. 나아가 더 많은 제국대학이 설립되었다. (1907년 센다이에) 도호쿠대학, (1910년 후쿠오카에) 규슈대학, (1910년 삿포로에) 홋카이도대학이 들어섰다. 그러는 동안 지식인과 정치적 반대 세력 쪽 인물들이 사립대학과 학교를 세웠다. 예를 들면 게이오대학과 와세다대학이 그것이다. 처음에 정부는 사립대학 졸업생을 뽑지 않았지만 1880년대 중반 이후 산업화가 빠른 속도로 진행됨에 따라 이들의 고용 기회는 커졌다. 1914년 20개 고등 교육 기관(대학, 고등기술학교, 고등상업학교) 중 11개가 산업 분야로 졸업생을 일정하게 공급했는데, 여기에는 4개 명문 학교—제국대학(훗날의 도쿄대학), 게이오대학, 도쿄고등상업학교(훗날의 히토츠바시대학), 도쿄기술학교(훗날의 도쿄공업대학)—가 포함되었다.[20] 산업계의 기술 전공 졸업생 비율의 변화를 보면, 산업화 주도권이 민간 산업으로 넘어가고 공학 교육에서 산업계의 고용이 중요해진 것을 알 수 있다. 1883년에는 도쿄제국대학의 전신인 두 학교(다이어기술대학, 도쿄대학)에서 기술 전공 졸업생의 3.5퍼센트만이 민간 기업에 고용되었는데, 이는 1900년의 42.9퍼센트와 비교되는 수치다.[21]

일본의 고급 기술 전문직의 발전을 개관하면서 레빈(S. B. Levine)과 가와다 히사시(川田壽, Hisashi Kawada)는 두 가지 특징을 강조했다. 첫째, 19세기 말까지 거슬러 올라가면 다른 선진국에 비해 인구 1만 명당 엔지니어와 과학자 수는 매우 작았다. 둘째, 그럼에도 과학과 공학에서 교육받은 엘리트의 비율은 매우 높았다. 예를 들어 19세기 말 일본 대학 졸업생의 50퍼센트 이상이 과학이나 공학을 전공했다.[22]

1910년까지도 일본은 '근대적'이거나 '산업화'했다고 보기 어려웠다. 농업 노동력이 전체 노동력의 거의 60퍼센트에 달했다. 농업 생산은 국가 순생산의 40퍼센트인 데 반해 제조업은 10퍼센트밖에 안 되었다.[23] 1930년대까지도 남성 공장 노동자가 여성 공장 노동자보다 더 적었는데, 이는 소규모 작업장이라는 농촌 산업화의 특징과 섬유 산업의 영향 때문이었다.[24] 그러나 일본은 봉건 제도를 근대적 목표에 적응시키려 했다. 처음 메이지 정부는 조폐업, 조병창, 화학 산업, 조선, 기계 제작같이 국가의 군사력 및 경제력과 밀접하게 연결된 기술의 발전을 관장했다. 초기 운영자들은 일자리를 잃었지만 약간의 기술 지식을 습득한 낮은 계급의 사무라이가 많았다.[25] 그들은 종종 실수를 저질렀고, 정부 '모델 공장'의 매우 관료적인 구조는 장애 요인이었다. 그러나 1881년의 금융 위기, 외국 전문가와 공동 개발한 정부 지원 '모델 공장'의 매각 이후 1880년대와 1890년대에 경영 관리직에 공학, 상업, 사회과학 졸업자의 취업을 위한 길이 분명해졌다. 청일전쟁(1894~1895) 이후, 1890년대 내내 중공업에 대한 관심이 증가했다. 이 시기에 광업, 전기 기계, 조선과 관련 있는 민간 기업은 연구소를 세우기 시작했다.[26] 노력의 크기와 세기는 제한적이었지만 이는 더 체계적인 미래 산업 연구의 전조였다. 이 '뒤늦은 개발자들'이 발전을 위해 나선 출발점은 서구의 주도권에 그다지 뒤처지지 않았다.[27]

전간기

1914년까지 일본은 거치적거리는 '불평등 조약들'에 대해 재협상을 했고, 제국 열강 중 하나가 되었다. 그리고 일부 산업에서는 대규모 근대 기관이 있고 나머지 산업에서는 소규모 기업과 전통 기술의 그림자를 지닌 '산업 이중성(industrial dualism)'이라는 독특한 특성을 만들어냈다.[28] 섬유업종은 '전통적인 농부 경제와 신흥 자본주의 경제'가 만나는 지점이었다. '모델 공장'의 매각 이후 대부분의 주도권은 면, 비단 그리고 다른 섬유 분야의 민간 기업에서 나왔기 때문이다.[29] 중공업에서 정부의 촉진책과 지원은 여전히 결정적이었는데, 앨런(G. C. Allen)의 관찰대로 "경제가 아니라 정치적 이점이 추진력을 제공했기"[30] 때문이다. 그러나 팽창주의 정책은 군사적 야망, 영토 획득, 투자 그리고 산업 기초에 자본을 투자하면서 국가 재정에 압박을 주었다. 1914년에는 서구에서의 전쟁 발발, 일본 군수품 수요의 폭등, 통상적인 공급자가 사라진 외국 시장을 뚫고 들어가는 기회 덕분에 일본은 간신히 금융 붕괴를 피할 수 있었다. 하지만 1920년대에 경쟁국들이 회복세를 찾음에 따라 취약성이 다시 분명해졌기 때문에 위기는 일시적으로 유예된 것이었을 뿐이다. 이런 상황에서 미국 경제 전문가들은 일본이 "아시아의 영국"이 되려는 야심을 버리고 "촌락 산업

(village industry)"에 집중해야 한다고 충고했다.[31] 군사적 야망이 우세했던 일본은 그렇게 하는 대신 제국 확장을 통해 경제 기반을 확대하려 했다.

직간접 지원을 받은 주요 재벌 그룹, 즉 미쓰이, 미쓰비시, 스미토모 같이 교역과 산업을 과점한 통합 기업 집단이 주요 산업 영역에서 주도권을 키웠다. 1920년대에 독점 재벌은 관리직을 위해 대학 졸업자 고용을 확대했고 사내 기술 훈련 제도를 구축했다. 또 재벌은 고용인의 충성심을 고무하기 위한 여러 제도—장기 고용과 연공 서열형 임금제(seniority wages)—를 개발했는데, 이 제도들은 전후 '일본식 고용 시스템'이라 불렸다.[32] 재벌은 가족 이익에 기초했고 '이에(家)'(가계 원리)를 중심으로 조직되었으며 가부장적 경영 스타일을 발전시켰다. 그러나 경영 실무는 전문 경영을 위해 고용한 대학 졸업자에게 위임했기 때문에 직접 통제하는 가족 사업 방식으로 운영되지는 않았다. 면방직 회사와 재벌이 통제하는 회사의 기술 수준이 1920년대부터 1930년대까지 변화해 조키 도시아키(一寸木俊昭, Toshiaki Chokki)가 정규 기술 교육을 받지 못한 "구식 엔지니어"의 시대에서 대학을 졸업한 "신식 엔지니어" 시대로의 이전이라고 설명할 정도였다. 우치다 호시미(内田星美, Hoshimi Uchida)도 비슷하게 "선구자(pioneer) 엔지니어"에서 "대졸 엔지니어"로의 전환이라고 규정했다.[33]

20세기 첫 40년은 주로 1891년의 제국 교육 포고령(Imperial Rescript on Education)에서 내놓은 틀을 완성하느라 지나갔다. 제국대학 아래에는 사립대학과 여러 다른 학교가 있었다. 사립대학은 어느 정도 공식 지원을 받았고, 제1차 세계대전 이후에는 재조직되어 일본 경제를 촉진했다. 6년제 초등학교, 5년제 중학교, 3년제 고등학교, 그리고 가능한 한 3년제 대학이라는 교육 패턴(즉 6-5-3-3제)에서 초등학교 이후에는 복합적인 다중 진로가 있었다. 요컨대 남학생에게는 다섯 가지, 여학생에게는 세 가지 진로가 있었다. 남학생이 대학에 가려면 중학교, 고등학교를 다니는 학업 경로를 따랐다. 그러나 대학의 규모가 수요보다 훨씬 작았기 때문에 경쟁이 치열했고, 이를 '입시 지옥'이라고도 불렀다.[34] 다양한 전문학교(college)와 고등기술학교는 전문성 수준은 대학보다 낮지만 의사, 치과 전문의, 건축가, 또는 엔지니어 자격을 얻을 수 있도록 학업 경로에서 실패한 학생들을 인도했다.

교육 시스템 발전의 다음 주요 단계(1936~1945)에서는 민족주의, 군국주의 그리고 전시 동원이 공학 교육의 발전에 새로운 활력을 불어넣었다. 절대 수에서도, 상대적 비중에서도 1931~1935년의 공학 교육과 1940~1945년의 공학 교육은 극적인 대조를 보였다. 다이쇼(大正) 민주주의(1912~1926) 시기의 교육 팽창은 주로 법학과 인문학 전공 학생 때문이었다. 그래서 1931~1935년 과학, 공학 전공 졸업생은 3만 명이었지만 이는 전체 졸업생의 15퍼센트에 불과했다. 이와 대조적으로 1937년 러시아와의 전쟁을 대비한 동원령과 1937년 중일전쟁, 1941년 미국과의 전쟁이 일어난 후, 1940~1945년 배출된 10만 명의 과학 및 공학 전공 졸업생은 이 시기 전체 졸업생의 23퍼센트에 달했다.[35] 이 시기에 고급 공학 교육을 받은 사람은 1950~1960년대에 책임 있는 직위에 올랐다. 그러므로 국가주의 교육 시스템이 형성된 기간은 일본이 전후에 극적 회복을 추진할 수 있는 인적 자원 육성의 발판을 만들었다는 점에서 정당하게 인정받아야 한다.[36]

제2차 세계대전 이후

1945년 일본 경제는 폐허가 되었다. 제국을 잃었고, 먹여 살려야 할 송환자가 600만 명이었다. 미국 점령군은 헌법과 정치 제도, 토지 개혁, 사업 조직, 산업 관계, 교육 개혁과 관련해 일본의 제도를 단호하게 미국식 민주주의 틀로 개조하려 했다. 개혁 협상은 점령군과 일본 행정부가 같이 참여한 복잡한 과정이었고, 이는 냉전 전개에 대한 인식의 영향을 많이 받았다. 한국전쟁이 발발해 군수품과 민수품의 '특수 조달' 붐이 일었고, 1950년부터 동남아시아에 대한 수출이 증가했다. 이 둘은 일본의 산업 생산을 전쟁 직전 수준까지 끌어올리는 데 매우 중요한 요인이었다. 1952년에는 독립이 승인되었고 일본 행정부는 자체 경제 및 산업 정책을 세울 때 많은 자유를 누렸다. 통산성(Ministry of International Trade and Industry, MITI)은 자연자원이 부족하고 토지가 제한된 상황에서 8500만 인구의 생활 수준을 높이려면 풍부한 저임금 노동력 공급에 기초한 '질 낮은 섬유류'와 '잡기류(gadgetry)'에서의 비교 우위라는 논리를 계속 이어가는 대신 자본 집약적, 기술 집약적 산업이 필요하다고 판단했다. 1950년대에 자본 집약적, 기술 집약적 산업의 대부분—철강, 자동차, 석유화학, 산업용 기계류, 전자 제품—은 '맹아 산업(infant industries)'으로 보호받았으나 1960년대에는 성장하는 세계 시장에서 이 산업의 지분을 확보하려는 강력한 경쟁자로 등장했다.

한국전쟁 특수 이후, 일본 내수 시장의 성장은 대량 생산과 기계화 확대의 이점을 활용했다는 뜻이다. 통산성의 '행정 지도' 아래 일본 산업계는 서구의 기술과 생산 방법을 빈틈없이 적용해 발전의 속도를 높였다.[37] 일본에서는 미국 생산 엔지니어에 열광했다. 그중 미국에서는 그다지 인정받지 못한 선지자였던 에드워즈 데밍(Edwards Deming)은 전설이 되었다.[38] 데밍은 품질 관리의 일인자로서 그의 책들이 일본에서 베스트셀러가 되었기 때문에 그 인세를 가지고 일본에서 수여하는 데밍 금메달 상금을 출연하는 너그러움을 보일 수 있었다. 재편성된 재벌 주변에 기반을 둔 기업 집단은 무역 회사의 정보 조직, 마케팅과 유통에 필요한 잘 짜인 연락망을 갖추고 일본 기업의 수출 활동에서 계속 주요한 요소로 활동했다. 그러나 첨단 기술 산업 및 성장하는 시장과 관련해 제품에 특화된 기술, 서비스, 설비가 중요해지자 자동차와 전자 제품 제조업자는 폭넓은 마케팅 활동과 경영 자본주의라는 좀더 확대된 관리자 위계(managerial hierarchies) 구조를 고안하기 시작했다.[39] 뒤이어 1960년대에 이러한 회사들이 성장함에 따라 그곳에서 일할 관리자를 공급하기 위해 대학과 전문학교의 공학 교육이 추가로 확대되었다.

1950~1960년대에 철강, 자동차, 전자제품 분야에서 일본 기업은 기술 특허 제도 정책, '역(逆)엔지니어링(reverse engineering)'과 지속적인 제품 및 공정 엔지니어링을 통해 대량 생산의 이득을 거두어들였다.[40] 혁신 기반 전략이 성공할 수 있었던 것은 변화하는 기술과 업무에 대처할 보편 지식과 학습 능력을 가진 사람을 고용하는 기업의 능력, 또한 사람들을 작업 조직 시스템에 결합해 생산성 증가와 유연성을 최대화하는 기업의 능력, 고용인의 '근무 경력'을 통해 생산 관련 지식과 기술이 지속적으로 발전할 수 있는 시스템을 창출하는 기업의 능력 덕분이었다.[41] 아오키 마사히코(青木昌彦, Masahiko Aoki)는 "노동자들의 반(半)자율적 문제 해결 능력과 일본 노동 조직의 수평적 의사소통의 흐름"을 강조했다. 이런 요소는 통제와 운영 실무 사이의 구분이 잘 안 드러나게 하고, 서구 공장에서 뚜렷하게 나타나는 전문가 통제에 대한 강조를 약하게 만들었기 때문이다.[42] 이러한 노동 조직 시스템을 떠받친 것은 대기업의 '일본식 고용 체계'였다. 여기에는 정규 노동자의 장기 고용, 순환 업무, 정규 고등교육을 받은 고용인이 체계적으로 '일하면서 배우는' 성실함이 포함되었

다. 또 엔지니어와 기계 조작자(operator) 사이의 사회적 거리가 상대적으로 가까운 생산 현장에 엔지니어들이 고도로 집중된 점 역시 이 시스템을 떠받쳤다. 이 모든 특징은 고용주에 의해 고용주 자신도 기업 구성원으로서 보통의 지위를 가진다고 강조함으로써 신중하게 육성된 것이다.[43]

메이지 시대 일본은 기술을 잘 아는 소수 교육 엘리트를 키운 것으로 유명했다. 군정 치하의 일본에서는 엘리트 교육에서 대중 고등 교육으로 전환이 일어나기 시작했지만 공학 교육은 여전히 중요한 부분으로 남았다. 1945년경에는 학생 징집과 연합군 폭격이라는 두 가지 영향 때문에 교육이 거의 이루어지지 못했다. 재건된 시스템에서는 교육에 접할 기회를 넓혀 민주화를 이루려는 미 군정의 목표와 인증 제도를 통해 유지되는 치열한 경쟁이 결합했다.

대학 개혁의 주요 목표는 전쟁 이전에 존재했던 학교 간의 뚜렷한 구별을 줄이는 것이었다. 이 목표는 1949년부터 4년제 대학과 2년제 초급 칼리지(junior college)의 새로운 분류를 통해 진전되었다. 그러나 주요한 구별은 그대로 남았다. 예를 들어 4년제 대학 학생의 80퍼센트는 남학생인 반면 2년제 초급 칼리지 학생의 90퍼센트는 여학생이었다. 대학 제도 안에서는 과거의 제국대학, 47개 현의 대학을 포함하는 국립대학과 지방 자치단체가 재정을 지원하는 공립 및 사립 대학이 있다. 전후 시기 대학과 학생 수 증가는 주로 사립 영역에서 일어났다. 1950~1980년 전체 대학 수는 199개에서 446개로 2배 넘게 증가했다. 그러나 사립대학 학생 수가 207퍼센트 증가한 데 비해 국립대학 학생 수는 33퍼센트밖에 증가하지 않았다. 1949~1982년 공학 전공 학생 수는 6배 증가했다. 1960년 수립한 정부의 '소득 2배 증대 계획'은 1960년대 초반에 현격한 도약을 추동해 1960~1965년 신입생 수가 2만 6000명에서 5만 명으로 거의 2배나 늘어났다.

메이지 시대 일본의 제국대학에서 공학 교육에 역점을 두었던 유산은 그대로 남아 국립대학은 상대적으로 공학 교육을 매우 중시했다. 461개의 4년제 대학에 전부 공학부가 있었던 것은 아니지만, 국립대학 중 절반을 훨씬 넘는 학교에 공학부가 설치되었다. 이는 규모가 작은 공립대학에서는 겨우 11퍼센트, 사립대학에서도 20퍼센트 이하였던 것과 비교된다. 학생 수에서도 이러한 경향을 볼 수 있다. 1984년 공학부 신입생 4만 3375명은 사립대학 전체 신입생의 18퍼센트에 불과했다. 이와 대조적으로 국립대학의 공학부 신입생 2만 4491명은 전체 신입생의 28.3퍼센트였다. 국립대학의 55퍼센트에만 공학부가 있는 점을 감안하면 국립대학의 공학 전공 학생 수는 전체의 30퍼센트가 넘는다. 도호쿠대학의 공학 전공 학생 비율이 38.4퍼센트인 것을 보면 영국에서 이전의 제국대학을 '기술대학'으로 부를 만하다고 했던 견해는 타당하다.[44]

일본 고등 교육에서 학교 위계 서열은 메이지 시대에 시작되었고, 1920년대와 1930년대의 대학 입학 경쟁에서 분명하게 드러났다. 아마노 이쿠오(天野郁夫, Ikuo Amano)는 박사 학위를 줄 수 있는 대학부터 학사 학위만 줄 수 있는 대학까지 학위 수여 정도와 설립 시기에 따라 대학을 분류했다.[45] 대학의 영향력에 기초한 위계 서열은 대학의 평균 연혁, 그리고 국립·공립·사립이라는 좀더 익숙한 분류와 깊은 관련이 있다. 즉 명문 대학일수록 대체로 좀더 일찍 설립되었고, 명문 대학 중 국립대학의 수가 불균형할 정도로 많은 경향이 있다. 오래된 명문 대학과 공학 교육의 중요성 강조 사이에는 분명한 연관 관계가 있다. 공학과 과학 전공 학부생의 국가 평균이 28.4퍼센트인데 연구 대학에서는 공학과 과학 전공 학부생이 35.6퍼센트나 되고 학사 학위만 수여하는 대학에서는 그 비율이 22.1퍼센트에 불과하다. 대학원 단계에서는 명문 대학에서 공학과 과학에 매진하는 정도가 훨씬 더 강하게 나타난다. 왜냐하면 연구 대학에서는 전체 대학원생의 60퍼센트 이상이 공학과 과학을 공부하고 있기 때문이다. 입시 학원과 시험 평가 기관의 광고 문구를 보면, 아마노가 주장한 대로 대학 내에서 공과대학의 유구한 위계 서열을 확인할 수 있다. 왜냐하면 1984년 상위 12개 우수 공과대학 중 사립학교는 3개뿐이고 예전 제국대학은 7개 모두가 포함되기 때문이다.[46]

지난 100년간의 경제 발전 기간 동안, 국가는 일본 엔지니어의 형성에 깊이 관여했다. 메이지 시대에 국가는 엔지니어 인력의 수요와 공급 모두를 관장했다. 1945년 이후 국가의 역할은 감소했지만 기업 자본주의 지원에서 중요했다. 국가 역할의 이러한 변화에는 역설이 있다. 최근의 연구에서는 방위비를 GNP의 최대 1퍼센트로 제한하는 협정 때문에 일본 엔지니어와 공학은 미국이나 영국을 괴롭히는 왜곡된 방위비 문제에서 자유롭다는 견해가 자주 등장한다. 그러나 군사적 요구는 분명 메이지 시기와 전간기에 국가가 공학을 매우 장려한 결정적 요인이었다. 야마무라 고조(山村耕造, Kozo Yamamura)가 지적하듯 1894~1895년의 청일전쟁은 일본의 기술 및 생산 능력에 강한 압력으로 작용했으나, 이는 군사 능력의 범위에 국한되었다. 반면 1904~1905년의 러일전쟁은 좀더 근대적이고 상대적으로 잘 무장한 적을 마주하기 위해서는 기술 능력 개혁이 필요하다는 인식을 일깨웠다.[47] 전간기에 만주 개발 때문에 공학 교육 밀어붙이기는 한층 더 강화되었다. 만주 개발을 촉진한 것은 훨씬 이전 제1차 세계대전에서 일본 고위층이 얻은 교훈, 즉 일본이 가장 감탄했던 근대 열강 독일이 자연자원 부족 때문에 실패했다는 깨달음이었다.[48]

일본의 계급 구성에서 엔지니어

마르크스주의 이론 틀에서 계급 구성에 대한 연구는 1955년 이후 일본 사회의 놀라운 변화와 그러한 발전이 보여준 빠른 속도라는 특징을 자세히 서술했다. 1935년 농민(47퍼센트)은 노동력 중에서 노동자 계급의 2배 이상 규모였다.[49] 전쟁 중 공장 생산으로 노동력이 대거 이동하고 군정의 토지 개혁 이후 농업 생산이 변화했음에도 불구하고 1950년에도 농민이 노동자보다 많았다.[50] 그러나 1955년 이후 급속한 경제 성장과 함께 농민이 전체 노동력에서 차지하는 비중은 1955년 37.7퍼센트에서 1985년 8.3퍼센트로 떨어졌다. 반면 노동자 계급의 비중은 1955년 43.6퍼센트에서 1985년 69.4퍼센트로 올라갔다.[51] 넓게 보면 오하시 류겐(大橋隆憲, Ryuken Ohashi)의 사회 통계는 전후 시기 일본이 임금 노동자로 구성된 산업 경제로 전환했음을 보여준다. 그러나 오하시가 엔지니어를 서술하는 방식은 논쟁적이었다. 오하시는 엔지니어를 다른 전문직이나 기술 노동자와 함께 '노동 귀족'의 일부로서 노동 계급에 포함하는 방식으로 서술했기 때문에 논란의 여지가 있다.

고용된 노동 인력 중 전문직과 기술직 노동자의 수는 1955년 190만 6000명(4.8퍼센트)에서 1985년 609만 7000명(10.5퍼센트)으로 늘어났다. 수공업자와 생산 노동자의 절대 수도 같은 기간에 늘어났지만(948만 8000명에서 1812만 7000명) 그들이 전체 노동력에서 차지하는 비중은 1970~1985년 32.2퍼센트에서 31.2퍼센트로 미약하게 감소했다. 2000년까지의 노동력을 추정해보면 전문직과 기술직은 계속 눈에 띄게 증가할 것으로 예측된다. 인구 센서스의 '전문직 노동자와 기술 노동자' 범주에서 엔지니어는 보건 의료 노동자 뒤를 이어 두 번째로 큰 집단이다. 1970~1985년 엔지니어의 수는 70만 1040명에서 144만 4900명으로 2배가 되었고 1995년까지 약 200만 명으로 늘어났다.

마찬가지로 마르크스주의 전통의 계급 분석에 속하지만 오하시와 달리 스티븐(R. Steven)은 모순적 계급 위치(contradictory class locations)에서 '중간 계급'을 사용해 인구 센서스 자료를 재분석했다. 스티븐에 따르면, 기술 관료가 자본주의 생산 과정에 개입한 상징적 특징은 자신의 작업 환경에 대한 통제권을 더 많이 얻고 다른 노동자에 대한 통제에 참여할 수 있을 정도인 평균 이상의 기술을 가졌다는 점이다.[52] 직접 현장 조사를 실시한 결과, 대졸 기술 관료들은 30세가 되기 전에 대부분 감독 책임자 자리에 앉았는데, 스티븐은 그들을 계급 구조에 따라 배치하는 문제에 주목했다.[53] 그래서 스티븐은 "생산 수단에 대한 기술 관료의 통제와 관리직의 위계서열을 분리하는 것은 거의 불가능"[54]하다고 결론지었다. 스티븐은 노동력 통제, 의사 결정 참여, 그리고 그들의 직위에 요구되는 능력에 관한 질문을 활용해 주임(主任) 또는 그 이상의 모든 직위는 자본가 계급 또는 부르주아 계급에 속해야 한다고 보았다.[55] 그림 1에 있는 스티븐의 이상적 유형에서 보듯 이는 관리직 위계가 이사회보다 훨씬 아래쪽에서 시작해야 함을 뜻한다.

스티븐은 오하시가 노동 계급을 지나치게 넓게 보고 엔지니어를 너무 느슨하게 노동 계급에 포함시킨 것을 비판했지만, 모리오카 고지(森岡孝二, Koji Morioka)는 스티븐이 엔지니어를 너무 느슨하게 자본가 계급에 포함한 것을 비판했다.[56] 모리오카는 과장(課長)이 의미 있는 단절점이라고 주장했다. 왜냐하면 관리 위계서열에서 그 아래 직급의 엔지니어는 접대비에 대한 재량이 거의 없고 자본 축적에도 별로 참여하지 않기 때문이다. 그는 계장(係長)과 주임이 스티븐의 주장보다는 훨씬 더 노동 계급의 노동

그림 1 일본 기업의 이상적인 관리 직급

이사

↑

부장(공장장 포함)

↑

과장

↑

계상

↑

주임과 작업반장

↑

일반 사원

출처: R. Steven, "The Japanese Bourgeoisie", *Bulletin of Concerned Asian Scholas*, Vol. 11, no. 2, 1977, p. 8.

귀족에 가깝다고 본다.

스티븐과 모리오카의 분석은 권위 관계, 의사 결정, 그리고 생산의 관점에서 계급 분석에 한줄기 빛을 던져주는 보상에 대한 정보를 포함하고 있지만, 근본적으로 정태적이고 맥락과 직업 경력을 고려할 때 도입할 수 있는 동태적 요소를 무시한다. 그래서 승진과 관리자 위계서열의 상승에 대한 기대는 대졸 엔지니어가 기업에 입사할 때의 포부와 행동에 영향을 준다. 대졸 엔지니어는 이론 지식을 강조하고 현장의 문제와 전문가의 정의를 강조하지 않는 교육 체계에서 배출된다. 그들은 자비심을 충성과 맞바꾸고 지속적인 훈련에 힘쓰는 고용 시스템 속에서 주어지는 엔지니어링 과업을 통해 관리자 직위까지 이어진 길을 지나간다. 경력 경로는 엔지니어의 관심사와 관리자의 관심사를 잇는 연속적인 현실의 끈을 제공하는데, 많은 정태적 분석에서 이를 간과했다. 물론 연봉 협상에서 흥분할 때처럼 '그들' 대 '우리'라는 감정이 '계급'이나 직업군의 언어로 표현되는 상황이 있을 것이다. 그러나 우리가 작업장과 노조에서 엔지니어를 조사한 결과가 보여주듯 자본주의 생산 조직에 대한 진지하고 일관된 비판을 기대하는 데는 분명 한계가 있다.

작업장과 노조의 엔지니어

국제 비교에서는 비슷한 것끼리 대상으로 삼아야 할 필요성 때문에 공식 통계를 다룰 때는 정의에 주의를 기울여야 한다. 1985년 인구 센서스에서 산업별 대졸 엔지니어의 위치를 보면 건축(22만 4100명), 토목 건축(26만 1300명), 정보 처리(32만 명)에 국가 엔지니어 집단이 대대적으로 집중되었음이 분명하게 나타난다. 교육 및 인력 통계에서는 통상적으로 건축가와 '소프트웨어 엔지니어'(시스템 분석가와 프로그래머)를 엔지니어에 포함시킨다. 이 논문은 주로 기계 산업에 종사하는 21만 2000명의 엔지니어에 대한 것이고, 이들은 1970~1985년에 77퍼센트나 성장했다.

일본 제조업에서 대졸 엔지니어 대다수는 대기업에 고용되어 있다. 1980년대 중반 일본 제조업의 기술 노동력에 대한 이즈미 다케오(泉武夫, Takeo Izumi)의 조사에 따르면, (법적으로 고용인 300명 이하인) 소기업은 25만 7000명의 엔지니어를 고용했다(표 1 참조). 대기업은 60만 6900명의 엔지니어 고용을 책임졌고 이는 제조업 기술 노동력 엔지니어의 70퍼센트에 해당한다.

일본어 기쥬츠샤(技術者)는 기술 전문가, 엔지니어 또는 기사(technician)

등으로 다양하게 번역할 수 있다. 이 용어는 보통 기술 자격을 갖춘 스태프를 기텐샤(gitensha)—오퍼레이터 수준의 숙련 노동자—와 구분할 때 사용한다. '엔지니어'와 '기술자'를 모두 포함하는 이 용어의 광범위함은 일본 작업장에서 직업 경계가 매우 모호하다는 것을 반영한다. 극소수 기업만이 별도의 '기술자' 범주를 규정한다. 이는 서구의 관행과 비교하면 전문 엔지니어와 수공업자 수준 엔지니어의 중간이다(표 2 참조). 10퍼센트도 안 되는 기업만이 인력 관리 정책에서 별도의 '기술자' 범주를 사용한다. 1000명 이상의 노동자를 고용하는 대기업의 25퍼센트가 '기술자'를 엔지니어로 대우하고 21퍼센트는 숙련 노동자로 대우한다. 반면 기업 중 가장 많은 수가 이들을 엔지니어와 기술자, 둘 다로 대우한다. 작은 기업일수록 대기업보다 기술자가 엔지니어로 대우받는 경향이 많다. 이처럼 불분명한 직업 경계는 일본 기업에서 융통성 있는 과업 지시가 가능해진 주요 요인 중 하나로 널리 알려져 있다. 이는 일본에서 근무한 외국인 엔지니어들의 설명에서 생생하게 드러난다. 웨스팅하우스(Westinghouse)의 연구 개발 엔지니어로 미쓰비시전기에 파견된 바사나비치(D. Bhasanavich)는 일정에 차질이 생길 때 이를 해결하기 위해 파견된 '유령 노동자들'에 대해 생생하게 설명한다. 초과 근무를 하면서까지 데이터를 세심하게 체크했던 이 3명의 젊은 '도제'는 알고 보니 컴퓨터 프로그램 개발자와 그의 동료, 그리고 바사나비치와 같은 급의 엔지니어였다.[57]

일본의 대졸 엔지니어는 작업장 또는 생산 현장과 오랫동안 친밀한 관계를 이어온 전통이 있고, 이는 일본 엔지니어의 전기(傳記), 기업의 인력 활용에 대한 비교 연구, 일본에서 근무한 외국 엔지니어의 관찰에서 분명하게 나타난다. 모리카와 히데마사(森川英正, Hidemasa Morikawa)는 이런 전통의 생명력을 메이지 시기부터 교육 시스템을 통해 가치 전수가 일어난

표 1 직업 및 회사 규모별 피고용인 수(명)

회사 규모–피고용인 수	(1) 사무직 노동자	(2) 엔지니어	(3) 숙련 노동자와 생산직 노동자	(4) 관리직	(5) 기사	(6) 계
1000 이상	505,100	464,600	1,850,000	220,600	108,700	3,381,700
300~999	240,100	142,300	783,200	100,300	46,800	1,594,300
100~299	238,900	125,500	798,000	128,400	50,400	1,813,300
30~99	216,400	132,200	677,700	144,900	54,100	1,756,200
계	1,205,000	864,600	4,108,900	594,200	260,100	8,545,500

출처: T. Izumi, "Survey of the Technological Labour Force in Japanese Manufacturing", Sagamihara 1984.
주: 범주 4, 5는 2, 3과 겹침.

표 2 제조업의 인적 자원 관리에서 기관 규모별 기술자 대우(%)

기관 규모	엔지니어	숙련 노동자 대우	엔지니어와 숙련 노동자 대우	기사 대우	불확실	무응답	기관 수
1000 이상	25.1	21.8	42.6	3.1	6.1	1.4	490
300~999	32.1	17.4	30.1	7.3	11.9	1.2	301
100~299	32.3	19.5	32.1	8.2	5.3	2.5	346
30~99	31.3	20.8	28.5	8.0	8.0	3.3	378

출처: T. Izumi, "Survey of the Technological Labour Force in Japanese Manufacturing", Sagamihara 1984.

데서 찾았다.[58] 그는 작업장을 대하는 일본 공학의 태도에 대해 가장 인기 있는 두 가지 설명, 즉 일본이 수입한 기술을 감당하기 위해 대졸 엔지니어에 의존했다는 것과 산업화 초기 일본이 심각한 관리 인력 부족을 겪었다는 점을 제기했다. 하지만 일본 엔지니어의 작업장 존중은 위의 두 가지 설명이 발생 배경으로 지목했던 상황이 끝난 이후에도 오랫동안 지속되었다. 모리카와의 설명 근거는 일본의 산업화 형성기에 작업 현장에 대한 존중을 강조하는 공학 기술과 실천 이데올로기가 발전했다는 것이다. 그는 이러한 이데올로기의 발전이 야마오 요조(山尾庸三, 1872년 산업성 차관)와 다이어(야마오가 산업성 산하 기술 칼리지 설립을 위해 초빙한 스코틀랜드 엔지니어) 때문이라고 보았다. 이들이 만든 대학의 교과 과정은 졸업생을 위한 실습 훈련을 매우 강조했다. 비록 뒤이은 도쿄대학의 교과 과정 개발은 이론과 수학 능력을 강조했지만, 대졸 엔지니어를 위한 실습 훈련 전통은 작업장에서 계속되었다. 군정 시기에 이루어진 교육 개혁 이후 분화된 복수 진로에서 단일 진로 시스템으로 전환되었고, 산업 개혁은 소유주의 통제보다 관리자의 통제를 강조했다. 그에 따라 대졸 엔지지어와 육체노동자의 친밀한 관계는 군정 시기의 교육 및 산업 개혁의 효과와 결합해 1945년 이후 한층 강화되었을 것이다. 기업의 훈련 방침은 원칙적으로 대졸 신입 사원을 생산 현장에 배치했을 뿐 아니라 인력 정책 역시 대졸 엔지니어와 육체노동자 사이에 공공연하게 존재하는 사회적 거리를 줄이기 위해 노력했다.[59] 기업 노조는 대기업의 모든 고용인이 같은 노조에 가입하는 것을 뜻한다. 연공 서열형 임금은 서구 산업 국가의 엔지니어와 현장 노동자보다 임금 차이가 더 작다는 것과 임금을 결정할 때 같은 원칙을 적용한다는 것, 둘 모두를 뜻한다.

일본 기업은 서구 기업보다 상대적으로 제조업 현장의 공학에 더 큰 비중을 두고 노력을 집중했다. 와이스(A. Weiss)의 전자 기업에 대한 관찰이 내용보다는 인상 중심인 반면 콜(R. Cole)과 야쿠시지 다이조(藥師寺泰藏, Taizo Yakushiji)는 일본과 미국의 자동차 공장을 비교해 더 체계적인 증거를 제시했고, 이를 통해 일본 제조업 공장에서 생산 노동자당 더 많은 엔지니어를 배치한다는 비슷한 설명을 확증했다.[60] 생산 영역에서 이렇듯 공학 활동에 집중하고 생산 현장을 '연구실(laboratory)'로 여기는 것은 생산과 공정의 점진적 혁신에서 일본 기업이 거둔 성공의 가장 중요한 요소로 인용되었다. 여기서 다시 생산에 동일한 위상을 부여하고 유능한 엔지니어가 설계와 제조 공정을 긴밀하게 조직화하는 일본의 공학 문화는 연구 개발에 훨씬 더 많은 특권을 부여하는 미국의 공학과 분명하게 대비된다.[61]

부르주아 사회과학자, 엔지니어, 사업가들이 작업장의 생산성과 국가 경쟁력에 일본 엔지니어가 얼마나 기여했는지를 놓고 논쟁한 것과 나란히 비평가들은 자본주의적 작업 조직과 생산에 대해서도 논쟁했다. 이 두 번째 논쟁의 초점은 일본 엔지니어가 테일러주의나 포드주의 모델을 뛰어넘는 작업 조직의 패턴을 고안해 자본주의 노동 과정에서 포스트포드주의라고 부를 만한 특별한 대안을 어느 정도 제공했는가 하는 문제다.[62] 미국식 자본주의 노동 조직을 비판하는 일부 급진적 비평가들에게 일본의 노동 조직은 경제적으로 더 성공을 거두었고 사회적으로도 더욱 수용할 만하다는 장점을 모두 가졌다. 케니(M. Kenney)와 플로리다(R. Florida)는 포스트포드주의적 생산의 특징을 결합 협업(combining teamwork), 직무 순환, 행동에 의한 학습, 유연 생산, 통합 생산 단지(integrated production complexes)로 파악한다. 이러한 생산의 사회 조직은 테일러식 기능 전문화, 직무 파편화, 탈숙련, 노동자를 소외시키는 조립 생산 라인의 작업 환경에 대한 안티테제를 뜻한다는 주장이다. 나아가 이런 형태의 생산을 사회가 수용하도록 떠받친 것은 일본식 고용 시스템의 다른 특징, 즉 전쟁 직후 시기에 심각한 산업의 불안정을 해결한 '계급 융화'의 일부로 형성된 특징인 것으로 보인다. 예를 들면 기업 노조, 종신 고용 등이 그것이다.[63] 그래서 일본식 작업 조직의 패턴을 다른 산업 국가에 이식하는 것은 진보적 발전인 것처럼 보인다. "포스트포드주의적 생산의 사회 조직은 절대 일본적 맥락에만 고유한 어떤 것이 아니라, 선진 산업자본주의의 여러 모습을 가로지르는 작업 조직, 산업 구조, 노동 관계에 극적 변형을 초래하는 것으로 나타난다."[64] 이 해석에 강력하게 도전하는 많은 연구자는 노동자가 단체로 저항해 관리자의 특권을 방해하지 않았던 조건 아래 포드주의적 원칙을 훨씬 효과적으로 적용함으로써 일본 자본의 경제적 성공이 비롯했다고 본다.[65] 모리오카는 일본의 매우 긴 노동 시간을 강조하면서 "슈퍼 착취" 테제를 언급한다. "일본의 노동자는 1983년 평균 2152시간을 일했다. 이는 서독 노동자보다 539시간, 프랑스 노동자보다 495시간, 미국 노동자보다 254시간, 영국 노동자보다 214시간 많은 수치다."[66] 마찬가지로 가토 데쓰로(加藤哲郎, Tetsuro Kato)와 스티븐은, 도요타주의는 포스트포드주의가 아니고 도요타주의의 해외 확장은 약해진 노동조합, 노동력 분업 증가, 원시적 형태의 사회 통제에 기초하기 때문에 진보적이라 보기 어렵다고 주장한다.[67] 일본 작업 조직에 대한 이런 긍정적·부정적 설명과 평가 중에는 노동에 대해 우호적이거나 비우호적인 요인을 모두 주장하는 좀더 신중한 불가지론적 관점도 있다. 예를 들어 세이어(A. Sayer)는 일본 다국적 기업을 유치한 국가들의 노동 운동은 일본 기업과 작업 조직 형태를 분석하고 이해하고 타협하기 위해 많은 노력을 기울인다고 주장한다.[68]

도요타의 작업 조직 패턴은 일본 전후 재건의 경제적·정치적 격동기였던 1940년대 말, 1950년대 초 오노 다이치(大野耐一)가 고안했고 이후 '일본식 작업 조직 모델'의 표준이 되었다. 자동차에 대한 특별한 관심이나 선입견이 없던 오노는 1932년 나고야고등산업학교를 졸업하고 도요타그룹 방적-방직 공장의 생산 엔지니어가 되었다.[69] 1943년에는 같은 그룹의 자동차 생산 부서로 발령을 받았다. 포드의 방법을 도입하려고 5년간 시도한 끝에 오노는 새로운 생산 철학을 결정했다. 그의 두 가지 주요 목표는 소규모 구역 생산(lot production)을 통해 제품 다양성에 대한 소비자의 기호를 충족시키는 것과 낭비를 없애는 것이었다. 오노와 동료 생산 엔지니어들은 모델 변경을 위한 설비 교체 시간, 부품 취급 시간, 부품과 제품의 재고를 줄이는 데 집중했다. 그래서 도요타 엔지니어들은 다층 공급자군을 조직하고 공장 배치를 개선하는 방법으로 설비 교체와 작업량 증가에 따른 비용 발생 없이 소규모 구역 생산의 이점을 누릴 수 있었다. 서구의 생산 시스템을 '밀어내기 생산 시스템(push production system)'이라고 부른다. 왜냐하면 하위 조립 라인(subassembly line)에서 필요한지 여부와 상관없이 부품을 생산해 내보내기 때문이다. 반면 '적시(just-in-time)' 시스템은 부품 생산을 생산 주문판(kanban)을 통해 통제하기 때문에 '당기기(pull)' 시스템이라고 부른다.[70] 낭비를 없애는 오노의 적시 생산 시스템을 강력하게 추진한 것이 노동자에게 미친 영향에 대해서는 논쟁이 많다. 하지만 오노의 입장은 노조와의 친밀한 관계를 통해 도움을 받았고 그는 1950년대 초에 이 시스템을 확립할 수 있었다.[71] 생산의 한도를 계속 확장하는 것이 노동자의 건강과 근로 의욕에 해로운 영향을 주었다는 주장이 제기되었다. 그중 가장 강력한 것은 저널리스트 가마타 사토시(鎌田慧, Satoshi Kamata)의 보도였다. 가마타는 1970년대 초 생산 과정에서 가장 불리한 노동자, 즉 임시 노동자로 잠입해 은밀하게 일했다.[72] 가마타는 군대식 규율과 노동 강화 앞에서 침묵하는 노조의 역할에 매우 비판적이었다. 그러나 임시 노동자들이 처한 극단적 조건은 기업이 노동 정책을 조정함에 따라 통과하는 단계였다는 주장이 제기되었다.[73]

기업 노조는 일본에서 가장 지배적인 형태로 1970년대에 전체 노조의 90퍼센트, 노조원의 80퍼센트 이상을 점했는데, 미국의 일부 산업 관계 전문가들은 이를 미성숙 형태의 노조라고 비판했다. 시라이 다이시로(白井泰四郎, Taishiro Shirai)는 노조가 이런 형태로 발전하는 데 영향을 준 가장 주된 요인은 내부 노동 시장에 이익이 되도록 하는 고용주의 전략이라고 여겼다. 이렇게 하면 여러 기업에 걸쳐 직능별, 직종별 노조를 조직하는 것이 어렵기 때문이다.[74] 고용주의 영향을 인정하더라도 전후 재건 초기에 일본 노동자들이 육체노동자와 사무직 노동자를 모두 포함하는 기업적 기초를 선댁했다는 점을 인식해야 한다. 그래서 일본 엔지니어는 영국, 미국, 독일 엔지니어에 비해 노조원이 되는 경향이 더 강했고 노조는 기업에 집중했다. 전자 및 화학 산업의 연구 개발 인력에 대한 나의 연구에 따르면 국가별 샘플에서 노조에 가입한 상대적 비율은 일본(60.5퍼센트, N=555), 영국(27.6퍼센트, N=449), 미국(0.8퍼센트, N=591), 서독(15.3퍼센트, N=386) 순이었다.

기업 노조는 공장 또는 작업장에 기초한 지부의 작은 구성단위부터 만들어지고, 기업 노조가 산업별로 연합함에 따라 더 큰 조직의 구성단위가 된다. 예를 들어 주요 전기 기업의 기업 노조들은 서로 연합해서 전기노동자연합(電氣勞聯, Federation of Electrical Workers)을 결성했다. 자동차 회사와 자동차노동자연합(自動車勞聯, Federation of Carworkers)에도 비슷한 패턴이 있다. 대부분의 대졸 엔지니어에게 노동 조직의 가장 중요한 측면은 지부 또는 작업장 조직이다. 사토 히사요시(佐藤壽芳, Hisayoshi Sato)는 전기 산업 대졸 엔지니어와 노조에 대한 그들의 태도, 회원의 열망에 대한 노조의 반응성에 대한 감정을 연구했다. 이 연구는 기업 수준 또는 연합 수준보다 지부 수준에서 더 크게 만족한다는 점을 확실히 보여준다.[75]

대기업 및 조직으로서 기업 노조와 엔지니어의 경력 이동에서 조직이 차지하는 위상의 이 밀접한 관계는 영국에서 근무한 한 일본 엔지니어에 대한 트레버(M. Trevor)의 설명에서 제대로 포착할 수 있다. 이 엔지니어에게 노조 대표를 맡았던 기간은 경력 개발의 일환으로 이해되었다.

> 생산 엔지니어로서 그는 부하 엔지니어를 훈련할 수 있도록 1년 동안 이론을 독학하고 자기 계발을 수행했다. 그는 또한 일과 후 3시간씩 6개월 동안 품질관리(QC) 과정을 이수했다. 이것으로 공식 훈련은 끝났지만, 그의 말을 들어보면 예를 들어 프로젝트 엔지니어로서 다른 공정을 볼 기회가 있을 때면 지속적인 학습 과정을 밟았음이 분명했다. 그는 자신의 철학이 보수적이라고 했지만 2년간 노조 대표를 맡기도 했다.[76]

사회 재생산에서 공학 교육

일본의 공학 교육은 일본 기업 자본주의의 강력한 기술 노력을 뒷받침하고 그 사회적 조직을 정당화하기 위한 일련의 숙련, 태도, 가치를 만들기 위해 형성되었다.

후쿠다케 다다시(福武直, Tadashi Fukutake)는 메이지 시대 일본의 지배 엘리트와 정치 엘리트가 고등 교육을 받은 집단이란 점에 주목했다.[77] 도어(R. P. Dore)는 이 고용-학벌 연결이 산업화 이전의 문화(특히 교육에 대한 유교적 존중과 사무라이 전통에 대한 지속적인 존경), 산업화 타이밍, 수입 기술을 잘 수용하고 새로운 사회 제도를 만드는 과정에서 나타난 "후발 개발 효과(late development effect)"가 뒤섞인 결과라고 주장했다.[78] 1885년 도쿄에서 첫 제국대학이 설립된 이후 가장 특권을 누린 학교는 공립이었다. 신분 상승과 일본 사회 구조를 정당화하기 위한 원천으로서 공공 교육 시스템의 역할이 인정되었고, 이는 1945년 이후 미 군정의 민주적 경제 개혁과 더불어 더욱 활성화했다. 재벌 기업에서 가족 소유가 와해되자 기업의 관리자 위계서열에서 경력의 중요성이 커졌고, 교육 시스템을 민주적으로 개혁하자 기업 경력에 접근하고 진입할 기회가 확대되었다. 공교육이 교육의 기회를 고도로 높였다는 가정은 '능력+근면=교육적 성취=엘리트 지위'라는 공식에 기초한 것으로서 교육-고용 연결이라는 대중적 인식으로 이어졌다.[79] 품성에 능력이 더해지면 최고 학교 입학 여부가 정해진다는 점을 고려해 고용주는 2~3류 학교에 진학한 사람을 2~3류 인간, 즉 능력과 성품에 결함 있는 인간으로 치부했다.

메이지 시대에는 교육 시스템에서 기술에 대한 집중적 관심이 계속 이어졌고, 그 결과 엔지니어와 과학자 비율이 약 6 대 1이 되었다(표 3 참조). 다른 모든 전공에 대해 엔지니어의 비율이 약 1 대 5라는 점은 특별히 예외적인 것이 아니다. 일본에서 매년 7만~8만 명의 학사급 엔지니어를 배출하는 것은 전후에 대중 교육 시스템으로 전환한 결과다. 이러한 팽창은 대부분 민간 영역에서 발생했다. 그 결과 일본의 학사급 엔지니어 약 69퍼센트는 사립대학 출신이고 국립대학 출신은 약 29퍼센트, 지방 정부가 세운 대학 출신은 약 2퍼센트에 불과했다. 국립대학의 공학 전공 학생은 긴 역사를 통해 잘 확립된 대학의 높은 평판과 더불어 1인당 더 높은 수준의 비용 혜택을 누린다(표 4 참조). 그래서 전후의 팽창에도 불구하고 전쟁 이전의 '시험지옥' 신드롬은 몇 안 되는 자리를 차지하려는 경쟁의 일부로서 계속 이어졌다. 경쟁 국면이 지속되는 것은 고용주들이 감탄하는 특성 중 하나다.

뚜렷한 직업 간 경계가 없다는 점은 교육 시스템 구조에 두 가지 방식으로 도움을 주었다. 첫째, 교과 과정이 광범위하고 이론적이었기 때문

표 3 1988년 대학교의 유형별, 전공별 재학생 수(%)

전공	국립	공립	사립	계
인문학	6.38	21.50	16.94	14.73
사회과학	16.02	34.95	46.13	39.13
교육학	21.65	2.87	3.44	7.47
미술, 음악	0.58	4.13	2.96	2.46
기타	3.67	0.94	0.79	1.43
자연과학	6.27	3.56	2.45	3.33
공학	27.83	11.68	17.70	19.78
농학	7.56	2.43	2.16	3.37
의학, 치의학	8.10	9.50	2.50	3.94
보건학, 약학	1.27	2.96	2.75	2.43
해운학	0.40	0.00	0.00	0.09
가정학	0.28	5.48	2.19	1.86
계	100.00	100.00	100.00	100.00
학생 수	114,999	6,050	247,000	368,000

출처: H. Muta, "Technological Manpower Supply and Education in Japan", Paper to the International Conference on Technological Manpower Policy, Seoul, February 1990에서 발췌. 계는 반올림.

표 4 대학교 유형별 공학/과학 전공 학생 1인당 경상비(1000엔)

대학 유형	1985	1986	1987
국립	1266.8	1278.2	1278.2
공립	1789.6	1908.2	1952.4
사립(주간)	742.8	773.6	n.a.
사립(야간)	368.0	366.4	n.a.

출처: H. Muta, "Technological Manpower Supply and Education"에서 발췌.

에 확실하게 정의할 수 있는 직업 전문성이 무엇인지 규정하기 어려웠다. 둘째, 특권과 자질의 높은 위계서열 때문에 대학, 기술대학, 초급 칼리지, 상급고등학교 졸업생 사이에 명확한 경계 설정이 어려웠다. 그래서 교육 시스템이 재능 있는 사람을 추려내고 점수를 매기는 기능을 하고 교육적 성취에 기초한 '교육 계급(education classes)'이란 개념을 만들지만, 교육 계급 사이의 경계는 명확하지 않다. 교육과 작업장의 여러 불평등은 본질적으로 능력주의 시스템이 작동한 결과로 널리 해석되었다. 그러나 이 몇 안 되는 최고 특권 대학에 입학하기 위한 싸움에서 경쟁 우위를 얻기 위해 부모가 돈을 들여 사립학교와 입시 학원에 보낼 수 있기 때문에 지금은 불평등한 학업 결과가 어느 정도 불평등을 초래하는지에 대한 새로운 의문이 생겨나고 있다.

새롭게 등장하는 흐름과 미래 이슈

특화를 향한 흐름

1980년대와 1990년대의 일본 기술 발전에서 놀랄 만한 의미를 지닌 분수령이 있다. 1980년대 산업계에서 연구 개발 센터의 새로운 물결이 생성되었다는 주장이 이를 분명하게 보여준다. 이를테면 1985년 쓰쿠바(포괄적으로 '과학 도시'라고 부르는)에서 열린 과학기술박람회(Science and Technology Exposition)와 간사이에 설립한 계획 과학 도시(planned Science City)에 대한 의기양양한 축하를 들 수 있다. 일본은 많은 영역에서 기술의 최첨단에 도달했고 더 이상 기술 추격자가 아니라는 정서가 강하다. 일본이 기술을 개척해야 하고 그렇기 때문에 기초 연구 개발 투자를 늘려야 한다는 주장이다. 이런 정서는 기술 개발 논리뿐 아니라 창의력이 부족한 '복제자(copyist)'라는 비난과 무역 마찰을 둘러싼 적대적인 분위기에 민감하게 반응하면서 커졌다. 창의력에 대한 일부 논쟁의 영향으로 기차역 가판대에는 국가적 인물에 대한 과장된 책을 비롯해 생물학, 인종주의 관련 책이 뒤섞여 진열되었다. 반면 이전 세대와 과거 경제 발전 단계에 기여했던 공학을 만들어낸 제도적 질서가 첨단 기술을 더욱 발전시키며 앞으로 나아가고 있는 일본의 비전에 얼마나 기여할지에 대한 좀더 진지한 논쟁도 있다. 이런 논쟁은 엔지니어 형성의 교육적 및 산업적 측면에 모두 함의를 가지고 있다.

일본의 연구 인력에 대한 공식 통계는 대학의 모든 교수진을 연구자로 기록하는 관행 때문에 총체적으로 부풀려져 있다. 서구의 많은 관찰자는 일본의 465개 대학 가운데 몇 개 정도만 세계 수준의 연구 기관을 보유한 것으로 본다. 비록 석사 과정과 산업 연구 개발을 위한 석사 출신의 신규 임용이 빠르게 늘어났지만 학과의 고자(講座: 일본 국립대학 내 연구 조직의 기본 단위. 흔히 교수 1명, 부교수 1명, 조교수 2명 및 몇 명의 대학원생으로 이루어짐—옮긴이) 조직과 관료적 경직성은 학제 간 활동을 방해했다. 문부성이 교과 과정과 교과서 인증에서 매우 중앙 집권화한 통제권을 행사하는 것이 교육 경험에서 균일성을 강조하는 특징을 가진 시스템을 만들었다. 학생들의 인지 능력 성과를 국제적으로 측정하는 시험에서 탁월한 성적을 거둔 덕분에 이 정책은 정당화되었지만 비판적이고 독립적인 판단을 하려는 성향을 억눌렀다. 입학시험을 개혁해 입시를 좀더 융통성 있게 하고, 좀더 특징적인 교육 프로그램을 키우고, 대학에서 기본 연구를 촉진하고, 대학원 교육을 과감하게 개혁하려는 정책은 교육개혁국가위원회(National Council on Educational Reform) 1984~1987년 보고서에서 논의되었다. 그러나 기존 시스템이 오랫동안 성공적이었던 데다 실패가 증명되지 않았고, 이 시스템이 매우 강력한 기존 이해관계를 포함하기 때문에 개혁을 방해하는 요소로 작용한다.[80]

일본 대기업의 인력 관리 시스템 역시 균일한 경험을 갖도록 하기 위해 조직되었다. 과거에는 이런 특성이 엔지니어의 유연성을 키우고, 기업 업무 전반에 헌신하며 새로운 임무를 기꺼이 맡을 수 있도록 고무하고 지원해 기업의 성공적 목표 달성에 기여한 것으로 보였다. 일부는 미래에도 이 시스템을 통해 특화된 기술자를 원활하게 공급하고 보상할 수 있을지 의심한다. 트레버는 이 시스템이 북아메리카 및 영국과는 좀 다른 개념의 '전문직주의(professionalism)'를 만들어낸다고 주장하는데, 이때의 전문직주의는 일반 기술과 특화된 기술을 모두 발전시키는 데 도움을 준다.[81] 반면 프리드먼(A. Friedman)의 주장에 따르면 전통적 인력 관리 시스템은 다방면에 박식한 기술자(generalist)를 만들어내기 위해 추진되었는데, 현재는 이 시스템이 컴퓨터 기술에 특화된 기업의 수요 증가를 충족하기 어렵다는 점이 드러나고 있다.[82] 프리드먼은 기업이 인력 시스템을 변경하기보다 시간제 노동(종신 고용 시스템에 속하지 않는)과 특화된 소프트웨어 회사와의 하청 계약을 결합하는 방법에 의존했다고 주장한다. 프리드먼은 일본에서 소프트웨어 보급이 상대적으로 취약한 것은 적어도 부분적으로는 이러한 긴장 관계 때문이라고 본다. 소프트웨어 문제는 인력 정책이 고용인을 특정 업무 및 직업 특수성과 관련해 명백히 규정하기 어렵게 만드는 다른 영역으로도 확장될 수 있다. 나는 장기적인 연구 개발과 기업의 새로운 경력 및 기술 개발 시스템 발전을 위해 설립된 신규 연구 개발 센터에 대해 연구했는데, 여기서도 비슷한 이슈가 나타났다. 기업은 외국인 연구자와 더 많은 경력 사원을 고용하거나 외국 노동 시장을 이용하기 위해 일부 연구소를 해외에 설립함으로써 인력의 배경을 더욱 다양화하려고 노력 중이다. 그러나 이들은 아직 아주 작은 벤처 기업이고 기존 질서에 별다른 위협을 주지 못한다. 이중 경력 사다리(dual career ladder)와 분리 호봉(separate pay scale)에 대한 요구는 전통적 인력 관리와의 분명한 단절을 보여준다. 1970년대 말과 1980년대 초 여러 기업에서 이중 경력 사다리와 '전문' 직위를 도입했다. 석유 파동 이후 경제 성장이 둔화함으로써 전통적인 경로에서 관리자로 승진할 수 있는 비율이 줄어들자 대체로 경력 발전의 대안적 정의를 제공하기 위한 목적이었다.[83] 그래서 증대된 분화를 향한 단계를 나타내는 이중 경력 사다리가 어느 정도인지에 대한 묘사는 다소 혼란스럽다. 아직은 연구 개발 직원에 대해 분리 호봉제를 실시하는 기업이 거의 없다. 경영 측의 압도적 반응은 전통적 인력 관리 방식을 아주 약간만 변형한 채 유지하려는 것처럼 보인다. 대기업은 종신 고용과 내부 노동 시장을 통해 자사의 엔지니어 대다수를 회사가 추구하는 바에 따라 계속 묶어놓으려 작정한 듯하다.

변화하는 경제와 대안 경력

경력 사원 고용의 양면성에 더해 공학 전공자들이 졸업 후 곧장 금융권에서 일자리를 찾는, 아직은 미약하지만 성장 중인 흐름에 대해 다소 복합적인 정서가 있다. 오랜 전통을 지니고 존경받는 철강 회사, 성공이 눈에 보이는 자동차 회사, 활기찬 전자 회사나 더 최근의 스릴 넘치는 벤처 회사든 상관없이 대규모 산업체는 오랫동안 대졸 엔지니어의 주된 고용처였다. 그러나 경제와 금융권의 성장이 대졸 엔지니어를 매혹해 더 넓은 경력 선택의 영역으로 이끌었다. 금융권의 대졸 엔지니어 고용 증가에는 다음과 같은 몇 가지 요인이 있다. 요컨대 금융 서비스의 전산화와 기술 지식을 가진 신입 사원의 필요성, 전공에 상관없이 능력 있는 대졸자를 고용하려는 욕망(아울러 앞서 살펴본 것처럼 국립대학의 공학부는 능력 있는 남학생의 비중이 높다), 일본 학부 교육이 특화하지 않았다는 점, 금융업이 제조업보다 높은 평균 임금을 제안한다는 점이다.[84] 여전히 존중받지만 어려움을 겪는 중공업에서 도쿄대학과 도쿄공업대학의 졸업생 중 은행에 들어가는 사람의 비중이 증가하는 현상을 가장 예민하게 감지하고 있다. 그러나 이는 최고로 유능한 대졸 엔지니어의 포부와 관련해 약간의 논쟁을 촉발했다. 공학 전공 졸업생의 대학 입학시험 성적과 최종적인 고용처 사이의 상관관계에 대한 무타 히로미쓰(牟田博光, Hiromitsu Muta)의 연구는 능력 있는 학생일수록 금융권에 취업하는 경향이 강하다는 것을 보여준다. 경제와 고용 기회의 다양성이 증가하고 있음을 인정하더라도 이 작은 흐름은 일본의 강한 기술력을 약화시킬지도 모르는 불길한 일로서 경각심을 갖고 지켜봐야 한다.

'생산제일주의'의 사회적 비용

성공적인 산업화에 높은 우선순위를 둔 결과 생긴 사회적 비용의 문제라는 특징은 일본 경제사와 사회사에서 되풀이되었다. 젊은 세대의 동기(motivation)에 대한 의구심은 메이지 시대 이래 계속된, 일본 정부를 특징짓는 '생산제일주의' 정책에 대한 비판 중 하나라고 볼 수 있다. 이러한 비판은 경제와 정치 발전에서 일어난 왜곡, 환경의 질적 저하와 장시간 노동에 따른 건강 악화로 발생한 사람들의 희생에 폭넓게 걸쳐 있다. 내가 지금 수행하고 있는 산업 연구 개발 직원에 대한 조사를 보면 일본, 영국, 미국, 독일 표본 집단의 주당 평균 근무 시간은 각각 53.1, 41.3, 46.5, 46.2시간이었다. 그러나 일본의 근무 시간을 생각할 때 동료, 상사와의 잦은 회식도 포함해야 한다. 긴 시간 동안 회사와 관련한 활동을 한다는 것이 더 제대로 된 설명이라고 할 수 있다. 더구나 엔지니어가 불만족하는 가장 중요한 요소는 직원 부족과 과로한다는 느낌이다. 과로사는 엔지니어에 국한된 것은 아니지만 일본 샐러리맨의 라이프스타일에 대한 비판의 일부로서 점차 많은 주목을 끌고 있다.[85] 그러나 이런 현상과 대기업의 공학 인력이 받는 과도한 요구는 대졸 엔지니어가 잠재적으로 돈을 더 많이 버는 금융업이나 서비스업의 취업 전망에 관심을 갖는 현상을 어느 정도 설명해준다.

엔지니어로서 여성

엔지니어 수가 크게 증가한 것은 주로 젠더 구별이 매우 뚜렷한 교육 시스템을 통해 입학 자격을 잘 갖춘 남자를 배출한 덕분이었다. 4년제 대학은 주로 남학생의 구역이었던 반면, 2년제 초급 칼리지는 '여성의 진로'가 되었다. 대학 수준의 학생에서 여학생 비율은 대부분의 다른 산업 사회보다 낮았고 1975~1981년에도 약 22퍼센트로 큰 변동이 없었다.[86] 엘리트 대학인 도쿄대학에서 여성은 1980년 입학한 전체 학생의 7퍼센트도 안 되었다. 1981년 도쿄대학 여학생의 60퍼센트 이상이 문학, 교육학, 가정학을 전공했고 4퍼센트도 안 되는 소수만 과학이나 공학을 전공했다.[87] 초급 칼리지 학생의 거의 90퍼센트가 여학생인데 이들은 인문학, 사회과학, 가정학을 전공했다. 1퍼센트도 안 되는 초급 칼리지 여학생만 공학을 공부했다. 전체 초급 칼리지 학생의 5퍼센트만(그것도 주로 남학생) 공학을 공부했다. 공학 교육 과정은 주로 35개 국립 초급 칼리지에 몰려 있는데, 이들 학교에서 공부하는 여학생은 초급 칼리지에 다니는 전체 여학생의 2퍼센트에도 못 미친다.[88] 488개 사립 초급 칼리지는 대체로 상대적으로 비용이 적게 드는 비서직과 국내 과학 노동력 공급의 수요를 충족해왔다.[89] 1960년대에 계획된 교육 팽창이 산업의 요구를 충족하지 못할 것이라는 의견이 초급 칼리지와 동등한 새로운 교육 기관의 발전을 촉발했다. 그러나 초급 칼리지가 가진 여성 이미지, 가정경제학 이미지에서 벗어나기 위해 이들 새로운 대학은 5년제 기술대학(상급중등학교 교육 3년 및 초급 칼리지와 동등한 교육 2년)으로 기획되었다. 남학생이 거의 100퍼센트인 이들 학교는 공학에 집중한다.

소프트웨어 엔지니어에 대한 수요가 빠르게 성장함에도 이를 충족하기 어려워지자 1980년대에 기업들은 여성 엔지니어를 고용했다. 좀더 회의적으로 바뀐 노동 시장 상황과 새로운 평등 기회 입법화가 변화의 전망을 주었다. 종신 고용과 공장 또는 기업에 국한된 계약자가 핵심인 회사라는 기초 위에 노조 조직이 있기 때문에 경영 활동에 대한 효과적이고 조직적인 도전은 거의 없었다. 그래서 차별을 공격하는 유일한 방법은 소송이었다. 1986년 4월에 발효된 '1985년 고용기회평등법(1985 Equal Employment Opportunity Law)'은 직업 훈련, 복지, 은퇴와 해고에서 성차별을 금지했다. 그러나 기업의 인력 관리에서 주요 변화, 특히 종신 고용과 관련한 변화와 여성 노동력 공급 패턴의 변화, 그중에서도 가사노동 분업과 관련한 변화가 없다면 이 법은 별다른 영향을 주지 못할 것이다.[90] 파견 근무 기간 동안 바사나비치는 성별에 대한 고정관념이 작업장에 깊이 배어 있음에 주목했다. 여성 엔지니어는 차(tea)나 점심 도시락과 관련한 '부수적인 업무'를 하도록 기대되었고 수당이 있든 없든 과도한 초과 근무를 요구받았기 때문에 남성과의 경력 경쟁에서 어려움을 겪었다.[91]

결론

엔지니어는 일본 산업 발전의 몇몇 결정적 단계에서 중요했다. 국가와 대기업은 그들의 지식과 기술에 대해 강력하고 분명한 수요를 갖고 있었다. 무기 공장에서 조선·철도·전신·섬유에 이르기까지 국가 지원 프로젝트를 위한 엔지니어 수요와 다이어대학, 제국대학, 그리고 부분적 지원 기관을 통한 엔지니어 공급 모두를 감당하려는 메이지 정부가 이를 강력하게 뒷받침했다. 제국의 야망과 1930년대 만주 개발은 엔지니어의 수요와 공급에 또 다른 활력소를 제공했다. 1945년 이후 기업 자본의 산업적 발전을 이룰 때 통산성은 '행정 지침'을 통해 강력한 후원 역할을 했지만, 국가의 역할은 이전처럼 공공연하지 않았다. 공급 측면에서 교육성은 외국인이 감탄할 정도로 많은 대졸 엔지니어를 공급한 교육 시스템 확장을 감독했다.

이들 엔지니어를 일본의 계급 구조 속에 위치 짓는 것은 사회학적 분석이 필요한 중요한 문제를 제기한다. 중간 위치에 있는 사람들에 대한 계급 분석과 노동 및 자본이 충돌하는 모순적 요소에 대한 평가라는 친숙한 문제 이면에는 일본 사회에서 계급 범주의 사용과 그 타당성에 의문을 제기하는 더 깊이 있는 시도가 있다. '계급'이 일본에서는 타당하지 않다는 견해를 받아들이지 않는다 하더라도, 계급이 젠더·교육·나이 같은 다른 많은 관점과도 어려운 싸움을 치르고 있다는 점에는 동의해야 한다. 지위의 불일치는 어찌 보면 산업자본주의 사회의 중간 계급에 공통된 문제일 수 있다. 그러나 일본의 기업 자본은 계급에 앞서 젠더, 교육, 나이 기준을 강조하는 핵심적인 종신 고용과 직업보다 위에 있는 회사의 권리를 옹호하는 고용 관계 및 인력 관리 시스템을 고안했다. 젊은 대졸 신입 사원은 그의 젠더가 공학 세계의 주어진 '자연 질서(natural order)'의 일부라는 점을 받아들일 것이다. 그러나 그는 자신이 그 세계와 회사에 들어가는 것을 자신의 장점, 교육 시스템 속에서 자신의 노력과 칭찬할 만한 학업 성취에 대한 정당한 보상으로 여기는 경향이 있다. 회사 기숙사와 훈련 프로그램에 들어가면 그의 이후 경력 발전은 전문성에 대한 시장의 등급은 물론 심지어 같은 회사의 다른 연령대 사람과 비교되는 게 아니라 자기 동기 그룹에 견주어 평가받을 것이다. 엔지니어에게 불만이 있을 수 있지만 그 불만은 직업이나 계급의 관점이 아니라 개인 관점에서 표현되는 경향이 있다. 직업 또는 계급적 표현을 드러낼 조직체가 일본 엔지니어 사이에는 별로 발전하지 않았다.

결원과 기회를 알려주는, 절취 가능한 엽서를 포함한 리쿠르트 컴퍼니(Recruit Company)의 두꺼운 책들이 엔지니어를 좀더 열린 노동 시장으로 불러낼 수도 있다. 그러나 대다수를 위한 패턴은 종신 고용 시스템 내에 남아 있는 것으로 보인다. 기업 자본주의의 제도 구축 단계에서 일본은 노동계의 사회화를 위한 강력한 메커니즘을 개발했다. 그 기본 요소는 1920년대와 1940년대에 계급 투쟁을 미연에 방지하기 위해 개발되었는데, 변화가 심한 경제의 부침이 발생했을 때에도 건재함을 증명했다. 그러나 기업 자본주의가 상당한 구조 조정을 겪고 있는 상황에서 이런 요소는 일부 새로운 도전에 직면한다.

국내에서는 좀더 특화된 노동력을 제조업에 끌어들여야 할 필요성이 일본 기업에 과제를 던진다. 해외 진출의 필요성은 도전거리를 주었다. 국내, 해외 모두 이러한 경향은 최근의 일이고 전망은 아직 불투명하다. 그러나 기업이 공학의 특화 문제를 해결할 제도적 틀을 개발할 것이라고 믿을 만한 근거가 있다. 어떤 점에서는 일본 기업의 글로벌 확상이 더 흥미로운 문제다. 일본 제조업체는 해외에서, 종종 산업 국가의 고실업 지역에서 제조업 사업부를 일으키는 데 성공한 것으로 나타난다. 일본 제조업체는 전자제품 조립에서는 주로 여성 노동을, 자동차 조립에서는 남성 노동을 활용해 생산성과 수익성 기준으로 볼 때 만족스러운 성과를 거둔다. 그러나 만일 이런 공장이 조립 단계를 벗어나 제품과 공정에서 더욱 혁신적이 되면 일본 기업은 일본과는 다른 전통과 형성 과정을 거친 외국인 엔지니어를 고용해야 할 것이다. 일본 자본의 글로벌화가 공학 노동의 국가별 다양성을 성공적으로 감당할 수 있을지, 그리고 감당한다면 어떻게 할지는 다음 연구를 위한 문제다.[92]

2부

결론

8

기술 노동 조직에 대한 비교사적 조망

피터 메익신스 · 크리스 스미스

앞 장들에서는 선진 산업자본주의 6개국 엔지니어의 형성 과정과 사회적 지위를 다루었다. 서로 다른 자본주의 국가에서 엔지니어의 역할과 위상은 매우 다양하게 나타났다. 현저한 차이를 보이는 6개국에서 엔지니어의 관리와 노동은 어떻게 연결되어 있을까? 더욱이 '엔지니어'의 정의, 기술 노동에서 노동의 분업, 그리고 엔지니어의 사회적 위상 또한 다양하다. 이러한 다양성을 어떻게 이해해야 할까?

6개국 연구를 통해 드러난 국가별 다양성은 분명 산업 사회 이론에 본질적으로 내재된 주요 가정, 예컨대 자본주의 발달 과정에 대한 일부 마르크스주의자의 설명에 의혹을 제기한다. 일반적으로 산업 사회 이론에서는 동일한 기술과 (혹은) 정치경제적 조건은 결과적으로 엔지니어를 비롯해 자격을 요하는 전문 노동 계급을 창출하기 위한 방법과 노동 분업이 유사한 양상으로 전개되리라는 점을 전제한다.[1] 마찬가지로 마르크스주의 이론에서도 자본주의 발달이 국가 간 차이를 해소하고 수렴하는 방향으로 나아간다고 전제하는 경향을 보여왔다. 특정 국가의 문화와 사회경제적 구조는 근원적으로 자본주의 생산 양식, 그리고 범국가적 자본주의 시스템의 글로벌 영역의 증가에 의해 균질화하는 결과를 거스를 수 없다. 어쨌든 국가적 특성이란 결국 사라져야만 할 자본주의 이전 시대 전통의 잔재로서 '후진성'의 증거로 여겨진다.[2]

성공적으로 발전한 자본주의 경제 체제에서 기술 노동 조직이 명백히 다양한 방식으로 실행되는 게 사실이라면, 이러한 논거는 분명 폐기해야 한다. 하지만 이것이 '자본주의' 개념을 전적으로 폐기해야 하고, 대신 다양한 자본주의 혹은 단순히 다양한 경제가 존재하므로 모든 근원적인 구조적 생산 양식의 존재를 부인해야 한다는 의미일까? 현대 일부 경제학자나 사회학자는 그렇다고 말한다. 각 사회는 독특하고, 차별화한 제도·전통·문화를 내포하고 있으며, 그들 고유의 차별화한 경제 구조 패턴, 노동 분업 등을 발전시킬 '자유'가 있다는 것이다. 이런 관점에서 생산 양식을 분석하는 일은 기껏해야 첫걸음에 불과한데, 다양한 현대 사회에서 발전된 사회적 합의의 다원성을 설명할 수 없기 때문이다.[3] 이 관점을 수용한다면 수렴 현상을 사회나 기술 등에 내재된 구조의 균질적 효과의 결과로 설명하든 혹은 한 사회에서 다른 사회로의 '모범 사례' 확산과 글로벌 학습 과정을 통해 설명하든 사실상 수렴 현상을 예견하는 어떤 이론도 거부해야 할 것이다.

이번 장에서는 6개국의 사례 연구를 통해 현대 사회에서 엔지니어 경력의 다양성과 국가별 불연속성이 드러나는 정도가 자본주의를 관통하는 공통점이 거의 없는지, 따라서 자본주의가 노동과 자본 사이의 구조적 질서를 창출해낸다는 견해가 무의미해지는지 살펴볼 것이다. 우리는 공학 노동의 다양한 조직에 반영되었을 사회 및 경제 조직과 관련해 국가별 차이의 지속성을 인정하고 이해하는 일이 중요하다는 점을 지적할 것이다. 하지만 우리는 '우발성' 이론 역시 거부한다. 이 이론은 우리가 검토한 여섯 사례에 나타나는 중요한 보편적 요소를 무시하고 차이에만 초점을 맞추기 때문이다. 그렇다고 앞서 간략하게 묘사한 여러 부적설한 버진의 '수렴 이론'으로 되돌아가자고 제안하려는 것은 아니다. 그보다는 자본주의 발전에 대한 마르크스주의적 설명을 다시 살펴봄으로써 자본주의의 근본적인 구조적 실재와 국가적 차이의 지속성 모두를 이해하는 길을 제시하고자 한다.

다른 글에서 논했듯 마르크스 이론의 '구조적 우발성' 버전은 딜레마로부터의 탈출구를 제시한다.[4] 이는 근원적 생산 양식을 고정된 구조로 이해하는 것이 아니라, 모든 자본주의 사회가 그 속에서 작동해야 하는 공통의 문제 및 범주를 수립하는 일련의 역동적인 구조적 관계로서 이해하는 것을 의미한다.[5] 자본주의 사회는 이 공통의 문제와 씨름할 수밖에 없지만 정해진 하나의 해결책이 존재하지는 않는다. 자본주의가 국가의 제도적·역사적 특성과 상호 작용하면서 만들어낸 압력에 따라서, 그리고 계급 관계와 투쟁의 예측할 수 없는 역학 관계에 따라서 다양한 해결책이 있을 수 있다. 이와 동시에 가능한 결과의 범주가 무한한 것은 아니다. 자본주의를 단순히 그 자체로서 비자본주의(un-capitalism)로 규정할 수는 없으며, 다른 제도 혹은 근원적으로 역동적인 생산 양식과 온전히 양립할 수 없는 지속적인 제도적 장치로 유지할 수도 없다. 이런 관점을 기술 노동의 조직화 사례에 적용해 설명해보자.

1장에서 논의했듯 그리고 여섯 사례 연구의 신중한 검토가 보여주었듯 모든 발전된 자본주의 국가에서 실제로 엔지니어 사이에 중요한 구조적 유사성이 존재한다. 요컨대 근대 산업자본주의의 조건은 다수의 중재 역할을 하는 노동자(intermediate workers)의 고용을 요구한다는 점을 지적할 수 있다. 산업이 크게 확대되어 더 복잡해지고 기술적으로 더 정교해지면서 기업은 다양한 그룹의 기술직 노동자를 필요로 하게 되었다. 이 기술직 노동자는 산업화 과정과 생산품을 디자인하거나 노동자와 생산 설비의 작동을 관리 감독하는 업무를 맡았다. 그 결과 면허를 소지한 기술직 노동자 '계급'에 관리를 의존했다. 관리자는 생산 설계와 제조 시스템을 기획하는 일을 더 이상 그들 스스로 수행하거나 상대적으로 비숙련적인 노동자에 의존할 수 없게 되었다.[6]

기술직 노동자가 고용주와 육체노동자 양쪽 모두를 중재하는 층위의 관계는 복잡하다. 한편으로 고용주 입장에서는 자신들의 기업이 이윤을 남기려면 엔지니어 같은 검증된 고용인에 의지해야 한다는 점에서 엔지니어는 고용주에게 매우 중요한 존재다. 하지만 고용인으로서 엔지니어는 고용주에게 관리 문제를 초래한다. 어떻게 그들이 기술직 직원의 업무를 만족스럽게 수행하리라고 확신할 수 있는가? 다른 한편으로 엔지니어는 작업장 내에서 일종의 결정권을 쥐고 있다. 비록 생산직 노동자와 직접적 접촉을 하지는 않지만, 그들의 기획·명세·지시·공정은 상사로서 노동자에게 부과하는 강압적 지시인 것이다. 따라서 다른 부류의 고용인 관계에서와 마찬가지로 긴장을 유발하는 요소가 존재한다.

기술직 노동자에 대한 우리의 비교 연구는 이들의 모호한 중재적 역할로 인해 많은 문제가 끊임없이 제기되었음을 보여준다. 첫째, 산업은 검증된 기술 노동에 의존하며, 따라서 그와 같은 많은 기술직 노동자를 양성하고 모집하는 방법을 찾아야 한다. 둘째, 이 필연적인 기술 노동을 수행하도록 노동 분업이 형성되어야 한다. 셋째, 기업 내에서 다양한 부류의 '중재자로서' 기술직 노동자와 다른 계급과의 관계를 규정해야 한다.

이 어려운 문제에 대한 '모범적인' 어떤 해결책이 존재하지는 않는다. 오히려 반대로 기술직 노동자의 역사는 이 딜레마를 어떻게 해결할지를 두고 고용주와 다양하게 분리된 기술직 노동자 계급 사이에 진행되고 있는 투쟁, 흔히 정부와 다른 사회단체가 관여하는 투쟁의 역사로 그려진다.

엔지니어의 배출 방법 역시 무한정 다양하지는 않다. 미국의 경우 엔지니어는 일종의 관리자 집단으로 여겨지는 반면, 영국에서는 그러한 시각이 매우 미약하고, 모든 나라에서 엔지니어가 관리자에 해당하지는 않는다. 두 집단 사이의 관계는 늘 모호하게 나타난다. 이런 점을 엔지니어를 대표하는 집단의 형태로 설명해보면, 미국과 영국의 경우 모두 전문가 협회가 엔지니어 의식을 형성하고 이데올로기적으로 체계화하는 데 중요한 역할을 담당했다고 볼 수 있는 반면, 일본·독일·프랑스·스웨덴의 경우에는 이런 경향이 나타나지 않는다. 영국과 미국에서 엔지니어 노조의 형성 비율이 큰 차이를 보이는 데 반해, 영국·독일·스웨덴에서는 유사한 비율로 나타난다. 이것이 의미하는 바는 엔지니어를 배출하고 제도화하는 방식이 반드시 사회에 따라 특수성을 띠는 것은 아니라는 점이다. 좀 더 검증해봐야겠지만 우리는 여러 측정 수단을 통해 보편성과 불연속성을 확인할 수 있다.

이미 지적했듯 우리는 이 문제에 대한 구조주의자 및 문화주의자들의 접근 모두에 만족하지 못한다. 엔지니어를 배출하는 방식이 무한정 다양하다거나, 그렇다고 단일한 방식도 아니라는 점에 동의한다면, 어떻게 다양한 경로가 구축될 수 있었는지를 제시하는 것이 필요하다. 6개국 엔지니어 사이의 유사성과 차이점을 임의적으로 대조하고 비교하기보다는 이들 국가 내에서 형성된 경험적이고 역사적인 패턴으로부터 특정 모델이나 타입이 존재하는지 찾는 것이 더 현명할 듯하다. 근원적인 구조적 실재가 존재하지만, 그 결과는 다양한 방식으로 나타난다는 것을 우리는 알고 있다. 아울러 다양한 제도적 형태가 존재하지만, 무한정 다양하지는 않다는 사실도 알고 있다. 국가, 자본, 노동, 직업 단체 등의 작동 요소는 모든 사회에 공통적이지만 서로 다르게 조직되어 있다는 사실 또한 알고 있다. 이어지는 절에서는 자본주의 내에서 엔지니어 배출과 관련한 다양성 범주의 모델을 구축하기 위해 자본주의 6개국에서 이러한 힘들이 어떻게 작동했는지 검토할 것이다.

기술 노동 조직의 네 가지 모델

우리가 조사한 6개국 분석은 기술직 노동 조직에 대한 네 가지 주요 접근법을 보여준다. 그림 1은 이 서로 다른 모델의 주요 요소를 나타낸다. 각 모델은 기술 노동력을 생성하고 기술직 노동자의 사회적 위상을 정의하는 데 있어 서로 다른 전략을 보여준다. 물론 이 네 가지 모델은 추상적 개념으로, 어떤 나라도 단일 시스템으로 완전히 예시되지는 않는다. 실제로 많은 경우 한 국가의 기술 노동의 조직화 방식은 이 시스템의 몇 가지 요소가 결합되어 있다. 한 국가 내에서 다양한 산업마다 다른 모델이 지배적인 경우도 있을 수 있다. 그럼에도 불구하고 이 추상적 개념을 통해 각 국가의 경험에서 진정 차별화되는 것이 무엇인지 발견하는 데 도움을 줄 것이다.

장인 조직(craft organization): 이 모델에서 기술 노동의 광범위한 대다수는 육체노동직 위계의 '꼭대기'인 것처럼 규정 및 조직되어 있다. 기술직 노

그림 1 기술직 노동자의 형성과 조직의 네 가지 모델

유형	채용	지위	노동 시장	조직 형태
장인형	두제 제도	육체노동자에 근접	노동 시장 안팎 모두	직종별 노조
관리형	정규 교육	관리자에 근접	노동 시장 안팎 모두	취약한 전문직 단체
서열형	자격증 등급	지위에 따라 다름	지위에 따라 다양	지위에 따라 다양(전문직 협회에서 노조까지)
기업 중심형	정규 교육	노동자와 관리자 양쪽 모두	기업별 특수성(관리자가 될 수 있음)	기업 노조(직종별 노조 없음)

동자는 전통적 장인 방식과 유사한 방식으로 배출 및 조직된다. 이런 방식의 기술 노동 조직의 주요 특징은 기술직 노동자가 도제 제도와 견습 방식을 통해 기업이나 '장인 공동체' 내에서 숙련 기술의 습득에 의존해 형성된다는 점이다. 이 방식은 기술직 노동자에 이르는 방법으로서 제도적이고 추상적인 교육을 통한 자격증 체제와 뚜렷한 대립을 보인다. '엔지니어'는 자격증 소지를 통해서가 아니라 실천적 경험의 근면한 습득을 통해 만들어진다. '엔지니어', 기술자(technician), 숙련된 육체노동자 사이에 자격증을 통해 구별되는 뚜렷한 '계급'의 벽은 없다.

이러한 형태의 기술 조직은 동질적이면서도 고도로 분화된 전문직 집단을 형성한다. 한편으로는 기술 노동 내의 계층화를 위한 토대로 기능하는 제도적 자격이 없으므로 모든 엔지니어가 근본적으로 동등하다. 하지만 다른 한편으로는 엔지니어의 숙련도가 제한적이고 특화해 있으며 기업마다 특이성을 보인다. 특정 작업장에서 자신의 '일'을 배우기 때문에 그들의 전문 기술을 좀더 잘 '전수할 수 있도록' 해주는 공식적인 자격증이 없는 이런 유형의 엔지니어는 개인 회사나 그들 내부의 노동 시장에 매달리게 된다.

또 이러한 형태의 기술 조직에서는 엔지니어의 위상이 상대적으로 낮다는 점이 눈에 띈다. 여기서 기술직 노동자는 장인 노동자와 같은 방식으로 배출되며 일종의 육체노동자로 여겨진다. 작업장에서 엔지니어는 현장 경험을 하므로 이들이 기술자인지 노동자인지의 구분이 흐려진다. 자격 편중주의를 거부하고 경험을 강조함으로써 육체노동자는 엔지니어의 지위로 '격상'될 수 있다. 그 결과 엔지니어와 관리자 사이에 엄격한 구분이 뚜렷해진다. 엔지니어의 '육체노동' 기술은 관리직에 적합한 경력을 제공한다고 여겨지지 않기 때문이다. 하지만 이러한 기술 노동 시스템이 엔지니어 사이에 우월감과 배타성을 만들어내는 경향이 있는 것 또한 사실이다. '장인' 노동자처럼 이들도 기술과 재능의 위계에서 엘리트로서 스스로를 생산적 노동력의 최고 위치에 있다고 여긴다. 이들은 육체노동자로 간주되지만, 숙련도가 덜하거나 없는 하층 육체노동자에 적대적이고 그들보다 우위에 있다. 따라서 관리자보다 아래로 보이지만 노동력 전체에서는 우위라고 여겨지는 이 부류의 엔지니어는 블루칼라 노동자라는 좀더 거대한 집단 내에서 숙련 노동자라는 엘리트 집단으로 존재감을 심어준 직업 조직의 한 형태로서 장인노동조합주의(craft unionism)로 기우는 경향이 있다.

관리 조직(managerial organization): 기술 조직의 관리 모델은 기술 노동의 상당 부분을 '관리자' 역할로 규정한다. 장인 모델에서처럼 기업은 '노동'과 '관리'로 나뉘어 있다. 하지만 이 경우 상대적으로 훈련을 덜 받은 기술자의 판에 박힌 작업과 같은 예외가 있지만, 대부분 기술 노동은 뚜렷한 관리 전문가 유형의 엔지니어에 의해 이루어지는 '관리' 노동으로 나타난다.

대부분의 엔지니어 배출은 정규 교육 기관 내에서 이루어진다. (특히 관리직 지위에는 대학 교육이 필요하다.) 공학은 육체노동 기술보다는 전문 지식에 해당하므로, 일반적으로 대학 환경에서 정규 교육을 통해 습득해야 한다. 기술은 보편적이고 전수 가능한 것이 되어가며 회사에서 회사로의 이동도 어느 정도 가능하다. 이런 점에서 관리 모델은 순수 직업적 형태 조직의 모방이다. 그렇다고 기술 노동을 조직화하는 '직업' 시스템으로 분류하는 것은 옳지 않다. 자격증 획득을 중시하기는 하지만, 전문가가 되기 위해 정규 학위 취득이 필요하지는 않으며, 스스로 엔지니어라고 부르는 자들에게 필수적인 면허증도 없다. 사실상 직업적 종결점도 뚜렷이 없고, 따라서 엔지니어라는 용어는 정규 대학 교육을 받지 않은 사람이거나 초기 단계의 학위, 혹은 최고 수준의 대학 교육을 이수한 사람 모두에게 해당할 수 있다. 공학은 이와 같이 전문적 기술이긴 하지만 특정 자격의 소지자가 독점하지는 않는다.

이 시스템에서 엔지니어의 위상은 장인 조직 형태의 엔지니어 위상에 비해 두드러지게 높다. 대학 교육을 이수한 엔지니어는 사회의 엘리트에 속한다. 이들은 전문적 기술을 지님으로써 책임 있는 관리직을 담당하고 육체노동자와 명확히 구분된다. 이 부류의 엔지니어는 그들이 수행하는 역할로 보건대 관리자 입장에 놓이며, 육체노동자를 '관리'가 필요한 대상으로 본다는 점에서 동격이 아닌 아랫사람으로 간주한다. 그 결과 엔지니어에게는 노조 결성이 부적절한 것처럼 여겨진다. 그에 반해, 비록 효과적인 승진과 관리로부터 자치권을 추구하는 좀더 강력한 협회가 존재한다는 점에서 엔지니어를 관리자에 귀속시키는 이 모델의 강조점과 긴장을 형성하기는 하지만 상대적으로 취약한 전문가 협회는 이 모델과 양립될 수 있다. 엔지니어가 관리직에 진출하는 정도에 따라 이 모델에서 엔지니어는 기업과 내적 노동 시장에 얽매이는 경향을 보이며, 따라서 강력한 전문가 협회의 출현을 약화시킨다.

서열 조직(estate organization): 위의 두 모델은 기술직 노동자를 관리와 노동으로 이분하는 조직 형태에 기초하고 있지만, 조직의 '서열' 시스템은 기업의 중간 수준에서 기술 업무의 계층화한 위계를 형성한다는 특징을 지닌다. 이 모델은 자격증을 지닌 고위층 기술직 노동자가 산업자본주의적 기업 환경에서 그들에게 주어진 직업적 지배권을 강화하려는 시도 속에서 형성된다.

관리 모델에서처럼 엔지니어 배출의 합법적 수단은 공식적인 학교를 기반으로 하는 교육이다. 하지만 이 모델에서 공학 자격증 소지자는 '전문가 프로젝트'를 수행하는 데 더욱 성공적이다. 이들은 자격증을 소유한 기술직 노동자라는 엔지니어 지위로의 진입에 제한을 두려 한다. 이들은 공학 학교 수준의 유지를 일정 정도 강조하고 엔지니어의 표준적 삶을 유지하도록 수를 제한하기 위해 노력한다. 그 결과 자격증 소지자 계층을 만들어내고, 노동자나 관리자와 구분되는 그들의 '직업'을 통해 고도로 훈련받은 엔지니어를 탄생시킨다.

이 성공적인 '전문가 프로젝트'는 기술직 노동자의 공급을 제한하는 경향이 있다. 하지만 고용주 입장에서는 더 많은 공급을 요구한다. '전문가' 엔지니어들이 늘 고용주가 만족할 만큼 여러 적절한 현장 기술직에 잘 들어맞는다고는 생각할 수 없다. 그 결과는 기원이 다른 기술직 노동자를 배출해야 하는 강력한 압력으로 나타난다. 이는 '더 낮은 자격증'을 주거나 '장인과 유사한' 방식을 통해 어느 정도 숙련된 기술직 노동자를 배출기 위해 선택적으로 제공하는 프로그램의 형태를 취한다. 따라서 엘리트인 '전문직' 엔지니어가 자신들의 직업 프로젝트에서 한 지점으로 올라가는 데 성공한 반면, 그들은 '엔지니어'라는 직함의 변화를 요하는 또 다른 다양한 기술직 노동자와 공존해야만 한다.

그 결과 기술 노동의 위계는 자격증에 의해 계층화하고, 자격증은 기술 노동력으로 진입하는 방법이 된다. 하지만 진입 방법이 무엇이든 소지한 자격증의 종류와 기업 내 노동 분업에서 엔지니어의 지위 사이에는 직접적 연관성이 존재한다. 낮은 자격증 소지자는 고도의 기술적 위치에서 배제되는 반면, 높은 자격증 소지자는 기술적 사다리의 한층 높은 지점에서 출발한다. 경우에 따라 기업 내 기술 노동의 위계는 다양한 범주의 기술직 노동자를 규정하고 그들 일부에게 특별한 법적 혜택을 주기도 하는 정부에 의해 강화 및 조정된다. 요약하면, '서열' 모델의 명백한 특징은 기술 노동의 양분된 위계가 아닌, 쉽게 인지할 수 있는 노골적인 서열 확장으로 나타난다.

이 모델에서는 다양한 종류의 기술직 노동자가 존재하므로 다른 모델에 비해 기술직 노동자가 더 세분화된 직업군을 형성하고 있다. 다양한 종류의 기술직 노동자는 서로 다른 사회적 지위를 점하고 스스로를 서로 다르게 여긴다. 최상의 정규 교육 자격증을 소유한 기술 엘리트 구성원은 상대적으로 높은 지위에서 높은 위상을 지닌다. 이들과 하급 기술직 노동자, 그리고 블루칼라 노동자 사이의 구분은 뚜렷하다. 이들은 적절한 자격증과 지위를 소유한 엔지니어로 제한적인 배타적 전문가 단체를 발전시키고자 한다. 사실상 이 단체는 여기서 논의하는 어떤 모델보다도 성공적인 전문가 프로젝트에 가장 가깝다. (여기서 적어도 이론적으로는 자격증 소지를 통해 성공적인 형태의 직업적 종결점에 도달한다.) 더 낮은 단계의 교육을 받은 기술직 노동자를 지나 기술적 사다리 아래로 내려가면 산업 현장에서 훈련받은 노동자가 있는데, 이들은 스스로를 생산직 노동자와 차별화해 규정하긴 하지만 엘리트 의식과 '전문가 의식'은 낮다. 이 기술직 노동자는 다양한 조직 형태를 발전시켰다. 하지만 이들 조직은 엘리트 전문가 단체에 비해 노동자에 더 가깝고 노동조합과 비슷하며, 일부는 직업별 노조를 창설하거나 화이트칼라와 연계하길 원한다.

기업 중심 조직(company-centred organization): 기술직 노동자 조직의 기업 중심 모델은 직업적 파벌주의나 계층 구분보다는 전체로서 기업 및 기업을 구성하는 모든 집단과 연대 의식을 함양하도록 한다는 특징을 지닌다. 산업에서 일반적으로 나타나는 직업적 위계가 여전히 지속되기는 하지만, 이 모델은 직업적 차이의 중요성을 가능한 한 최소화하도록 기획되어 있다.

채용과 훈련 시스템은 주로 학위에 근거하며, 엔지니어는 대학 교육을 받은 사람들로 구성된다. 이런 점에서 기업 중심 시스템은 관리 및 서열 모델과 유사하다. 하지만 이 체계는 전문직 노동자가 하급 자격증 소유자와 스스로를 분리시킴으로써 기업 내에서 엄격한 서열을 만들어내지는 않는다. 어떤 점에서 이는 광범위한 직업적 연대 의식이나 실제 기능적인 분화를 만들어내는 교육 방식의 특성을 반영한다. 이는 또한 노동 시장의 성격에 그 뿌리를 두고 있다. 상대적으로 광범위한 훈련을 받은 신입 사원은 대학에서 기업으로 직접 채용되어 기업 내에서 교육을 받고 승진한다. 기술 인력의 기업 간 이동이 상대적으로 적은 편이다.

기업 내에서 기술직 노동자는 관리자나 생산직 노동자와 엄격히 구분되지 않는다. 엔지니어는 관례적으로 직무 초기 생산직에서 경험을 쌓고, 대다수 엔지니어는 (연구 개발보다는) 육체노동자와 직접 접촉하는 생산 업무에 주력한다. 동시에 기술직 노동자에게 '유리 천장(glass ceiling: 충분한 능력을 갖춘 사람이 직장 내 차별 등의 이유로 고위직을 맡지 못하는 상황을 비유적으로 일컫는 말—옮긴이)'이란 존재하지 않는다. 오히려 그와 반대로 기업의 내부 노동 시장에서 많은 엔지니어가 관리자 지위로 승진이 가능하다.

예상하는 바와 같이 이런 기술 조직 형태에서는 강력한 직업별 조직이 발전되어 있지 않다. 대신 이 '시스템'은 기업과 그 기업 내의 모든 고용인이 동일한 정체성을 지닌 것으로 간주하도록 고무함으로써 광범위하게 다양한 모든 직업군이 동일한 기업별 특수성을 띠는 조직을 형성하도록 촉진한다.

이어지는 내용에서 살펴보겠지만, 이러한 이론적 모델을 실제 역사적 사례에 적용할 경우 그 어떤 모델도 순수한 형태로 실재하지 않는다는 사실을 발견할 수 있다. 이들 모델은 각 사회 안에서 다양하게 조합을 이루어 존재하며, 단일 사회 내의 여러 산업에서 때로는 다른 모델이 지배적이기도 하다. 하지만 실제 사회의 분석에 이런 모델을 적용함으로써 기술직 노동자 조직 체계의 '주된' 경향을 파악할 수 있다.

영국은 장인 모델의 영향을 가장 강력하게 받았다. 이는 부분적으로 영국이 산업화의 첫 사례로 실제 산업적 경쟁자가 없었기 때문이기도 한데, 영국은 산업화 과정에서 상대적으로 정부의 역할이 미미했다. 특히 후발 산업국의 특징인 앞선 경쟁자를 '따라잡는' 식의 기술 교육을 수립해야 한다는 의식적인 노력이 없었다.[7] 정부 역할의 제한은 또한 귀족적이고 낙후된 것으로 여겨진 정부에 대한 영국 산업화 계급의 '자유주의적' 적대감의 결과이기도 했다. 이는 산업 분야에서 소규모 기업들이 지배적이었다는 사실과 연관이 있는데, 여기서는 기술직 노동자가 정규 교육 기관 이외의 곳에서 장인과 유사한 훈련 시스템을 통해 배출되는 경향이 있었다. 이에 더해 영국은 역사적으로 기술직 노동자가 상대적으로 낮은 지위에 있었다. 기술 노동은 일종의 육체노동의 연장으로 간주되었고, 따라서 대학에서 최상의 교육이 이루어지거나 상류 계급이 동경하는 그 무엇이 아니었다. 영국 엔지니어는 애초부터 '관리자'로 간주되지 않았다. 오히려 그들은 대다수 산업 사회에서보다 노동 운동과 한층 밀접해졌다.[8]

산업이 기술적으로 복잡해지면서 장인 모델은 차츰 시대에 뒤진 것이 되었다. 정부와 미심쩍은 대학에 대한 적개심으로 인해 변화가 늦어지기는 했지만, 1960년대쯤이면 엔지니어는 점차 급속히 확산된 대학 프로그램을 통해 훈련받았고 낡은 도제 제도는 쇠퇴했다. 그럼에도 불구하고 엔지니어의 낮은 지위와 노조 조직을 추구하는 경향은 지속되었다. 영국 엔지니어는 전문직 혹은 다른 유형의 조직만큼 계속해서 노조를 선호했다. 실제로 근래 들어 전문직 조직은 도제 제도의 전통적인 진입 제한 기능(gatekeeper)이 떨어지면서 그만큼 쇠약해졌다. 게다가 최근 영국 엔지니어는 (직종별 장인 노조보다) 더 포괄적인 '일반' 노조로 방향을 바꾸었다. 물론 그로 인해 기술직 노동자와의 차별 의식이나 엘리트 의식이 사라진 것은 아니라는 점을 부언해야 할 것이다. 기술 노동 조직에 있어 장인 시스템의 유산은 엔지니어를 육체노동자로 취급하는 경향과 함께 기술직 노동자의 사회적 지위를 관리자보다 노동자에 더 가깝게 만들고 노조를 선호하는 것으로 나타났다.[9]

미국의 경우는 이와 달리 '관리' 모델의 여러 양상을 보여준다. 엔지니어 배출 초기에 '작업장' 방식과 '학교' 방식 사이에 경쟁이 존재하기는 했지만,[10] 대부분 엔지니어의 대학 교육을 지지하는 방향으로 신속히 선회했다. 19세기 말 과학을 토대로 한 기업들의 놀라운 성장과 더불어 공학 노동의 신속한 확장이 요구되었다. 동시에 미국 산업가들은 당시 강화되던 정부 개입에 대해서는 반대 입장을 지닌 '자유주의자'였지만, 미국 전역을 관통하는 대학 공학 프로그램의 창설을 승인하는 모릴법 같은 법률 제정을 두려워할 이유가 없었다. 반대로 이들은 기업이 공학 교육을 주도하는 법률 제정을 기획하고 대학 공학 프로그램의 내용과 성격에 직접 영향력을 행사할 수 있음을 다른 어느 나라에서보다도 잘 보여주었다. 19세기 말 이래 대부분 미국 엔지니어는 대학에 근거를 둔 공과대학에서 교육받았다. 이들 학교는 기술 훈련에 더해 공학도들이 '관리'의 일부로서 미래의 역할을 사회화하는 데 도움을 주었다.[11]

미국 엔지니어는 일반적으로 전문직 협회를 조직해왔다. 하지만 이들 협회는 사실상 의사 같은 '진정한' 전문직에 해당하지 않았다. 가장 중요한 사실은 이 조직들이 구성원을 특정 대학 졸업장을 취득한 자들로 제한하지 않았으며, 전통적으로 엔지니어에게 자격증을 요구하는 데 부정적이었다는 점이다. 전통적인 엔지니어 직업 형태와 같은 어떤 것을 만들고, 이 형태를 이용해 엔지니어와 관리자 사이를 명백히 구분하려는 시도가 존재했다. 하지만 이는 늘 실패했다. 부분적인 이유는 공학 조직 내에 그러한 시도에 반대하는 엔지니어-사업가가 존재했기 때문이다 (그럴 경우 그들이 관리직에서 배제될 수도 있고 공학 노동의 비용이 오를 수도 있다는 두려움이 작용했다.) 엔지니어를 관리자와 동등하게 하려는 시도가 결코 완전한 성공을 거두지는 못했지만, 그리고 상층부의 관리자-엔지니어와 일반 엔지니어 사이의 긴장이 규칙적으로 불거지기는 했지만, 진정으로 직업적 형태의 조직이 발전하는 것을 막기에 충분한 힘을 지니고 있었다.[12]

미국에서 전문가 조직의 취약성은 노조 혹은 적어도 때로는 노조와 유사한 조직의 경험을 위한 문을 열어주었다. 이는 평범한 엔지니어가 그들의 '전문직' 대표자라는 독립적 성격이 결여되어 활기를 잃고 낙담하는 어려운 시기에 특히 사실로 나타났다. 이러한 노력은 영국에서보다 훨씬 덜 성공적이었는데, 이는 미국 엔지니어의 높은 지위(관리자 역할 같은)를 포함한 여러 요인을 반영한다. 또한 엔지니어 가운데서도 흔히 전문가 조직을 방해하려는 사업가 엔지니어는 엔지니어 노조를 저지하기 위해 전문가주의라는 수사법을 전개한다—엔지니어 지도자는 늘 그러한 노조가 '비전문직'이라고 주장한다.[13]

독일은 기술 조직 서열 모델에 속하는 여러 양상을 보여준다. 하지만 좀더 정교하게 조사하면, 독일의 서열 모델은 어쩌면 방법에 있어 관리 모델과 훨씬 더 유사한 시스템과 결합되어 있다. 독일 시스템은 독일이 후발 산업 국가라는 사실에 크게 영향을 받았다.[14] 영국을 따라잡아야 할 현실에 직면해 독일 정부는 정규 기술 교육 기관의 네트워크를 만들어 산업화를 촉진하는 일에 활발히 관여했다. 그 결과 엔지니어 교육을 위한 학교 중심 시스템을 일찌감치 성공시켰다. 하지만 사회에서 이러한 발전은 여전히 산업화 이전 질서의 유산인 서열 시스템의 영향을 크게 받았다. 그 결과 공학 지도자들은 (대학 졸업자보다 지위가 낮은) 엔지니어의 지위를 향상시키기 위해 고전 교육을 받고, 이론적으로 공무원 및 전문가에 가까운 태도를 따라 하려 애썼다. 따라서 초기 공학 교육에서는 이론적인 과학 원리와 교양인 양성을 강조했다.[15]

독일 산업이 등장해 성장하고 기업가들이 힘과 신뢰를 얻자 독일 기술 교육에서 강조하는 과학과 추상성에 의문이 제기되었다. 산업가들은 엔지니어 공급이 불충분한 데다 엔지니어에게 산업에 적용할 수 있는 실제 기술이 부족하다고 불평했다. 그 결과 20세기 초에 접어들면서 두 번째 계층의 기술 학교(이미 존재하던 고등기술학교보다 하위 학교)를 창설했는데, 이

들 학교는 좀더 경험적으로 교육받은 다수의 엔지니어를 배출했다.[16]

이는 적어도 표면적으로는 독일에서 기술직 노동자의 위계를 만들어냈다. 가장 위에는 고등기술학교 졸업생, 그 아래로 하위 기술 학교 졸업생, 더 아래에는 자격증 없는 기술직 노동자가 있었다. 적어도 어느 정도의 고급 자격증 소지자는 산업 위계에서 높은 지위에 도달할 수 있는 기회가 늘어났다. 하지만 실제로 '서열 시스템'은 늘 불완전했다. 역사적으로 고용주들은 고위직 '엔지니어' 직함을 고등기술학교 졸업생으로 제한하려는 시도에 반대했다. 다양한 학교의 졸업생 사이에 긴장이 자주 불거졌고, 특히 불황기에는 경제적·사회적으로 특권적 지위를 누리는 엘리트에 대한 적의가 표출되었다. 또한 최근에는 부분적으로 유럽연합이라는 외부 압력의 영향으로 두 유형의 졸업생 구분이 흐릿해졌다. (비록 잔류와 이동 기회에 정도의 차이는 남아 있지만 말이다.)[17]

특정 자격증 소지자로 제한된 진정한 전문가 협회를 창설하기 위한 노력은 20세기 초에 실패했고 1930년대 들어 실질적으로 사라졌다. 가장 오랫동안 지속해온 독일 엔지니어 조직은 모든 서열과 자격의 엔지니어를 함께 아우르는 미국 스타일의 공학 협회인 독일엔지니어연합, 곧 VDI다. 또한 미국에서와 마찬가지로 독일 엔지니어 역시 특히 취약한 엔지니어 전문직 협회가 그들을 외면한 불경기에 노조화되었다. 하지만 노조를 조직하는 경향은 독일이 더 강력했는데, 이는 일면 전반적으로 조합주의에 대한 적법성을 더 광범위하게 인정했기 때문이다.[18] 이는 또한 독일에서 좀더 명백하게 드러나는 계층화를 반영하는 것이기도 하다. 계층화는 낮은 자격증 소지자가 노조를 적절하게 여기도록 추동했을 것이다. 엘리트 엔지니어로서는 기술 노동력의 계층화가 한층 더 뚜렷하게 드러났을 때 이른바 직업적 특성을 공유하는 단체라는 명목을 내세우기가 더 어려웠을 것이다.

스웨덴의 경우 서열 시스템의 절충 정도가 독일보다 덜하기는 하지만, 이곳에서도 유사한 패턴의 엔지니어 계층화가 전개되었다. 많은 엔지니어가 고등학교 수준의 교육만을 받았다. 이들 엔지니어는 단순 작업을 하는 하급 노동자에 더 가까웠다. 실제로 그들 중 일부는 전통적으로 존재해온 육체노동직에 고용되어 있었다. 그 결과 이들 엔지니어는 1930년대 이후 공학 노동조합주의의 골격이 되었다.[19] 그들 가운데 대규모 육체노동직 노조 연맹인 LO에 가입한 사람은 거의 없었지만, 그들은 아마도 화이트칼라 SIF 노조에 가입했을 것이다. SIF와 LO가 여러 이슈에 대해 협력을 도모했기 때문에 스웨덴에서는 하급 엔지니어와 생산직 노동자 사이에 뚜렷한 경쟁의식이 존재하지 않은 것처럼 보인다. 스웨덴에서 마스터 수준의 자격증을 의미하는 대학 학위를 소지한 엔지니어는 대체로 고위직에 있고 관리직에 도달하기가 한층 더 수월하다. 독일과 마찬가지로 이들 엔지니어는 전통적으로 전문직 단체에 무게를 두었지만, 제2차 세계대전 중 대다수가 스웨덴전문직협회연맹 소속의 민간엔지니어협회 같은 노조에 가입했다. 이런 사실이 스웨덴 공학계 내에 분열이 사라졌음을 의미하는 것은 아니다. 이들 노조는 SIF와 LO에 대한 명백한 거부를 표명했고, 실제로 이들은 교육받은 노동자가 노조에 가입한 노동자의 추격으로 지반을 잃는 데 대한 두려움에 의해 설립 및 성장할 수 있었다.[20]

스웨덴의 서열형 모델에서 안정성이 더 크게 나타나는 현상은 이 나라의 특수한 조건을 반영한다. 스웨덴은 독일보다 산업화가 늦었고 제2차 세계대전까지 엔지니어에 대한 요구도 매우 더디게 증가했다. 그 결과 19세기 후반 동안 독일 스타일의 엔지니어 결핍 현상이 나타나지 않았고,[21] 산업을 위한 기술직 노동자의 배출을 확장하는 교육 시스템의 압력을 덜 받았다. 더구나 1930년대에 스웨덴은 서열 사이의 타협을 통해 복지 국가를 설립할 수 있었기 때문에 전후 시기 기술 노동을 둘러싼 갈등의 가능성이 적었다.[22] 특히 스웨덴 정부는 기술 (그리고 다른 전문직) 노동자에 대한 수요를 예측하려 노력했고, 적절한 배출을 조절하기 위해 엔시니어 단체와 함께 연구를 수행했다.[23] 모든 기술직 노동자에게 상대적으로 안정된 일자리와 급여를 보장한 상황에서 엘리트 기술직 노동자는 기술 노동력이 증가하는 것에 대해 두려움을 느끼지 않았다. 다양한 서열의 기술직 노동자 사이에 적의와 경쟁이 나타날 이유가 없었다는 얘기다. 그 결과 정규직의 수를 제한하고 진입을 막도록 하는 형식적인 제도를 만들기 위한 집단행동을 취할 필요가 없었다. 따라서 스웨덴 버전의 서열 모델에서는 기술 노동력이 필요한 시기에 이들의 확산을 막지 않았고, 고용주는 기술직 노동자의 계층화를 공격할 필요가 없었다.

프랑스의 경우 역시 서열 모델의 양상, 특히 자격증에 의한 기술 노동력의 계층화 양상을 보인다. 프랑스는 에콜폴리테크니크 및 (얼마 뒤에 이뤄진) 중앙공예학교의 창설과 더불어 19세기 초에 정규 기술 교육 프로그램을 발전시켰다. 귀족주의적 이상(理想)과 콩트 및 생시몽 철학의 영향을 받은 이 학교들은 추상적 원리와 이론을 크게 강조하고 공무원과 관리자 같은 엘리트를 양성하는 데 목적이 있었다.[24] 이는 프랑스 산업에서 실천적 엔지니어의 공백 상태를 만들었고, 이 공백을 채우기 위해 1830년대에 민간 기술직업학교가 설립되었다. 이 학교는 초기 역사에서 그리 중요한 위상을 차지하지 못했고, 19세기 말이 되어서야 엔지니어 졸업 증서를 부여하는 권한을 얻었다. 졸업생은 엔지니어와 중간 관리자로 진출했지만 제조업과 관련되어 있었기 때문에 권위가 없었다.[25] 결국 제2차 세계대전 이후 프랑스 정부는 산업 현대화를 위해 이른바 '하급 학교'를 창설해 자격을 소지한 엔지니어 배출을 늘리고자 노력했는데, 많은 엔지니어들이 자신의 자격증 가치가 떨어질 것을 두려워해 이에 반대하는 움직임을 보였다. 따라서 프랑스 엔지니어 내에서 자격증의 뚜렷한 위계가 확산되었다. 이에 더해 전통적으로 프랑스에서는 정식 학위 없이도 엔지니어가 될 수 있었다. 정규 교육을 전혀 받지 않은 이른바 '독학 엔지니어'가 작업장이나 '고급 기술자'로 종종 채용되기도 했다.[26] 이들의 이동 기회는 (물론 관리직 채용에서 공식적으로 배제된 것은 아니지만) 자격증을 소지한 엔지니어보다 못했다.[27]

간략히 말해서 프랑스 엔지니어는 자격증에 의해 계층이 구분된다. 소지한 자격증의 수준과 올라갈 수 있는 지위의 종류 사이에 (완전한 확실성은 존재하지 않지만) 어느 정도 상관관계가 있다는 얘기다. 이런 의미에서 프랑스의 기술 조직 시스템은 매우 정도가 심한 '서열' 시스템이다. 하지만 프랑스 기술 노동의 조직은 '간부층'이라는 사회적 부류에 의해 훨씬 복잡하게 형성되어 있다. 이 부류는 1930년대에 자격증을 소지한 엔지니어와 그 밖의 엔지니어가 대공황과 당시 계급 관계의 극단적 위협에 처해 기업 내에서 '책무'를 수행할 중간 계급의 고용인에 대해 특별한 법적 지위를 적용하도록 정부에 압력을 가하기 시작하면서 처음 도입되었다(이는 전쟁 이후에 승인을 받았다). 시간이 흐르면서 독학 엔지니어, 일부 고급 기술자, 그리고 다른 유형의 사람들도 '간부층' 지위를 받아들이거나 수용함으로써 이 부류는 점차 비정형화되었다. 이 부류는 어느 정도 엔지니어 노동력의 다양한 계층에 '중간 계급'이라는 통합된 유형의 정체성을 부여했으며, 따라서 서열 시스템의 엄격함과 파편화를 중화시켰다. 하지만 힘의 통합이 대단하지는 못했고, 시간이 지나면서 '간부층' 부류 내의 분열과 긴장이 약화하기는커녕 오히려 강화되었다.[28] 기술 노동력이 계층화한 조직에서 두드러진 점은 다양한 수준의 기술적 위계를 통틀어 위로 올라갈수록 노조화가 감소한다는 사실이다.[29]

마지막으로 일본은 기술 노동과 관련한 기업 중심 모델의 역동성에 가장 크게 영향을 받았다. 일본 엔지니어는 어떤 점에서 일련의 '교육 계급'을 형성하는 경향을 지닌 대학에서 교육을 받는다. 하지만 교육의 일반적 특징은 교육 자격증의 중요성을 감소시키는 경향이 있다.[30] 심지어 일본 정치경제의 몇 가지 두드러진 양상은 작업장 안에서 '계급'의 벽을 무너뜨리도록 기획된 제도적 형태를 만들어내는 데 도움을 주었다. 무엇보다 '후발 산업 국가'로서 일본은 더 발전된 경제로부터 기술 대부분을 차용했다. 앰스덴[31]이 동남아시아 신흥 산업국에 대한 분석에서 지적했듯 이는 차용된 기술 노동이 이루어지는 작업 현장에 관심의 초점을 두게끔 만든다. 이런 환경에서 엔지니어는 작업장 노동자와 가까이 접촉할 필요가 있다. 일본에서는 엔지니어가 생산직에서 직접 경험을 쌓고 생산 관련직에 고도로 집중된다. 육체노동자와의 직접적인 접촉은 엔지니어 사이에 엘리트 의식이 발전하는 것을 막는다.

이로 인해 일본 엔지니어 사이에 영국 스타일의 장인적 태도가 형성될 수도 있었을 것이다. 하지만 일본 사회의 또 다른 양상은 이런 상황을 불가능하게 만든다. '종신 고용'이라는 유명한 독트린은 많은 엔지니어가 결국 관리직으로 승진한다는 것을 보여주며, 따라서 엔지니어와 관리자 사이의 사회적 간극은 크지 않다. '후발 산업 국가'로서 거대 기업 위주의 정부 주도 산업화를 꾀했던 일본의 상황 역시 일정한 역할을 했다. 이는 제2차 세계대전의 영향[32] 속에서 일본 노동자의 억압과 결부되어 노동운동이 취약해지고 외부 노동 시장보다 내부 노동 시장이 우세해지는 결과를 낳았다. 이는 또한 한 기업 내에서 모든 서열의 노동자를 단일한 '가족' 노조로 조직하는 기업노동조합주의를 추동했다. 대부분의 일본 고용인과 마찬가지로 엔지니어 역시 직업적 정체성이 취약하다. 그들의 전문가 협회는 (그들이 확산 과정에서 중요한 역할을 했음에도 불구하고) 엔지니어의 임금 인상과 고용 조건에 주목하지 않는다. 대신 그들은 기업 노조에 소속되어 있고, 따라서 다른 계층의 고용인 및 (가장 중요하게는) 기업과 연계되어 있다. 노조와의 이와 같은 연계는 엔지니어로 하여금 노조 간부를 일종의 '경력 이동'에 제한적으로 활용하도록 만드는 것이 보통이므로, 고용주에 대해 어떤 적대감도 수반하지 않는다. 대체로 일본 시스템은 엔지니어를 기업에 예속되도록 설계해 그들 스스로를 육체노동자에 가깝지만 상향 이동의 전망이 밝은 계층에 속한다고 여기게끔 만든다.[33]

유형론인가, 수렴인가

네 가지 모델과 그 모델이 실제 자본주의 사회에서 어떻게 발현되는지에 대한 이 논의에서 우리는 각각의 자본주의 사회가 기술 노동 조직화 방식에 있어 다른 사회의 방식과 완전히 다르지 않다는 사실을 밝혀보고자 했다. 각 국가마다 기술직 노동자는 다양한 방식으로 훈련받았고, 기술 노동 분업이 매우 다채롭고, 기술직 노동자들이 고용주나 생산직 노동자와 맺는 관계가 각기 다르고, 저마다 대조적인 조직 유형을 발전 및 결합시킨 것은 사실이다. 그럼에도 불구하고 이러한 주제(혹은 그 밖의 다른 주제)와 관련한 다양성에는 한계가 있는 것도 사실이다.

하지만 실제로 기술 노동 조직의 모델 수가 제한적이라면, 이 다양한 모델의 관계가 실제로 어떠했는지를 밝혀내야 한다. 이 유형론은 적어도 두 가지 방식으로 살펴볼 수 있다. 하나는 모델이 조직 형태에 대한 일종의 메뉴를 구축하는 방법이다. 이 관점으로부터 장인, 관리, 서열, 기업 중심 모델은 각각 기술 노동을 조직하는 대등한 존재로서 그에 상응하는 지위를 갖는다. 산업화와 기술적 발전 과정을 통해 진행되는 사회는 저마다의 특정한 요구에 따라 이 모델 가운데 최상을 '선택'해야 하고(의식적이든 아니든), 그에 따라 이 모델의 특정한 변형, 그리고/혹은 조합을 이루어 나간다. 모든 모델은 모든 시기에 '선택'받을 수 있다.

또 다른 관점은 유형론이 실제로 일종의 진화적 도식(evolutionary scheme)을 나타내게 된다는 것이다. 자본주의가 발달하며 변화를 요구하므로 기술 조직의 초기 방식이 나중 모델에 자리를 내어주는 식으로 말이다. 이런 사례에 따르면, 장인 모델 같은 어떤 특정 모델은 초기 자본주의 형태에 더 적합한 반면 서열 혹은 기업 중심 모델은 후기 자본주의 형태에 더 의미 있다는 결론이 나온다. 기술 노동 조직에서 초기 모델은 진보된 모델에 자리를 내주기 때문에 수렴을 향하는 경향이 존재한다고 주장할 수 있다.

자본주의 사회가 단일한 기술 노동 조직 모델로 수렴한다는 논거를 납득하기는 어렵지만, 우리는 일련의 메뉴를 드러내는 관점보다 역사적으로 유형론을 이해할 수 있다는 관점에 더 끌린다. 우리가 개괄한 유형론에 역사성이 존재한다는 것은 의심할 여지가 없다. 자본주의 사회가 진보한 만큼 특정 형태의 기술 조직은 중요성이 감소했고, 다른 특정 형태가 이후로 중요해졌다.

요컨대 장인 모델의 기술 노동 조직은 의미가 크게 감소했다. 이 모델은 초기 산업화 사례인 영국에서 우세했지만, 이어지는 자본주의적 산업화의 어떤 다른 주요 사례에도 지속적으로 영향을 주지 않았다(일부 사례에서 장인 모델의 요소가 존재하기는 했지만). 이미 살펴보았듯 아마도 가장 중요한 점은 장인 모델이 영국 자체 내에서 중요성이 감소했다는 데 있을 것이다. 1960년대부터 점점 더 많은 영국 엔지니어가 전통적인 장인과 유사한 견습 시스템보다 대학 프로그램을 통해 교육을 받았다. 공인 엔지니어(chartered engineer), 기술직 엔지니어(technician engineer) 그리고 엔지니어링 기술자(engineering technician) 분야의 창출과 더불어 새로운 '연합(federal)' 학교에 의해 기술직 노동자의 서열형 위계가 구축되었다. 따라서 장인 모델은 자본주의적 산업화 초기와 중요하게 연결되어 있었다는 결론이 가능하다.

장인 모델의 쇠퇴에는 복잡한 원인이 맞물려 있겠지만, 자본주의 산업의 기술적 복잡성 증가와 강력히 연관되어 있음이 분명하다. 과학을 토대로 하는 산업의 등장과 더불어 초기 산업에 비해 정교해진 기술의 출현으로 엔지니어는 과거의 경험적 엔지니어에게 흔히 결여되어 있던 상당량의 과학적·수학적 지식을 습득해야 했고, 따라서 대학에 기반을 둔 교육이 활성화했다.[34] 기술적 노화가 가속적으로 진행되면서 새로운 기술 지식 역시 가속적으로 등장하므로 장인주의를 침식시킨다. 이에 더해 장인 형태의 조직은 노동자에게 권력을 부여하고, 자치권을 더 강화시키고, 관리·서열·기업 형태의 조직과 다른 방식으로 노동자의 지식 습득을 관리하게 만든다. 현대 자본주의 산업이 그처럼 많은 수의 엔지니어를 요구한다는 점 또한 지적해야 할 것이다. 단번에 많은 제자를 배출하기에 적합하지 않은 전통적인 도제 방식이 좀더 생산적인 대학을 토대로 한 교육에 압도당할 수밖에 없었던 것이다.

기술 교육에서 국가가 특정 역할을 하는 모델의 중요성 증대 역시 사례 연구에서 명백히 드러난다. 장인 모델이 우세했던 영국의 사례, 관리 모델이 우세하고 정규 기술 교육의 발전에 미친 정부의 영향이 다소 제한적이었던 미국의 사례, 정부가 대체로 기술 교육 기획에서 가장 중요한 행위자였던 독일과 스웨덴의 사례 사이에는 현저한 차이가 있다. 적어도 이러한 차이는 '후발' 산업 국가[35]에서 정부 개입이 훨씬 더 중요했다는 것을 어느 정도 보여준다. '따라잡아야 할' 필요성이 정부의 그러한 직접적 역할을 피할 수 없는 것으로 만들었을 것이며, 산업 사회를 지향하는 열망 속에서 어떤 집단도 기술 교육이라는 복잡한 시스템의 발전을 지휘할 능력을 가질 수 없었을 것이다.[36] '후발' 산업 국가는 이미 존재하고 있던 산업 강국과 경쟁하기 위해 상대적으로 높은 수준의 기술적 정교함에서 '출발'했고, 따라서 점진적으로 진화하는 사치스러운 기술 교육 시스템을 누릴 수 없었다는 사실 또한 정부 개입을 활성화시켰다. 그렇지만 독일이나 일본 같은 후발 산업 국가에서는 자본주의 이전의 권위주의적 상황이 지속되었고, 이는 그와 같이 직접적인 역할을 수행할 수 있는 강력한 중앙 집권적 권력이 이미 존재하고 있었음을 의미한다. 그렇다고 해서 기술 교육에 대한 국가 개입이 단지 후발 산업화의 문제라고 주장한다면 오류다. 프랑스는 이미 19세기 초에 기술 교육의 발전에서 정부가 중요한 역할을 하고 있었다![37] 그렇다 할지라도 기술 교육에 대한 정부 개입은 상대적으로 뒤늦게 산업화한 자본주의 사회의 두드러진 특징이었다.

마지막으로, 기업 중심 모델의 중요성은 20세기 자본주의에서 거대 기업의 출현과 함께 성장한 듯싶다. 기업 중심 모델은 엔지니어와 그 밖에 기술직 노동자의 노동 조건과 보상을 개선하는 데 초점을 맞춘 독립적인 직업 조직 없이 기업이 기술직 노동자를 강력하게 관리하는 것을 의미한다. 이 모델에 유리한 조건은 시간이 갈수록 강화된다. 예컨대 일본은 여러 다른 자본주의 강대국보다 늦게 산업화했고, 그 결과 거대 기업이 산업화 과정에서 초기에 중요한 역할을 담당했다. 이는 초기 노동 시장과 노동 운동의 취약성과 결합함으로써 일본에서 강력하고 중앙 집권적인 정부 권력의 조력을 통해 기업 중심 모델이 강력히 자리 잡았음을 설명하는 데 도움을 준다.

이처럼 기술 조직의 다양한 '모델'이 자본주의 사회의 진보에 따라 더 중요하거나 덜 중요하게 되었으리라는 관점을 지지해주는 중요한 증거가 존재한다. 하지만 이것이 모든 산업자본주의 사회가 단일한 기술 노동 조직 모델로 이동해 수렴하는 경향이 있다는 말과 동일한 의미는 아니다. 앞의 연구에서 살펴보았듯 여섯 사례의 국가적 차이가 지속해서 나타난다는 점은 명백하다. 심지어 동일한 모델이 가장 큰 영향을 미친 사례에서조차 국가적 다양성이 강하게 남아 있다. 게다가 장인 모델이나 관리 모델의 영향을 받은 사회는 시간이 흐르면서 명백히 진보를 이루었지만, 후발 산업화와 관련한 모델로 수렴되지는 않았다. 예를 들어 영국 기술 교육에서 변화가 이루어졌음에도 불구하고 정부의 영향력은 검토한 다른 대부분 나라에서보다 훨씬 작았다. 거의 모든 나라가 한 측면에서든 다른 측면에서든 다른 나라에서 도입한 하나 혹은 그 이상의 방법을 모방했다고 볼 수 있기 때문에 실제로 어떻게 서로 다른 다양한 사례가 유지됐는지 놀랍다. (이런 점은 '모범 사례'에 대한 우리의 논의에서 한발 나아가는 것이다.) 간단히 말해, 산업 사회에서 기술 제도가 형성되는 양상은 역사적 시기에 따라 달랐으며, 앞서 살펴보았듯 낡은 모델은 더 이상 유용하지 않을 것이다. 하지만 단일한 기술 조직 모델로 수렴되는 무언가가 존재한다는 관점을 지지해주는 증거는 없다.

결론

요약하면, 우리는 엔지니어의 형성과 조직을 설명하는 구조주의자 및 문화주의자의 견해 대신 더욱 유연한 '구조적 우연성' 버전의 마르크스주의적 설명을 논의하면서 구조주의자 및 문화주의자의 견해를 모두 거부했다. 우리는 자본주의 아래서 엔지니어가 자본주의의 핵심 모순에 의해 형성되었으며 그 모순을 둘러싸고 조직화했지만, 그렇다고 이런 사실이 기술 노동 조직이 궁극적으로 단일한 방식으로 수렴한다는 점을 나타내는 것은 결코 아니라는 결론에 도달했다. 우리는 이 결론이 엔지니어 자체에 대한 연구 이상으로 훨씬 더 중요하다고 믿는다. 결론에 해당하는 다음 장에서는 자본주의 사회가 전 지구적 따라잡기와 '모범 사례'의 확산을 통해 수렴되는지를 묻는 좀더 일반적인 문제에 접근하기 위해 엔지니어에 대한 우리의 분석이 의미하는 바를 탐색할 것이다. 우리는 엔지니어에 대한 우리의 분석이 그러한 수렴이 일어날 것이라는 데 회의적인 태도를 가질 필요성을 보여주었다고 믿는다. 하지만 우리는 앞서 간략히 언급했던 문화주의자의 이론과는 다소 다른 이유로 '모범 사례' 개념을 거부한다.

9

엔지니어와 수렴

피터 메익신스 · 크리스 스미스

엔지니어는 근대 산업자본주의의 중심이다. 모든 자본주의 사회에서 기술직 노동자와 엔지니어의 수는 계속 증가하는 중이다. 그러나 8장에서 살펴본 대로 모든 나라에서 엔지니어를 같은 방식으로 배출하지는 않는다. 노동 과정과 더 큰 사회 구조에서 엔지니어의 위치도 나라별로 상당히 다르다. 엔지니어의 존재는 자본주의 사회에서 구조적으로 꼭 필요하고, 엔지니어는 언제나 애매한 '중간' 위치에 있다. 그럼에도 불구하고 사회에 꼭 필요한 이 엔지니어가 조직되는 정확한 방식과 애매한 지위를 표현하는 이들의 방식은 각 사회가 역사적으로 서로 다르게 대처해온 결과다. 우리가 8장에서 전개한 유형론은 엔지니어링 노동력의 생산과 조직에서 나타나는 변화의 폭을 이해하기 위한 시도다. 우리는 이 유형론의 발달 측면에 주의를 기울였다. 그러나 계급 또는 회사를 중심으로 엔지니어를 키우는 경향이 강한 신흥 산업 국가에 대해 우리는 엔지니어링 노동력을 조직하는 단일하고 '정확한' 방법이 과거에 있었던 것 같지 않고 지금도 있을 것 같지 않다는 주된 결론을 내렸다.

이번 장에서는 수렴이라는 주제로 이런 주장과 6개국 사례 연구의 함의를 탐구한다. 즉 우리는 엔지니어 양성 방법이 산업 영역과 국경을 넘어 확산되는 과정과 산업자본주의에서 '모범 사례'의 등장에 대한 전망을 이해하는 데 엔지니어에 대한 비교 분석이 얼마나 영향을 주었는지 조사할 것이다. 오래전부터 알려진 대로 개별 자본주의 사회는 다른 자본주의 사회와 분리되어 홀로 존재하지 않고 기술, 조직 형태, 경영 전략은 국경을 넘어 확산된다. 일본이 선구적으로 발전시킨 린 생산 방식(lean production methods)에 매혹되어 이런 과정에 대한 관심이 높아졌고 그 관심은 모든 산업자본주의 국가가 채택할 수도 있을 정도의 '모범 사례', 다시 말해 '정확하고' 월등한 생산 조직 방법이라는 것이 있는지에 집중되었다. 다국적 기업들은 여러 나라에서 생산 설비를 운용하고 그 결과 국경을 넘어 기술, 생산 방법, 조직 형태를 전파하는 전달자 역할을 하기 때문에 자본주의 조직의 국가별 변화는 줄어들거나 심지어 사라질 것 같다는 결론이 힘을 받았다.

확산, 모범 사례, 수렴에 대한 기존 논의는 대체로 기술직 노동자를 무시하고 대신 경영자와 생산 현장 노동자의 생산 과정 수용에 초점을 맞추었다. 그러나 우리가 살펴본 것처럼 모든 자본주의 경제체에는 경영자와 생산 현장 노동자 집단 사이에서 결정적 중개 역할을 하는 대규모 중간층 기술직 노동자가 있다. 여러 가지 이유 때문에 이 중간층에 대한 자세한 연구는 확산 과정과 단일한 '모범 사례'가 등장하리란 전망 중 하나 또는 둘 다를 합리적으로 분석하기 위해 꼭 필요하다.

첫째, 엔지니어는 종종 혁신가였고 노동 조직에서 특정한 우수 생산 사례에 관한 아이디어의 원천이었다. 가장 분명한 예로 20세기로 넘어올 때

전 세계에 영향을 준 테일러주의가 있다. 여러모로 테일러주의적 사고를 이어받은 포드주의는 1920년대부터 생산 엔지니어에 의해 유럽 사회에 확산되었다. 더 최근에는 엔지니어가 일본식 경영과 스웨덴의 노동 재설계라는 혁신적 접근에 대해 여러 아이디어를 발전시켰다. 이번 장에서 우리가 할 일 중 하나는 특정 국가에서 시작되었을지 모르지만 다른 자본주의 사회에 모범 사례로 이전되었고, 그 나라의 노동을 조직화하는 방식에 깊은 영향을 준 테일러주의나 포드주의 같은 생산 패러다임을 개발하는 과정에서 엔지니어의 역할을 분석하는 것이다.

둘째, 엔지니어의 직접 책임은 실제 생산에서 경영진의 새로운 접근법을 소개하고 해석해주는 것이다. 이를 통해 엔지니어는 종종 노동과 자본의 중개 역할을 했다. 콜은 조직 학습(organizational learning)에서 중개자의 역할에 주목하는 것이 중요하다고 강조했다.[1] 특정 집단이나 직종은 한 사회에서 인접 사회로, 한 산업에서 인접 산업으로 확산된 새로운 아이디어를 실천에 옮기는 데 실질적 책임이 있다. 많은 경우 엔지니어는 이러한 확산이 일어나도록 하는 주된 전달자다. 산업화는 기술과 외국 엔지니어를 수입해 이러한 확산이 일어나게 하고 마침내 훈련된 기술자를 형성하게 한다. 개발도상국에서는 기술 노동력의 확대가 외국 기술 수입과 산업화에 꼭 필요한 전제 조건이다. 그래서 일반적으로 인정되는 지혜의 '여과 장치'로서 기술직 노동자의 역할에 세심한 주의를 기울여야 한다.

마지막으로, 엔지니어는 점차 혁신적 실천과 기술의 대상이 되어가고 있다. '중간 관리자층'의 재조직, 더 많은 노동자의 재량과 기량이 필요한(어쩌면 엔지니어와 다른 접근법을 강요하는) 생산 노동자의 새로운 사용 방식, 그리고 CAD-CAM〔CAD(Computer Aided Design)는 스케치한 아이디어를 컴퓨터를 이용해 설계하는 작업을 뜻함. 이를 가능하게 하는 소프트웨어가 CAD 소프트웨어인데, 때로는 이를 줄여 CAD로 부르기도 한다. CAM(Computer Aided Manufacturing)은 CAD 소프트웨어로 작성한 디자인을 컴퓨터 수치 제어(Numerical Control, NC) 장비가 수용할 수 있도록 하는 작업 또는 변환하는 소프트웨어를 가리킨다—옮긴이] 같이 새로운 기술은 엔지니어링 작업에 직접 영향을 준다.[2] 이런 관점에서 보면, 통상적인 육체노동자에만 집중할 때 우리는 당대 작업장 개혁의 역학을 오해할 수도 있다. 니이가 새롭고 한층 균일하고 좀더 융통성 있는 조직 형태가 등장한 데에는 컴퓨터 회사처럼 엔지니어가 주도하는 기업들의 공이 크다. 이런 기업과 관련한 엔지니어링 직업 문화의 강력한 패턴은 어느 정도까지는 좀더 일반적인 '기업 문화' 속으로 녹아들었다.[3]

확산 과정에서 혁신가, 중개자, 그리고 대상으로서 역할에 덧붙여 엔지니어는 통합된 모범 사례 발전에 대한 전망의 열쇠도 쥐고 있다. 오랫동안 엔지니어를 산업적 실행에서 수렴을 위한 힘으로 보는 경향이 있었다. 엔지니어 전문직을 관찰한 일부 연구자(예를 들어 베블런)와 일부 엔지니어 스스로도 엔지니어를 이기적인 계급 이해와 개별 자본주의 사회의 독특한 국가별 역사에 굴하지 않는 보편적 기술 합리성이 체현된 존재로 묘사했다. 이것이 함의하는 바는 과학, 기술, 근대성, 합리성을 나타내는 엔지니어가 일종의 보편적 기술 논리의 인간 행위자(human agent)라는 것이다. 이 주장에 따르면 만일 엔지니어를 자신만의 도구와 함께 남겨놓으면 곧 수렴이 일어날 것이고, 각 국가의 특이성이라는 쓸데없는 것들은 한쪽으로 치워질 것이고, 산업 생산에서 발생하는 인적·물리적 문제에 보편적으로 '맞는' 기술 해결책으로 멋있게 마무리될 것이다. 그러나 우리의 주장은 이와 다른 결론을 내린다. 서로 다른 자본주의 국가에서 엔지니어는 서로 다른 방법으로 계속 형성 및 조직되기 때문에 그들은 국가별 특수성이 지속되는 중요한 기초를 대변한다.

이번 장의 중심 주장은 생산의 국제 이데올로기 생성과 보편적인 모범 사례의 발전 및 확산에 대한 전망에 미치는 엔지니어의 영향에 관심을 둔다. 1장에서 논의하고 국가별 사례 연구에서 살펴본 것처럼 엔지니어를 단순히 노동력의 연장이거나 경영자의 팔로만 볼 수는 없다. 그들은 엔지니어로서 생산과 사회 구조를 형성하는 데 반(半)독립적인 역할을 한다. 동시에 '엔지니어'라는 범주는 사회마다 상당히 다른 의미를 가진다. 엔지니어의 조직과 책임의 정도, 회사 내 다른 그룹과의 관계에서 상당한 다양성이 존재한다는 증거를 보면 그들의 실천이 국가별 경험에서 특유하다는 것을 알 수 있다.

이러한 국가별 다양성이 있더라도, 또 아무리 엔지니어가 조직되어 있더라도 그들은 내적으로 모순된 사회관계 또한 구현한다. 그들은 노동자이면서 동시에 경영진의 연장이다. 엔지니어는 생산에서 지시하는 역할을 한다. 그러나 동시에 (어쩌면 점점 더 많이) 경영진의 지시를 받는 대상이다. 이런 모순은 각 사회와 역사적 시기에 여러 방법으로 '조직될' 수 있고 지금까지 조직되었지만 그 밑에 깔린 현실은 그대로 남아 있다. 경영 활동과 노동의 조직화라는 측면에서 엔지니어의 행위는 이 모순적인 현실에 의해 형성된다.

우리의 주장을 종합하면 각 자본주의 국가에서 엔지니어는 자신들만의 사적 이해(self-interest)를 추구하려 노력하며, 생산의 문제에 보편적으로 적용 가능한 일종의 기술 해결책을 주려고 시도하지는 않는다. 사적 이해는 사회 구조 속에서 그들의 모순적인 위치에 의해 정의된다. 그리고 엔지니어의 행위는 지역의 기존 조건 및 국제 정치경제의 조건과 상호 작용하기 때문에 자기 이해에 따라 서로 다른 조직 형태가 폭넓게 만들어진다. 그러나 이 조직 형태는 엔지니어의 위치와 전체 자본주의 생산 양식의 내적 모순에 의해 약화되기 때문에 이 중 어떤 것도 안정적이고 영원하거나 '더 나은' 것은 아니다.

이러한 주장의 함의는 1장에서 강조한 대로 엔지니어를 보편적인 또는 근대적인 합리성의 행위자로 보는 각종 이데올로기(테일러주의, 포드주의, 린 생산 방식, 유연 전문화 등)에 중심을 두고 확산에 접근하는 여러 방식에 대해 의문을 제기하는 것이다. 확산을 이해하려면 행위자와 과정에 대한 이해가 필요하다. 그래서 일부 사회의 일부 엔지니어는 지역적이거나 국제적인 연관성을 모두 가진 노동 조직의 방법을 만들어내지만, 보편성에 대한 주장은 겉으로 보이는 것과 다르다. 오히려 엔지니어는 회사와 사회에서 자신들의 자리를 만들어내려 노력하기 때문에 보편성이라는 수사는 특정 집단의 어젠다를 감추기도 한다. 이는 결과적으로 엔지니어의 아이디어가 적용 및 확산되는 '선택적인' 방식을 설명할 때 도움을 준다. 실행되면 위협적일 수도 있다는 함의를 가진 이데올로기와 맞닥뜨린 경영자는 이를 무시하거나 선택적으로 적용하거나 (테일러주의의 사례처럼) 자기편으로 끌어들여 다시 만든다. 다른 말로 하면, 아이디어를 중개하는 과정에 조직적 이해 집단 간의 투쟁이 있다.

우리는 또 공학의 형태는 실제로 다양하다고 믿는다. 그러므로 서로 다른 여러 공학 이데올로기가 발전할 것으로 기대할 수 있다. 엔지니어는 노동과 경영에 대한 관계에 따라 대체로 경영자에게 호소력 있고 받아들일 만한 아이디어를 만들어내며, 그 아이디어의 확산 가능성에 영향을 주려 노력한다. 사회적 위치와 자기 이해를 추구하는 방식에 따라 엔지니어는 생산에 초점을 맞춘 이데올로기를 발전시키려는 경향이 있다. 우리는 또 특정 지역에서 받아들인 모범 사례가 다른 사회에서는 선택적으로 시행되거나 전혀 시행되지 않을 수도 있다고 기대한다. 또 어떤 한 방식으로 조직되고 지향성을 가진 엔지니어는 다른 방식을 부과하는 이데올로기에 대해 그 근원이 공학이든 아니든 상관없이 저항할 것으로 기대한다. 마찬가지로 공학 노동의 배치는 어떤 전략의 시행을 선호하는 반면 다른 전략의 시행을 방해할 수도 있다. 예를 들어 프랑스는 기술직 노동자가 부족한 데 비해 독일은 자격을 갖춘 기술직 노동자가 상대적으로 풍부하다.[4]

엔지니어와 생산에 대한 아이디어의 발전

앞 장들에서는 산업자본주의 사회에서 엔지니어의 사회적 위치에 영향을 주는 두 가지 힘에 초점을 맞추었다. 한편으로 엔지니어는 자본주의라는 구조적 현실의 산물이다. 이는 엔지니어를 월급쟁이(이들은 노동 시장에서 자신의 위치에 가해지는 모든 압력 요인—탈숙련, 노동 비용 하락, 기술의 전문화와 파편화, 자율권에 대한 공격, 회사의 위계 구조 내에서 자신들을 통제하고 조직화하려는 시도—을 경험한다)이자 동시에 생산을 통제하고, 아이디어를 제품으로 만들어내고, 기술과 생산 과정을 관리할 책임 있는 존재로 여긴다. 두 번째 힘에 따르면 엔지니어는 그들의 작업을 수행할 자율권을 어느 정도 인정받고, 육체 노동자로서 같은 수준의 조직화를 통해 자신들에 대한 통제를 막을 것을 요구한다. 종합하면 생산에서 엔지니어의 사회적 위치에는 두 가지 측면, 즉 임금 노동자의 지위와 생산 과정 및 생산 노동자에 대한 통제자 역할이 있다. 이 두 측면은 엔지니어가 생산의 조직화와 관련해 새로운 아이디어를 생성하고 확산하고 채택하는 역할을 하는 데 어떤 영향을 줄까?

무엇보다 이는 생산에 관한 새로운 아이디어 발전에서 엔지니어의 역할을 이해하는 배경을 제공한다. 즉 생산에 대한 새로운 아이디어를 내놓는 사람들이 대개는 엔지니어였던 이유를 설명하는 데 도움을 준다. 공학의 모순적 특성이 조직 방식에서 발견되는 가변성(variability)을 보면, 엔지니어는 자본주의의 추상적이고 보편적인 특성에 그저 대응하는 게 아니라 새로운 생산 개념을 개발하면서 특정한 '국소적' 문제에 대응한다는 것을 알 수 있다. 생산 조직과 관련해 독특하고 혁신적인 접근법을 정식화하는 엔지니어의 역량은 국가 맥락에서 자본-노동 관계의 역사적 진화에 달려 있다는 것, 그리고 그 갈등이 공학 조직 그 자체를 형성하는 방식에 달려 있다는 것도 알 수 있다.

엔지니어는 생산 과정을 직접 감독하는 역할을 하고 준경영인으로서 생산에 관여하기 때문에 경영인과 달리 생산 과정과 제품의 설계에 참여하고 작업 현장에 자리한다. 이 역할 때문에 엔지니어는 노동력과 고정자본을 가능한 한 효율적으로 운영하도록 할 수밖에 없다. 다른 경영 이론가들이 조직의 문제, 합병, 일반 행정 원칙 등에 주로 관심을 두었던 반면 테일러는 작업장 관리에 집중했다. 미국 엔지니어 중 테일러주의자들은 미국 경영의 독특한 문제, 즉 노동력 부족, 제각각인 이민자 노동력, 영국식 수공업 통제 방식이라는 문제와 씨름하고 있었다.[5] 최근 미국의 테일러주의 발전 원인을 연구한 일본 학계는 테일러주의가 일본으로 전파될 때의 어려움을 통해 테일러주의를 해석하고, (일본에는 없는 어떤 것으로서) 테일러주의의 핵심인 엔지니어와 노동자의 전문화 및 분리를 강화한 결정적 지역 요인으로서 노동력의 불균일성을 강조하는 경향이 있다.[6] 미국 노동사가들은 테일러주의를 그저 이민자 노동력에 대한 다양한 대응 중 하나로 보고, 작업의 전문화와 파편화가 전형적인 공학의 대응 중 하나라고 주장하는 경향이 있다. 기계화와 복지주의는 또 다른 대응 방식이다.[7] 미국 엔지니어는 전통적으로 생산 노동자를 책임지는 위치에 있기 때문에 경영자의 관점에서 생각하는 경향이 있었다. 그러나 이는 언제나 특정한 국가적 상황의 관점이었다. 엔지니어가 대기업에 흡수됨에 따라 그들은 특권, 자율성, 권위를 가진 자신만의 위치를 방어하고 재정의하는 이데올로기를 개발했다. 그들이 궁극적으로 어디에 공감하는지는 분명했다. 하지만 그들이 기존의 '구식 경영'에 동의한 것은 아니었다. 오히려 그들은 자신이 회사 문제를 초월하고 동시에 최소한 일부라도 경영 목적과 맞추는 방식으로 자리매김한다고 주장했다.

일본에서 엔지니어들이 생산에 관여한다는 것은 일본의 경제력이 성장함에 따라 널리 통용된 노동 이데올로기의 생성 이면에 숨은 요소다. 많은 저자들[8]은 생산 엔지니어야말로 일본 산업에서 주도적이었다고 주장한다. 이는 외국 기술을 다루어야만 하는 상황과 (앞에서 살펴본 것처럼) 숙련 노동자 부족 때문에 생긴 결과다. 산업화를 위해 수입한 기술에 의존해야 했기 때문에 엔지니어는 일본 내에서 이 기술을 수없이 번역하고 다시 엔지니어링해야 했다.[9] 외국 기술 의존성 때문에 엔지니어와 현장 노동자 사이에 양극화나 사회적 거리가 생기지 않고 오히려 긴밀한 연결과 강화된 상호 관계가 생겨났다. 서구에 비해 일본 노동자의 교육 수준이 더 높았다는 점도 부분적으로 이런 관계를 가능하게 했다. 그뿐만 아니라 테일러가 맞닥뜨렸던 미국 상황에 비해 상대적으로 노동이 매우 균질했던 점도 이런 관계를 가능하게끔 했다. 이러한 특징은 생산에 집중하는 강력한 엔지니어 문화를 만들어냈으며, 이는 미국이나 유럽의 경험과는 의미 있을 정도로 다른 문화였다. 정신노동과 육체노동의 분리, 엔지니어와 생산 노동자의 분리가 덜 일어났고, 그 결과 직업 유형 분류는 더 좁아지고 팀 작업과 노동자의 유연성을 더 강조하게 되었다.

일본 대기업에서 노동 조직은 사회적·제도적 기원과 버팀목을 가진 복합적인 것이지만, 그것을 만드는 과정에서 엔지니어가 중심 역할을 했던 것은 분명하다. 워맥(J. P. Womack)은 일본 대기업으로 대표되는 생산 혁신을 도요타의 엔지니어인 오노 다이치 한 개인의 공으로 돌리고 이를 '오노주의'라고 이름 지었다.[10] 이는 한 개인의 업적을 너무 높게 평가하고 오노가 활동한 맥락을 너무 낮게 평가한 것이다. 쿠수마노(M. A. Cusumano)가 주장하듯 도요타에서 오노의 혁신은 일본의 현실에 뿌리를 두고 있다. "도요타는 작업장 경영이나 생산 일정과 관련해 회사에 문제를 제기하지 않는 노동력이 있을 때 경영자들이 무엇을 이룰 수 있는지 보여주는 가장 좋은 사례다."[11] 그렇다고 일본 노동자가 고분고분했다는 뜻은 아니다. 왜냐하면 최근의 연구는 오노의 실험에 반발해 일어난 파업 활동을 밝혀냈고, 일본식 경영이 일부 학자가 주장하는 것만큼 테일러주의에 적대적이었는지 여부에 대해서는 상당한 논쟁이 있기 때문이다.[12] 완전히 독창적이든 아니든 여전히 일본 엔지니어가 선구적으로 개발한 기법〔적시 생산(Just-in-time, JIT), 품질 관리(Quality Control, QC), 무결점(Zero Defect), 종합 품질 관리(Total Quality Management, TQM), 개선(改善)〕은 테일러주의자처럼 일본 엔지니어가 최고의 실행을 책임지는 작업장 또는 생산에 중점을 두었다는 사실을 반영한다. 모리카와의 주장대로 "작업장에 대한 존중은 엔지니어의 교육에 깊이 배어 있고 그들이 육체노동자와 함께 일하는 현장에서 연수를 하는 동안 강화된다".[13] 더구나 미국 및 영국의 경험과는 분명히 대조되게 사무실에서 일하거나 연구 개발에만 종사하는 일본 엔지니어는 당연히 엔지니어로 여겨지지 않았다.

엔지니어가 생산에 참여할 때 그들은 직업적 또는 회사의 이익을 넘어서는 실용적인 아이디어를 내놓는다. 그러나 우리가 분석한 바로는, 공학 작업이 조직되는 방식, 엔지니어의 사회적 정의, 엔지니어에 부과하는 책임에는 상당한 다양성이 존재한다. 그래서 엔지니어가 생산과 맺는 관계는 나라마다 다르고 때로는 산업마다 다르며, 이는 다시 확산 가능성 높은 생산에 대한 새로운 아이디어를 개발할 가능성에 영향을 준다.

예를 들어, 프랑스와 미국에서는 생산에 대한 직접 책임에서 엔지니어를 멀리 떼놓아 엔지니어가 생산 문제를 덜 생각하도록 만들었다. 프랑스 시스템에서는 엔지니어에게 생산 조직 이데올로기라고 할 만한 것이 그다지 많이 나타나지 않았다. 엘리트주의, 위계, 엔지니어와 생산 노동자 사이의 상당한 사회적 거리 때문에 통상적인 생산 과정이 아니라 설계에 강조점을 두었고 프랑스 엔지니어의 경험에서는 이런 점이 더 전형적으로 나타났다.[14] 프랑스 시스템은 주로 그랑제콜 모델로 수출되었으나 이는 문제가 많았다. 그랑제콜 모델은 19세기에는 어느 정도 호소력이 있었던 것으로 보인다. 이 시기에 국가들은 산업화 속도를 높이기 위해 여러 방안을 강구하기 시작했고, 전통적인 엘리트는 그랑제콜 모델이 과학과 합리성이라는 위상을 지지했기 때문에 실용적인 영국 시스템보다 프랑스 시스템에 더 끌렸다. 그러나 독일에서는 그랑제콜 모델이 자본의 요구를 충족하지 못했다. 그리고 실습 교육 대 과학 교육에 대한 계급 투쟁 때문에 산업의 관심사에 더 잘 맞는 공학 교육 훈련 시스템의 개발을 장려했다.[15]

전후 미국에서는 공학 실행을 위한 기준점(benchmark)으로 작용하는 국방 영역과 함께 엔지니어가 생산 기능을 떠나 연구 개발로 이동하는 발전이 일어났다.[16] 동시에 경영대학원과 MBA 과정을 통해 일반 경영으로의 철저한 통합이 일어나 엔지니어는 생산의 관심사와 더 멀어졌다. 아울러 이것이 엔지니어의 직업적 과제가 되었다. 첫째, 엔지니어는 자신들을 특권적 과학, 그리고 과학 프로젝트와 동일시하려 했는데, 이는 이 시기에 국가 지원 연구 개발과 군사적 생산의 연결 덕분에 더욱 쉬워졌다. 둘째, 엔지니어는 기업의 위계 구조 안에서 점차 늘어나고 있는 다른 비(非)기술적인 전문직 조직과 경쟁하려 했다.

그러나 생산에서 멀어지려는 이 움직임은 고품질 공학 노동을 끌어당기려 애써온 미국 제조업의 쇠퇴와도 연결된다. 경영을 통한 경력 궤도는 생산을 우회한 엔지니어를 뜻했고, 전후(戰後) 구조에서 엔지니어의 위상은 아래로 떨어졌다. 전문적인 업무로서 경영 역시 공학과 생산 일반에서 벗어나 마케팅, 금융, 대기업에 내재한 조정 문제 쪽으로 기반을 바꾸었다. 자본주의가 경영 모드로 옮겨감에 따라 중요성이 줄어들고 있는 엔지니어에게는 이 영역에 발전 요소가 있는 것 같았다.[17] 이는 미국과 영국에서 가장 강하게 드러났다. 이 두 나라에서 엔지니어는 경영의 위계 구조 속에서 일반 경영자 또는 비생산 영역에 연결된 사람들에 대한 권력을 잃어버렸다. 그러나 독일과 일본의 산업과 경영에서 엔지니어가 계속 강하게 남아 있는 것은 경영의 직무 구성 및 방향성의 구조적 측면과 반대되는 것이고 이는 국가별 특수성의 증거다.

영국의 경우, 수공업 형태의 조직은 처음부터 생산의 중요성을 강화했고 도제 제도는 엔지니어와 숙련 생산 노동자 간의 상호 관계에 호의적이었다. 그러나 몸으로 배우는 도제 제도의 쇠퇴와 대학을 통한 공학 교육의 공식화 때문에 이 두 집단의 관계는 양극화되었다. 여기에 더해 엔지니어가 안정적인 경영자 경력에 충분히 통합되지 못했기 때문에 이들은 설계와 과학에 더 가까워지고 생산에서는 멀어질 수밖에 없었다. 왜냐하면 이는 엔지니어 직업의 육체적 함의를 강화했기 때문이다. 이런 점에서 보면 전후 미국과 영국의 사례에는 유사점이 있다. 영국에서는 설계 엔지니어링이 더 높은 지위를 누리고 생산 엔지니어링은 낮은 지위에 머물러 있다.[18] 더욱이 엔지니어는 MBA를 따거나 일반 경영으로 옮겨가도록 내몰렸다. 왜냐하면 마케팅과 금융에 강한 영향을 받은 초기의 반(反)기술적인 영국의 경영 문화에서 순수한 기술 프로젝트 또는 공학 프로젝트는 문화적 권력이 부족했기 때문이다. 그러므로 영국은 생산에 관한 공학 아이디어가 융성할 수 있는 풍부한 토양이 아니었다.

베르네르(B. Berner)가 논의한 대로 스웨덴에서 엔지니어는 생산의 문제로 주의를 돌렸지만 순전히 경영자 관점에서 바라본 것은 아니었다. 스웨덴 사회의 조건은 엔지니어에게 더 많은 제약을 부과했고 생산 효율성과 노동 인간화(work humanization)라는 이중적 어젠다를 위한 조건을 만들어냈다. 다른 어떤 곳도 아닌 스웨덴에서 사회과학자와 엔지니어 사이에 사회-기술적인 직무 설계에 대해 매우 세련된 논의가 있었다. 이 논의는 교육 중이거나 현장에 있는 스웨덴 엔지니어에게 노동 인간화 프로그램의 혜택을 주면서 넓은 영역에 걸쳐 이루어졌다.

독일에서 제조업과 강력한 기계 엔지니어링 문화는 생산 엔지니어링의 높은 지위를 만들어냈다. 알트만(N. Altmann)은 독일 엔지니어가 기술관료 방식의(테일러식의) '단일한 최선의' 작업 설계를 추구했다고 주장했다. "이것이 통상 의미하는 것은 통제 기술을 사용해 제조업 과정을 최대한 통제하는 것, (엔지니어의 견해로는 모든 실수의 일차적 근원인) 인간 개입을 가능한 한 최대로 제거하는 것과 관련 있는 접근이다."[19] 알트만의 논문에서는 단순화, 기계화, 전문화가 미국 엔지니어처럼 독일 엔지니어에게도 생산 어젠다였다. 그러나 (미국의 테일러주의에서 많은 것을 배운) 일본 엔지니어와 달리 독일 엔지니어는 보편적인 혁신을 많이 만들어내지 못했다. 이는 독일 공학 전문직의 상대적 취약성을 반영하는 것처럼 보인다. 독일 공학 전문직은 역사적으로 상당히 분화해 있었고 강력한 고용주와 강하고 잘 조직된 노조 운동 양측으로부터 상당한 압력을 받았다. 특히 노조 운동은 분명한 테일러주의적 이상을 가졌음에도 불구하고 독일 엔지니어가 미국 엔지니어보다 컴퓨터 기반 기술을 사용해 생산 노동자의 기술을 제거하는 게 아니라 강화하거나 활용하는 경향이 있었던 이유를 설명하는 데 도움을 줄 것이나. 이 책에 실린 논문에서 기스펜(K. Gispen)이 주목한 대로, 독일 통일과 그 결과 나타난 실업 및 노동력 과잉이 권력의 전통적인 균형을 변화시켜 생산에 대한 독일 고유의 엔지니어링 접근 개발을 촉진할 여지를 만들었는지 여부는 두고 볼 일이다.

엔지니어가 생산 및 경영과 맺는 관계는 특정 국간 안에서조차 산업마다 다르다는 점을 덧붙여야 한다. 공학 노동 조직의 다양한 국가별 패턴이 있기 때문에 우리는 '독일 엔지니어'와 '미국 엔지니어'를 언급했다. 그러나 이는 지나친 단순화이기도 하다. 예를 들면 미국에서 특정 종류의 엔지니어는 다른 사람들보다 생산 노동자에 대한 책임과 직접 부딪치는 경향이 훨씬 더 많다. (자동차 산업의 기계 및 조립 엔지니어와 컴퓨터 산업의 전자 엔지니어를 비교해보라.) 이러한 분야별 다양성은 생산 조직에 대한 새로운 아이디어를 내는 사람들이 엔지니어 중에서도 특정 국가가 아니라 특정 그룹의 엔지니어라는 점을 설명해줄 것이다. 과학적 경영의 중심 아이디어를 처음 정식화한 것은 결국 기계 작업장 경험이 있는 미국 기계 엔지니어들이었다.

종합하면 엔지니어가 생산 임무 및 경영과 근접한 곳에 놓였을 때 노동 과정의 공학 혁신을 위한 풍부한 토양이 발전할 것이다. 그러나 엔지니어가 자동으로 경영에 호의적일 필요는 없다. 엔지니어는 결국 반(半)자율적인 고용인이고 특정한 형태의 조직이나 국가적 맥락에서 가령 사회적 책임에 대한 관심을 통해 다른 고용인이나 회사 또는 더 넓은 사회와 강한 친밀감을 가질 것이다. 또한 고용인으로서 엔지니어는 생산에서 나온 프로젝트를 지원하지만 경영이 아니라 노동자로서 그들의 이해를 반영한다. 우리가 이미 논의했던 엔지니어의 이 모순된 사회적 지위가 뜻하는 것은 기업 자본은 자신의 이익을 위해 엔지니어에게 자동으로 의존할 수 없다는 것이다. 엔지니어는 노동 조직을 위해 매우 세련되고 대안적인 어젠다를 추진할 수도 있다. 이는 엔지니어와 육체노동자의 관계 그리고 임금 노동자로서 그들의 위치 모두를 반영한다.

엔지니어의 생산 프로젝트와 노동

헤게모니에 반하는 아이디어의 사례는 엔지니어가 경영 위계에 통합된 정도가 미약한 사회에서 특히 자주 나타난다. 예를 들어 1970년대 영국에서 대안적 생산에 대한 노동자들의 계획은 기술자 노조와 테일러주의 설계에 대한 영국 엔지니어의 비판을 이끌었던 마이크 쿨리(Mike Cooley)에 의해 선구적으로 이루어졌다.[20] 웨인라이트와 엘리엇(D. Elliot)이 비판하지는 않았지만 자세히 묘사한[21] 루커스 계획(Lucas Plan)은 루커스항공의 작업장 간사(steward) 연합회에서 나왔고, 비군사적 제품과 그 제품을 생산하는 기술을 향상시키는 방법의 형태로 '사회적으로 유용한 생산'을 위한 제안을 추진했다. 루커스 계획은 잉여 인력에 대한 루커스 경영 프로그램에 맞서는 교섭안으로 사용되었다. 루커스항공의 이 계획은 영국과 특히 독일 및 스칸디나비아 국가들에서 엔지니어링 언론의 따뜻한 호응을 받았음에도 불구하고 영국의 엔지니어링 실행에 통합되지는 못했다. 작업장 간사들이 제품 사양, 업무 설계, 인력 계획에 관한 의사 결정의 영역을 확대하자고 제안하면서 경영진의 권리와 특권에 도전했기 때문이다. 다른 사회에서는 아래로부터의 이러한 도발적 기획이 고용인의 주도권을 나타내는 것으로 받아들여지고 경영철학에 기꺼이 통합되었을지 모른다. 그러나 산업 관계가 심하게 양극화한 영국에서는 그런 기획이 소유자-경영진의 강력한 저항을 받았다. 우리 생각에도 그러한 계획은 반(反)경영적이고 따라서 국내 또는 국제적으로 널리 확신되었을 것 같지 않다.

스웨덴에서 일어난 급진적 직무 재설계 운동, 특히 볼보의 운동은 엔지니어들이 경영자가 아니라 노동자의 생산 문제에 연루된 또 다른 사례다. 실제 몇몇 사람은 이를 '볼보주의(Volvoism)'라고 불렀다. 그러나 볼보의 여러 공장에 걸쳐 작업의 사회적 설계가 서로 달랐다는 점은 통일된 전략이 있었다는 암시를 믿기 어렵게 만든다.[22] 스웨덴의 자동차 산업과 일반 제조업, 특히 칼마르와 우데발라 소재 볼보 공장에서 벌어진 실험은 스웨덴의 독특한 환경에서 등장했다. 독특한 환경이란 노동력 부족, 복지주의, 강한 노조 조직, 수출 지향적 산업, 외국인 노동력의 제한과 스웨덴 사회의 계급 타협적 특징을 말한다. 그러나 여기에 덧붙여 베르그렌(C. Berggren)에 따르면 볼보 같은 실험적인 회사의 원형에서는 "대체로 엔지니어들 사이에 열린 시각이 있었고 이것이 새로운 접근을 시도할 공간을 많이 제공했다".[23] 차일드(J. Child)와 러버리지(R. Loveridge) 같은 다른 학자들은 스웨덴에서 엔지니어가 반(反)테일러주의 작업 설계 프로그램을 활용한 방식의 국가적 특성에 주목했다.[24] 그러나 베르그렌은 스웨덴 자본이 인간적이고 친(親)노동자적 직무 설계 어젠다를 흡수한 정도에 대해서는 회의적이다. 스웨덴 밖에서는 경영 스타일과 엔지니어링 실천이 해당 지역의 표준을 채택했기 때문이다. 최근으로 오면 스웨덴 자본은 지역의 제도적 환경이 주는 '제약'을 피하기 위해 국제화했다.[25] 또 볼보와 르노가 연결되면서 전통적인 포드주의 작업 설계 패턴이 확산한 것처럼 보이는데, 이것이 아마도 우데발라와 칼마르의 공장 폐쇄 요인이 되었을지도 모른다. 이는 좀더 노동 중심적인 엔지니어링 설계는 스웨덴의 경우처럼 사회 구조 속에 안전하게 통합되었을 때조차 매우 취약하다는 것을 보여준다.

반(反)헤게모니 생산 전략의 마지막 사례는 1960년대에 '새로운 노동 계급' 이론가들이 제안한 프랑스의 자주관리제 아이디어다. 말레(D. Mallet)와 초창기의 고르(A. Gorz) 같은 일부 학자는[26] 프랑스 노동력의 기술 수준이 점차 높아짐에 따라 노동자들의 통제 욕구가 나타나고 반(反)경영, 생산주의 작업 문화가 생겨났을 것이라고 주장했다. 그러나 이 테제가 촉발한 경험적 연구는[27] 엔지니어 및 기술직 노동자와 자주관리제라는 아이디어 사이에 어떤 연결점도 발견하지 못했다. 크로포드[28]는 엔지니어들 사이에서 자주관리제 아이디어에 대한 지지 수준이 매우 낮음을 발견했다. 이는 프랑스 엔지니어가 전형적으로 사업 의사 결정의 정당성에 도전하지 않았으며, 오히려 생산 효율에 대한 통상적인 생각을 지지했다는 사실을 반영하는 것처럼 보인다. 이는 애초에 기술 노동과 자주관리제의 연결이 틀렸다는 뜻이다. 또 이는 아마도 엔지니어의 특권적 지위가 1960년대에 위협당했다는 사실을 반영한다. 아울러 그 시기에 관찰된 자주관리제에 대한 관심은 엔지니어의 잠재적 권력 상실에 대한 관심을 반영했을 뿐 의사 결정 권한을 더 넓은 노동 구성원으로 확대하는 데 대한 일반적 관심은 아니었다. 크로포드는 (이 책에서) 전후 프랑스 엔지니어가 노조주의에 더욱 공감한 것은 산업화를 돕기 위해 국가 지원 아래 엔지니어 수가 팽창함에 따라 전통적인 특권이 위협을 받게 되자 나타난 대응으로 묘사했다. 그러므로 노조주의는 특권의 수호 차원이지 프롤레타리아화의 지표이거나 노동자의 어젠다에 대한 환영은 아니었다. 프랑스 시스템은 엔지니어가 노동 중심이든 경영 중심이든 상관없이 생산 조직에 중점을 두는 어떤 이데올로기를 중심으로 연합 및 단결하기 어렵게 만든다.

엔지니어가 내놓는 아이디어의 본질은 무엇인가

이 모든 것은 생산에 대한 공학 아이디어가 어떻게 경영할 것인가에 대한 유체이탈적이고 추상적이고 순수한 아이디어만은 아니라는 것을 보여준다. 또 우리가 이미 논의한 대로 단순히 경영적 사고의 확대도 아니다. 오히려 국가에 따라 서로 다른 맥락, 산업, 시기에 따른 엔지니어 역할의 실제 모습을 반영한다. 그러므로 가장 순수한 형태의 테일러주의는 상당한 정도로 공학 이데올로기이고, 세기 전환기에 미국 기업에서 일한 특정한 엔지니어 그룹의 자기 이해를 반영한다.[29] 마찬가지로 엔지니어에 대한 과학적 정체성 개발을 강조하는 것은 때로 미국의 산업 경쟁력을 유지하는 방법으로 제시되는데, 이 또한 전문직의 위상을 높이고 과학의 특권과 힘을 이용하기 위해 설계된 공학 이데올로기다.

일본 도요타의 엔지니어 오노 다이치는 앞서 주장한 대로 "린 생산 개념을 창시하지" 않았다.[30] 오히려 오노는 확실한 문제를 위해 특별한 해결 방안을 개발했는데, 나중에 다른 사람들이 이 방안을 하나로 묶어 '린 생산'이라고 불렀다. 오노의 아이디어는 포드에서 유래한 일관 생산(flow production) 방식을 일본 상황에서 고품질 소량 생산에 적극 적용한 것이었다. 쿠수마노가 보여준 대로[31] 도요타에서 오노의 경력 경로는 회사 전반에 걸쳐 느리고 수평적이었으며, 이는 일본 엔지니어의 전형이다. 오노는 심지어 도요타 노조에서 일한 적도 있고(사내 업무였지만 테일러가 했다고 상상하기는 어려운 일) 고전적인 조직인(organization-man) 모드로 회사의 경력 경로를 따라 움직이는 동안 자신의 실험을 일시 중단한 적도 있다. 다시 말해 그는 일본 엔지니어의 전형적인 경력 구조를 따랐다. 만일 그 과정에서 그의 혁신이 효율의 새로운 표준이 되고 모범 사례가 되었다 하더라도 그는 이런 혁신을 자본화해서 개별적 확산 및 상업화를 꾀하지는 않았다.

루커스항공의 계획은 엔지니어를 포함한 숙련 노동자의 과잉에서 생겨나는 위협에 대한 특정한 대응이었고, 엔지니어의 작업 경험과 이해관계의 중심이 되는 요소(기획, 기술 감사, 새로운 생산 설계)를 포함했다. 이는 엔지니어가 처한 제도적 환경과 경영 문화 안에서 의사 결정의 힘을 증대하려는 시도로 해석할 수 있다. 이런 환경에서는 비(非)엔지니어 전문가들이 조직의 위계 사다리를 올라가기 때문에 엔지니어는 느슨하게 통합되고 점차 주변화했다. 또 루커스항공에서 노동자의 계획에 매우 훌륭한 이론적·정치적 내용을 집어넣은 엔지니어인 마이크 쿨리는 설계 엔지니어가 CAD로부터 받는 위협에 대해서도 지속적으로 썼다. 그가 보기에 이런 위협은 설계 엔지니어를 프롤레타리아로 만들지도 모르는 '사무실의 테일러주의'였고, 이러한 '자기-이해(self-interest)'는 루커스에서 기술 노조 전략 속으로 흘러 들어갔다. 사회과학자들이 만든 루커스 계획과 비슷한 일괄 프로그램 및 '노동자들의 계획'을 촉진하기 위해 세운 특별 센터가 있었다.[32]

엔지니어와 모범 사례 아이디어의 확산

이러한 사례에 따르면 엔지니어는 대체로 명확한 상황에서 특정 문제와 씨름하고 있으며 노동 조직과의 관계에서 추상적인 이론 구성에 얽매이지 않는다. 또한 공학 아이디어의 내용은 엔지니어의 고유한 분야별 관심사, 그리고 그 관심사와 생산 노동자의 연결에 의해 형성된다. 이제 생산 이데올로기의 생성에서 엔지니어 역할의 본질을 살펴본 다음, 그 이데올로기의 확산에서 엔지니어가 어떤 역할을 하는지 생각해보기로 하자.

경영자는 공학 이데올로기에 포함된 자기 이해관계 요소를 몰아내야 한다. 그래서 경영자가 전달하는 아이디어는 엔지니어의 아이디어를 재정의한 내용일 경우가 많다. 루커스항공이나 볼보에서 개발한 공학 이데올로기의 실패는 경영자에게 호소력이 부족했음을 반영하는 것일지도 모른다. 테일러주의의 역사도 이를 반영한다. 미국에서 대중성을 얻은 것은 테일러의 아이디어가 아니라 순화된 경영진의 버전이었다.[33] 그리고 유럽과 그 밖의 지역에서 받아들인 것 역시 산업 효율에 대한 미국 경영자의 견해였다. 리틀러는 테일러주의가 미국의 투자와 테일러주의적 함의를 변형한 베도(Bedaux)의 자문 회사를 통해 영국에 진입하는 방식을 보여주었다.[34] 영국에서 테일러 시스템을 승인한 것은 엔지니어가 아니었다. 사실은 테일러 시스템의 노동-경영 제안은 당시 엔지니어링 언론에 의해 강력하게 거부되었던 반면, 테일러의 고속 공작 기계에 대한 작업은 정당하게 고려되었다. 매우 분화된 영국 수공업 엔지니어링 조직은 매우 중앙집중적인 시스템을 과학적 경영으로 승인할 수 없었다. 테일러 시스템을 대중화하는 것은 어윅(L. F. Urwick) 같은 산업심리학자와 경영 컨설턴트들

손으로 넘어가 초점을 생산/엔지니어에 급진적으로 바꾸는 방식으로 이뤄졌다. 테일러주의는 다방면에 지식을 가졌지만 기술 전문가는 아니었던 영국의 경영 자문가, 심리학자 그리고 초기의 고유한 관리 운동 경력 향상에 적합하도록 나뜸어셨다.[35]

영국 엔지니어는 테일러주의를 활용하기에는 제도적으로 너무 파편화했고, 동시에 테일러주의의 유용함을 깨닫기에는 특정 산업이나 수공업 내에서 너무 전문화했다. 엔지니어는 주도적인 조직 형태, 즉 장인주의를 고수했다. 테일러주의는 영국에 들어왔을 때 비(非)엔지니어에 의해 수행되었고, 식품·음료·담배같이 비엔지니어링·비장인 통제 분야의 대량 생산 기업에서 실행되었다.[36]

마찬가지로 일본의 경영 기법 사례에서 확산은 엔지니어가 아니라 경영인에 의해 이루어졌다. 쿠수마노, 콜, 워너(M. Warner)가 연구한 대로 일본 엔지니어는 생산 기법 개발의 중심이었다.[37] 이 학자들은 일본을 다른 사회, 특히 영국과 매우 다르게 만든 것은 과학적 경영의 적용, 채택 그리고 계속된 개발에서 엔지니어가 중심 역할을 했다는 점을 매우 분명하게 보여주었다. 머클(J. Merkle)은 국제적 과학 경영 운동이 서로 다른 여러 사회에서 다양한 기구(agencies)에 의해 승인되었음을 입증했다.[38] 그러나 경영과 가까울수록, 생산에서 엔지니어의 통제가 절대적일수록 그들이 자기 지역의 엔지니어링 실행을 훼손하지 않는 한에서 모범 사례 아이디어를 이용하기는 더 쉬웠다. "경영 전략 형성에서 엔지니어가 중심 역할을 했기 때문에 테일러의 아이디어는 〔일본에서〕 더 빠르게 퍼져나갔다."[39] 조직의 사회적 패턴 역시 의미심장하다. 예를 들어 품질 관리 기법은 '일본 과학자 및 엔지니어 조합(Japanese Union of Scientists and Engineers)'에 의해 국가 차원에서 조직했기 때문에 일본에서 더 많이 도입되었다. 반면 콜이 지적한 대로[40] 다른 나라에서는 품질 운동이 그 메시지를 변형하고 파편화한 시장 기반 자문가 및 전문가의 이해 사이에서 지리멸렬해졌다. 쿠수마노는 도요타가 회사와 오노 다이치를 유명하게 만든 공정 기법을 완성하기 위해 그에게 15년 또는 그 이상의 기간 동안 실험할 것을 허용했다고 지적했다.[41] 닛산의 엔지니어는 미국 기술을 가지고 비슷한 발전을 이루면서 빠른 설비 시간, 낮은 재고량, 폭넓은 직무 분류, 최종 조립과 부품 생산의 매우 긴밀한 조직으로 나아갔다. 이 두 회사에서 혁신은 엔지니어가 생산 문제에 관여하고 생산에 집중했다는 점을 반영한다. 일본은 공학 실험에 비옥한 환경을 제공했다.

그러나 만일 일본 엔지니어가 발전시킨 혁신이 서구에 확산된 테일러주의 및 미국식 경영 기법과 어떻게 상호 작용했는지 조사하면 더 앞선 시기에 테일러주의자들이 촉발한 것과 매우 유사한 운동을 형성한 사람은 일본 엔지니어가 아니었다. 오노 다이치는 서구에 알려진 유일한 일본 엔지니어였지만, 그의 이름을 표기하는 방식(Ono vs. Ohno)이 표준화될 만큼 잘 알려진 것은 아니었다. 일본의 실천을 주로 널리 알리고 확산시킨 사람들은 일차적으로 미국의 경영대학원 학자, 경영 자문가 그리고 사회과학자들이었다. 이유는 간단하다. 일본 엔지니어는 그들의 조직 패턴 때문에 회사에 통합되어 있었다. 그래서 일본 엔지니어가 그들의 아이디어를 자본으로 팔아 명성을 얻거나 물질적 성과급을 얻는 구조가 없었다. 이런 일을 한 사람들은 좀더 기업가적인 미국인이었다. 그러나 이런 문화적 중개를 특징짓는 것은 공학 아이디어가 경영 상태 또는 실제 공학 실천, 즉 원래 아이디어가 나오고 그것을 구현한 구조 및 관계의 제도적 망(web)과는 별다른 관련이 없는 구조적 패러다임(린 생산)이 되었다는 점이다. 다른 말로 하면 생산 이데올로기 또는 모범 사례는 맥락에 따른 특수한 과정에서 중립적 기법으로 결정된 성과를 지닌 혁신으로 추상화된다.

마지막으로, 비록 생산에는 직접적 관심이 없었지만 공학에서 나온 것 같아 보이는 조직 형태에 대한 현재의 아이디어가 경영 전달자들(conduits)을 통해 확산 및 변형되는 과정은 언급할 가치가 있다. 전후 시기에 미국의 첨단 기술 기업은 프로젝트나 팀 작업, 기업 공동체와 문화, 좀더 수평적인 위계 구조〔즉 번스(T. Burns)와 스토커(G. M. Stalker) 그리고 영국의 우발성 이론(contingency theory)에 의해 유명해진 고전적인 '유기적' 구조〕를 조직하는 것에 대한 아이디어를 만들어냈다.[42] 이러한 혁신에서 우리는 이들 기업의 공학 업무 경험에서 비롯된 메아리를 들을 수 있다. 기업가적 기회, 빠른 변화, 변화하는 팀 소속감, 창의성 강조, 전문가와 경영자 간의 경계선 흐리기 등이 그것이다. 이런 아이디어 다수가 공학에서 기원했다. 그럼에도 불구하고 이들을 하나로 묶어 새롭고 의미 있는 조직 형태로 만든 것은 엔지니어가 아니라 경영 이론가들이었다. 또 이러한 반(反)위계적이고 분산된 이상을 기술 인력을 통제하려는 경영진의 시도에 적응시키는 것,[43] 그리고 중간층의 기업 고용인에 대한 중앙 경영 통제를 강화하는 방식으로 회사를 리엔지니어링하는 것은 지금까지 가능했다.[44]

중개자로서 엔지니어

생산 이데올로기를 수출 가능한 형태로 묶은 것은 엔지니어가 아니지만 그들은 생산 이데올로기의 확산과 무관하지 않다. 그들의 연관성을 이해하기 위해 생산 아이디어의 수행 방식을 형성할 때 탄력적인 국가별 차이의 중요성을 생각해보아야 한다. 그래서 테일러의 반(反)노조주의를 상당히 수정하지 않고는 노조가 강력한 영국의 환경으로 옮길 수 없다. 기업 간 관계의 중요한 개편 없이 '적시 생산' 같은 일본의 아이디어가 옮겨 갈 수 없다. 다른 말로 하면 공학의 실천을 다른 환경으로 이전하고 국지화하는 데는 비용이 든다. 공학 노동의 조직과 엔지니어가 경영 및 생산 노동자와 맺는 관계는 이러한 국가 특수성의 중요한 부분이다. 그리고 엔지니어는 독특한 국가 맥락에서 모범 사례 후보의 실행을 중개할 때 결정적 역할을 한다.

외국에서 수입한 아이디어를 수용할 때 엔지니어는 수정하고, 가로막고, 선택적으로 승인하고, 그 내용을 자신들의 의도에 맞도록 적응시키는 경향이 있다. 그 결과는 다음과 같다. 미국에서 일본식 실천은 미국 엔지니어들이 걸러낸 내용 때문에 다소 다른 형태가 되었다. 특히, 일본에서는 흔한 화이트칼라 엔지니어와 블루칼라 노동자의 합동(collaborative) 관계가 이 두 집단이 양극화한 미국에는 잘 맞지 않는다. 덧붙여 애플바움(E. Applebaum)과 뱃(R. Batt)은 엔지니어와 생산 노동자 간의 뚜렷한 임금 차이 때문에 미국에서는 진정한 일본 스타일의 품질 관리 집단의 발전이 어려웠다고 주장했다. 이들은 미국에서 엔지니어를 그러한 집단에 할당하는 데는 비용이 너무나 많이 든다는 점에 주목했다.[45] 마찬가지로 콜은 가치공학(value engineering: 제품을 기획·제조하는 데 있어 설계 및 제조 전문가의 입장에서 검토해 조직적으로 분석하는 것—옮긴이) 같은 미국의 의사 결정 기법을 빌려온 일본 엔지니어는 이를 엘리트 엔지니어와 경영자에 국한하지 않고 모든 노동자에게 적용하는 경향이 있었다.[46] 다른 말로 하면, 그들은 빌려온 아이디어를 자신의 고유한 사회적 노동 조직 내에서 활용했는데, 그 결과는 원래 그 아이디어를 만든 나라의 경우와 달랐다.

미국 엔지니어들이 생산으로부터 벗어난 것은 일본에서 나타난 '포스트테일러주의자'나 신(新)테일러주의자의 생산 아이디어, 또는 대안적인 유럽의 아이디어—스웨덴식 직무 설계, (피오레와 세이블 같은 저자들이 발전시킨[47]) 독일 모델—를 활용하는 데 영향을 주었다. 이러한 아이디어들이 생산 중심, 대규모 숙련 노동, 육체노동자와의 매우 협동적인 관계를 요구하기 때문이다. 추가로 미국식 실천의 주도권, 국내 시장 규모, 미국의 경제적·정치적 지위라는 힘 때문에 미국은 국내를 바라보고 안주하며 일본이나 스웨덴 같은 다른 나라에서 개발된 노동에 대한 경쟁 이데올로기의 가치를 깨우치려는 의지가 별로 없었다. 일본의 아이디어는 엔지니어의 화이트칼라 정체성을 위협했기 때문에 미국 상황에서 도입하기 어렵다. 아울러 일본의 아이디어는 애초 미국 엔지니어가 생산에서 멀어지게 된 이유였던 전통적인 경력주의 및 관리주의와 반대로 진행된다.

독일에서 엔지니어를 조직하는 계급 모델은 외국 아이디어보다 앞선 조건이다. 예를 들어 양질의 노동과 기술적으로 우수한 양질의 노동력이 풍부했기 때문에 미국식 노동 대체와 탈숙련 전략은 호소력이 줄어들었다. 루츠(B. Lutz), 루츠와 벨츠(P. Veltz)의 비교 연구에 의하면 자동화, 노동 제거(labour elimination), 직무 단순화는 독일이 아니라 프랑스에서 나타났다. 부분적으로는 양질의 기술직 노동자를 배출하는 전통적인 방법이 취약했기 때문이다.[48] 반대로 독일에 존재하는 기술 노동의 배치 때문에 독일의 방법을 프랑스나 미국으로 이전하는 게 어려웠을 것이다. 유사하게 루츠는 독일 노동력의 높은 자격 수준은 공학과 생산 인력 간의 전통적인 접촉과 결합되어 있으며, 유망한 혁신가들에게 일련의 다른 종류의 문제/가능성을 주었다고 지적한다.[49] 예를 들어 (프랑스의 사례와 대조적으로)

노동자는 실제 문제에 대해 이미 잘 훈련받았기 때문에 직무에서 학습을 강조할 필요가 별로 없었다. 루츠와 벨츠는 숙련 노동자와 엔지니어 간의 전통적인 독일식 상호 작용은 자동화에 대해 프랑스와 다른 접근으로 이어졌다고 주장한다.[50] 독일에서는 자동화 시스템이 노동자의 유능함과 공학 지식에 기초한 기존의 공작 기계 생산 모드에 통합될 수도 있었다. 이 생산 모드는 실질적이고 응용에 중점을 둔 것이었다. 프랑스에서는 컴퓨터과학 같은 분야를 혁명적으로 재정의한 미국식 이상의 노력을 기울였다. 컴퓨터과학은 실질적인 성공을 별로 거두지 못했지만 엔지니어와 생산 노동자 사이에 있는 기존의 분리 패턴을 인정했다.

미국의 공작 기계 생산자들은 설계에서 자동화의 수준을 높이고 자동화 시대에 맞는 일종의 테일러주의적 논리로서 기계 조작자의 재량을 없앨 것을 강조했다. 이는 미국이 비밀, 통제, 절대적 정밀성이 표준인 군수 생산을 강조한 것과 관련이 있다.[51] 이와 대조적으로 유럽 대륙과 일본의 공작 기계 생산자들은 기술 업무에 대한 자기 조직의 논리가 다른 점은 유지하면서 설계자와 기계 제작 기술자와의 협력 수준을 높이려는 의지를 갖고 있었다. 독일과 일본식 모델에서는 엔지니어-노동자 협동이라는 아이디어가 미국이나 심지어 프랑스에서만큼 이상하지는 않았다. 프랑스에서는 기술 노동과 육체노동의 훨씬 강한 분화가 지배적이었다. 더구나 프랑스에서는 기술 노동의 부족 문제를 완화하기 위해 일종의 노동 대체 전략을 촉진했다. 영국에서 수치 제어 프로그래머와 기계 조작자 간의 수공업적 구분은 일상적이었다. 때로는 하나의 통합된 구조 속에서 운영했음에도 불구하고 이 구분은 장인 노조와 기술 노조 사이의 구분에 의해 강화되었다.

일본의 모범 사례가 이식과 도입(adoption)을 통해 영국으로 확산되었지만 이로 인해 노동의 기술적 분리를 재구성하지는 못했다. 주된 이유는 이식자와 도입자가 대부분 기술 수준이 낮고 사전 설계된 조립 설비를 갖춘 회사들이었기 때문이다. 이들 회사는 기술 노동을 충분히 보유하지 못했고 오히려 일본에서 설계된 설비를 작동하는 생산 노동자가 많았다. 영국 산업의 '일본화'에 대해 활발한 논쟁이 있었다. 그러나 대부분의 경험적 증거는 대대적인 선전과 반대로, 영국과 일본의 경영은 원래 있던 노동 강화와 노동 통제의 패턴을 강화했고, 일본에서 볼 수 있는 엔지니어와 생산 노동자 사이의 협력 형태가 영국에서는 만들어지지 않았다고 주장한다.[52] 아마도 이는 영국 노동자의 다양한 교육과 훈련 수준을 반영하는 것일 수 있다. 아울러 영국의 이식된 형태의 생산 단위와 도입자의 특성 또한 반영한다.

지금까지 우리가 논의한 바에 따르면, 특정한 모범 사례 효율 표준이나 이데올로기가 있다고 해서 자본주의 사회에서 노동의 수렴이 일어나지는 않는다. 공학 형성의 지역 조건과 패턴이 그러한 표준의 개발과 확산을 강요하거나 매개하기 때문이다. 그래서 우리는 노동의 사회 조직 역량은 국가적 특수성을 통해 재생산되고, 각 사회는 효율성과 효과성에 대한 독자적이고 특별한 표준을 정의한다고 주장하는 '사회적 효과' 또는 제도적 주장에 익숙하다.[53] 우리는 다른 논문에서 이런 접근 방식이 가진 문제점을 탐구한 바 있다.[54] 그러나 이 글의 목적을 위해 우리는 다음과 같이 주장할 것이다. 요컨대 이 이론은 일부 사회 또는 일부 형태의 조직이 여러 사회에서 확산 및 설치되는 데 문제가 있었음에도 불구하고 모범 사례로서의 지위를 얻게 된 점을 설명하지 못한다. 테일러주의와 포드주의 같은 이데올로기는 각 패러다임이 요구하는 필요한 모든 자격 요건을 갖추고 노동 조직에 국제적으로 강력한 영향력을 행사하며 개발 자본과 국가들이 자신의 발전을 판단할 표준이나 조건을 설정한다. 사회적 접근은 우리가 이러한 역학(dynamic)을 설명하거나 확산 과정을 완전히 이해하는 데 도움을 주지 못한다. 그러므로 우리는 결론을 내리기 전에 일부 공학 아이디어가 국제적으로 확산될 수 있는지 물어보아야 한다.

모범 사례의 기원

우리는 엔지니어의 일차적 관심은 경영과 노동 관계의 모순을 다루는 직업 집단으로서 자기 이익이라고 주장했다. 그래서 엔지니어는 브레이버먼(H. Braverman)이 테일러에 대해 가정했던 것같이[55] 자본주의의 단순한 이데올로기 지도자가 아니고 국가 이익을 위한 선전원은 더더욱 아니다. 그들의 직업의식과 노동 과정에서의 사회적 지위는 어떤 국가의 조건에서는 광범위하고 보편적으로 호소력 있는 노동 조직에 대한 아이디어를 만들어낸다. 그러나 엔지니어가 내놓은 아이디어, 기법, 실천을 대중화하는 것은 평범한 엔지니어가 아니다. 특히 모범 사례로 관심을 끄는 경우에도 주로 경영 컨설턴트, 경영대학원 또는 사회과학 전파자(disseminator)들이 이를 인정하고 채택한다. 그러나 오래된 문제에 대한 지역적 대응은 어떤 조건에서 혁신적 해결 방안—수공업 생산 또는 일괄 생산 체제에서 대량 생산 경제의 규모가 커지거나 생산 노동자의 아이디어를 노동 조직에 통합하고 꾀를 부리지 못하게 막는 것—을 내놓을 수 있다고 말할 수 있을까?

우리는 대조적인 형태의 엔지니어 조직을 가진 선진 자본주의 6개국의 경제를 검토한 결과, 아이디어는 다음과 같은 조건을 따를 때 이데올로기가 되는 경향이 있다고 주장한다.

1. 아이디어가 경제적으로 주도적 지위에 있는 사회 집단에서 나타나면 다른 사람들은 이것이 왜 말이 되는지 조사하고 해당 국가의 자본은 이를 재배치하고 실질적으로 조직하는 방식을 확산한다. 미국과 일본은 분명히 주도적 국가라는 이 범주에 속한다. 이 두 나라는 표준 설정자로 정의되어왔다. 테일러주의, 포드주의, 린 생산, 적시 생산, 종합 품질 관리 등은 이러한 사회 집단과 단단히 결합해 있다. 우리는 다른 비교 연구에서 우위 효과를 언급했다. 우위 효과란 자본주의 전 역사를 통해 일부 사회(들)가 표준 설정자 또는 개발과 근대성을 비교하는 근대성 모델로서 주도적 역할을 했다는 사실을 말한다.[56] 그러나 우위만으로 한 나라에서 기원해 보편화한 이데올로기를 충분히 설명하지는 못한다. 예를 들어 영국은 미국이나 일본 같은 수준으로 이 역할을 수행하지 못했다. 영국의 실천—장인 노조, 전문 협회—은 미국, 캐나다, 일본같이 새롭게 산업화한 사회에 퍼질 때 각 지역의 혁신 또는 대안적이고 주도적인 혁신에 의해 그 내용이 훼손되었다. 더구나 유럽 및 세계 시장에서 독일 경제가 강력했음에도 불구하고 독일식 노동 조직 패턴과 관련 있는 특징적 이데올로기는 나타나지 않았다. 오히려 독일 경제의 성공은 다른 나라에서 모방하고 싶은 모델로 부상했음에도 불구하고 국가조합주의, 기술 훈련, 투자 그리고 다양한 가치의 제도적 배열과 관련해 논의되었다. 달리 말하면 적시 생산, 종합 품질 관리 같은 공장 체제에 내재된 기법보다는 국가-자본-노동의 제도적 배열을 강조했다. 그러므로 경제적으로 성공했다고 해서 널리 확산될 수 있는 생산 이데올로기를 생성하는 것은 아니다.

2. 이 패러독스를 설명하기 위해서는 엔지니어 조직의 네 가지 모델에 대한 우리의 논의가 도움을 줄 것이다. 수공업 및 계급 모델은 서로 다른 이유 때문에 문제에 대한 사회적 해결 방안이나 기업 또는 지역적 해법을 재생산하는 경향이 있다. 이것이 경제적 성공의 원천일 수는 있다. 그러나 거기에 포함되어 있으면서 동시에 분리해서 따로 묶을 수 있는 사회적 기술 또는 개별 아이디어를 만들어내지는 않는다. 반면 경영과 회사-중심(company-centred) 모델은 실제로 혁신을 창조해낸다. 이 혁신은 비록 국가별로 처한 상황에서 발생한 특정한 문제에 대응하느라 개발되었지만 유동적인 국제 자본 및 경영 문제와 결부되기 때문에 더 많이 일반화할 수 있다.
3. 엔지니어는 산업 구조 속에서 형성되므로 그들의 이데올로기는 해당 산업 구조를 반영한다. 우리가 이미 살펴본 것처럼 미국의 대량 생산과 방위 산업은 20세기 전반과 후반에 엔지니어의 아이디어를 구조화하는 데 강력한 역할을 했다. 대규모 대량 생산 산업은 매우 빠른 속도로 국제화했고 대량 생산의 문제, 곧 자동화, 전문화 그리고 이른바 포드주의를 지향하는 생산 통제에 대한 아이디어에 관심이 집중되었다. 노블이 미국의 수치 제어 프로그램에 대한 연구에서 보여준 대로[57] 제2차 세계대전 이후 방위 관련 산업에서는 작업장 노동자에 대한 관리자와 엔지니어의 통제라는 이데올로기와 작업장보다 사무실 기반 프로그래밍의 발전이 일괄적인 공학 산업으로 테일러주의적 이데올로기를 확장했다. 그러나 수치 제어에 대한 비교 연구에서 보듯이 국가별로 활용 패턴에서 두드러진 차이가 있고, 이 차이는 엔지니어가 단순히 작업장에 통합되는 방식이 아니라 각 나라에 존재하는 산업 구조를 상당히 반영한다. 연구에 따르면 독일에서는 엔지니어의 이데올로

기가 미국 엔지니어와 같이 "극단적인 기술 관료적 지향과 통제에 대한 관심"에 의해 활성화했다 하더라도 미국보다 상대적으로 강한 "기계 엔지니어링 문화" 때문에 사무실보다는 작업장의 수치 제어 프로그래밍이 성행했다.[58] 모범 사례로 확산한 것은 대량 생산 이데올로기다. 이 점은 독일의 중소 일괄 생산 산업과 대조적으로 미국과 일본 산업 구조에 모범 사례가 강력하게 존재하고 있음을 반영한다.

수렴 아니면 모순?

이 글은 국가 경제 및 사회 구조와 그 하부에 있는 자본주의 생산 양식 사이의 상호 작용에 대한 세밀한 분석, 즉 국가별 다양성을 촉진하는 힘과 경제적·사회적 조직의 보편적 양식을 향한 수렴을 촉진하는 힘 사이의 상호 작용에 대해 본격적이고 세밀한 분석을 하려는 게 아니다. 우리는 다른 곳에서[59] 자본주의 같은 모순적인 생산 양식이 생산 문제에 대해 단일한 '해결책'이라는 결과를 낳을 수 있음을 보여줌으로써 그러한 분석의 요소를 스케치하려 시도하기도 했다. 그러나 우리가 여기서 내릴 수 있는 결론은 다음과 같다. 요컨대 일부 해설자들이 끌어들였다고 해서 엔지니어가 단일한 모범 사례를 보급하고 그쪽으로 수렴하도록 촉진하는 역할을 할 것이라고 생각할 아무런 이유가 없다는 것이다.

엔지니어가 생산 이데올로기를 개발할 때 그들은 지역 조건을 기초로 행동하고 지역 문제를 해결하려 시도한다. 그들이 채택한 수사법(테일러주의라는 '단 하나의 모범 사례' 같은)에서 계급이나 국가의 독특함을 초월하는 것으로서 신기술을 제시할 수도 있다. 그러나 이 수사법은 일반적으로 공학 노동을 조직하는 대부분의 형태 속에서 자본이나 노동 중 어느 하나와 운명을 같이하기를 꺼리는 엔지니어 입장과 그들의 중간 위치라는 징후를 보인다. 달리 말해 이러한 '보편화하고 있는' 공학 이데올로기를 주의 깊게 검토하면 엔지니어의 자기 이해와 사회적 지위에서 공학 이데올로기의 뿌리가 드러난다.

더구나 공학 이데올로기로 출발했던 것이 폭넓게 확산될 가능성이 발생한 경우에 그 어젠다를 설정하는 것은 예외 없이 항상 관리자다. 우리는 엔지니어가 특히 생산 조직에 대한 공학적 견해를 하나도 바꾸지 않고 성공적으로 확산시킨 사례를 규명하지 못했다. 오히려 공학 아이디어의 확산은 일반적으로 경영을 통해서 일어난다. 결과는 관리자가 그들의 목적에 맞는 이데올로기, 또는 이데올로기의 요소를 선택한다는 것이다. 더욱이 관리자는 대개 수정된 생산 이데올로기를 지역의 조건과 필요에 맞춰야 한다. 그중에서도 특히 기존 기술 노동의 조직에 맞춰야 한다. 새로운 생산 프로그램을 이행하는 사람은 보통 엔지니어와 관련 있는 노동자들이다. 또 그들의 조직 방식은 혁신과 확산이 일어나는 한계를 설정할 때 가장 중요한 요인 중 하나다.

우리의 분석에 의미가 있다면, 그것은 수렴 이론이 지닌 탈산업이라는 새로운 생산 개념 수사학의 부조리를 드러낸다. 그 속에서 자본주의는 자본과 노동의 관계에서 나타나는 오래된 모순과 갈등을 초월하는 새로운 유토피아—'린 생산' 또는 유연한 전문성—로 마술처럼 바뀐다. 많은 수렴 이론에서 새 시대의 기술직 노동자는 전형적인 노동자다. 새 시대에는 정신노동자와 육체노동자, 감독관과 하급자 사이의 오래된 구분이 사라지고 자율적인 노동 그룹이 창의성과 협동 정신을 가지고 갈등과 착취를 대체한다. 우리가 이 책에서 살펴본 것처럼 기술직 노동자는 자본주의 생산 양식과 자본주의 갈등 그리고 사회관계 양식의 산물이다. 그리고 관계는 일본 못지않게 미국에서도 또 '쇠퇴하는' 사회와 '선진' 사회에서도 드러난다. 새로운 형태의 노동을 나타내는 것과는 거리가 멀게, 기술직 노동자는 고용 관계에 내재된 자본과 노동의 모든 긴장을 상징한다. 기술직 노동자는 관리자와 노동자 사이에서 시달리고 그들의 충성과 정체성에 대한 질문을 지속적으로 마주해야 한다. 기술직 노동자에 대한 우리의 역사적 비교 분석이 지닌 중심적 함의는 사회적 재생산의 안정된 힘이라기보다 내재적 모순이다.

영국 사례를 통해 살펴본 것처럼 수공업 조직은 몇몇 기본적인 어려움에 직면했다. 첫째, 복잡한 기술 시대에 기술직 노동자를 배출하는 시스템을 지탱하는 게 불가능하다는 것을 증명했다. 더 중요하게는 기술 노동을 조직하는 이 양식의 결과는 엔지니어를 다른 노동자와 똑같이 대우한다는 것이다. 이는 노조주의를 고양하고 동시에 엔지니어의 경영 통합을 받쳐주지 못했다. 우리가 루커스항공의 기술 노조 기획 사례에서 발견한 대로 수공업 전통은 1970년대까지 엔지니어와 경영진 사이의 갈등을 계속 만들어냈다. 동시에 기술 노조주의는 육체노동자 노조주의와 불안정한 관계를 맺었으며, 이는 영국에서 진화하는 동안 일어난 왜곡과 변화에 의해 잘 드러났다.

미국의 경우에서 나타났듯 경영 조직은 자체의 특징적인 긴장을 만들어낸다. 이는 엔지니어 사이에 강한 엘리트주의적 느낌을 강화하기 때문에 엔지니어와 생산 노동자 간 갈등의 정도를 최대화하는 경향이 있다. 엔지니어는 블루칼라 노동자를 통제하려고 노력한다. 반면 블루칼라 노동자는 엔지니어를 임금 노동의 또 다른 축이 아니라 회사 권위 시스템의 일부로 보는데, 이는 어느 정도 타당하다. 실제로 CAD-CAM 같은 신기술은 엔지니어의 주도권을 강화했고, 이미 제약받고 있는 개인 간 교환과 엔지니어 및 기계 제작 기술자 간 우호 관계에 추가로 도전한다. 이 시스템은 일본과 독일에서 규정된, 좀더 유연하고 협동적인 형태의 생산 조직에 맞지 않고 비효율적이란 것이 밝혀졌다. 이 모델의 또 다른 문제는 엔지니어의 내부 갈등을 촉발한다는 것이다. 왜냐하면 이 모델의 중심 전제, 즉 모든 엔지니어는 관리자라는 전제를 유지하는 것이 불가능하기 때문이다. 하급 엔시니어는 자신들과 관리자-엔지니어의 차이를 계속해서 생각하게 된다. 더욱이 지위를 확고하게 하는 폐쇄적 전문직에 대한 열망은 고용주에 의해 차단되었다. 고용주는 성장하는 노동 영역에 특권을 주는 것이 비용을 초래한다는 것을 깨달았기 때문이다.

계급 모델 또한 어려움이 없는 것은 아니다. 내부 긴장, 감소하고 있는 노동 기술의 분화, 기술 계급 내의 파편화와 갈등은 위계 모델에도 다른 방식으로 존재한다. 독일과 프랑스 사례는 기술 공동체의 '계급 갈등'을 보여준다. 스웨덴은 복지 국가라는 특성이 이런 류의 갈등을 누그러뜨리고 있지만 이 합의를 지속하기에는 최근 들어 여러 문제가 있었고, 관리자와 노동자의 서로 다른 층위 사이에 잠복해 있는 갈등은 커졌다. 노동의 분화 내에서 팀 작업과 협동의 새롭고 주도적인 형태—'새로운 생산 개념'—는 위계 모델에서 더 쉽게 확립된다. 왜냐하면 일반적으로 이 모델을 유지하기 위해서는 고도의 훈련이 필요하기 때문이다. 아울러 모순적이지만 새로운 생산 개념은 이 모델이 만들어낸 고도의 노동 분화 및 전문화와 반대로 운영되기 때문이기도 하다.

일본의 사례에서 살펴본 회사 중심의 조직 형태는 전체적으로 가장 안정적이고 조화로운 시스템인 것처럼 보인다. 이는 현재 국제적인 모범 사례에서도 주도적이다. 공장 수준에서 엔지니어와 육체노동자 사이에 긴밀한 협동이 이루어진다. 그럼에도 엔지니어의 권위는 의심할 바 없고 엔지니어가 회사의 이익과 자신을 동일시하는 것은 반박할 여지가 없다. 그러나 국가 수준에서 대부분의 일본 엔지니어가 지닌 생산의 초점은 일본이 국제 경쟁력을 유지하기 위해 더 많은 연구 개발과 기초 연구가 필요함에 따라 변화해야 할 것이다. 이는 다시 기술 노동 내에서, 그리고 엔지니어와 생산 노동자 사이에서 높은 수준의 전문화와 파편화를 촉진하는 경향이 있다. 더욱이 이 모델이 지속 가능할지에 대해서는 약간의 의문이 있다. 경제 둔화에 대응해 일부 일본 기업은 생산성이 떨어지는 일부 근속 고용인을 내보낼 방법을 찾기 시작했고, 이는 분명 회사의 전통적인 주요 원칙에 맞지 않는다.[60] 만일 일본 자본주의가 좀더 평이한 수준의 성장 경험을 계속하려면, 그리고 국내에서 좀더 성장하는 창의성의 필요를 경험한다면, 비생산적인 고용인을 유지하면서 내부 노동 시장을 지탱하는 일본 기업의 능력도 약화할 것으로 보인다. 이는 일본이 자동으로 위에서 서술한 다른 모델의 패턴을 따를 것이라는 뜻이 아니다. 하지만 그럼에도 불구하고 현재 패턴의 엔지니어, 경영자, 노동자 간 상호 작용에는 도전이 될 것이다.

결론

자본주의 국가와 기업의 경쟁 때문에 성공적인 실천, 기법, 제도적 배열은 계속 하나로 묶여서 덜 성공적인 문제에 대해 중립적이거나 보편적인 만병통치약으로 격상되고 있는 게 분명하다. 산업자본주의만큼이나 오래되고 점점 커지는 글로벌 경쟁은 이 과정을 가속화할 뿐이다. 수렴, '근대화'와 '산업화', 역동적인 경쟁에서 오는 활력이라는 아이디어는 자본주의가 녹아서 하나로 되는 비전, 여러 자본주의 사회에 걸쳐 제한 및 변경되지 않은 채 퍼져나가는 지배적인 작업 조직 방식이라는 비전을 상징한다. 이러한 수렴 과정 내에서 이른바 엔지니어는 기술 표준화의 창시자이자 관리자다. 엔지니어는 한 사회에서 다른 사회로 실천을 옮기고 노동 과정 조직의 새로운 방법을 계속 혁신한다.

이번 장 그리고 이 책이 주장하는 바는 기술적인 압박과 생산 통제에도 불구하고 엔지니어의 독특한 구성과 형성은 지역적 및 국제적 생산 배열 간의 변증법적 긴장을 보장한다는 것이다. 더욱이 노동 과정을 관리하는 국가별 또는 회사 고유의 방법을 정리하는 것은 아이디어의 경쟁적인 순환의 일부이자 제품 과정의 일부다. 그럼에도 이러한 패키지는 맥락을 무시함으로써 각 사회의 국가적 차이와 우위를 창조하고 지속하게 만드는 성공적이고 역사적이고 사회적인 합의에 대한 순진한 이데올로기적 청사진 또는 근본주의적 주장을 유지한다. 테일러주의는 간반(看板: 각 생산 라인에서 사용하는 부품 상자에 부착해 사용 현황을 알려주는 전표. 간반을 통해 소요되는 부품 수량에 대한 정보를 각 생산 라인과 부품 업체가 공유하는 방식—옮긴이)이라는 일본적 실천에 따른 기술적 해결책이자 지속적 개선 또는 그 비슷한 무엇으로 추앙을 받았다. 그러나 이런 방법이 그 자체로 미국이나 일본의 경제적 헤게모니를 설명한다거나 이 방법을 도입함으로써 다른 나라가 미국이나 일본처럼 성공하게 되리라고 말하는 것은 졸렬한 모방이다.[61] 일본의 독특한 노동 과정 패턴을 지지하는 사회적 합의는 다른 사회로 이전 가능하지 않다. 그리고 시장에서 보편적인 만병통치약으로 선택되고 팔려다니는 기술 해결책은 단순히 국내 실천에는 맞지 않는 이례적인 것이어서 반드시 이동한 새로운 맥락에 맞게 변형 및 적응되어야 한다.

우리는 사회와 공학 형성 사이에 잘 들어맞는 형태가 있다고 주장했다. 이런 적합성은 고유한 형태의 조직을 창조하고, 이는 다시 엔지니어가 작업장에서 맞닥뜨린 특정한 생산 문제를 위해 만들어낸 아이디어가 전 지구로 퍼져나가는 데 도움을 주거나 제한을 둔다. 엔지니어는 자본주의의 중심이다. 그러나 이는 다양성을 유지하는 그들의 고유한 형성을 통해서만 가능하고, 엔지니어 배출을 위한 여러 모델 중 어느 것도 엔지니어가 전체 시스템 속에서 기술 노동자로서 갖는 모순된 지위를 없애거나 자신들의 모순점에 대한 이상적·기술적 해결책을 그 시스템에 제공할 수는 없다.

노동력에 대한 민주적 개혁은 엔지니어가 스스로를 육체노동자로 규정하고 임금 노동자로서 자신들의 고유한 지위를 긍정할 것을 요구한다. 이는 기술 및 생산 지식 공유를 수월하게 하고 자본주의에서 발생하는 인력, 자원, 환경의 낭비에 대항해 싸우기 위해서다. 우리의 분석에서 이러한 투쟁은 조사한 모든 사회에서 서로 다른 정도로 나타난다. 그러나 엔지니어의 동맹에 대한 노동과 관리의 갈등은 그들의 제도화 및 역사의 특수한 패턴에 의해 제약을 받는다. 그러한 제약은 다른 사람에게 명령하는 구조 속에 엔지니어를 포함시키는 곳에서조차 엔지니어의 정체성을 보장하지 않는다. 엔지니어는 위계적으로 조직된 자본주의 기업의 '중간 위치'를 고수한다. 그러나 이분법적이고 양극화하는 경향은 엔지니어에게 안정된 중간 위치를 허용하지 않을 것이다. 기술직 노동자와 육체노동자의 친밀감과 연계가 매우 분명한 사회에서 우리는 작업장 민주주의의 기회가 더 많은 것을 목도한다. 그러나 이 또한 불안정하고 그 때문에 끝없는 논쟁에 휘말린다. 우리의 주장을 요약하면, 엔지니어의 아이디어가 노동 과정의 해석을 달리하는 기초를 제공할 것이라는 점은 분명하지만, 서로 다른 사회에서 역사적 경험은 다양하게 나타난다는 것이다. 노동과 자본에 의해 촉발된 보편적 처방을 기꺼이 채택하라는 압력은 만고불변이다. 각 사회에서 드러난 대로 이 과정에서 엔지니어의 역사적 참여가 전 지구에 걸쳐 자본주의의 다채로운 윤곽을 규정하는 주요 특징 중 하나로 남을지는 두고 봐야 한다.

주

1 서론: 엔지니어와 비교 연구

1. Theda Skocpol, *States and Social Revolutions*, Cambridge 1979.
2. Alfred D. Chandler, Jr and Herman Daems, eds, *Managerial Hierarchies: Comparative Perspectives on the Modern Industrial Enterprise*, Cambridge, MA 1980.
3. Craig Littler, *The Development of the Labour Process in Capitalist Societies,* London 1982.
4. Jane Jenson, Elizabeth Hagen and Ceallaigh Reddy, eds, *Feminization of the Labor Force: Paradoxes and Promieses,* New York 1988.
5. Erik Olin Wright, *Classes*, London 1985.
6. 예를 들어 다음 편저에 나오는 논문 참조. Michael Burrage and Rolf Torstendahl, eds, *Professions in Theory and History: Rethinking the Study of the Professions*, London 1990; and Geoffrey Cocks and Konrad Jarausch, eds, *The German Professions, 1800-1950*, New York 1990.
7. 이런 비교 연구 결과에 대해 종합적으로 서술한 것은 하나도 없다. 그러나 단일 국가에 대한 세 편의 연구 결과가 소개되었고 여기에는 몇몇 비교 분석이 포함되어 있다. Robert Zussman, *Mechanics of the Middle Class: Work and Politics among American Engineers*, Berkeley 1985; Peter Whalley, *The Social Production of Technical Work*, Albany, NY 1986; and Stephen Crawford, *Technical Workers in an Advanced Society*, London and Paris 1989.

8. 유사한 결론은 전문 직업이 '경계' 혹은 '관할 구역'을 정의하는 역사적 우연의 과정을 거쳐 '구축되었다'고 주장하는 사회학적 연구에도 나온다. Andrew Abbott, *The System of Professions*, Chicago 1988; Peter Whalley, "Constructing an Occupation", *Current Research on Occupations and Professions*, vol. 4, 1987, pp. 3-20 참조.

9. 예를 들면 Vicki Smith, *Managing in the Corporate Interest*, Berkeley 1990; Gideon Kunda, *Engineering Culture*, Philadelphia 1991 참조.

10. 이 문헌에 대해서는 아래에서 논의할 것이다.

11. Michael Piore and Charles Sabel, *The Second Industrial Divide*, New York 1984.

12. Joyce Appleby, *Economic Thought and Ideology in Seventeenth Century England*, Princeton 1978.

13. David Landes, *The Unbound Prometheus*, Cambridge 1972

14. Judith Merkle, *Management and Ideology*, Berkeley 1980 참조.

15. Michel Aglietta, *The Theory of Capitalist Regulation*, London 1979 참조.

16. 전후 미군 점령이 일본 산업에 미친 영향과 에드워즈 데밍 같은 미국 경영 컨설턴트들의 영향은 일본의 경영을 다룬 방대한 영어 문헌에서 널리 인정받고 있다.

17. Peter Meiksins, "Engineers in the United States: A House Divided", ch. 3 참조.

18. Kees Gispen, *New Profession, Old Order: Engineers and German Society, 1815-1914*, Cambridge 1989.

19. 미국 공학 교육과 독일의 영향을 받은 '학교 문화' 발달 초기 역사에 관한 논의는 David Noble, *America by Design*, New York 1977, 특히 ch. 2; and Monte Calvert, *The Mechanical Engineer in America, 1830-1910*, Baltimore 1967 참조.

20. 20세기 초 테일러주의적 방법의 국제적 확산에 관한 유용한 논의는 Judith Merkle, *Management and Ideology* 참조.

21. Sir Montague Finniston, *Engineering Our Future*, Report of the Committee of Inquiry into the Engineering Profession (Sir Montague Finniston, Chairman), London 1980; Ian Glover and M. Kelly, "Engineering Better Management: Sociology and the Finniston Report", in G. Payne and M. Cross, eds, *Sociology in Action*, Basingstoke 1991; M. Fores, "Engineering and the British Economic

Problem", *Quest*, vol. 22, 1972.

22. 이런 종류의 주장을 한 사례로는 Earl Kinmoth, "Engineering Education and Its Rewards in the United States and Japan", *Comparative Education Review*, vol. 30, 1986, pp. 396-416 참조.

23. 불균형적인 발달에 대해 쓴 방대한 마르크스주의 문헌 참조. 이런 주장의 또 다른 버전은 폴 케네디의 최신 저작에서도 발견할 수 있다. Paul Kennedy, *The Rise and Fall of Great Powers*, New York 1987.

24. 이런 주장의 다양한 버전은 다음 책에서 찾아볼 수 있다. Daniel Bell, *The Coming of Post-Industrial Society*, New York 1974; Alvin Gouldner, *The Future of the Intellectuals and the Rise of the New Class*, New York 1979; Charles Derber, William Schwartz and Yale Magrass, *Power in the Highest Degree*, New York 1991.

25. 이는 프랑스에서 발전시킨 '새로운 노동 계급' 이론의 요지였다. Serge Mallet, *La Nouvelle classe ouvrière*, Paris 1969; and André Gorz, *Strategy For Labor*, Boston 1967.

26. Michael Aglietta, *The Theory of Capitalist Regulation*; Michael Piore and Charles Sabel, *The Second Industrial Divide*; Larry Hirschhorn, *Beyond Mechanization*, Cambridge, MA 1984 참조.

27. Peter Whalley, *The Social Production of Technical Work*, p. 184. 약간 다르지만 이와 관련해 에릭 올린 라이트는 전통적인 자본가와 '기술' 및 '조직 자산'을 소유한 이들 사이엔 갈등의 소지가 있다고 주장했다. Erik Olin Wright, *Classes* 참조.

28. Daniel Bell, *The Coming of Post-Industrial Society*; Alvin Gouldner, *The Future of the Intellectuals*; Charles Derber, William Schwartz and Yale Magrass, *Power in the Highest Degree*.

29. Robert Zussman, *Mechanics of the Middle Class*, pp. 198-199.

30. Stephen Crawford, *Technical Workers in an Advanced Society*, p. 235.

31. Peter Whalley, *The Social Production of Technical Work*, p. 138.

32. 이러한 주장은 적어도 부분적으로는 노동 분업과 분업의 초월성에 관한 마르크스의 설명에서 볼 수 있는 모호성에 대한 반론이다. 앨리 래턴시가 언급했듯 마르크스는 자본주의 생산 내에서 정신 및 육체 노동의 분할을 지적했지만 이러한 분업

이 어떻게 진화해가는지에 대해서는 분명하게 설명하지 않았다. 마르크스가 특정 종류의 비육체노동의 성장을 예상하긴 했지만 생산 과정 자체 내에서의 정신노동자 중간 그룹의 성장을 예견했는지는 분명하지 않다. 아울러 마르크스는 정신 및 육체 노동의 초월이 육체노동 전체의 소멸을 포함하는 것인지, 혹은 개별 일자리에서 정신과 육체적 임무의 재통합을 포함하는 것인지 분명히 설명하지 않았다. Ali Rattansi, *Marx and the Division of Labour*, London 1982 참조.

33. Fred Block and Larry Hirschhorn, "New Productive Forces and the Contradictions of Contemporary Capitalism: A Post-Industrial Perspective", *Theory and Society*, vol. 7, no. 3, 1979.
34. Jean Lojkine, "From the Industrial Revolution to the Computer Revolution: First Signs of a New Combination of Material and Human Productive Forms", *Capital and Class*, no. 29, 1984, pp. 111-129.
35. Tessa Morris-Suzuki, "Robots and Capitalism", *New Left Review*, no. 147, 1984, pp. 109-121.
36. 의문은 주로 육체노동이 불가피하게 소멸할 것이라고 추정하는 것에 관해 제기되었다. Stephen S. Cohen and John Zysman, *Manufacturing Matters: The Myth of the Post-Industrial Economy*, New York 1987.
37. Maxine Berg, *The Machinery Question and the Making of Political Economy, 1815-1848*, New York 1980 참조.
38. Alice Amsden, *Asia's Next Giant: South Korea and Late Industrialization*, New York 1989.
39. David Noble, *Forces of Production: A Social History of Industrial Automation*, New York 1984.
40. Jean-Pierre Durand, "Information Technology and the Legacy of Taylorism in France", *Work, Employment and Society*, vol. 4, no. 3, 1990, p. 425.
41. H. Kern and M. Schumann. "New Concepts of Production in German Plants", in P. Katzenstein, ed., *Industry and Politics in West Germany: Towards the Third Republic*, Ithaca, NY 1989; Michael Piore and Charles Sabel, *The Second Industrial Divide*; Michael Best, *The New Competition: Institutions of Industrial Restructuring*, Oxford 1990; Paul Hirst and Jonathan Zeitlin, eds,

Reversing Industrial Decline?, Oxford 1989.

42. 예를 들어 Anna Pollert, "Dismantling Flexibility", *Capital and Class*, no. 32, 1988, pp. 42-75; Anna Pollert, ed., *Farewell to Flexibility?*, Oxford 1990; Bennett Harrison, *Lean and Mean: The Changing Landscape of Corporate Power in the Age of Flexibility*, New York 1994 참조.

43. 예를 들어 Vicki Smith, *Managing in the Corporate Interest*; Eileen Applebaum and Rosemary Batt, *The New American Workplace*, Ithaca 1994 참조.

44. 이런 종류의 주장은 다음에서 찾을 수 있다. Alain Lipietz, "Towards Global Fordism", *New Left Review*, no. 132, 1982, pp. 33-47; Alain Lipietz, "Imperialism or the Beast of the Apocalypse", *Capital and Class*, no. 22, 1984, pp. 81-110.

45. Ruth Milkman, *Japan's California Factories*, Los Angeles 1992.

46. Richard Whittington, "The Fragmentation of Industrial R & D", in Anna Pollert, ed., *Farewell to Flexibility?*, pp. 84-103; Chris Smith, "Technical Workers: A Class and Organizational Analysis", in Stewart Clegg, ed., *Organization Theory and Class Analysis*, New York 1990, pp. 233-258.

47. 이런 종류의 논거에 대해서는 예를 들어 Gordon Marshall et al., *Social Class in Modern Britain*, London 1988 참조.

48. 이런 형태의 주장 중에서 좀더 영향력 있는 버전으로는 Nicos Poulantzas, *Classes in Contemporary Capitalism*, London 1975; John Ehrenreich and Barbara Ehrenreich, "The Professional-Managerial Class", in Pat Walker, ed., *Between Labour and Capital*, Montreal 1978, pp. 5-45; Erik Olin Wright, *Class, Crisis and the State*, London 1978; John Goldthorpe, "On the Service Class, Its Formation and Future", in Anthony Giddens and Gavin MacKenzie, eds, *Social Class and the Division of Labour*, Cambridge 1982, pp. 162-185 참조.

49. Erik Olin Wright, *Classes*; Charles Derber, William Schwartz and Yale Magrass, *Power in the Highest Degree*; Alvin Gouldner, *The Future of the Intellectuals*.

50. John Ehrenreich and Barbara Ehrenreich, "The Professional-Managerial Class"; David Noble, *America By Design*; Nicos Poulantzas, *Classes in Contemporary Capitalism*.

51. 우리는 이러한 비판을 다른 곳에서 훨씬 길게 제시했다. Peter Meiksins, "Beyond the Boundary Question", *New Left Review*, no. 157, 1986, pp. 101-120; Chris Smith, *Technical Workers: Class, Labour and Trade Unionism*, London 1987 참조. 아울러 다음의 중요한 개요도 참조. Martin Oppenheimer, *White Collar Proletariat*, New York 1985; Nicholas Abercrombie and John Urry, *Capital, Labour and the Middle Classes*, London 1983; Bob Carter, *Capitalism, Class Conflict and the New Middle Classes*, London 1985.
52. Peter Meiksins, "New Classes and Old Theories: The Impasse of Contemporary Class Analysis", in Jerry Lembcke and Rhonda Levine, eds, *Recapturing Marxism*, New York 1988, pp. 37-63 참조.
53. Guglielmo Carchedi, *On the Economic Identification of Social Classes*, London 1977.
54. Karl Marx, *Capital*, vol. 1, New York 1967, p. 508.
55. Richard Edwards, *Contested Terrain*, New York 1979.
56. Duncan Gallie, *In Search of the New Working Class*, London 1978; Duncan Gallie, *Social Inequality and Class Radicalism in France and Britain*, London 1983.
57. Robert Zussman, *Mechanics of the Middle Class*; Peter Whalley, *The Social Production of Technical Work*; Stephen Crawford, *Technical Workers in an Advanced Society*.

1부 사례 연구

2 영국의 엔지니어: 지속성에 대한 연구

1. Howard G. Gospel, ed., *Industrial Training and Technological Innovation: A Comparative and Historical Study*, London 1991.
2. Luc Boltanski, *The Making of a Class: Cadres in French Society*, Cambridge 1987, pp. 30-31.
3. Chris Smith, *Technical Workers: Class, Labour and Trade Unionism*, London,

1987; Peter Whalley, *The Social Production of Technical Work*, London, 1986; Peter Whalley, "Constructing an Occupation: The Case of British Engineers", *Current Research on Occupations and Professions*, vol. 4, 1987, pp. 3-20.

4. UKAPE(United Kingdom Association of Professional Engineers), "Submission to the Government Committee into the Engineering Profession", Leatherhead 1978, p. 30.

5. Arndt Sorge and Malcolm Warner, "Manpower Training, Manufacturing Organization and Workplace Relations in Great Britain and West Germany", *British Journal of Industrial Relations*, vol. 18, 1980, pp. 318-333.

6. 수치의 정확성은 역사적으로 그리고 측정을 실시한 기관에 따라 다양하다. 사실상 고용주 및 노조가 공식적으로 제시한 측정치는 사람들이 시간의 경과와 더불어 기술을 습득하게끔 되어 있는 도제 제도를 모든 유형의 기술 훈련과 혼동한다. 그 때문에 관련 수치를 2배로 늘릴 만큼 자신들에게 유리하게 측정해 점점 더 신뢰성이 떨어지고 있다. 해당 기관의 자체 조사에 따르면, 도제 수는 1979년 36만 7000명이었던 데 비해 1994년에는 21만 6000명이었다. 1978~1990년에 조사한 좀더 정확한 고용주 쪽의 측정치를 활용하면, 감소한 인원은 15만 6200~5만 3000명에 이른다. 이에 대해서는 Howard Gospel, "The Decline of Apprenticeship Training in Britain", *Industrial Relations Journal*, vol. 26, no. 1, 1995, pp. 32-44 참조. 도제 과정 이수자 수가 줄어들 뿐만 아니라 도제 교육 기간도 제2차 세계대전 이후 7년에서 5년으로, 1970년대에는 4년으로, 1980년대에는 3년으로 단축됐으며, 1990년대에는 2년이 일반적 추세로 굳어지고 있다. 1994년에 실시한 노동 인력 실태 조사(*Employment Gazette*, February, 1995)에 따르면, 기존 도제의 절반가량은 2년 교육 과정에, 나머지 절반은 3년 이상 교육 과정에 속해 있었다.

7. 1995년 6월 현대적 유형의 도제 교육 과정 이수자는 2000명에 불과했다. 이에 대해서는 "Apprentices and Other Long-term Trainees—Data from the LFS and Other Surveys", *Employment Gazette*, February 1995 참조.

8. Peter Whalley, *The Social Production of Technical Work*, pp. 53-58.

9. Gloria Lee and Chris Smith, eds, *Engineers and Management: International Comparisons*, London 1992.

10. John Westergaard, "Class of 84", *New Socialists*, vol. 15, 1984, pp. 30-36;

Peter Whalley, "Negotiating the Boundaries of Engineering: Professionals, Managers and Manual Work", in Pamela Tolbert and Steven Barley, eds, *Research in the Sociology of Organizations*, vol. 8, 1991, pp. 191-215.

11. Eric Hobsbawm, *Industry and Empire*, Harmondsworth 1969, p. 186.
12. Eric Robinson and A. E. Musson, *James Watt and Steam Revolution*, New York 1969, p. 1에서 인용.
13. Martin J. Wiener, *English Culture and the Decline of the Industrial Spirit, 1850-1980*, Cambridge 1981; Howard F. Gospel, ed., *Industrial Training and Technological Innovation*.
14. Thomas F. Gieryn, "Boundary-Work and the Demarcation of Science from Non-Science: Strains and Interests in Professional Ideologies of Scientists", *American Sociological Review*, vol. 48, 1983, pp. 781-796.
15. Gordon W. Roderick, *Scientific and Technical Education in 19th Century England*, New York 1972.
16. Matthew Arnold, *Higher Schools and Universities in Germany*, 2nd edn, London 1892, p. 21.
17. Julia Wrigley, "Technical Education and Industry in the Nineteenth Century", in B. Elbaum and W. Lazonick, eds, *The Decline of the British Economy*, Oxford 1986, pp. 162-188.
18. Sir Montague Finniston, *Engineering Our Future, Report of the Committee of Inquiry into the Engineering Profession*, London 1980; Ian A. Glover and Michael P. Kelly, *Engineers in Britain: A Sociological Study of the Engineering Dimension*, London 1987, p. 40.
19. Göran Ahlström, *Engineers and Industrial Growth: Higher Technical Education and the Engineering Profession During the Nineteenth and Early Twentieth Centuries: Franc, Germany, Sweden and England*, London 1982.
20. Julia Wrigley, "Technical Education and Industry in the Nineteenth Century".
21. Robert Locke, *Management and Higher Education since 1940: The Influence of America and Japan on West Germany, Great Britain and France*, Cambridge 1989, p. 68.

22. Martin Wiener, *English Culture and the Decline of the Industrial Spirit*.

23. M. Sanderson, *The Universities and British Industry, 1860-1970*, London 1972, p. 114; David Landes, *The Unbound Prometheus: Technological Changes and Industrial Development in West Europe from 1750 to the Present*, Cambridge 1972, pp. 314-348.

24. Margaret Gowing, "Science, Technology and Education: England in 1870", *Oxford Review of Education*, vol. 4, 1978, pp. 3-17.

25. Howard F. Gospel and Reiko Okayama, "Industrial Training Britain and Japan: An Overview", in Howard F. Gospel, ed., *Industrial Training and Technological Innovation*, p. 17.

26. Craig Littler, *The Development of the Labour Process in Capitalist Societies*, London 1982; Bernard Elbaum and William Lazonick, eds, *The Decline of the British Economy*; Alan McKinlay and Chris Smith, "Between Capital and Craft: Technical Workers in British Engineering c. 1887-1937", paper presented to British Sociological Association Annual Conference, Edinburgh 1988.

27. Howard F. Gospel and Reiko Okayama, "Industrial Training Britain and Japan", p. 14.

28. William Lazonick, "Strategy, Structure and Management: Development in the US and Britain", mimeo, Harvard University, 1985.

29. Bernard Elbaum, "The Persistence of Apprenticeship in Britain and Its Decline in the United States", in Howard G. Gospel, ed., *Industrial Training and Technological Innovation*, pp. 194-212.

30. Peter Whalley, *The Social Production of Technical Work*.

31. Sidney Pollard, *Britain's Prime and Britain's Decline: The British Economy 1870-1914*, London 1989, p. 200.

32. Dave Lawrenson, "Engineers and Workers in Britain and Germany", paper to Tenth Annual Labour Process Conference, Aston University, Birmingham, April 1992, p. 4.

33. Eric J. Hobsbawm, *Indusrty and Empire*, p. 186.

34. Sidney Pollard, *Britain's Prime and Britain's Decline*, p. 201.

35. Howard F. Gospel and Reiko Okayama, "Industrial Training Britain and Japan", p. 21.
36. Chris Smith, *Technical Workers*.
37. Sir Montague Finniston, *Engineering Our Future*.
38. K. Williams, C. Haslam, J. Williams, A. Adcrot and S. Johal, "Too Much Reality: Labour and the Politics of British Manufacturing", *Renewal*, vol. 1, no. 2, 1993, pp. 5-19.
39. *Employer Gazette*, September 1992.
40. *Employer Gazette*, April 1992.
41. Göran Ahlström, *Engineers and Industrial Growth;* Robert Locke, *The End of the Practical Man: Entrepreneurship and Higher Education in Germany, France and Great Britain, 1880-1940*, London 1984; Hamish Watson, "Organizational Bases of Professional Status: A Comparative Study of the Engineering Profession", unpublished PhD thesis, University of London 1976; John Child, Michael Fores, Ian Glover and Peter Lawrence, "A Price to Pay?: Professionalism and Work Organization in Britain and Germany", *Sociology*, vol. 17, no. 1, 1983, pp. 63-78; Stanley Hutton and Peter Lawrence, *German Engineers: The Anatomy of a Profession*, Oxford 1981 참조.
42. Robert Locke, *Management and Higher Education since 1940*, p. 98.
43. Sidney Pollard, *Britain's Prime and Britain's Decline*; R. A. Buchanan, "Institutional Proliferation in the British Engineering Profession, 1847-1914", *Economic History Review*, vol. 38, 1985, pp. 42-60.
44. Sidney Pollard, *Britain's Prime and Britain's Decline*, p. 127; Scott Lash and John Urry, *The End of Organized Capitalism*, Cambridge 1987, pp. 178-181.
45. Sidney Pollard, *Britain's Prime and Britain's Decline*, p. 145.
46. Ibid., p. 127.
47. Julia Wrigley, "Technical Education and Industry in the Nineteenth Century".
48. Alan McKinlay and Chris Smith, "Between Capital and Craft"; Howard G. Gospel, ed., *Industrial Training and Technological Innovation*.
49. Sidney Pollard, *Britain's Prime and Britain's Decline*, p. 198; Howard F.

Gospel and Reiko Okayama, "Industrial Training Britain and Japan", p. 18.

50. 예컨대 Eric J. Hobsbawm, *Indusrty and Empire* 참조.

51. Howard F. Gospel and Reiko Okayama, "Industrial Training Britain and Japan", p. 30; 제도주의적 논쟁은 Bernard Elbaum and William Lazonick, eds, *The Decline of the British Economy*에서 제기했다. Howard G. Gospel, ed., *Industrial Training and Technological Innovation*; Julia Wrigley, "Technical Education and Industry in the Nineteenth Century".

52. Chris McGuffie, *Working in Metal: Management and Labour in the Metal Industries in Europe and the USA, 1890-1914*, London 1986; J. F. Donnelly, "Science, Technology and Industrial Work in Britain, 1860-1930: Towards a New Synthesis", *Social History*, vol. 16, no. 2, 1991, pp. 191-201.

53. Chris McGuffie, *Working in Metal*, p. 16.

54. Chris Smith, *Technical Workers*, pp. 80-85.

55. Peter Whalley, *The Social Production of Technical Work*.

56. Alan McKinlay and Chris Smith, "Between Capital and Craft"; Peter Whalley, "Negotiating the Boundaries of Engineering".

57. Hamish Watson, "Organizational Bases of Professional Status", p. 313.

58. Ibid., pp. 20-21.

59. R. A. Buchanan, "Institutional Proliferation in the British Engineering Profession", pp. 46-47.

60. Hamish Watson, "Organizational Bases of Professional Status", p. 315.

61. Ibid., p. 316.

62. Grant Jordan, *Engineers and Professional Self-Regulation: From the Finniston Committee to the Engineering Council*, Oxford 1992.

63. Kevin McCormick, "Engineers, British Culture and Engineering Manpower Reports: The Historical Legacy Revisited", *Manpower Studies*, Spring 1981, pp. 131-115; Kevin McCormick, "Professionalism and Work Organization: Some 'Loose Ends' and Open Questions", *Sociology*, vol. 19, no. 2, 1986, pp. 285-294. 법적인 권한도 없이 1996년 초반 공학위원회가 새로 설립됐을 때, 공학 관련 신문들은 표면적으로는 환영했으나 내심 의혹의 눈길을 감추지 않았다.

투표 자격을 가진 소규모 엔지니어 단체 중 겨우 12퍼센트만이 그렇게 했을 뿐 새로 설립한 이 조직은 39개 대형 엔지니어링 단체의 수중에 놓여 있었다. 수사적으로는 향후 엔지니어를 위해 권위를 갖고 한 목소리를 낼 수 있는 새로운 조직을 환영했으나 실제로는 분파별 이해관계가 판을 쳤다. 이에 대해 한 비평가는 "과거 산업계에서 실패를 범한 적 있는 동일한 사람들이 새로운 조직의 첫해부터 세력을 구축할 것이다"("Engineering Council vote meets apathy", *The Engineer*, 25 January 1996, p. 3)고 언급했다.

64. *The Engineer*, 25 January 1991.
65. Kevin McCormick, "Engineers, British Culture and Engineering Manpower", pp. 134-135.
66. Kevin McCormick, "The Development of Engineering Education and Training in Britain and Japan", in Howard F. Gospel, ed., *Industrial Training and Technological Innovation*, p. 40.
67. Hamish Watson, "Organizational Bases of Professional Status", p. 321.
68. J. F. Donnelly, "Science, Technology and Industrial Work in Britain", p. 198.
69. Robert Carter, "Class, Militancy and Union Character: A Study of the Association of Scientific, Technical and Managerial Staffs", *Sociological Review*, vol. 27, 1979, pp. 297-316; Robert Carter, *Capitalism, Class Conflict and the New Middle Class*, London 1985.
70. B. V. Roberts, R. Loveridge and J. Gennard, *Reluctant Militants*, London 1972; Chris Smith, *Technical Workers*.
71. Chris Smith, "Engineers, Trade Unionism and TASS", in Peter Armstrong, Bob Carter, Chris Smith and Theo Nicholas, *White Collar Workers, Trade Unions and Class*, London 1986, pp. 160-197.
72. Peter Whalley, *The Social Production of Technical Work*, pp. 151-183.
73. Ibid., pp. 173-174; Chris Smith, *Technical Workers*.
74. Peter Whalley, *The Social Production of Technical Work*, pp. 171-172.
75. John R. Lowe-Beer, *Protest and Participation*, Cambridge 1978.
76. Christian Berggren, "New Production Concepts in Final Assembly—the Swedish Experience", in Stephen Wood, ed., *The Transformation of Work*, London

1989, pp. 171-203; 또한 이 책에 수록된 Boel Berner, "Professional or Wage Worker? Engineers and Economic Transformation in Sweden" 참조.

77. 예컨대 Chris Smith, *Technical Workers* 참조.

78. Hilary Wainwright and David Elliott, *The Lucas Plan: A New Trade Unionism in the Making*, London 1982.

79. Michael Rustin, *For a Pluralist Socialism*, London 1985.

80. 공학 계통 대학 졸업자의 거의 3분의 2에 달하는 인원이 속해 있는 공학위원회에 등록된 전문 엔지니어 중 1만 1500명을 대상으로 조사한 바에 따르면, 이들 중 67퍼센트는 '유럽 엔지니어(Eur. Ing.)' 자격이 현재 자신이 수행하고 있는 일에 중요한 영향을 미칠 것이라고 답했다(*Times Higher Education Supplement*, "Engineering Pay Boom", 13 October 1995).

3 미국의 엔지니어: 분열된 집

1. 여기에 수록한 연구의 일부는 국립인문학기금(National Endowment for the Humanities), 뉴욕주립대학 연구 기금, 그리고 제네시오 재단(Geneseo Foundation)으로부터 연구 보조금을 지원받아 이뤄졌다.

2. Magali Sarfartti Larson, *The Rise of Professionalism: A Sociological Analysis*, Berkeley 1977.

3. Robert Perrucci and Joel Gerstl, *Profession Without Community*, New York 1969.

4. Daniel Calhoun, *The American Civil Engineer: Origins and Conflict*, Cambridge, MA, 1960, p. 22.

5. William Wiseley, *The American Civil Engineers, 1852-1974*, New York 1974, p. 5.

6. Bruce Sinclair, *Philadelphia's Philosopher Mechanics: A History of the Franklin Institute, 1824-1865*, Baltimore 1974.

7. Bruce Sinclair, "At the Turn of a Screw: William Sellers, the Franklin Institute, and a Standard American Thread", in Terry Reynolds, ed., *The Engineer in America*, Chicago 1991, pp. 151-165.

8. George S. Emmerson, *Engineering Education: A Social History*, Newton

Abbott 1973, p. 135.

9. 웨스트포인트의 초기 역사에 대해서는 Joseph McGivern, *The First Hundred Years of Engineering Education in the United States, 1807-1907*, Spokane 1960, pp. 32-38 참조.

10. Ibid., p. 48에서 인용.

11. Ibid., p. 38.

12. Charles Riborg Mann, *A Study of Engineering Education*, New York 1918, p. 6.

13. John Rae, "Engineers Are People", *Technology and Culture*, vol. 16, no. 3, 1975, pp. 413-414.

14. Monte Calvert, *The Mechanical Engineer in America, 1830-1910*, Baltimore 1967, pp. 12-13.

15. 기계공학에 대해서는 ibid., p. 139 참조. 전기공학에 대해서는 A. Michael McMahon, *The Making of a Profession: A Century of Electrical Engineering in America*, New York 1984, pp. 27, 42 참조.

16. Frederick Rudolph, *The American College and University: A History*, New York 1968, p. 252에서 인용.

17. Joseph McGivern, *The First Hundred Years of Engineering Education*, pp. 88, 97.

18. 이러한 취지는 Tom Kemp, *The Climax of Capitalism*, London 1990, 1장, 특히 9-10쪽에서 찾아볼 수 있다.

19. Joseph McGivern, *The First Hundred Years of Engineering Education*, p. 96.

20. *Historical Statistics of the United States: Colonial Times to 1970*, Part I, Washington 1975, p. 140.

21. 미국의 전문가주의 역사에 대한 논의는 Magali Sarfatti Larson, *The Rise of Professionalism* 참조. 전문가적 '중간 계급'의 등장과 그들이 미국 사회 및 정치에 끼친 영향에 대한 해석은 Robert Wiebe, *The Search for Order, 1877-1920*, New York 1967 참조.

22. Bruce Sinclair, "Episodes in the History of the American Engineering Profession", in Nathan Hatch, ed., *The Professions in American History*, Notre

Dame 1988, p. 135.

23. 이러한 용어에 대해서는 Monte Calvert, *The Mechanical Engineer in America* 참조.

24. Ibid., pp. 76-78 참조. Bruce Sinclair, "Inventing a Genteel Tradition: MIT Crosses the River", in Bruce Sinclair, ed., *New Perspectives on Technology and American Culture*, Philadelphia 1986, pp. 1-18.

25. Monte Calvert, The Mechanical Engineer in America, 특히 63-80쪽 참조.

26. Robert Zussman, *Mechanics of the Middle Class: Work and Politics among American Engineers*, Berkeley 1985에서는 1980년 미국 엔지니어의 무려 30퍼센트가 공식 공학 자격증을 지니지 못했다고 추정한다.

27. Society for the Promotion of Engineering Education, *Report of the Investigation of Engineering Education, 1923-1929*, Pittsburgh 1930.

28. David Noble, *America By Design*, New York 1977. 또한 Robert Perrucci, "Engineering: Professional Servant of Power", in Eliot Freidson, ed., *The Professions and Their Prospects*, Beverly Hills 1971, pp. 121-132도 참조. 위킨든 보고서를 시작으로, 공학 교육에 관한 보고서들은 엔지니어에게 관리 경력을 준비할 필요에 대해 많이 언급하고 있다. Society for the Promotion of Engineering Education, *Report of the Investigation of Engineering Education, 1923-1929*, vol. 1, p. 232 참조. Robert Perrucci and Joel Gerstl, *Profession Without Community*는 20퍼센트 미만의 엔지니어가 관리 기능에 종사한다는 사실을 밝혀냈다. 이들은 소수이지만 상당수의 엔지니어-관리자를 대표한다.

29. Terry S. Reynolds, *75 Years of Progress: A History of the American Institute of Chemical Engineers, 1908-1983*, New York 1983 참조. Terry S. Reynolds, "Defining Professional Boundaries: Chemical Engineering in the Early Twentieth Century", *Technology and Culture*, vol 27, no. 4, 1986, pp. 694-716.

30. 전기 및 라디오 엔지니어에 대한 추가 논의는 *The Making of a Profession* 참조.

31. 잭슨의 MIT 프로그램에 관한 논의는 W. Bernard Carlson, 'Academic Entrepreneurship and Engineering Education: Dugald C. Jackson and the MIT-GE Cooperative Engineering Course', *Technology and Cultures*, vol. 29, no. 3,

1988, pp. 536-537 참조.

32. A. Michael McMahon, *The Making of a Profession*, pp. 166-167.

33. 토목공학 분야에서 가장 중요한 반대자 중 한 명인 프레더릭 헤인즈 뉴얼에 대한 논의는 "The Revolt of the Engineers Reconsidered", *Technology and Culture*, vol. 29, no 2, 1988, pp. 230-232 참조. 또한 Edwin Layton, "Frederick Haynes Newell and the Revolt of the Engineers", *Midcontinent American Studies Journal*, vol. 3, 1962, pp. 17-26도 참조.

34. Monte Calvert, The Mechanical Engineer in America 참조. 과학적 관리 운동에 대한 좀더 상세한 논의는 Peter Meiksins, "Scientific Management and Class Relations: A dissenting View", *Theory and Society*, vol. 13, 1984, pp. 177-209 참조.

35. Frederick W. Taylor, "Shop Management", in Frederick W. Taylor, *Scientific Management*, Westport 1972, p. 110.

36. 테일러 시대 미국기계엔지니어협회 내부의 긴장에 대한 좀더 확장된 논의는 Bruce Sinclair, A *Centennial History of the American Society of Mechanical Engineers*, Toronto 1980, ch. 3 참조.

37. Cooke to Calvin W. Rice, 13 February 1925, FDR Presidential Library, Hyde Park, New York, Cooke Papers, Box 15, File 144.

38. Morris L. Cooke, *Snapping Cords: Comments on the Changing Attitude of American Cities Toward the Utility Problem*, Philadelphia 1915; Cooke, *How About It?—Comment on the 'Absentee Management' of the American Society of Mechanical Engineers and the Virtual Control Exerted Over the Society By Big Business*, Philadelphia 1917.

39. 미국엔지니어연대의 역사에 대한 논의는 William Rothstein, "The American Association of Engineers", *Industrial and Labor Relations Review*, vol. 22, 1968, pp. 48-72; Peter Meiksins, "Professionalism and Conflict: The Case of the American Association of Engineers", *Journal of Social History*, vol. 19, 1986, pp. 403-421 참조.

40. 미국 의료직의 진보에 대한 논의는 Paul Starr, *The Social Transformation of American Medicine*, New York 1982; Jeffrey Barlant, *Professionalism and*

Monopoly, Berkeley 1975 참조.

41. 미국 엔지니어들에게 영향을 미친 이러한 이슈에 대한 좀더 확장된 논의는 Peter Meiksins and Chris Smith, "Why American Engineers Aren't Unionized", *Theory and Society*, vol. 22, 1993, pp. 57-97 참조.

42. 이 자료들은 미국 노동부가 1930년대 후반에 완결한 엔지니어의 고용과 소득에 관한 조사에서 나온 것이다. Andrew Fraser, Jr, *Employment and Earnings in the Engineering Profession, 1929-1934*, US Department of labor, Bureau of Labor Statistics, Bulletin No. 682, Washington 1941, 특히 8쪽과 54-55쪽 참조.

43. 우리가 이해한 것처럼 미국기계엔지니어협회는 '전문가적 엔지니어'에 대한 의무 등록을 거부했다. 대공황 시기 면허의 범위에 대한 자료는 P. H. Daggett, "Engineering Registration Laws", *Mechanical Engineering*, vol. 57, no. 2, December 1935, pp. 783-788 참조. 면허 제도에 관한 엘리트적 태도의 좋은 사례에 대해서는 "Editorial: Registration of Engineers", *Mechanical Engineering*, vol. 54, no. 2, February 1932, p. 131 참조.

44. Robert Zussman, *Mechanics of the Middle Class*, pp. 164-166 참조.

45. Herber Northrup, *Unionization of Professional Engineers and Chemists*, New York 1946; Eldon Dvorak, "Will Engineers Unionize?", *Industrial Relations*, vol. 2, 1963, pp. 45-65.

46. Herbert Northrup, *Unionization of Professional Engineers and Chemists*, p. 3 참조.

47. George Strauss, "Professional or Employee-Oriented?: Dilemma for Engineering Unions", *Industrial and Labor Relations Review*, vol. 17, 1964, p. 519 참조.

48. Archie Kleingartner, "Unionization of Engineers and Technicians", *Monthly Labor Review*, vol. 90, 1967, p. 30.

49. Eldon Dvorak, "Will Engineers Unionize?"; Richard Walton, *The Impact of the Professional Engineering Union*, Boston 1961; James Kuhn, "Engineers and their Unions", in A. A. Blum et al., eds, *White Collar Workers*, New York 1971, pp. 83-125 참조.

50. Herbert Northrup, *Unionization of Professional Engineers and Chemists*, pp. 17-18에서 인용.

51. 전자의 주장에 대해서는 George Strauss, "Professional or Employee-Oriented?" 참조. 모순적인 증거에 대해서는 Joel Seidman and Glen Cain, "Unionized Engineers and Chemists: A Case Study of a Professional Union", *Journal of Business*, vol. 37, 1964, pp. 238-257; Archie Kleingartner, "Professionalism and Engineering Unionism", *Industrial Relations*, vol. 8, 1969, pp. 224-235 참조.
52. Peter Meiksins and Chris Smith, "Why American Engineers Aren't Unionized", pp. 81-84 참조.
53. Richard Walton, *The Impact of the Professional Engineering Union*, p. 42.
54. Ibid.; Eldon Dvorak, "Will Engineers Unionize?", p. 61.
55. Archie Kleingartner, "Professionalism and Engineering Unionism"; Richard Walton, *The Impact of the Professional Engineering Union*; Gregory Latta, "Union Organization Among Engineers: A Current Assessment", *Industrial and Labor Relations Review*, vol. 35, 1981, pp. 29-42 참조.
56. 이러한 자료에 대해서는 *Historical Statistics of the US*, p. 140; *Statistical Abstracts of the United States*, 1993, Washington 1993, p. 405 참조.
57. 이러한 수치는 DeGrass, *Military Expansion, Economic Decline*에서 가져왔다. Ann Markusen, Peter Hall and Amy Glasmeier, *High-Tech America,* Boston 1986. p. 45에서 인용.
58. Ann Markusen and Joel Yudken, *Dismantling the Cold War Economy*, New York 1992, p. 61 참조. 전후 공학 직업을 형성하는 데 있어 방위 분야의 역할에 관해 저자들은 1980년대 중반의 (국방부 관련 산업에 40퍼센트 혹은 그 이상의 능력을 활용하는) '국방 의존적' 엔지니어 형태의 비율을 다음과 같이 추정한다 (p. 144). 항공 및 우주 엔지니어(68.7퍼센트), 전기 및 전자 엔지니어(31.6퍼센트), 기계 엔지니어(17.6퍼센트), 토목 엔지니어(8.2퍼센트).
59. Carl Barus, "Military Influence on the Electrical Engineering Curriculum since World War II", *IEEE Technology and Society Magazine*, vol. 6, no. 2, 1987, pp. 3-9; Vannevar Bush, *Science: the Endless Frontier. A Report to the President on a program for Postwar Scientific Research*, Washington 1945 참조.
60. Ann Markusen and Joel Yudken, *Dismantling the Cold War Economy*, p. 140에서는 방위비 지출이 1979~1986년 연구 및 개발에 종사하는 과학자와 엔

지니어의 수를 90퍼센트나 증가시켰다고 추정한다. 저자들은 109~110쪽에서, 국방부가 11억 달러를 기초 연구에 사용했으며, 그중 대다수 금액을 대학에 투입한 것으로 추정한다. 심지어 훨씬 더 많은 79억 달러를 응용 연구와 첨단 기술 개발에 사용했다. (이 금액의 대부분은 사적인 영역의 연구·개발비로 쓰였다).

61. Mike Davis, *City of Quartz*, London 1990, pp. 55-57 참조.

62. Annalee Saxenian, *Regional Advantage*, Cambridge, MA 1994; Glenna Colclough and Charles M. TolbertIII, *Work in the Fast Lane*, Albany 1992 참조.

63. 많은 관찰자들이 주목해왔듯 이는 미국 조제업의 경쟁력에 심대한 결과를 초래했다. 왜냐하면 그것이 종종 상업적 응용을 제한한 영역에 있는 자원에 초점을 맞췄고, 수치 제어 같은 신기술의 군사적 응용을 선호했기 때문이다. 그래서 국방비가 감소할 때 기업들이 매우 이질적인 소비자 부문으로 전환하기가 힘들었다. Ann Markusen and Joel Yudken, *Dismantling the Cold War Economy; David Noble, Forces of Production*, New York 1984. 이러한 양식의 논쟁과 관련한 중요한 실례는 Seymour Melman, *Profits Without Production*, Philadelphia 1987 참조.

64. Jeffrey Schevitz, *The Weaponsmakers: Personal and Professional Crises During the Vietnam War, Cambridge*, MA 1979 참조. 이러한 논쟁에 대해서는 Dennis Hayes, *Behind the Silicon Curtain: The Seductions of Work in a Lonely Era*, Boston 1989 참조. 또한 David Noble, *Forces of Production*도 참조.

65. Carl Barus, "Military Influence on the Electrical Engineering Curriculum Since World War II", p. 6 참조.

66. "Report of the Committee on Engineering Education After the War", *Journal of Engineering Education*, vol. 34, 1944, pp. 589-614; "Report of the Committee on Evaluation of Engineering Education", *Journal of Engineering Education*, vol. 46, 1955, pp. 26-60; "Final Report: Goals of Engineering Education", *Engineering Education*, vol. 58, 1967, pp. 367-446.

67. "Report of the Committee on Evaluation of Engineering Education" 〔1955〕, p. 42.

68. *Statistical Abstracts of the United States*, 1993, p. 405; Judith McIlwee and J. Gregg Robinson, *Women in Engineering*, Albany 1992, 특히 pp. 2-3.

69. Sally Hacker, "Mathematization of Engineering: Limits on Women and the Field", in Joan Rothschild, ed., *Machina Ex Dea: Feminist Perspectives on Technology*, New York 1983, pp. 38-58; Judith McIlwee and J. Gregg Robinson, *Women In Engineering*.

70. *Statistical Abstract of the United States*, p. 405. 공학 교육의 소수 인종에 대한 자료는 Shirley Vining Brown, "Minorities in Science and Engineering Education," 〔1991년 동부 사회학회 회의(Eastern Sociological Society Meetings)에서 제출한 논문〕 참조.

71. 공학 수업 시간에 한 남학생이 쏜 총에 여러 명의 여학생이 죽은 몬트리올 사건을 예로 들 수 있다. 이 사건은 북미의 공학에서 여성에 대한 좀더 체계적인 적대심의 극단적 사례일 것이다.

72. Robert Rothman, "Deprofessionalization: The Case of Law in America", *Work and Occupations*, vol 11, no. 2, 1984, pp. 183-206 참조.

73. Stephen Unger, *Controlling Technology: Ethics and the Responsible Engineer*, New York 1982; A. Michael McMahon, *The Making of a profession*, ch. 8; Bruce Sinclair, A *Centennial History of the American Society of Mechanical Engineers*, 특히 pp. 207-221.

74. 나이 먹은 엔지니어들의 어려움과 상대적으로 좋은 상황에 있는 젊은 엔지니어들에 대한 자료는 John M. Kinn, "The Present Status of Engineering Unemployment," *IEEE Spectrum*, vol. 8, no. 12, 1971, pp. 37-38; "Engineering Salaries Up Despite Employment Lag", *IEEE Spectrum*, vol. 8, no. 12, 1971, p. 12 참조.

75. 하이테크 분야에 대한 과장된 견해는 Everett M. Rogers and Judith K. Larsen, *Silicon Valley Fever*, New York 1984 참조. 훨씬 더 비판적인 견해에 대해서는 Dennis Hayes, *Behind the Silicon Curtain* 참조. 지역 및 조직 내 공학 문화의 역할뿐 아니라 신설 기업(start-ups)과 파급 효과의 가능성에 대해서는 Annalee Saxenian, *Regional Advantage*에서 논의한다.

76. 예를 들어 이는 Michael Piore and Charles Sabel, *The Second Industrial Divide*, New York 1984의 중심 논제다.

77. Garth Mangum, Donald Mayall and Kristin Nelson, "The Temporary Help Industry: A Response to the Dual Internal Labor Market", *Industrial and Labor*

Relations Review, vol. 38, no. 4, 1985, pp. 599-611; Kathleen Christensen, "Independent Contracting", in Kathleen Christensen ed., *The New Era of Home-Based Work*, Boulder 1988, pp. 79-91; Erica Schoenberger, "The Ambiguous Future of Professional and Technical Workers in Manufacturing: Some Hypotheses", *Acta Sociologica*, vol. 31, 1988, pp. 241-247; Trudy Bell, "Jobs At Risk", *IEEE Spectrum*, vol. 30, no. 8, 1993, pp. 18-35 참조.

4 프랑스 엔지니어의 형성

1. 1970년 프랑스 엔지니어의 평균 수입은 산업 노동자의 5배 이상이었던 반면, 영국 엔지니어와 노동자의 급여 차이는 2배에 불과했다. Michel Fores, "On Engineers in Western Europe", unpublished manuscript, Department of Industry, London n. d. 〈성장(L'Expansion)〉(1978년 3월, p. 82)에서 보도한 유럽 공동시장(Common Market) 조사에 따르면, 벨기에와 독일의 (미숙련 혹은 반숙련) 남성 노동자와 고위 간부의 평균 급여 비율은 1 대 3.6이었고, 프랑스에서는 1 대 5.4로 더 높았다. (프랑스 엔지니어는 고위 간부들 사이에서 가장 큰 직업 범주를 구성하고 있다.) 노동자와 고위 간부 사이의 차이에 관한 프랑스의 연구는 고위 간부층에 대해 조금 다른 개념을 사용하고, 1951년 1 대 3.8, 1963년 1 대 4.2, 1971년 1 대 4.3, 1981년 1 대 3.5라는 여전히 인상적인 수치를 보여준다(파리수입경비연구소의 발간물 참조). 프랑스 엔지니어의 높은 사회적 지위와 고위 경영직으로의 이례적인 이동 기회에 대해서는 David Granick, *Managerail Comparisons of Four Developped Countries: France, Britain, United States and Russia*, Cambridge, MA 1972; Guy Groux, *Les Cadres*, Paris, 1983 참조.
2. Chatles Tilly, *The Formation of Nation States in Western Europe*, Princeton, 1975, p. 35에 따르면 "자율성, 차별화, 중앙화, 그리고 내부 협력에 대해 프랑스는 1500년 이후 거의 모든 시대에 걸쳐 유럽을 주도했다. 이에 반해 영국은 완만한 속도로 국가의 주도력을 확립했고, 19세기에도 꽤 낮은 수준의 국가 주도성을 유지했다".
3. Elinor Barber, *The Bourgeoisie in 18th Century France*, Princeton 1973, p. 8.
4. Marc Maurice, François Sellier et Jean Jacques Silvestre, *Production de la hiérarchie dans l'entreprise: recherche d'un effet social, Allemagne-France*, Aix-en-France 1977, p. 221.

5. John Weiss, "Les Changements de structure dans la profession d'ingénieur en France de 1800 à 1850", in André Thépot, éd., *L'Ingénieur dans la société française*, Paris 1985, p. 27.
6. 존 와이스에 따르면 "군대에서 그들의 결혼 계획은 약혼자의 부모/선조 및 지참금을 책정하는 이사회의 승인을 얻어야 했다. 항상 유니폼을 착용해야 했다. ……더욱 중요한 것은 그들이 상업 관련 일이나 활동에 참여하는 것을 품위를 떨어뜨리는 짓으로 생각했다는 점이다." Ibid., p. 27.
7. Tom Kemp, *Economic Forces in French History*, London 1971, p. 102.
8. Ibid., p. 106.
9. François Etner, "Contribution au débat: l'ingénieur en question", in André Thépot, éd., *L'Ingénieur dans la société française*, p. 242에 따르면 이것은 특히 토목 엔지니어의 사례였다. 그들의 큰 실수는 철도의 도래가 갖는 중요성을 잘못 판단한 데 있었다. "프랑스에서 철도가 등장했을 때 토목 엔지니어는 앞 시기에 속했던 아름다운 운하를 건설하고 있었다. 철도의 발달과 함께 우리는 민간엔지니어협회와 〔사립〕 중앙공예학교의 설립 및 성장을 목도한다. 철도는 사립 공학 학교 출신 엔지니어에게 엄청난 기회를 제공했다."
10. John Weiss, *The Making of technological man: The Social Origins of French Engineering*, Cambridge, MA 1982, p. 98.
11. Ibid., p. 14.
12. Ibid., p. 97.
13. Terry Shinn, "From 'Corps' to 'Profession': The Emergence and Definition of Industrial Engineering in Modern France", in Robert Fox and George Weisz, eds., *The Organization of Science and Technology in France*, Cambridge and Paris 1980.
14. Ibid., p. 16.
15. Eda Kranakis, "Social Determinants of Engineering Practice: A Comparative View of France and America in the Nineteenth Century", *Social Studies of Science*, vol. 19, 1989, p. 10.
16. Terry Shinn, "From 'Corps' to 'Profession'", p. 16.
17. Eda Kranakis, "Social Determinants of Engineering Practice", p. 27.

18. Ibid., p. 37.

19. Ibid., p. 42에서 인용.

20. Alexis de Tocqueville, *Democracy in America*, Bradley Edition, vol. 2, New York 1945, pp. 45-47.

21. Gordon Wright, *France in Modern Times*, 3rd edn, New York 1981, p. 168.

22. Paul Starr, *The Social Transformation of American Medicine*, New York 1982, pp. 44-59.

23. Eda Kranakis, "Social Determinants of Engineering Practice", p. 28.

24. Charles Kindleberger, "Germany's Overtaking of England, 1806-1914", in *Economic response: Comparative Studies in Trade, Finance and Growth*, Cambridge, MA 1978, p. 235.

25. John Weiss, *The Making of Technological Man*, p. 95에서 인용.

26. Tom Kemp, *Economic Forces in French History*, pp. 187-189.

27. Charles Day, *Education for the Industrial World: The Ecoles d'Arts et Métiers and the Rise of French Industrial Engineering*, Cambridge, MA 1987, p. 235.

28. 대부분은 통합되고, 다각화하거나 더욱 유연하게 적응하지 못했다. 하지만 제2차 세계대전 이후에야 현대적 기업의 다부서(multi-divisional) 조직 구조로 엄격하게 조정되었다. Maurice Lévy-Leboyer, "The Large Corporation in Modern France", in Alfred Chandler and Herman Daems, eds., *Managerial Hierarchies: Comparative Perspectives on the Rise of the Industrial Enterprise*, Cambridge, MA 1980.

29. Duncan Gallie, *Social Inequality and Class Radicalism in France and Britain*, Cambridge 1983.

30. Henry W. Ehrmann, *Politics in France*, 4th edn, Boston 1983, p. 228.

31. Eda Kranakis, "Social Determinants of Engineering Practice", p. 12.

32. Charles Day, *Education for the Industrial World*에서 인용.

33. Eda Kranakis, "Social Determinants of Engineering Practice", pp. 14-15.

34. Ibid., p. 15.

35. Charles Day, *Education for the Industrial World*, p. 89.

36. Ibid., p. 163.

37. Eda Kranakis, "Social Determinants of Engineering Practice", p. 17.

38. Charles Day, *Education for the Industrial World*, p. 89.

39. Ibid., p. 163.

40. John Weiss, *The Making of Technological Man*.

41. Charles Day, *Education for the Industrial World*, p. 243.

42. Ibid., p. 23.

43. Donald Reid, "Industrial Paternalism: Discourse and Practice in Nineteenth Century France Mining and Metallurgy", *Comparative Studies of Society and History,* 1985, p. 585.

44. Luc Boltanski, *The Making of a Class: Cadres in French Society*, Cambridge 1987, p. 81에서 인용. 1932년에 출간한 라미랑의 《엔지니어의 사회적 역할(Le Rôle social de l'ingénieur)》은 현실보다는 영광스러웠던 과거를 환기시키는 데 더 노력했다.

45. Maurice Lévy-Leboyer, "The Large Corporation in Modern France", p. 132.

46. Ibid., pp. 133-134.

47. Ingo Kolboom, "Patronat et cadres: la contribution patronale à la formation du groupe des cadres(1936-1938)", *Mouvement social*, vol. 121, 1982, p. 72.

48. André Grelon, *Les ingénieurs de la crise*, Paris 1986, p. 10.

49. 엔지니어 노동조합주의에 대해서는 Stephen Crawford, *Technical Workers in an Advanced Society: The Work, Careers and Politics of French Engineers*, Cambridge and Paris, 1989에서 중요하게 다루었다.

50. Luc Boltanski, "How a Social Group Objectified Itself: Cadres in France 1936-1945", paper presented at the Fourth International Conference of Europeanists, Washington DC, October 1993, pp. 13-15.

51. Ibid., p. 26.

52. Ibid., pp. 26-27.

53. Gérard Grunberg and René Mouriaux, *L'Univers politique et syndicale des cadres,* Paris 1979, pp. 79-81.

54. Richard Kuisel, *Capitalism and the State in Modern France*, Cambridge, 1981 참조.

55. Gordon Wright, *France in Modern Times*, p. 451.

56. 1946~1981년 공산당 후보자들은 프랑스에서 가장 대중적인 지지를 받았다. 사회당과 더불어 잘 조직되고 기강을 갖춘 공산당은 총선에서 전체 득표수의 19~28퍼센트를 얻었다. 1970년대에 공산당은 800명의 시장과 2만 명의 시·읍 의원들과 함께 지역 단위에서 지지를 얻었다. 프랑스 공산주의자들은 레닌의 목표인 프롤레타리아 독재를 비난하거나 소련의 외교 정책을 비판하던 스페인과 이탈리아의 공산당보다 더 친소적인 입장을 견지했음에도 불구하고 이러한 성공을 거두었다.

57. 주 1 참조.

58. Luc Boltanski, *The Making of a Class*, p. 318.

59. 이 단락에서 인용한 내용과 관련한 자료의 주요 출처는 프랑스학위자엔지니어연맹(Fédération des Associations et Sociétés Françaises d'Ingénieurs Diplomés, FASFID)과 최근 들어 FASFID와 전국프랑스엔지니어평의회(Conseil National des Ingénieurs Français, CNIF)가 지난 30년 동안 임명한 학위 소지 엔지니어에 대한 아홉 번의 광범위한 설문 조사 결과를 발표한 *ID: Ingénieurs diplomés* 113(1988년 1월의 특별호)이다.

60. 나는 가장 최근의 FASFID-CNIF 설문 조사 수치에 의거했다. 3만 명 넘는 엔지니어가 설문 조사에 참여했으나 응답 비율은 1984년 22퍼센트, 1974년 23퍼센트보다도 낮은 19퍼센트에 불과했다는 점에 주목할 필요가 있다. 따라서 이 수치는 정확한 측정치라기보다 지표로 다뤄야 할 것이다. 어쨌든 이 수치는 현역 엔지니어의 절반에 불과한 학위 소지 엔지니어에게만 적용된다. 동시에 많은 현역 엔지니어가 엔지니어 학위를 갖고 있지 않다. 아직도 학위 소지 엔지니어 사이에서 나타나는 추세는 학위 없는 엔지니어를 유지해야 한다는 것이다.

61. Gérard Grunberg and René Mouriaux, *L'Univers politique et syndicale des cadres*, p. 82.

62. 간부층의 급여, 연금, 세금을 방어하려는 관심사에 더해 CGC는 기업 내 간부층의 권한을 유지하는 데 관심을 가졌다. 이는 좀더 온화한 협의와 참여 형태를 선호하는 CGC로 하여금 노동자 자주관리제에 반대하도록 만들었다.

63. 이 같은 정치적 영향은 Guy Groux, "Le Syndicalisme-cadres: ordre, régulation, rupture", in *Société française*, vol. 14, 1985, p. 32에서 인용한 것처럼 특히 CGC의 오랜 지도자 말테르(André Malterre)의 다음과 같은 선언에서 명쾌하게 드러난

다. "서열 개념은 …… 이와 같이 단순히 급여 정책의 한 요소가 아니다. 그것은 전체 사회 개념과 관련이 있다. 평등주의가 집산주의적·기술 관료적 독재를 정당화하는 흰개미 문명을 만들 것인지, 정치적·경제적 자유와 노동조합의 자유가 사라진다고 비난받지 않는 인본주의적 문명을 만들 것인지 선택해야 한다."

64. Georges Benguigui and Dominique Monjardet, "The CGC and the Ambiguous Position of the Middle Strata", in M. Kesslman, ed., *The French Workers Movement*, New York 1984, p. 114.

65. Ibid., p. 113.

66. Jean-Paul Le Guen, "Le Sacrifice: un interview avec Paul Marchelli", *Nouvelle usine*, vol. 9, no. 37, 1982, p. 76.

67. Gérard Grunberg and René Mouriaux, *L'Univers politique et syndicale des cadres*.

68. Stephen Crawford, *Technical Wokers in an Advanced Society*.

69. John Goldthorpe, "On the Service Class, Its Formation and Future", in Anthony Giddens and Gavin MacKenzie, eds, *Social Class and the Division of Labour*, Cambridge 1982, p. 168.

70. Marc Maurice, François Sellier et Jean-Jacques Silvestre, *The Social Foundations of Industrial Power: A Comparison of France and Germany*, Cambridge, MA 1986, p. 263.

5 장기간에 걸친 전문직 정체성에 대한 탐색: 역사적 관점에서 본 독일 엔지니어 1850~1990년

1. 이것은 엔지니어라는 단어가 토목 엔지니어 혹은 토목 관련 엔지니어를 지칭하는 바덴, 뷔르템베르크 혹은 바이에른 같은 독일 남부보다는 북부 지역에 더 잘 들어맞는다. 전문 직종이 발전하고 국가와 사회 사이의 격차가 좁아지면서 이 단어는 폭넓게 널리 사용되었다. 오늘날 예전의 의미가 일부 남아 있긴 하지만 이러한 특징은 대부분 사라졌다.

2. Kees Gispen, *New Profession, Old Order: Engineers and German Society, 1815-1914*, Cambridge 1989, ch. 2 참조.

3. Wolfgang Zerna, "Engineering Education in West Germany in view of the Future European Market", *European Journal of Engineering Education*, vol. 13.

no. 1, 1988, p. 68; Ellen Sessar-Karpp, "The Situation of Women in Technical Professions in the Federal Republic of Germany", *European Journal of Engieering Education*, vol. 11, no. 3, 1986, p. 316.

4. Gipsen, New Profession, chs. 1, 3 참조. Gustav Grüner, *Die Entwicklung der höheren technischen Fachschulen im deutschen Sprachgebiet*, Brunswick 1967, p. 294.
5. H. Grünewald, *Die neuen Ingenieurgesetze der Länder der Bundesrepublik Deutschland*, Düsseldorf 1971, 특히 서문과 1~4쪽 참조.
6. 이 책에 실린 다른 기고문과 Wolfgang König, "Ingenieurausbildung, Ingenieurberuf und Konstruktionstechnik in Grossbritannien, den USA, Frankreich und Deutschland seit der Industrialisierung: Ein vergleichender Essay" (Appendix to a progress report, Technische Universität Berlin, Institut für Philosophie, Wissenschaftstheorie, Wissenschafts- und Technikgeschichite, July 1990), pp. 1-70; Grüner, *Entwicklung*, p. 71; Harry Lintsen, *Ingenieurs in Nederland in de Negetiende Neuw: Hun Streven naar Erkenning en Macht*, The Hague 1980; Gipsen, *New Profession*, p. 333 참조.
7. Gispen, *New Profession*, ch. 1 참조. 독일 엔지니어 교육의 역사에 대해서는 Peter Lundgreen, "Die Ausbildung von Ingenieure an Fachschulen und Hochschulen in Deutschland, 1770-1990", in Peter Lundgreen and André Grelon, eds., *Ingenieure in Deutschland, 1770-1990*, Frankfurt am Main 1994, pp. 13-78 참조.
8. Karl-Heinz Manegold, "Der VDI in der Phase der Hochindustrialisierung, 1880 bis 1900", in Karl-Heinz Ludwig and Wolfgang König, eds., *Technik, Ingenieure und Gesellschaft: Geschichte des Vereins deutscher Ingeniere, 1856-1981*, Düsseldorf 1981, pp. 138-159; Gispen, *New Profession*, chs. 3-4. '전문화 프로젝트'의 개념에 대해서는 Magali Sarfatti Larson, *The Rise of Professionalism: A Sociological Analysis,* Berkeley 1977 참조.
9. Gispen, *New Profession,* ch. 5 참조.
10. 예컨대 Gispen, *New Profession*, chs. 7-8 참조. Grüner, *Entwicklung,* pp. 358-366.
11. Zerna, "Engineering Education", pp. 67-70. Franz-Josef Schlösser, "Der

VDI in der Demokratie 1947 bis 1981", Ludwig and König, eds, *Technik, Ingenieure und Gesellschaft*, pp. 534-551; O. Mahrenholtz, "Anforderungs- und Qualifkationsprofile und ihre Umsetzung in die Studienplannung", in Verein Deutscher Ingenieure, ed., *Ingenieureausbildung und Ingenierbedarf,* Vorträge und Diskussion, Düsseldorf 1978, pp. 55-70.

12. Grüner, *Entwicklung*, pp. 67-70, 102-109; Gispen, *New Profession*, pp. 162, 173, 187-191, 216-218.
13. Gipsen, *New Profession*, chs. 7-8 참조. Grüner, *Entwicklung,* pp. 40-77.
14. Grüner, *Entwicklung*, p. 71.
15. Ibid., pp. 42-74. 특히 69쪽 참조. Karl-Heinz Manegold, "Der VDI in der Phase der Hochindustrialisierung", pp. 143-154; Wolfgang König, "Die Ingenieure und der VDI als Grossverein in der wilhelminischen Gesellschaft 1900 bis 1918," in Ludwig and König, eds, *Technik, Ingenieure und Gesellschaft*, pp. 243-252; Erwin Viefhaus, "Ingenieure in der Weimarer Republik: Bildungs-, Berufs- und Gesellschaftspolitik 1918-1933", in Ludwig and König, eds, *Technik, Ingenieure und Gesellschaft,* pp. 311-324.
16. Grüner, *Entwicklung*, pp. 70-77, 140-154, 166-170; Kultusministerkonferenz, Das Bildungswesen in der Bundesrepublik Deutschland, *Kompetenz-Strukturen-Bildungswege,* Neuwied 1977, 특히 69-72쪽 참조. Heinz Stuck, "Ingenieurschulen und Fachhochschulen im Vergleich: Soziale Herkunft und Ausbildungsweg der Ingenieure, 1960-1990", in Lundgreen and Grelon, eds, *Ingenieure in Deutschland*, pp. 79-92.
17. Mahrenholtz, "Anforderungs- und Qualifikationsprofile", pp. 59-60; Grüner, *Entwicklung*, pp. 169-170.
18. Schlösser, "Der VDI in der Demokratie", p. 553.
19. 이 질문을 제기하면서 필자는 학교에서 엔지니어가 되는 단일하고 일방적인 방법이 존재한다고 주장하려는 것이 아니다. 반대로 교육 제도 자체는 엔지니어 교육자, 기술 관료 혹은 기술 경영자들이 중요한 역할을 한 전략과 결정의 산물이다. 게다가 독일 민간 분야에서는 19세기 마지막 25년까지도 엔지니어 경력을 쌓는 것은 공식적인 기술 훈련을 그다지 많이 쌓지 않고서도 가능했다. 그렇지만 일

단 학교가 생겨나자 이들이 엔지니어를 만드는 주요 요소가 되었다. 이론적으로 이런 상황에서 엔지니어라는 전문 직업을 형성하는 데 교육 제도가 수행한 역할은 직업 건설(Berufskonstruktion) 혹은 '위로부터 전문 직업화'의 한 사례로 볼 수 있다. Lothar Burchardt, "Professionalisierung oder Berufskonstruktion? Das Beispiel des Chemikers im wilhelminischen Deutschland", *Geschichte und Gesellschaft,* vol. 6, no. 3, 1980, pp. 326-348 참조. 전문 직업과 전문 직업화 이론을 독일에 적용한 사례에 대한 최근의 검토는 다음 책 서론에서 찾아볼 수 있다. Konrad Jarausch, *The Unfree Professions: German Lawyers, Teachers, and Engineers, 1900-1950,* New York 1990, pp. 3-24.

20. Gispen, *New Profession*, p. 137에서 인용.
21. 본문에서 언급한 이들 기업 외에 전기 및 전자 제조업 분야의 Telefunken, Robert Bosch, 화학 분야의 BASF, Hoechst, Bayer, Agfa(이들은 제1차 세계대전 이후 다른 기업들과 합병해 거대 기업인 I. G. Farben을 만들었다), 다양한 기계 및 설비 구조 분야의 Deutz, Humboldt, Hanomag, GHH, Demag, Krupp, Mannesmann, 선박 분야의 Vulcan, 신생 자동차 및 항공 분야의 Daimler, Opel, Junkers, Messerschmidt, Dornier, Heinkel 같은 유명한 업체가 포함되어 있다.
22. 엔지니어의 승진 기회 및 경영진과의 관계에 대해서는 특히 다음을 참조. Jürgen Kocka, *Unternehmer in der deutschen Industrialisierung,* Göttingen 1975. VDI, ed., *Ingenieurausbildung und Ingenieurbedarf*; Society for the Promotion of Engineering Education, *Report of the Investigation of Engineering Education 1923-1929,* vol. 1; A Comparative Study of Engineering Education in the United States and in Europe, by William E. Wickenden, Pittsburgh 1930, pp. 980-982; Gispen, *New Profession*, chs. 7-9; Kees Gispen, "Selbstverständnis und Professionalisierung deutscher Ingenieure: Eine Analyse der Nachrufe", *Technikgeschichte*, vol. 50. no. 1, January 1983, pp. 34-61. 또한 다음 글에서 인용한 독일 경영에 대한 다양한 조사도 참조. Peter A. Lawrence, "Engineering and Management in West Germany: A Study in Consistency?", in Gloria Lee and Chris Smith, eds, *Engineers and Management: International Comparative*, London 1992, pp. 72-99.
23. 역사적으로 독일의 기업 경영에서는 두 가지 채용 방식이 있는데, 한쪽은 엔지니

어이고 다른 쪽은 회계사와 재정 담당자 혹은 법률가이다. 이러한 구분은 독일 기업의 사무직 및 관리직이라는 전형적인 이중 조직과 직접적으로 관련이 있다. 요컨대 독일 기업은 일반적으로 사무 회계 부서와 기술 부서가 나뉘어 있다. Jürgen Kocka, *Unternehmensverwaltung und Angestelltenschaft am Beispiel Siemens 1847-1914: Zum Verhältnis von Kapitalismus und Bürokratie in der deutschen Industrialisierung,* Stuttgart 1969; Jürgen Kocka, "Industrielles Managment: Konzeptionen und Modelle in Deutschland vor 1914", *Vierteljahrschrift für Sozial- und Wirtschaftsgeschichte,* vol. 56, October 1969, pp. 332-372; Hannes Siegrist, *Vom Familienbetrieb zum Managerunternehmen: Angestellte und industrielle Organisation am Beispiel der Georg Fischer AG in Schaffhausen, 1701-1930*, Göttingen 1981 참조.

24. Verein Deutscher Ingenieure, ed., *Der Ingenieur in der Verwaltung*, Berlin 1919; Jakob Weber, et al, *Ingenieure im öffentlichen Dienst: Empirische Analyse zur Laufbahnreform*, Düsseldorf 1978; 또한 Gispen, *New Profession*, ch. 12도 참조.

25. Gispen, *New Profession*, p. 204; Mahrenholtz, "Anforderungs- und Qualifikationsprofile", p. 59.

26. 이 수치는 등록생 기준으로 보면 신생 엔지니어 학교가 공과대학보다 매년 대략 2배 이상 많은 졸업자를 배출했다는 주장에 근거한 것이다. 등록생 수에 대한 자료는 앞의 주 참조. 또한 Jarausch, *Unfree Profession,* p. 233; Grüner, *Entwicklung,* p. 162; Erwin Viefhaus, "Ingenieure in der Weimarer Republik: Bildungs-, Berufs- und Gesellschaftspolitik 1918-1933", in Ludwig and König, eds, *Technik, Ingenieure und Gesellschaft*, pp. 366도 참조. 제2차 세계대전 후 두 엔지니어 교육 기관 사이의 등록생 비율은 이전 시기와 같았던 것으로 보인다. *Statistisches Jahrbuch der Bundesrepublik Deutschland*, 1961, pp. 104-105, and 1971, pp. 76, 80, 82 참조. 1930년대 후반에만 나치가 공대 입학생 수를 크게 줄이고 신생 엔지니어 학교 입학자 수를 늘렸기 때문에 그 비율이 크게 달라져 1938/1939년에 1 대 0.4로 증가했다.

27. Gispen, *New Profession,* pp. 223-254; Wolfgang König, "Elektrotechniker in der Industrie, 1880-1914", in *Ingenieure in Deutschland*, pp. 205-220 참조.

28. Jarausch, *Unfree Professions*, pp. 86, 250; Viefhaus, "Ingenieure in der Weimarer Republik," p. 336.

29. Jarausch, *Unfree Professions*, p. 233; Grüner, *Entwicklung*, p. 162; Gispen, *New Profession*, pp. 189, 337-340; Viefhaus, "Ingenieure in der Weimarer Republik", p. 336. 대학교가 아닌 엔지니어 교육 기관의 등록생 수는 추정치다. 요컨대 건설 및 토목 공학을 가르치는 비슷한 학교는 계산에 넣지 않았다.

30. Jarausch, *Unfree Professions,* pp. 122-142, 181-196, 233-256; Karl-Heinz Ludwig, *Technik und Ingenieure im Dritten Reich,* Düsseldorf 1974. passim.

31. 독일 엔지니어의 중립성 경향에 대해서는 Gerd Hortleder, *Das Gesellschaftsbild des Ingenieurs. Zum politischen Verhalten der technischen Intelligenz in Deutschland*, Frankfurt am Main 1970 참조.

32. Gispen, *New Profession*, ch. 6; Grüner, *Entwicklung*, p. 69.

33. Jeffrey Allan Johnson, "Academic, Proletarian, …… Professional? Shaping Professionalization for German Industrial Chemists, 1887-1950", in Geoffrey Cocks and Konrad H. Jarausch, eds., *German Professions 1880-1950,* New York 1990, pp. 123-142; Gispen, *New Profession*, chs. 9-11.

34. Gispen, *New Profession,* 12, Grüner, *Entwicklung*, pp. 70, 165.

35. Viefhaus, "Ingenieure in der Weimarer Republik," pp. 289-346.

36. '고용직 화학자와 엔지니어 연맹'에 대해서는 Karl Höfchen, *Der Stand angestellter Akademiker in Volk und Wirtschaft* (Sozialpolitische Schriften des Bund angestellter Akademiker technisch-naturwissenschaftlicher Berufe, vol. 1, no. 8), Berlin 1925; Johnson, "Academic, Proletarian, …… Professional?" 참조.

37. Jarausch, *Unfree Professions*, pp. 100-111; Viefhaus, "Ingenieure in der Weimarer Republik", pp. 336-338.

38. 독일 엔지니어와 나치 이데올로기 사이의 친밀성은 Jeffrey Herf, *Reactionary Modernism: Technology, Culture and Politics in Weimar and the Third Reich*, Cambridge 1984에서 아주 상세하게 논의했다.

39. 예를 들어 Albert Speer, *Inside the Third Reich*, New York 1970; Mathias Schmidt, *Albet Speer: the End of a Myth,* New York 1984; Geoffrey Baccaclough, "Hitler's Masterbuilder", *New York Review of Books*, no. 15, 1971. pp. 6ff.;

Hans Kehrl, *Krisenmanager im Dritten Reich: 6 Jahre Frieden-6 Jahre Krieg*, with critical annotations and an afterword by Erwin Viefhaus, Düsseldorf 1973 참조.

40. 1933~1945년의 엔지니어에 대해서는 Karl-Heinz Ludwig, *Technik und Ingenieure im Dritten Reich*, Düsseldorf 1974. passim; Jarausch, *Unfree Professions,* pp. 122-142, 181-196, 233-256 참조.

41. 제3제국에서 엔지니어의 지위가 상승했다는 것은 Jarausch, *Unfree Professions,* chs. 5-8에서 언급했다. 1945년 이후 서독의 엔지니어 지위에 대해서는 Lawrence, "Engineering and Management in West Germany" 참조. 1980년대까지 이 전문직종이 지속적으로 당면한 신분상의 주요한 문제는 공무원에서의 경력 차별이었다.

42. Schlösser, "Der VDI in der Demokratie 1947 bis 1981", pp. 513-534.

43. 현재 엔지니어 이익 집단과 로비 단체에 대한 전반적인 고찰은 Wilfried Ganser and Willie Herberz, *Die Bundesrepublik Deutschland, Staatshandbuch, Teilausgabe Verbände, Vereinigungen, wissenschaftliche Einrichtungen, juristische Personenn des öffentlichen Rechts,* Cologne 1986, pp. 41-44, 87-92 참조. 서독의 신담합주의에 대해서는 Peter Katzenstein, ed., *Industry and Politics in West Germany,* Ithaca 1989; Suzanne Berger, ed., *Organizing Interests in Western Europe: Pluralism, Corporatism and the Tranformation of Politics*, Cambridge 1984; Ulrich von Alemann, *Neokorporatismus*, Frankfurt am Main 1981; Werner Abelshauser, "The First Post-Liberal Nation: Stages in the Development of Modern Corporatism in Germnay", *European Historical Quarterly,* vol. 14, 1984, pp. 295ff. 참조.

44. 20세기 독일의 개발 관련 정책은 필자가 현재 연구하고 있는 주제다. 다른 나라의 봉급 받는 개발자와 과학자의 권리에 대해서는 Jeremy Phillips, ed., *Employee Inventions: A Comparative Study, Sunderland*, Tyne and Wear 1981 참조.

45. Grüner, *Entwicklung*, pp. 165, 169-170. Schlösser, "Der VDI in der Demokratie 1947 bis 1981", pp. 536-543.

46. Zerna, "Engineering Education," pp. 67-70; Schlösser, "Der VDI in der Demokratie 1947 bis 1981", pp. 543-551.

47. Schlösser, "Der VDI in der Demokratie 1947 bis 1981", pp. 551-554.

48. 독일엔지니어협회의 회원 수에 대해서는 Ludwig and König, eds., *Technik, Ingenieure und Gesellschaft*, pp. 559-562 참조. 1985년 이 협회의 회원 수가 9만 명이므로 그해 독일 전체 엔지니어는 45만 명으로 추산할 수 있다(*Bundesrepublik Deutschland, Staatshandbuch, Verbände*, p. 89). 화학자, 기술자, 건축가 그리고 기술 교육을 받은 기업가와 고위 경영자를 제외하면 이 수치는 낮아질 것이다.

49. Sessar-Karpp, "Women in Technical Professions", pp. 316-317.

50. *Bundesrepublik Deutschland, Staatshandbuch, Verbände*, p. 88. 또한 Hedwig Rudolph, "Ingenieurinnen: Vorberufliche Sozialisation und berufliche Erfahrungen", in Lundgreen and Grelon, eds., *Ingenieure in Deutschland*, pp. 93-105도 참조.

51. 입학자 수치에 대해서는 *Statistisches Jahrbuch der Bundesrepublik Deutschland*, 1961, pp. 104, 108; 1971, pp. 76, 80, 82; 1981, pp. 353-353; 1989, pp. 352-354.

52. 현안에 대한 이러한 고찰은 다음 글에서 기초한 것이다. VDI, ed., *Ingenieurausbildung und Ingenieurbedarf*; Zerna, "Engineering Education in West Germany"; Schlösser, "Der VDI in der Demokratie"; Kurt Mauel, "Die technische-wissenschaftliche Arbeit des VDI 1946 bis 1981", in Ludwig and König, eds., *Technik, Ingenieure und Gesellschaft*, pp. 455-512; Emil Hübner and H.-H. Rohlfs, *Jahrbuch der Bundesrepublik Deutschland 1990/91*, Munich 1990, pp. 90-109.

53. Heinrich Rothert, "The Training of Civil Engineers and Architects in the Five New German Länder Before and After Reunification", *European Journal of Engineering Education*, vol. 20, no. 2, 1995, pp. 261-276.

6 전문직인가, 임금 노동자인가: 스웨덴의 엔지니어와 경제 변동

1. 필자는 이 글의 초고를 검토하고 조언해준 벵트 올레 벵트손(Bengt Olle Bengtsson), 헨리크 비에르크(Henrik Björck), 에바 스티나 뤼온(Eva Stina Lyon), 군나르 올로프손(Gunnar Olofsson), 크누트 H. 소렌센(Knut H. Sorensen) 그리고 이 책의 편집자들에게 감사한다.

2. J. Körner, "Teknisk yrkesetik" (Engineering Ethics), *Teknisk Tidsrift*, 1928,

p. 427

3. Lars Mjöset, ed., *Norden Dangen Derpå* (Scandinavia, the Day After), Oslo 1986; Matti Alestalo and Stein Kuhnle, "The Scandinavian Route: Economic, Social and Political Developments in Denmark, Finland, Norway, and Sweden", in Robert Erikson et al., eds., *The Scandinavian Model: Welfare States and Welfare Research*, Armonk 1987, pp. 3-38.
4. Bo Sundin, *Ingenjörsvetenskapens Tidevaru* (The Age of Engineering Science), Umeå 1981. Boel Berner, *Teknikens värld* (The World of Technics), Lund 1981.
5. Francis G. Castles, "Barrington Moore's Thesis and Swedish Political Development", *Government and Opposition*, vol.8, no.3, 1973, pp. 313-331.
6. Ibid.
7. '스웨덴 모델'에 대한 논의는 W. Korpi, *The Working Class in Welfare Capitalism*, London 1978, and *The Democratic Class Struggle*, London 1983; and M. Forsgren, *Managing the Internationalization Process: The Swedish Case*, London 1990 참조.
8. C. Edquist and B. A. Lundvall, "Comparing the Danish and Swedish Systems of Innovation", in Richard R. Nelson, ed., *National Innovation Systems: A Comparative Analysis, Oxford* 1993, p. 274.
9. Rolf Torstendahl, *Dispersion of Engineers in a Transitional Society*, Uppsala 1975; Göran Ahlström, *Engineers and Industrial Growth*, London 1982.
10. 주 7의 문헌과 Paul Thompson and Per Sederbald, "The Swedish Model of Work Organisation in Transition", in Tony Elger and Chris Smith, eds, *Global Japanization?* London 1994 참조.
11. 무기명 사설, *Industritjänstemannen*(산업사무직노동자), Jan. 1933, p. 16.
12. Lars Mjöset, ed., *Norden Dangen Derpå*.
13. Boel Berner, "Den långa vägens. Ideologi. Mobilitet, Ingenjorsarbete och den svenska modellen" (The Long Road: Mobility, Engineers and the Swedish Model), *Arkiv*, vol. 40, 1988, pp. 3-26.
14. Boel Berner, "Women, Technology and the Division of Labour: What is the

Role of Education?", *Tidskrift für Nordisk Förening för Pedagogisk Forskning* (북유럽교육학연구학회지), vol. 2, 1984, pp. 5-17; Boel Berner, *Sakernas tillstånd. Kön, klass, teknisk expertis* (The State of Things. Gender, Class, Technical Expertise), Stockholm 1996.

15. L. A. Hubendick, *Hvad skall man bli?* (What Shall One Be?), Stockholm 1901, p. 47.
16. C. Edquist and B. A. Lundvall, "Comparing the Danish and Swedish Systems of Innovation", p. 285.
17. Paul Thompson and Per Sederbald, 'The Swedish Model of Work Organisation in Transition", p. 240 참조.
18. Lennart Ohlson and Lars Vinell, *Tillväxtens Drivkrafter* (The Sources of Growth), Stockholm 1987.
19. C. Edquist and B. A. Lundvall, "Comparing the Danish and Swedish Systems of Innovation", p. 279.
20. Sune Carlson, "Ett Sekes Industriledare" (Industrial Leaders During One Hundred Years), *Skand. Ensk. Bankens Kvartalstidskrift*(계간 SEB금융그룹) vol. 2, 1986, p. 58.
21. Tommy Nelson, *Arbetare Eller Tjänsteman?* (Manual or White-Collar Worker?), Lund 1988.
22. A. Kjellberg, "Sweden: Can the Model Survive?", in Anthony Ferner and Richard Hyman, eds, *Industrial Revolution in the New Europe*, Oxford 1992.
23. Anders Kjellberg, *Facklig Organisering i Tov Läder* (Trade Union Organization in Twelve Countries), Lund 1983.
24. Lennart Ohlson and Lars Vinell, *Tillväxtens Drivkrafter.*
25. Lars Mjöset, ed., *Norden Dangen Derpå.*
26. 우데발라 공장에 대한 비판적 평가와 1995년 부분 폐쇄 이전의 영향에 대해서는 Åke Sandberg, ed., *Enriching Production*, Adlershot 1995 참조. (우데발라 공장은 2013년 완전 폐쇄되었음—옮긴이.)
27. Paul Thompson and Per Sederbald, "The Swedish Model of Work Organisation in Transition", pp. 260-261 참조.

28. Abby Peterson, *Women in Political 'Movement'*, Gothenburg 1987.
29. C. Edquist and B. A. Lundvall, "Comparing the Danish and Swedish Systems of Innovation", p. 292 참조.

7 월급쟁이 회사원, 일본 엔지니어

1. Peter Whalley, *The Social Production of Technical Work*, London 1986, p. 3.
2. Ibid., p. 4.
3. H. Saint-Simon, *Selected Writings*(first published 1859), trans. F. M. H. Markham, New York, 1952.
4. Thorstein Veblen, *The Engineers and the Price System*, New York, 1921.
5. Robert Perrucci, "Engineering: Professional Servant of Power", *American Behavioral Scientist*, vol. 14, no. 4, 1971, pp. 592-606.
6. Peter Wahlley, *The Social Production of Technical Work,* p. 6.
7. Andre Gorz, *The Division of Labor,* New Jersey 1976; Serge Mallet, *The New Working Class*, Nottingham 1975.
8. Peer Armstrong, "Engineers, Managers and Trust", *Work, Employment and Society*, vol. 1, no. 4 1987. pp. 430-431.
9. C. Johnson, *MITI and the Japanese Economic Miracle: The Growth of Industrial Policy, 1925-1975*, Stanford 1982, pp. 17-18.
10. K. Nakagawa, "Business Strategy and Industrial Structure in Pre-World War II Japan", in K. Nakagawa, ed., *Strategy and Structure of Big Business*, Tokyo 1977.
11. Ibid., p. 21.
12. Ibid., p. 22.
13. R. Iwata, "Marketing Strategy and Market Structure in Three Nations: The United States, the United Kingdom and Japan", in K. Nakagawa, ed., *Strategy and Structure of Big Business*; S. Yonekawa, "University Graduates in Japanese Enterprises Before the Second World War", *Business History,* vol. 26, no. 2, 1984, pp. 193-218.
14. T. Yui, "The Development of the Organizational Structur of Top Management

in Meiji Japan", *The Japanese Business System: Special Issue—Japanese Yearbook on Business History*, Tokyo 1984, p. 14.

15. Ronald P. Dore, *The Diploma Disease*, London 1976, pp. 35-36.

16. K. Oshima, "Science and Technology in Japan—Prospects and Future Tasks", *Journal of Japanese Trade and Industry*, September 1983, p. 20.

17. H. Dyet, Dai Nippon, *The Britain of the East: A Study in National Evolution,* London 1904.

18. S. Tsuru, "Economic Developments and Human Resources: Japan's Exeriences", in S. Tsuru, ed. Human Resources, *Employment and Development. Volume 1: The Issues*, London 1983, p. 20.

19. K. Inoue, "Manpower and Development in Japan: A Study of the Japanese Education and Training System", M. Phil. thesis, Institute of Development Studies, University of Sussex, 1984.

20. S. Yonekawa, "Universtiy Graduates in Japanese Enterprises", p. 194.

21. UNESCO, *Case Studies on Technological Development 1: Technological Development in Japan,* Paris 1971, p. 128.

22. S. B. Levine and H. Kawada, *Human Resources in Japanese Industrial Development*, Princeton 1980, pp. 268-271.

23. H. Rosovsky, "What Are the Lessons of Japanese History?", in A. J. Youngson, ed., *Economic Development in the Long Run*, London 1972, p. 230.

24. G. C. Allen, *A Short Economic History of Japan*, London 1981, p. 252.

25. M. Sumiya and K. Taira, eds., *An Outline of Japanese Economic History: Major Work and Research Findings,* Tokyo 1979, pp. 253-268; M. Sumiya, "Contemporary Arrangments: An Overview", in K. Okochi, B. Karsh and S. B. Levine, eds. *Workers and Employments in Japan: The Japanese Employment Relations System*, Tokyo 1974, p. 30.

26. K. Chikayoshi, "The Role Played by the Industrial World in the Progress of Japanese Science and Technology", *Journal of World History,* vol. 9, no. 2, 1965, pp. 403-404.

27. T. Nakoaka, "Tetu Hiroshige: Kagaki no Shakaishi" (A Social History of

Science in Modern Japan), *Japanese Studies in the History of Science*, vol. 15, 1976, pp. 163-168.
28. A. Broadbridge, *Industrial Dualism in Japan,* London 1966.
29. G. C. Allen, *A Short Economic History of Japan*, p. 80.
30. Ibid., p. 82.
31. B. R. Scott, J. W. Rosenblum and A.T. Sproat, *Case Studies in Political Economy: Japan 1854-1977,* Boston, pp. 61-68.
32. R. Okayama, "Industrial Relations in Japanese Automobile Industry, 1945-1970: The Case of Toyota", in S. Tolliday and J. Zeitlin, eds. *The Automobile Industry and its Workers,* Oxford 1987.
33. T. Chokki, "Comment on: A Comparison of Choice of Technology Among Three Nations", in K. Nakagawa, ed., *Strategy and Structure of Big Business,* Tokyo 1977, pp. 173-174; H. Uchida, "Japanese Technical Manpower in Industry, 1880-1930: A Quantitative Survey", in H. Gospel, ed., *Industrial Training and Technology Transfer: Historical and Comparative Perspectives*, London 1990.
34. Herbert Passin, *Society and Education*, New York 1965.
35. M. Asa and I. Amano, *Education and Japan's Modernization*, Tokyo 1972, p. 53.
36. H. Tetu, "The Role of Government in the Development of Science", *Journal of World History*, vol. 9, no. 2, 1965; T. Nakaoka, "Tetu Hiroshige", pp. 165-166.
37. B. R. Scott, J.W. Rosenblum and A. T. Sproat, *Case Studies in Political Economy: Japan, 1854-1977*.
38. Davic Halberstam, *The Reckoning,* New York 1987, pp. 301-318.
39. Alfred D. Chandler, "The Emergence of mangerial Capitalism", *Business History*, vol. 58, no. 4, 1984, p. 502.
40. C. Freeman, *Technology Policy and Economic Performance*, London 1988.
41. G. Wersky, "Traning for Innovation: How Japanese Companies Develop Their Elite Engineers", Imperial College London University working paper,

London 1986.

42. M. Aoki, "Horizontal v. Vertical Information Structure of the Firm", *American Economic Review*, vol. 76, no. 5, 1986, p. 4.

43. K. Okuda, "The Role of Engineers in Japanese Industry and Education", *Journal of Japanese Trade and Industry,* vol. 2, no. 5, 1983, pp. 23-26.

44. K. McCormick, "Engineering Education in Britain and Japan: Some Reflections on the Use of 'Best Practice Models' in International Comparision", *Sociology,* vol. 22, no. 4, 1988, pp. 583-605.

45. I. Amano, "Dai Yon-sho Nihon n Daigaku-Bunri" (The Classification of Universities in Japan), in T. Keii, ed., *Daigaku Hoka no Keykyu (A Study of Academic Evaluation)*, Tokyo 1984.

46. D.E. Westney and K. Sakakibara, "Designing the Designers: Computer R&D in the Unisted States and Japan", *Technology Review*, no. 89, 24-31 April 1986, pp. 68-69.

47. K. Yamamura, "Success Ill-Gotten? The Role of Meiji Militarizaton in Japan's Technological Process", *Journal of Economic History*, vol. 36, no. 1, 1977, p. 120.

48. M.A. Barnhart, *Japan Prepares for Total War: The Search for Economic Security, 1919-1941*, Ithaca 1987.

49. R. Ohashi, ed., *Nihon no Kaikyu Kosei (Japan's Class Composition)*, Tokyo 1971.

50. K. Morioka, "Japan", in T. B. Bottomore and R. J. Brim, eds, *The Capitalist Class*, Hemel Hempstead 1989, p. 142.

51. Ibid.

52. R. Steven, *Classes in Contemporary Japan,* Cambridge 1983, pp. 124-125.

53. Ibid., p. 135.

54. Ibid., p. 136.

55. R. Steven, "The Japanese Bourgeoisie", *Bulletin of Concerned Asian Scholars,* vol. 11, no. 2, 1977, p. 8.

56. K. Morioka, "Japan", pp. 157-158.

57. D. Bhasanavich, "An American in Tokyo: Jumping to the Japanese Bear", *IEEE Sepctrum*, September 1985, pp. 72-81.

58. H. Morikawa, "The Education of Engineers in Modern Japan: An Historical Perspective", in H. Gospel, ed., *Industrial Training and Technology Transfer.*

59. K. Okuda, "The role of Engineers in Japanese Industry and Education", p. 26.

60. A. Weiss, "Simple Truths of Japanese Manufacturing", Havard Business Review, July-August 1984, p. 121; R. E. Cole and T. Yakushiji, *The US and Japanese Automobile Industries in Transition,* Ann Arbor 1984.

61. M. L. Dertouzox, R. K. Lester and R. M. Solow, *Made in America: Regaining the Productive Edge,* Cambridge, MA 1989, pp. 72-73.

62. M. Kenney and R. Florida, "Beyond Mass Production: Production and the Labor Process", *Politics and Society,* vol. 16, no. 1, 1988, pp. 121-158.

63. Ibid., p. 122.

64. Ibid., p. 145.

65. K. Dohese, U. Jurgens and T. Malsch, "From 'Fordism to Tohotism'? The Social Organization of the Labour Process in the Japanese Automobile Industry", *Politics and Society*, vol. 14, no. 2, 1985, p. 141.

66. K. Morioka, "Japan", p. 171.

67. T. Kato and R. Steven, "Is Japanese Capitalism Post-Fordist?", paper to the Eighth Annual New Zealand Asian Studies Conference, 1989.

68. Andrew Sayer, "New Developments in Manufactring: The Just-in-Time System", *Capital and Class,* vol. 30, 1986.

69. Michael A. Cusumano, *The Japanese Automobile Industry: Technology and Management at Nissan and Toyota, Cambridge*, MA 1985, pp. 267-269.

70. J. Abegglen and G. J. Stalk, *Kaisha: The Japanese Corporation*, Tokyo 1987.

71. Michael Cusumano, *The Japanese Automobile Industry*, p. 307.

72. S. Kamata, *Japan in the Passing Lane,* London, 1983.

73. R. Okayama, "Japanese Employer Labour Policy: The Heavy Engineering Industry in 1900-1930", in H. Gospel and C. Littler, eds., *Managerial Strategies*

and Industrial Relations, London 1983, p. 186.
74. T. Shirai, "A Supplement: Characterisitcs of Japanese Management and their Personnel Policies", in T. Shirai, ed., *Comtemporary Industrial Relation in Japan,* Madison 1983.
75. H. Sato, "A Study of Engineers', Attitudes Towards Labour Unions", Research Report no. 160, mimeo, Hosei University (Tokyo) 1980.
76. M. Trevor, M. Schendel and B. Wilpert, *The Japanese management Development System: Generalists and Specialists in Japanese Companies Abroad,* London 1986, p. 36.
77. T. Fukukrake, *Japanese Social Structure*, Tokyo 1982, pp. 61-62.
78. R. P. Dore, *British Factory, Japanese Factory*, London 1973.
79. T. P. Rohlen, *Japan's High School*, Berkeley 1977, p. 37.
80. K. J. McCormick, "Towards a Lifelong Learning Society? The Reform of Continuing Vocational Education and Training in Japan", *Contemporary Education,* vol. 25, no. 2, 1989, pp. 133-149.
81. M. Trevor, M. Schendel and B. Wilpert, *The Japanese Management Development System.*
82. A. Friedman, "Speicalist Labour in Japan: Computer Skilled Staff and the Subcontracting System", *British Journal of Industrial Relations*, vol. 25, no. 3, 1987, pp. 353-369.
83. S. Yahata, "Personnel Administration of R&D Scientists and Engineers", in H. Sato, K. Imano, and S.T. Davis, eds., *Organization and Administration of R&D Personnel in Japan,* Tokyo 1988.
84. H. Muta, "Technological Manpoer Supply and Education in Japan", paper to the International Conference on Technological Manpower Policy, Seoul, February, 1990.
85. R. E. Yates, "Japanese Live and Die For Their Work", *Chicago Tribune*, 13 November 1988.
86. K. Fujimura-Fanselow, "Women's Participation in Higher Education in Japan", *Comparative Education Review*, vol. 29, no. 4, 1985, p. 474.

87. Ibid., p. 475.

88. Ibid., p. 481.

89. G. Narumiya, "Opportunities for Girls and Women in Japanese Eduction", *Comparative Education,* vol. 22, no. 1, 1986, p. 50.

90. E. N. Edwards, "Equal Employment Opportunity in Japan: A View from the West", *Industrial and Labour Relations Review,* vol. 41, no. 2, 1988. pp. 240-250.

91. D. Bhasanavich, "An American in Tokyo", p. 79.

92. Kevin McCormick, "Engineering Careers and Technology Transfer: Japanese Companies in the UK", ORICOM working paper No. 11, University of Sussex, Roffey Park Management College, 1995.

2부 결론

8 기술 노동 조직에 대한 비교사적 조망

1. 이런 주장을 하는 전통적인 견해에 대해서는 Clark Kerr, John T. Dunlop, Frederick Harbison and C. A. Myers, *Industrialism and Industrial Man*, Cambridge, MA 1960 참조.

2. 이러한 유의 논의를 담은 영국 자본주의에 대한 설명은 Perry Anderson, "Origins of the Present Crisis", *New Left Review*, no. 23, 1964, pp. 30-51 참조. 이에 대한 비판으로는 Ellen Meiksins Wood, *The Pristine Culture of Capitalism*, London 1991 참조.

3. 대표적인 사례로 Duncan Gallie, *In Search of the New Working Class*, Cambridge 1978; Marc Maurice, François Sellier, and Jean-Jacques Silvestre, "Societal Analysis of Industrial Relations: A Comparison Between France and West Germany", *British Journal of Industrial Relations*, vol. 17, no. 3, 1979, pp. 322-336; Marc Maurice, Arndt Sorge and Malcolm WArner, "Societal Differences in Organizing Manufacturing Units", *Organization Studies*, vol. 1, 1980, pp. 63-91 참조.

4. Chris Smith and Peter Meiksins, "System, Society and Dominance Effects in Cross-National Organizational Analysis", *Work, Employment and Society*, vol. 9, no. 2, 1995, pp. 241-267 참조.
5. Raymond Williams, *Marxism and Literature*, Oxford 1977, 특히 83-89쪽의 내용 중 종결(determination)에 관한 훌륭한 논의 참조.
6. 이러한 견해에 대한 좀더 상세한 논의는 Guglielmo Carchedi, *On the Economic Identification of Social Classes*, London 1977, ch. 1 참조.
7. Göran Ahlström, *Engineers and Industrial Growth*, London 1982.
8. Angus Buchanan, "Education or Training? The Dilemma of British Engineering in the Nineteenth Century", in Melvin Kranzberg, ed., *Technological Education—Technological Style*, San Francisco 1986, pp. 69-73; Peter Meiksins and Chris Smith, "Why American Engineer Aren't Unionized", *Theory and Society*, vol. 22, 1993, pp. 57-97; Peter A. Lawrence, "Engineering and Management in West Germany: A Study in Consistency", in Gloria Lee and Chris Smith, eds., *Engineers and Management: International Comparisons*, London 1992, pp. 72-79.
9. Peter Meiksins and Chris Smith, "Why American Engineers Aren't Unionized"; Chris Smith, *Technical Workers: Class, Labour and Trade Unionism*, London 1987.
10. Monte Calvert, *The Mechanical Engineer in America, 1830-1910*, Baltimore 1967.
11. David F. Noble, *America By Design*, New York 1977.
12. Edwin Layton, *The Revolt of the Engineers*, Baltimore 1986; Peter Meiksins, "The Revolt of the Engineers Reconsidered", *Technology and Culture*, vol. 24, 1988, pp. 219-246.
13. Peter Meiksins and Chris Smith, "Why American Engineers Aren't Unionized".
14. Göran Ahlström, *Engineers and Industrial Growth*.
15. Kees Gispen, *New Profession, Old Order: Engineers and German Society, 1815-1914,* Cambridge 1989; Kpnrad Jarausch, "The German Professions in History and Theory", in Geoffrey Cocks and Konrad Jarausch, eds., *German Professions: 1800-1950*, New York 1990, pp. 9-24.

16. Kees Gispen, *New Profession*, *Old Order*.

17. 이 책에 실린 케스 기스펜의 논문. Stanley Hulton and Peter Lawrence, *German Engineers: The Anatomy of a Profession,* Oxford 1981; Peter Lawrence, "Engineering and Management in West Germany".

18. 미국 엔지니어 노조의 취약성과 미국 노동 운동의 전반적 취약성 사이의 관련에 대한 논의는 Peter Meiksins and Chris Smith, "Why American Engineers Aren't Unionized" 참조.

19. Klas Amark, "Open Cartels and Social Closures: Professional Strategies in Sweden, 1860-1950", in Michael Burrage and Rolf Torstendahl, eds., *Professions in Theory and History: Rethinking the Study of the Professions,* London 1990, pp. 94-114.

20. 이 책에 실린 보엘 베르네르의 논문 참조.

21. Kees Gispen, *New Profession, Old Order*.

22. 이 책에 실린 보엘 베르네르의 논문 참조.

23. Klas Amark, "Open Cartels and Social Closures".

24. 프랑스 공학의 역사에서 이 주제에 대한 논의는 이 책에 실린 스티븐 크로포드의 논문 참조. 또한 John Weiss, *The Making of Technological Man: The Social Origins of French Engineering Education,* Cambridge, MA 1982; Göran Ahlström, *Engineers and Industrial Growth* 참조.

25. Charles Day, *Education for the Industrial World: The Ecole d'Arts et Métiers and the Rise of French Industrial Engineering*, Cambridge, MA 1987.

26. '고급 기술자'는 미국의 기술자/기능인(technicians)에 상응하지 않는다. 이들은 대학 입학 자격시험 통과 후 2년 동안 정규 교육을 받고 흔히 감독 임무를 맡았다. Stephen Crawford, *Technical Workers in an Advanced Society*, Cambridge and Paris 1989 참조.

27. Stephen Crawford, *Technical Workers in an Advanced Society*, Luc Boltanski, *The Making of a Class: Cadres in French Society*, Cambridge 1987.

28. Luc Boltanski, *The Making of a Class*; Stephen Crawford, *Technical Workers in an Advanced Society*.

29. Stephen Crawford, *Technical Workers in an Advanced Society*.

30. 이 책에 실린 케빈 매코믹의 논문 참조.

31. Alice Amsden, "Third World Industrialization: 'Global Fordism' or a New Model?", *New Left Review*, no. 182, 1989, pp. 5-31.

32. 일본 산업에 대한 이러한 관점은 J. Moore, *Japanese Workers and the Struggle For Power, 1945-1947*, Madison 1983에서 훌륭하게 논의했다.

33. 이 책에 실린 케빈 매코믹의 논문 참조. Earl Kinmoth, "Engineering Education and Its Rewards in the United States and Japan", *Comparative Education Review*, vol. 30, 1986, pp. 396-416 참조.

34. 하지만 현대의 공학 실천에 요구되는 수학과 과학 지식의 정도를 쉽게 과장할 수 있다는 점을 덧붙여야 할 것이다. 예컨대 웨일리는 엔지니어가 상당량의 특정 지식을 지니고 있지 않다고 주장한다. Peter Whalley, *The Social Production of Technical Work*, London 1986 참조. 마찬가지로 해커는 공학에서 수학 교육에 대한 강조는 사실이 아니라 다분히 공론적이라고 주장했다. Sally Hacker, "Mathematization of Engineering: Limits on Women in the Field", in Joan Rothschile, ed., *Machinea Ex Dea*, New York 1983 참조. 또한 J. Gregg Robinson and Judith McIlwee, *Women in Engineering: Gender, Power and Workplace Culture*, Albany 1992 참조. 특히 이 책 6장은 현대 컴퓨터 엔지니어 사이에서도 일종의 '땜질(tinkering)' 문화가 지속된다고 지적한다.

35. 여기서 '후발' 산업 국가라는 용어를 사용하는 것은 단순히 초기-후기를 나눔으로써 분석적 가치가 존재함을 주장하려는 게 아니다. "시스템, 사회, 그리고 지배 효과"에서 논했듯 영국 이후 모든 사회가 '후발'이므로 그러한 이분화는 무의미하다. 그럼에도 불구하고 우리는 산업화 시기가 중요하다는 것을 인식하는 게 유용하고 중요하다는 점을 언급하고자 한다. 즉 어떤 형태의 국제적 경쟁이 존재했는지, 새로운 산업 권력을 획득한 분야들, 국가 간 협동 같은 확산된 제도적 메커니즘의 유용성, 그리고 산업화 과정의 중심 방향을 위한 압력의 정도 같은 요소들이 이를 결정한다고 여겨지기 때문이다.

36. 신흥 산업 국가들(NICs)의 최근 사례는 이런 관점을 보강해준다. 앰스덴과 해리스는 한국 같은 신흥 산업국의 성공은 경제 발전의 방향이 민간 영역이 아니라 정부에 깊이 뿌리박혀 있다고 주장한다. Alice Amsden, "Third World Industrialization"; Nigel Harris, *The End of the Third World*, Harmondsworth 1986.

37. John Weiss, *The Making of Technological Man*; Charles Days, *Education for the Industrial World* 참조.

9 엔지니어와 수련

1. Robert Cole, *Strategies for Learning*, Berkeley 1989.
2. 이 문제에 대해서는 Erica Schoenberger, "The Ambiguous Future of Professional and Technical Workers in Manufacturing: Some Hypotheses", *Acta Sociologica*, vol. 31, 1988, pp. 241-247 참조. 쇤베르거는 "전문 노동과 기술 노동의 구분이 점차 정교해지고 기술 숙련, 교육, 경험의 광범위한 위계에 따라 직무가 나뉠 것"이라고 예견한다.
3. Gideon Kunda, *Engineering Culture: Control and Commitment in a High-Tech Corporation,* Philadelphia 1991; Tony Elger and Chris Smith, eds., *Global Japanization? Transnational Transformations of the Labour Process*, London 1994.
4. Burkhart Lutz, "Education and Job Hierarchies—Contrasting Evidence from France and Germany", in Norbert Altmann, Christoph Kohler and Pamela Meil, eds., *Technology and Work in German Industry*, London 1992.
5. Judith A. Merkle, *Management and Ideology: The Legacy of the International Scientific Management Movement*, Berkeley 1980.
6. M. Aoki, *Information, Incentives and Bargaining in the Japanese Economy*, Cambridge 1988.
7. David Mentgomery, *Workers' Control in America*, Cambridge 1979.
8. Hidemasa Morikawa, "The Education of Engineers in Modern Japan: An Historical Perspective", in Howard F. Gospel, ed., *Industrial Training and Technical Innovation: A Comparative and Historical Study,* London 1991, p. 136; James P. Womack, Daniel T. Jones and Daniel Roos, *The Machine that Changed the World*, New York 1990; Michael A. Cusumano, *The Japanese Automobile Industry*, Cambridge, MA 1985.
9. Hoshimi Uchida, "Japanese Technical Manpower in Industry, 1880-1930: A Quantitative Survey", in Howard F. Gospel, ed., *Industrial Training and*

Technical innovation, pp. 112-135; Alice Amsden, "Third World Industrialization: 'Global Fordism' or a New Model?", *New Left Review*, no. 182, 1990, pp. 5-32.

10. James P. Womack, "A Post-National Automobile Industry by the Year 2000", *JAMA Forum,* vol. 8, no. 1, 1989, p. 7.
11. Michael A. Cusmano, *The Japanese Automobile Industry*, p. 180.
12. Malcolm Warner, "Japanese Culture, Western Management: Taylorism and Human Resources in Japan", Management Studies Research Paper, no. 3, Management Studies Group, Cambridge University 1992, p. 23; Robert Cole, *Strategies for Learning*, p. 23. 지그(jig) 장치에 대한 기사/감독자의 통제를 없애기 위한 시도와 관련한 산업적 대응 논의는 Kazuo Wada, "The Emergence of the 'Flow Production' Method in Japan", in Haruhito Shiomi and Kazuo Wada, eds., *Fordism Transformed*, Oxford 1995 참조.
13. Hidemasa Morikawa, "The Education of Engineers in Modern Japan", p. 136.
14. Duncan Gallie, *In Search of New Working Class*, Cambridge 1977; Stephen Crawford, *Technical Workers in an Advanced Society*, Cambridge and Paris 1989.
15. Kees Gispen, New *Profession, Old Order: Engineers and German Society, 1815-1914*, Cambirdge 1989.
16. Peer Meiksins, "Professional Ethics and Professional Segmentation: The Material Basis of Engineering Protest in the Era of the Vietnam War", paper presented to the American Sociological Association, Pittsburgh, PA 1992; David Noble, *Forces of Production*, New York 1984.
17. Alfred Chandler, *The Visible Hand*, Cambridge, MA 1977.
18. Gloria Lee and Chris Smith, eds., *Engineers and Management: International Comparisons,* London 1992.
19. Norbert Altmann, "Rationalisation Strategies and Representation of Worker Interests", in Norbert Altmann, Christoph Kohler and Pamela Meil, eds., *Technology and Work in German Industry*, p. 386.
20. Chris Smith, *Technical Workers: Class, Labour and Trade Unionism*, London

1987.

21. Hilary Wainwright and David Elliot, *The Lucas Plan*, London 1982.

22. Christian Berggren, *The Volvo Experience: Alternatives to Lean Production*, London 1992. 테일러주의적 작업 설계의 단절을 위해 볼보에서 수행한 실험에 대한 일련의 자세한 검토는 Ake Sandberg, ed., *Enriching Production*, Aldershot 1995 참조.

23. Christian Berggren, *The Volvo Experience*, p. 14.

24. John CHild and Ray Loveridge, *Information Technology in European Services: Towards a Microelectronics Future*, Oxford 1990.

25. Christian Berggren, *The Volvo Experience*, p. 257; Paul Thompson and Per Sederblad, "Swedish Innovation in Work Organization in the Age of Globalisation", in Tony Elger and Chris Smith, eds., *Global Japanization?* London 1994, pp. 238-265.

26. 이에 대한 검토는 Chris Smith, *Technical Workers* 참조.

27. Stephen Crawford, *Technical workers in an Advanced Society*; Duncan Gallie, *In Search of the New Working Class.*

28. Stephen Crawford, *Technical workers in an Advanced Society,* pp. 120-121.

29. Peter Meiksins, "Scientific Management and Class Relations: A Dissenting View", *Theory and Society,* vol. 13, 1984, pp. 177-209; Peter Meiksins, "The Revolt of the Engineers Reconsidered", *Technology and Culture,* vol. 24, 1988, pp. 219-246.

30. James P. Womack et al., *The Machine that Changed the World,* p. 11.

31. Michael A. Cusumano, *The Japanese Automobile Industry*, p. 269.

32. Chris Smith, *Technical Workers.*

33. Peter Meiksins, "Scientific Management and Class Relations".

34. Craig Littler, *The Development of the Labour Process in Capitalist Societies*, London, 1982.

35. Peter Armstrong, "The Divorce of Productive and Unproductive Management", in Chris Smith, Hugh Willmort and David Knights, eds., *White-Collar Work: The Non-Manual Labour Process,* London 1991, pp. 241-261; Peter

Armstrong, "The Engineering Dimension and the Management Education Movement", in Gloria Lee and Chris Smith, eds., *Engineers and Management,* pp. 377-395.

36. Craig Littler, *The Development of the Labour Process*; Michael Rowlingson, "The Early Application of Scientific Management by Cadbury", *Business History*, vol. 30, 1988, pp. 377-395.

37. Michael A. Cusumano, *The Japanese Automobile Industiry;* Malcolm Warner, "Japanese Culture, Western management"; Robert Cole, *Strategies for Learning.*

38. Judith Metkel, *Management and Ideology*.

39. Malcolm Warner, "Japanese Culture, Western Management", p. 19.

40. Robert Cole, *Strategies for Learning.*

41. Michael A. Cusumano, *The Japanese Automobile Industry*, p. 379.

42. Tome Burns and G.M. Stalker, *The Management of Innovation,* London 1961.

43. 이 내용은 Gideon Kunda, *Engineering Culture*에서 잘 설명하고 있다.

44. Vicki Smith, *Managing in the Corporate Interest*, Berkeley 1990.

45. Eileen Applebaum and Rosemary Batt, *The New American Workplace*, Ithaca 1994, pp. 76-77.

46. Robert Cole, *Strategies for Learning*, p. 100.

47. Michael Piore, Charles Sabel, *The Second Industrial Divide*, New York 1984.

48. Burkart Lutz, "Education and Job Hierarchies"; Burkart Lutz, Pierre Veltz, "Mechanical Engineer versus Computer Scientists—Different Roads to CIM in France and Germany", in Norbert Altmann et al., *Technology and Work in German Industry*, pp. 247-289.

49. Burkart Lutz, "Education and Job Hierarchies".

50. Burkart Lutz, Pierre Veltz, "Mechanical Engineer Versus Computer Scientists".

51. David Noble, *Forces of Production.*

52. Tony Elger, Chris Smith, eds., *Global Japanization?*

53. Arndt Sorge, "Strategic Fit and the Societal Effect: Interpreting Cross-National Comparisons of Technology, Organization and Human Resources", *Organization*

Studies, vol. 12, no. 2, 1991, pp. 161-190.

54. Chris Smith, Peter Meiksins, "System, Society and Dominance Effects in Cross-National Organizational Analysis", *Work, Employment and Society*, vol. 9, no. 2, 1995, pp. 241-267.

55. Harry Braverman, *Labour and Monopoly Capital*, New York 1974.

56. Chris Smith, Peter Meiksins, "System, Society and Dominance Effects".

57. David Noble, *Forces of Production.*

58. Hartmut Hirsh-Kreinsen, "On the History of NC Technology—Different Paths of Development", in Norbert Altmann et al., *Technology and Wok in German Industry,* pp. 63-76; Ottfried Mickler, "Innovation and Division of Labour in State Socialist and Capitalist Enterprises", in Chris Smith, Paul Thompson, eds., *Labour in Transition,* London 1992, pp. 73-99.

59. M. Kumazawa, J. Yamada, "Jobs and Skills Under the Lifelong 'Nenko' Employment Practice", in Stepehn Wood, ed., *The Transformation of Work,* London, 1999.

60. Chris Smith, Peter Meiksins, "System, Society and Dominance Effects".

61. 일본 기업의 중심적인 노동 조직 원칙을 다른 나라에 이식하는 것과 관련한 논쟁은 Tony Elger and Chris Smith, eds., *Global Japanization?* London 1994 참조. 미국에서는 Martin Kenney and Richard Florida, *Beyond Mass Production: The Japanese System and its Transfer to the US*, Oxford 1993; Tetsuo Abo, ed., *The Hybrid Factory: The Japanese Production System in the United States,* Oxford 1994가 이전이 상대적으로 쉬울 거라는 생각에 두드러진 지지를 보냈다. 영국에서는 Nick Oliver and Barry Wilkinson, *The Japanization of British Industry*, Oxford 1992가 이 문제를 복제라는 아이디어와 강력하게 연결시켰다. 미국의 비판적 논문으로는 Ruth Milkman, "The Impact of Foreign Investment on US Industrial Relations: The Case of California's Japanese-Owned Plants", *Economic and Industrial Democracy,* vol.13, 1992, pp. 151-182가 있다. 영국에서는 Karel Williams et al., *Cars; Analysis, History, Cases,* Oxford 1994; Tony Elger and Chris Smith, *Global Japanization?*이 이전에 대해 상세히 비판한다. Mark Fruin, *The Japanese Enterprise System*, Oxford 1992; M. Aoki and R. Core, eds.,

The Japanese Firm, Sources of Competitive Strength, Oxford 1994는 둘 다 일본의 경제적 성공과 일본의 제도적 특징이 딱 들어맞는다는 점을 강조한다. 이들에 따르면 제도적 특징은 국가의 정치경제에 체현되어 있기 때문에 이전이나 대여로는 얻을 수 없다. 한편 이들은 체현 또는 적절한 테제를 과도하게 주장하면서 일본의 마케팅과 관련한 특징에 분명 이전 가능성이 있다고 과장한다.

필자 소개

피터 메익신스(Peter Meiksins) 클리블랜드 주립대학교 사회학과 교수로 재직 중이다. 주요 연구 분야는 엔지니어와 전문적 노동, 노동 과정과 계급 이론이다. 엔지니어에 관한 많은 논문을 발표했으며, 공동 편저로 《20세기 후반 노동과 자본(Labor and Capital in the Late Twentieth Century)》이 있다.

크리스 스미스(Chris Smith) 애스턴 대학교에서 산업 관계와 조직학을 가르쳤다. 현재 런던 대학교 로열홀러웨이의 조직학 및 비교 경영학 교수로 재직 중이다. 주요 연구 분야는 노동 재조직, 노동에 관한 일본의 투자 효과, 그리고 공학 노동과 비교 노동 조직 등이다. 저서로 《기술 노동자(Technical Workers)》가 있다. 공저로 《화이트칼라 노동자, 노조와 계급(White-Collar Workers, Trade Unions and Class)》 등이 있으며, 공동 편저로는 《전 지구적 일본화?(Global Japanization?)》 《새로운 일자리와 노동조합주의(The New Workplace and Trade Unionism)》 등이 있다.

보엘 베르네르(Boel Berner) 1991년부터 스웨덴의 린셰핑 대학교 기술과 사회변화학 교수를 지냈고, 현재 명예교수로 재직 중이다. 주요 연구 분야는 기술 전문가의 사회적 역할, 젠더와 기술, 그리고 조직적 환경에서 위험과 학습 등이다. 저서로 《기술의 세계(Teknikens varld)》《사물의 상태: 젠더, 계급, 기술적 전문성(Sakernas tillstand. Kon, klass, teknisk expertis)》 등이 있다.

스티븐 크로포드(Stephen Crawford) 메릴랜드 대학교 칼리지파크 캠퍼스 연구교수를 지냈다. 현재 조지워싱턴공공정책연구소 연구교수로 재직 중이다. 프랑스 엔지니어에 관한 여러 편의 논문을 발표했으며, 저서로 《선진 사회의 기술 노동자: 직업 경력과 프랑스 엔지니어의 정치학(Technical Workers in an Advanced Society: The Work Careers and Politics of French Engineers)》이 있다.

케빈 매코믹(Kevin McCormick) 서식스 대학교 사회학과 교수를 지냈다. 주요 연구 분야는 교육·고용·산업 관계에서의 비교 연구이며, 특히 기술 노동자와 엔지니어의 지위에 관한 논문을 발표했다.

케스 기스펜(Kees Gispen) 미시시피 대학교 역사학과 교수를 지냈고, 현재 명예교수로 재직 중이다. 독일 엔지니어의 사회사에 관한 여러 편의 논문을 발표했다. 저서로 《새로운 전문직, 오래된 질서: 엔지니어와 독일 사회, 1815-1914년(New Profession, Old Order: Engineers and German Society, 1815-1914)》이 있으며, 편저로 《무엇이 남부를 다르게 만들었나? 비교사 논문집(What Made the South Different? Essays in Comparative History)》이 있다.

피터 웨일리(Peter Whalley) 시카고 로욜라 대학교 사회학과 교수를 지냈다. 2007년 사망했다. 저서로 《기술 노동의 사회적 생산(The Social Production of Technical Work)》 등이 있다.

찾아보기